VIAGENS ULTRAMARINAS

VIAGENS ULTRAMARINAS

Monarcas, vassalos e governo à distância

Ronald Raminelli

copyright © 2008 Ronald Raminelli

Edição: Joana Monteleone
Assistente Editorial: Guilherme Kroll Domingues
Diagramação: Gustavo Fujimoto
Revisão: Flávia Yacubian
Imagem da capa:

Dados Internacionais de Catalogação na Fonte (CIP)
Sindicato Nacional dos Editores de Livros, RJ

> R139v
> Raminelli, Ronald, 1962-
> Viagens ultramarinas: monarcas, vassalos e governo a distância / Ronald Raminelli. – São Paulo: Alameda, 2008.
> Inclui bibliografia
> ISBN 978-85-98325-67-5
> 1. Brasil - História - Período colonial, 1500-1822. 2. Portugal - Colônias - Administração - História. 3. Brasil - Política e governo. 4. Elites (Classes sociais) - Brasil - História. I. Título.
>
> CDD: 981
> 08-0419   CDU: 94(81) "1500/1889"
> 07.02.08 07.02.08 005162

[2008]
Todos os direitos reservados à
Alameda Casa Editorial
Rua Iperoig, 351
Perdizes
São Paulo - SP
05.016-000
www.alamedaeditorial.com.br

Sumário

Introdução 7

A escrita e a espada em busca de mercê 17

Inventário das conquistas 61

Viagens Filosóficas 97

Ilustração e patronagem 135

Naturalistas em apuros 177

Fragmentos do império 213

Bacharéis na crise do Império 259

Fontes bibliográficas 289

Bibliografia 299

Índice temático 309

INTRODUÇÃO

Em 1808, quando a Corte portuguesa estabeleceu-se no Rio de Janeiro, uma nova configuração política surgia no império colonial português. Por longos séculos, Lisboa mantivera-se como centro das decisões, mas no momento em que o rei se radicava na colônia, a cidade perdeu sua capacidade de promover a unidade entre as províncias. Se antes a centralidade das possessões ultramarinas estava no reino, a partir da transferência da Corte ela se deslocou para o Brasil. O evento, por certo, contrariava a secular atração exercida pela antiga capital que reunia os principais agentes da administração e os lucros do comércio. De Lisboa partiam, rumo às conquistas, os vassalos em busca de terras e mercês, que enfrentavam as adversidades dos novos territórios com a intenção de alargar os horizontes dos reais domínios. Em princípio, esse livro pretende estudar como os vassalos do rei contribuíram para manter esse vasto império, durante tantos séculos, e como a lealdade monárquica viabilizou um governo a distância. Sem a contribuição dos moradores das possessões ultramarinas, seria inviável o controle das conquistas por parte do soberano.

Essas reflexões fornecem subsídios para melhor entender os vínculos do Brasil no império colonial. A trama entre o centro e as periferias baseava-se na negociação entre os súditos e o monarca. Os primeiros, ao prestar serviços no ultramar, tinham seus feitos reconhecidos e recompensados, reuniam honras e privilégios que os aproximavam, paulatinamente, do monarca e da burocracia metropolitana. Ao avançar do século XVIII, cresceu a importância dos domínios americanos no âmbito imperial e, conseqüentemente, seus moradores tiveram seus feitos mais valorizados. O ouro, o açúcar e o tabaco viabilizavam estudos na Universidade de Coimbra e o surgimento de uma elite ilustrada luso-brasileira que, aos poucos, ocupou cargos de destaque na administração. Depois de 1808, momento de debilidade do poder monárquico, os laços entre o rei e essa elite exerceram um papel ainda mais decisivo para manter a união entre os territórios apartados. De fato, este livro pretende analisar a formação da elite coimbrã, particularmente a trajetória de colonos que se formaram em filosofia na Universidade de Coimbra ou exerceram o ofício de naturalista no mundo colonial.

Desde o início da expansão marítima, recorrendo à espada, os vassalos do rei ampliavam as conquistas e recebiam como recompensas títulos de cavaleiros de Ordens Militares, terras e cargos na administração local. Mas os serviços dedicados à monarquia não se restringiam à arte da guerra; as viagens, aos poucos, tornaram-se instrumentos indispensáveis para reunir conhecimento capaz de viabilizar o governo do ultramar. Inicialmente, os vassalos percorriam os novos territórios e produziam inventários da natureza e de suas produções. Descreviam também os povos, seus costumes e sua capacidade de gerar produtos coloniais para fomentar o comércio do reino. Essas informações, sob a forma de cartas, relatórios e tratados, dirigiam-se ao soberano radicado em Lisboa, centro do império. Assim como a espada, a escrita tornou-se, então, um importante serviço dedicado ao rei, pois lhe informava sobre acontecimentos, terras distantes, minas, lavouras e a disposição de súditos em obedecer a suas leis. O conhecimento sobre o ultramar rendia aos moradores das conquistas a possibilidade de também alcançar privilégios; como os guerreiros, eles poderiam dispor de terras, títulos de cavaleiros e cargos de prestígio.

No século XVIII, quando a ciência se tornou instrumento necessário para medir terras, produzir mapas, aperfeiçoar as lavouras e as minas, esses vassalos perderam, em parte, a capacidade de informar ao monarca sobre as suas conquistas. O Estado, por conseguinte, assumiu a tarefa de instruir profissionais que teriam a nobre tarefa de reunir informações, cientificamente capazes de promover reformas, delimitar os limites do império e introduzir técnicas responsáveis por modernizar as atividades produtivas. A Universidade de Coimbra era, portanto, o centro promotor da modernização da agricultura, manufatura e comércio. Filhos de militares, comerciantes e proprietários de terras foram enviados à Universidade com a intenção de receber formação e, posteriormente, ingressarem na magistratura ou em cargos de prestígio na administração metropolitana ou colonial. Formava-se, então, uma elite composta de bacharéis em matemática, filosofia e leis, que deveria percorrer o ultramar e, em viagens filosóficas, ativar os vínculos entre as colônias e a metrópole.

No último quartel do século XVIII, as viagens eram conduzidas, em grande parte, por bacharéis luso-brasileiros, uma elite proveniente da América portuguesa, que percorria as conquistas americanas, asiáticas e africanas para informar ao rei sobre seus domínios. Os serviços prestados por esses homens de ciência também resultavam em privilégios. Assim, os mecanismos de remuneração pouco se modificaram, e o rei ainda concedia aos vassalos as mesmas distinções que, outrora, atribuíam a seus guerreiros. A ciência, portanto, era mecanismo destinado a manter o vasto império colonial, mas, ao mesmo tempo, rendia regalias a naturalistas e matemáticos. Essa tendência tornou-se ainda mais nítida nos anos de 1790, período marcado por rumores de sedição. A sacrossanta unidade do império tornou-se ameaçada com a insatisfação manifestada por mineiros e baianos, sobretudo em relação aos tributos. A estratégia de neutralizar a possível rebeldia da elite ilustrada luso-brasileira era inseri-la em altos cargos da magistratura, nos Tribunais da Relação, em posição de destaque nas instituições do reino, como na Universidade de Coimbra, Mesa de Consciência e Ordens, Junta de Comércio, Museu de História Natural, Academia da Marinha e Academia das Ciências de Lisboa.

Essa estratégia, por certo, produziu entraves ao desenvolvimento científico em Portugal, pois, ao receber as mencionadas distinções, os homens de ciência tornavam-se burocratas, senhores de prestígio, e abandonavam a carreira de naturalista. Em busca de cargos de prestígio e enfrentando conjuntura desfavorável, os naturalistas deixaram de produzir conhecimento e provocaram o esvaziamento dos museus e academias, fenômeno evidente nos primeiros anos do século XIX. No entanto, a formação universitária e os serviços prestados ao monarca originaram uma elite que teve participação decisiva na nossa independência. Quando a família real transferiu-se para o Rio de Janeiro, esses bacharéis da Universidade de Coimbra assumiram cargos importantes na burocracia do império luso-brasileiro. Por dispor de títulos e cargos, eles estavam capacitados a ocupar lugares de honra na administração. Na nova conjuntura, bacharéis e doutores, como José Bonifácio Andrada e Silva, José Joaquim da Cunha de Azeredo Coutinho e José da Silva Lisboa, empregaram seus conhecimentos adquiridos em Coimbra para fortalecer a economia e incentivar a unidade das províncias imperiais. Por muito tempo, a elite ilustrada apostou na união entre Portugal e Brasil e somente depois da tentativa de recolonizar o Brasil, decisão tomada pelas Cortes do Porto em 1821, a denominada elite coimbrã declarou-se a favor da independência, posição mais evidente nos escritos de Hipólito da Costa e José Bonifácio.

Ao recorrer à trajetória de alguns bacharéis, o livro pretende analisar os estritos vínculos entre o monarca e a elite ilustrada luso-brasileira, entender, sobretudo, o funcionamento da patronagem régia que, por quase três séculos, fomentou a produção de conhecimento sobre o mundo colonial. Por meio de acúmulo de informações, esses vínculos consolidaram a idéia de império e a constituição de uma facção da elite, responsável por defender a unidade entre as províncias, ao invés de lutar por um projeto separatista. Os bacharéis de Coimbra planejavam intervenções na economia para torná-la competitiva, mas descartavam qualquer reforma capaz de ameaçar a sociedade de ordens, a antiga estrutura sócio-econômica. Pretendiam conservar a figura do rei e os privilégios nobiliárquicos por temerem os dissabores de uma ruptura capaz de conduzir a revoltas comandadas pelas elites locais ou por mulatos, negros e escravos, tal como varreu a colônia francesa em São Domingos e fragmentou a América espanhola. Essa configuração explica o nascimento de uma elite conservadora e responsável, inicialmente, por defender a união com Portugal e, posteriormente, por consolidar a autonomia política comandada pelo príncipe D. Pedro.

No primeiro capítulo busquei explorar a origem do sistema de patronagem e o mecanismo de controle a distância sobre as redes que compunham o império colonial português entre os séculos XVI e XVII. Nos primeiros tempos, os vassalos lutavam contra invasores europeus, enfrentavam levantes indígenas, percorriam rios e desbravavam os sertões em busca de índios e metais preciosos. Para tornar seus serviços relevantes ao monarca, sobretudo no período filipino, os primeiros conquistadores descreviam as grandezas e estranhezas das terras brasílicas. Sem conhecer as potencialidades da América portuguesa, o monarca castelhano não remuneraria seus feitos. Para valorizar as demandas, Gabriel Soares de Sousa e Bento Maciel Parente enviaram aos Felipes a relação de seus serviços e os inventários da natureza e das comunidades indígenas.

Depois de 1640, com a Restauração e as guerras contra os neerlandeses, a América portuguesa, aos poucos, conquistou um espaço de destaque no conjunto das conquistas lusitanas. Se antes as riquezas brasílicas eram indispensáveis para engrandecer os feitos dos vassalos, na segunda metade do seiscentos a importância do Atlântico português tornou os serviços militares de seus moradores indispensáveis para manutenção do equilíbrio político e econômico de Portugal. A partir de então, os vassalos deixaram de produzir os inventários e trataram de descrever somente seus feitos militares nas guerras em Pernambuco, Bahia e Angola. Terminava, assim, a primeira fase da produção de conhecimento sobre o mundo colonial, quando os vassalos escreviam notícias ao rei para informá-lo sobre suas conquistas.

No entanto, anos depois, a produção de conhecimento seria retomada, embora sua lógica fosse invertida, tema do segundo capítulo. Não partia dos vassalos a iniciativa de enviar notícias ao soberano. Pressionado por questões de limites e ocupação do sertão americano, a monarquia tornou-se patrona da ciência, formando um corpo de funcionários capaz de conduzir o governo a distância, segundo os princípios da ciência setecentista. Inicialmente, a monarquia contratou professores italianos e alemães para ensinar e participar nas expedições no interior da América. Essa equipe também atuou, durante o governo pombalino, na elaboração da reforma da Universidade de Coimbra e criação de cursos de filosofia e matemática, conhecimento indispensável para promover o estreitamento de laços entre as partes do império. Esses planos não pretendiam intervir apenas na América portuguesa, mas nas possessões africanas e asiáticas. Em princípio, os Tratados de Madri (1750) e Santo Ildefonso (1777) incentivaram a produção de conhecimento geográfico, mas a Secretaria de Estado da Marinha e Negócios Ultramarinos exigia dos demarcadores o avanço da história natural, sobretudo depois de criado o Museu de História Natural que reuniria coleções de plantas, animais e minerais dos mais distantes rincões das conquistas. Se a geografia permitia a delimitação das fronteiras, a história natural reunia notícias de plantas, lavouras e comunidades indígenas, responsáveis pela efetiva ocupação dos limites e fomento do comércio colonial.

Embora as primeiras remessas de espécies chegassem à Secretaria de Estado e ao Museu de História Natural a partir dos anos de 1770, somente com as viagens filosóficas o conhecimento da história natural se firmaria como relevante e conduzido segundo os princípios científicos, tema do terceiro capítulo. As primeiras expedições avançaram sobre o além-mar, em 1783, sob comando de naturalistas, formados em Coimbra. As viagens dirigiam-se ao Pará, Goa, Moçambique, Angola e Cabo Verde. A partir da farta documentação produzida pela Viagem Filosófica ao Pará, percebe-se os sentidos conflitantes dos empreendimentos. Durante nove anos, o naturalista Alexandre Rodrigues Ferreira percorreu as capitanias do Pará, Rio Negro e Mato Grosso, enviou remessas, dezenas de memórias e desenhos à Secretaria de Estado. Ao retornar a Lisboa, seus estudos não tiveram continuidade, as remessas ficaram intocadas e os escritos permaneceram em manuscritos impróprios à publicação. A fragilidade científica era recorrente em quase todos os estudos produzidos no ultramar, o que indicava a debilidade das instituições científicas da metrópole, o esvaziamento da Universidade, museus e academias, particularmente depois dos anos 1790. A carreira de Alexandre Rodrigues Ferreira forneceu-me elementos irrefutáveis da mencionada debilidade científica.

Ao invés de seguir os passos dos afamados naturalistas, Ferreira, ao retornar do Pará, inseriu-se paulatinamente na burocracia, recebeu privilégios pelos serviços prestados e abandonou o ofício de naturalista, tema do quarto capítulo.

A patronagem régia também promoveu a ascensão social de José Bonifácio de Andrada e Silva e o afastou, paulatinamente, das pesquisas ao conceder-lhe inúmeros cargos e títulos honoríficos. Embora ele mantivesse vínculos com a Universidade de Coimbra e com a Academia das Ciências de Lisboa, essas instituições, antes mesmo do período napoleônico, estavam francamente debilitadas e decadentes, segundo suas próprias palavras. À época, Andrada e Silva se ressentia do ostracismo e da impossibilidade de participar da alta administração no Rio de Janeiro. De fato, no início do século XIX, os homens de ciência não mais percebiam as instituições científicas como espaço de prestígio e migraram para as altas esferas da burocracia estatal. Mas essa estratégia somente era viável para os naturalistas bacharéis em leis.

O quinto capítulo explorou as distintas trajetórias de filósofos e juízes-naturalistas. Ambos atuavam como naturalistas, mas os primeiros eram egressos da faculdade de filosofia enquanto os segundos atuavam como magistrados que tiveram, na Universidade, formação filosófica, embora incompleta. A partir da trajetória dos juízes de fora Baltazar da Silva Lisboa e Joaquim de Amorim Castro, percebe-se que a história natural era parte de uma estratégia para reunir honra e se aproximar do secretário de Estado e do soberano. Para tanto, remetiam espécies raras ao Museu de História Natural, escreviam memórias econômicas e, em seguida, pleiteavam ascensão na carreira de magistrado. A ciência era um meio de servir ao soberano e acumular prestígio. Aos filósofos, porém, estavam vetados esses cargos. De fato, havia, por parte da administração, um nítido favorecimento dos juízes-naturalistas. O único filósofo a exercer somente o ofício de naturalista era Alexandre Rodrigues Ferreira, os demais deveriam atuar em inúmeras outras atividades para sobreviver. Como bem salientou José Bonifácio, o curso de filosofia natural era cada vez menos procurado pelos estudantes devido à falta de apoio por parte do Estado.

De todo modo, os naturalistas, fossem filósofos ou magistrados, envolveram-se, nos anos de 1790, em rumores de sedição e inconfidências nas capitanias de Minas Gerais, Rio de Janeiro e Bahia. Em apuros, os naturalistas enfrentaram investigações e processos que resultaram em sentenças nitidamente distintas. Os filósofos foram presos, como Álvares Maciel e Bettencourt Acioli, sendo o primeiro castigado com degredo em Angola, onde faleceu anos depois. As suspeitas sobre a lealdade dos juízes-naturalistas, porém, não resultaram em prejuízos para suas carreiras na magistratura. Anos depois seriam condecorados com títulos de cavaleiro e lugares de desembargador da Relação do Porto e Rio de Janeiro.

De todo modo, ao longo do setecentos, matemáticos e naturalistas reuniram conhecimento indispensável para tornar menos abstrata a idéia de império. Mapas, coleções e memórias conduziram a Lisboa os fragmentos do império colonial e viabilizaram uma política responsável por fomentar a interdependência entre as províncias. Valendo-se desses testemunhos, o secretário de Estado D. Rodrigo de Sousa Coutinho traçava planos para harmonizar os pleitos e fortalecer a sacrossanta unidade, embora os acontecimentos tramassem em favor do enfraquecimento da centralidade de Lisboa e da figura do monarca. A intensa produção de inventários era uma estratégia de aperfeiçoar o governo a distância e criar uma identidade imperial.

No sexto capítulo, analisei os inventários visuais dos povos das conquistas. Entre 1780 e 1800, Leandro Joaquim, Carlos Julião, José Joaquim Codina e Joaquim José Freire, os dois últimos riscadores da Viagem Filosófica ao Pará, produziram imagens dedicadas a retratar a diversidade de povos nas mais diferentes províncias do ultramar, em Macau, Goa e América portuguesa. Se antes, essas nações foram fartamente descritas na correspondência e nas memórias, nesse período, as autoridades metropolitanas consideraram pertinente identificar suas características visuais para tornar mais concreto o domínio monárquico sob terras e povos.

Ao comandar a Viagem Filosófica, Alexandre Rodrigues Ferreira criou uma taxonomia muito original, baseada na capacidade técnica dos tapuias. Suas reflexões foram registradas nas memórias, desenhos, remessas e na intrigante coleção de produtos industriais. O controle sobre a natureza era indício crucial para o naturalista, capaz de avaliar a "civilidade" dos grupos. No entanto, suas investidas não se resumiam a perceber como as plantas se transformavam em artefatos entre os índios da América. Ao analisar a lista de produtos industriais, evidencia-se a preocupação de Ferreira com a evolução técnica das raças. Ele não se preocupava apenas com os tapuias pois incluiu na coleção artefatos dos negros de Benguela e Angola, dos indianos e chineses de Macau. Estavam, então, presentes testemunhos materiais das três raças: americana, chinesa e africana. Para escrever memórias e formar a coleção, Ferreira inspirou-se nos trabalhos do escocês William Robertson e do naturalista francês Buffon, o que demonstra a existência do diálogo do naturalista com importantes pensadores do século das luzes. As reflexões de Ferreira sobre os povos e os planos de redigir a "História da Indústria Americana" não tiveram, porém, repercussão em Portugal. Na Academia das Ciências de Lisboa, os debates e as publicações giravam em torno da agricultura e da modernização dos demais processos produtivos, razão talvez para permanecerem desconhecidas suas análises sobre o progresso das técnicas.

As viagens ultramarinas ainda viabilizaram a composição de memórias econômicas sobre as relações entre metrópole e colônias, tema do sétimo capítulo. Os inventários da natureza, povos e produtos industriais tornaram mais palpável a idéia de império. A partir desses inventários, D. Rodrigo de Sousa Coutinho e a elite luso-brasileira investigaram as conexões comerciais entre o Brasil e a metrópole, entre o tráfico de escravos nas conquistas africanas e as lavouras de cana e tabaco na América. As transações comerciais eram quase sinônimo de vínculos imperiais, embora esses testemunhos ainda valorizassem a circulação de plantas, a produção de manufaturas, os ensinamentos agrícolas, a cartografia e os povos. Ao concentrar seus esforços nos vínculos entre o reino e a América portuguesa, suas reflexões antecedem e preparam a abertura dos portos e a elevação do Brasil a reino unido a Portugal. Depois de 1808, com os pólos invertidos, a relação metrópole e colônias sofreu uma nítida transformação. No momento que o Rio de Janeiro era o centro do império, a elite luso-brasileira juntou esforços para assegurar a harmonia entre as províncias como planejara o bispo Azeredo Coutinho e D. Rodrigo de Sousa Coutinho. A elite coimbrã, sobretudo os magistrados, aos poucos, ocupou postos na burocracia e buscou fortalecer a monarquia. José da Silva Lisboa e José Bonifácio de Andrada e Silva foram os principais defensores do reino unido e da monarquia dual. Preparam, assim, a independência política capitaneada pelo príncipe D. Pedro.

Agradecimentos

Esta pesquisa iniciou-se em fins de 1995, na importante biblioteca do Ibero-Amerikanisches Institut – Berlin. Este estágio realizou-se com apoio do convênio Capes/DAAD e do convite professor Dietrich Briesemeister. Anos depois, em 1999, como bolsista da Comissão Nacional para as Comemorações dos Descobrimentos Portugueses, realizei pesquisa documental e bibliográfica na Biblioteca Nacional de Lisboa. Entre 2002 e 2003, financiado pela Capes, realizei estágio pós-doutoral na EHESS e na Université de Paris-Sorbonne (Paris IV), onde pude contar com a valiosa contribuição de Serge Gruzinski e Luiz Felipe de Alencastro. Minha participação nos seminários coordenados por Gruzinski foram decisivos para elaboração do primeiro e do sétimo capítulo deste livro. Em Paris, tive ainda a oportunidade de discutir o rumo da pesquisa com Kapil Raj, Jean-Marc Drouin e Pietro Corsi no Centre Alexandre-Koyrés (EHESS). Entre 1995 e 1996, realizei estudos no Arquivo Histórico Ultramarino e na Torre do Tombo, financiados pela Fundação Biblioteca Nacional e pelo Pronex/CNPq/Faperj. Entre 1996 e 2006, contei com a bolsa de Produtividade em Pesquisa e Iniciação Científica do CNPq.

Em Portugal, agradeço o apoio do meu amigo João Carlos Pires Brigola, de José Luís Cardoso, Ângela Domingues, Pedro Cardim, Nuno Monteiro e Mafalda Soares. No Brasil, contei com a colaboração de Lorelai Kury, Marcos Chor Maio, Ângela Porto, Marco Antônio Silveira, Sílvia Hunold Lara, Evaldo Cabral de Mello, Carlos Gabriel Guimarães e Magnus Roberto de Mello Pereira. Agradeço ainda a Francisco Bethencourt, Neil Safier, Jorge Cañizares-Esguerra e aos colegas da Companhia das Índias.

Tive ainda o valiosíssimo apoio de colegas e amigos que analisaram as primeiras versões dos capítulos ou de todo o livro. Agradeço ao meu grande amigo Ronaldo Vainfas, Guilherme Pereira das Neves, Íris Kantor, Thiago Krause e Rafael Marquese. Por fim, lembro de meus alunos de graduação e pós-graduação que tiveram participação ativa na elaboração deste livro.

A ESCRITA E A ESPADA EM BUSCA DE MERCÊ

O império marítimo português integrava pontos dispersos nas quatro partes do mundo. Eram fortalezas, feitorias e pequenas terras delimitadas por oceanos. Contando com população diminuta, a Coroa deveria arquitetar meios de manter vastas áreas sob controle, valendo-se de estratégias para compensar as longas distâncias entre Lisboa e as possessões apartadas. A descontinuidade geográfica era particular no Estado da Índia, que compreendia conquistas e descobertas no imenso litoral entre Moçambique e Macau. Essas possessões formavam redes, unidades interligadas pela circulação de bens, pessoas e instituições. O domínio espacial era menos relevante, quando comparado à circulação mercantil e ao controle marítimo. Nas localidades, por vezes, a organização jurídica, política e administrativa adaptava-se tanto aos interesses de mercadores portugueses quanto à tradição das comunidades conquistadas ou aliadas.[1] Embora as possessões se mantivessem interligadas à metrópole, não existia, até o século XIX, uma constituição colonial unificada. O império ultramarino, enfim, significava conexão de pontos dispersos, laços que multiplicaram, entrelaçaram ou extinguiram-se ao longo do tempo.

Para manter a unidade, a monarquia estabelecia nas possessões, ora um governo tradicional e formal, inspirado nos modelos administrativos do reino, como os concelhos e as capitanias-donatarias; ora recorria a controles menos institucionalizados, mais frouxos, como fortalezas, feitorias, protetorados e vassalagem. Os entraves financeiros e populacionais originaram um conjunto heterogêneo, descentralizado, formado por núcleos políticos relativamente autônomos. Os portugueses do além-mar não se firmavam apenas nas áreas com estrutura militar e administrativa formal. O império ainda reunia comunidades lusitanas amplamente autônomas, apesar de adotar as instituições civis do reino, como os mercadores de São Tomé no leste da Índia e em Macau. Havia, igualmente, indivíduos que adquiriram terras, vilas ou jurisdição sobre povoados estabelecidos fora do império formal, como os afro-portugueses "muzungos" da Zambésia, os paulistas no interior da América Portuguesa, os mercenários em guerra em Burma e Sião. Nesse rol constavam também

---

[1] Luís Filipe Thomaz. *De Ceuta a Timor.* Lisboa: Difel, 1994. p. 207-210.

os portugueses casados e residentes fora da jurisdição portuguesa, que recusavam as instituições civis da pátria e não se incorporavam ao domínio imperial. Vale ainda incluir os missionários, as comunidades cristãs e as elites aportuguesadas, como a do reino do Congo.[2] Enfim, a presença lusa nos continentes longe esteve de uma regularidade, o império estava em construção, e por isso torna-se interessante entender, ao menos em parte, sua dinâmica centralizadora. Para tanto, recorro aos laços entre o soberano e alguns súditos radicados na América Portuguesa como ponto de partida para pensar a dinâmica dessas conexões entre os séculos XVI e XVII.

Mesmo com projeto de colonização agrícola, por muito tempo, o Brasil também interligou-se à metrópole de forma fragmentada, era arquipélago.[3] Em princípio, a presença lusa não promoveu controle extensivo do espaço. Compartimentado entre o litoral e o sertão, os domínios portugueses se resumiam a poucos núcleos nas proximidades do mar e rios, que atuavam como ilhas, enquanto a imensidão de terras permanecia quase alheia ao processo da conquista. Nem mesmo o governo-geral, instituído em 1549, reverteu a tendência centrífuga, permitindo que a mais próspera capitania, Pernambuco, mantivesse, tempos depois, vínculos mais fortes com Lisboa, ao invés de aliar-se ao centro administrativo em Salvador. Os conflitos e a frágil integração entre os núcleos explicavam os entraves à centralização política que ainda se atrofiava com guerras externas e internas. Ao mencionado descompasso, acrescentava-se a diversidade de nações que inviabilizava uma legislação unificada para os povos das conquistas.

Ali havia moradores brancos provenientes do reino ou nascidos na América, reinóis e mazombos; cristãos velhos e novos; mestiços diversos; índios escravos e livres, tupis e muitos tapuias; negros forros e escravos. Os reinóis cristãos velhos estavam mais aptos a assumir cargos e receber privilégios, enquanto os escravos eram, depois dos mestiços e forros, os mais periféricos em relação ao poder central. A coroa relutava em conceder altos cargos públicos a pessoas com "sangue impuro" pela origem negra, indígena ou judaica.[4] A diversidade étnica e social

---

[2] Malyn Newitt. Formal and informal Empire in the History of Portuguese Expansion. *Portuguese Studies*, 17: 2001, p. 1-21; António Manuel de Hespanha e Maria Catarina Santos. Os poderes num império oceânico. In: *4. História de Portugal. O Antigo Regime*. Dir. de José Mattoso. Lisboa: Editorial Estampa, 1993. p. 395-413.

[3] Sobre o tema ver: John Russell-Wood. Centro e periferia no mundo luso-brasileiro, 1500-1808. *Revista Brasileira de História*. v. 18, n. 36, 1998.

[4] Sobre a heterogeneidade da sociedade colonial, ver: C.R. Boxer. *Relações raciais no Império Colonial Português* (trad.) Rio de Janeiro: Civ. Brasileira, 1967; Maria L. Tucci Carneiro. *Preconceito racial no Brasil Colonial*. São Paulo: Brasiliense, 1983; Stuart B. Schwartz. The formation of a Colonial Identidy in Brazil. In: Nicholas Canny and Anthony Pagden (ed.) *Colonial Identity in the Atlantic World*. Princeton: Princeton University Press, 1987. p. 15-50.

tornava ainda mais difícil a administração colonial, situação que se agravava devido à inexistência de um corpo de leis específico para a possessão. As Ordenações Manuelinas e Filipinas foram igualmente aplicadas na América com auxílio de "leis extravagantes". Criadas para o reino, essas leis nem sempre eram adequadas à heterogeneidade social vigente no ultramar. Se as distâncias, os inúmeros grupos e conflitos eram como forças centrífugas, havia, porém, elementos que atuavam como imãs, atraindo para o centro pontos distantes da periferia.[5]

O comércio e a agricultura constituíam fatores indispensáveis ao funcionamento da grande rede comandada pelos portugueses. Os diversos pontos integravam-se pela circulação de mercadorias, homens e instituições. Oriundos dos domínios ultramarinos, o pau-brasil e a cana-de-açúcar ativavam a economia metropolitana e impulsionavam a interdependência entre as áreas americanas e Lisboa. A partir de fins do século XVI, o tráfico de escravos ainda ativava conexões entre as costas da África e América, como bem demonstraram Boxer e Alencastro.[6] O comércio fomentava a construção de vilas e fortalezas, indispensáveis à defesa do território. Em 1530, o plano de colonização do Brasil pretendia, ao mesmo tempo, proteger as terras contra as investidas estrangeiras e inserir a possessão no comércio internacional, a partir da produção de cana-de-açúcar. Ao longo do quinhentos, percebe-se que a inserção de novas áreas coloniais obedecia a mesma lógica, a integração comercial. As capitanias de São Vicente, Pernambuco e Bahia ficaram mais próximas da metrópole por meio do açúcar. O produto atraía investimentos, reinóis, comerciantes e escravos, promovia a construção de fazendas, vilas, fortificações, igrejas, reproduzindo nos trópicos as instituições portuguesas.

No entanto, a agricultura e a extração de pau-brasil não eram as únicas potencialidades da conquista. Havia ainda muitas áreas férteis e recursos a serem descobertos ao longo do litoral e no interior dos sertões. Para manter o monarca informado, os vassalos percorriam a costa e as terras, realizavam descobertas e, logo, comunicavam ao centro os resultados do empreendimento. Os primeiros escritos narravam a surpreendente fertilidade do solo, indicavam a existência de minas, mapeavam os rios navegáveis, descreviam os habitantes, as plantas e os

---

[5] Sobre os conceitos de centro e periferia ver: Edward Shils. *Center and Peripheries; essays in macrosociology*. Chicago: The University of Chicago Press, 1975; Jack P. Greene. Transatlantic Colonisation and the redefinition of Empire in the Early Modern Era. *In: Negociated Empires; centers and peripheries in the Americas*. London: Routledge, 2002. p. 267-282.

[6] C.R. Boxer. *Salvador de Sá e a luta pelo Brasil e Angola*. (trad.) São Paulo: Companhia Editora Nacional, 1983; Luiz Felipe Alencastro. *O trato dos viventes*. São Paulo: Companhia das Letras, 2000.

animais. Essas notícias eram, aqui e ali, formas de manter as redes em funcionamento, de incrementar os laços entre Lisboa ou Madri e a América. As viagens, enfim, promoviam estreitamento entre mundos apartados. Nos diários, os vassalos recriavam a natureza e os feitos portugueses no ultramar e os conduziam a Portugal ou a Castela, no tempo da união das Coroas. Eram por meio de papéis que o monarca tomava conhecimento das terras, traçava estratégias para posse e efetiva exploração. Os escritos também denunciavam os desmandos dos poderes locais, os contrabandos e as práticas contrárias aos interesses da Real Fazenda. Se essas notícias eram indispensáveis aos empreendimentos ultramarinos, os vassalos, sobretudo os súditos letrados, almejavam privilégios que atuavam como recompensa para as viagens exploratórias e as notícias reunidas.

As trocas entre vassalos e o soberano permitem entender, em uma outra perspectiva, os vínculos entre o centro e as periferias. Por meio de inventários, crônicas e mapas, o mundo colonial era codificado e transformado em papel para ser enviado ao núcleo administrativo. No passado, esses registros viabilizavam o domínio de terras distantes, enquanto hoje permitem refletir sobre a dinâmica da "centralidade". As teias informativas dentro do império forjavam-se aos moldes da sociedade do Antigo Regime, seguiam a mesma lógica hierárquica, a mesma busca de privilégios e distinções. Como qualquer serviço prestado à realeza, o conhecimento era parte de uma troca, de um negócio entre o rei e seus súditos. Virtude própria dos soberanos, a liberalidade era mecanismo de recompensa. Esses vassalos, por sua vez, radicavam-se no ultramar, nas franjas do império, e produziam conhecimento indispensável à manutenção do domínio; ao mesmo tempo, criavam elos com o rei e sua administração, viabilizando o governo a distância. Afinal, produzir conhecimento era forma de estar no centro e desfrutar de privilégios próprios da corte. Mas o mundo colonial transformado e transportado em papel não interessava apenas à Coroa. Vice-reis e governadores também recebiam serviços de subordinados e viabilizavam cargos e mercês, concedidos pelo rei. Eram, enfim, intermediários entre os moradores das conquistas e o rei. Como o comércio e a agricultura, administradores, moradores e viajantes ativavam também os laços entre as partes do império, alimentavam a rede, conectavam os pontos distantes sob controle dos portugueses. Esses agentes eram indispensáveis ao processo de governar as possessões, pois interligavam terras e gentes do império, promoviam os negócios e efetivavam a liberalidade régia.

Vínculos entre centros e periferias

Como em Portugal, conquistar honras era a grande ambição na sociedade castelhana renascentista. Em serviço ao soberano, os vassalos lutaram contra os mouros na península e depois expandiram o reino em terras americanas. Esses feitos resultaram em cargos, terras e privilégios, prêmios destinados a retribuir o heroísmo e, ao mesmo tempo, a conceder distinção aos valorosos cavaleiros. As mercês, porém, não eram apenas disputadas como meio de usufruir de maiores rendimentos financeiros. Os cargos e as terras promoviam ascensão social, era ainda forma pública do monarca reconhecer os feitos de seus súditos. Nessa ordem, a busca da real generosidade aproximava os vassalos do projeto de construção do Estado que, no período, se confundia com a figura do rei. A concessão de cargos, postos e ofícios pautava-se na lógica da "centralidade" do rei, pois a própria administração era extensão do poder soberano. Na América, os conquistadores procuravam obedecer ao rei com a finalidade de alcançar privilégios, dependência que, por certo, viabilizou o controle monárquico sobre os novos domínios. A ameaça de perder o controle das novas terras se estancou frente ao seu poder. Somente o rei poderia distribuir títulos e cargos; somente ele legitimava a conquista de terras, minas e comunidades. Devido a esse princípio, mesmo distantes do centro, os vassalos da América não desvirtuaram o projeto imperial. Dependiam do soberano para reconhecer seus feitos e honrá-los com mercês.

Desde Colombo, as descobertas e as expansões territoriais eram recompensadas com títulos e cargos no governo. O conquistador do México, Hernán Cortés, criou um canal eficiente, capaz de convencer Carlos v de sua lealdade e devoção católica. Para tanto recorreu à "Carta de Relación" – tipo de correspondência oficial –, que lhe permitiu justificar o emprego de armas e tornar-se um herói, perante os olhos do rei, mesmo tendo se rebelado contra o comando do governador de Cuba, Diego Velásquez. Ardiloso, Cortés teve o cuidado de dramatizar eventos para assegurar-lhes veracidade, contava ainda com a presença de testemunhos e a observação direta de acontecimentos. Nos escritos, as vitórias militares jamais eram atribuídas à sua capacidade de comando, antes eram obras da Providência. Deus, a Virgem e os santos mereciam os créditos, e não Cortés e seus companheiros. Ao recorrer à escrita, informava o rei sobre os acontecimentos e dava-lhes uma explicação divina para os sucessos. Como o monarca, ele também alcançava vitórias ao ser guiado por Deus, comandava batalhas inspirado na mesma fonte do soberano, razão da justa conduta e sucesso do empreendimento.[7]

Seu saber humanista, adquirido em poucos anos na Universidade de Salamanca, e a coragem de enfrentar seus inimigos valeram-lhe a "capitania general de toda la armada", concedida por Diego de Velázquez.[8] Seriam, porém, a eloqüência literária e o envio de boa remessa de ouro ao rei os responsáveis pela concessão do cargo de governador e capitão-geral da Nova Espanha. Sua reputação de guerreiro extravasou as fronteiras ibéricas depois da publicação das cartas enviadas a Carlos V, onde narrava as conquistas no Novo Mundo. Enfim, o extraordinário controle de "armas e letras" promoveu a ascensão de humilde fidalgo a nobre de alto prestígio. A partir de então, sua casa e família figurariam entre a aristocracia de Castela.[9] Em forma de crônica, as cartas de Cortés constituem mais um veículo de entrosamento entre centro e periferia, resultando igualmente em pedido de cargos e mercês. Seu testemunho reforça, afinal, a estreita relação entre conhecimento e poder, entre história e monarquia. Os escritos eram partes de estratégias destinadas a centralizar o poder e forjar o Estado Moderno. Os letrados não possuíam outro alvo senão o soberano; escreviam, noticiavam e alertavam os poderes instituídos no centro. Ordinariamente o consumo desses produtos realizava-se na monarquia; havia poucas possibilidades de direcionar esses manuscritos para além do círculo em torno do soberano. Como a distribuição de honra era meio de recompensar os serviços prestados, percebe-se o justo interesse desses súditos em solicitar privilégios. Enfim, o conhecimento não era apenas fruto da curiosidade, ou do pragmatismo, nem do amor ao soberano, mas, sobretudo, elemento de negociações. Essa transação, no entanto, podia ter uma dinâmica invertida. Nem sempre era iniciativa do vassalo o envio de notícias ao soberano, por vezes, o último poderia interessar-se pelas possessões e demonstrar um explícito interesse do centro pela periferia.

Cronista da "Cesarea y Catolicas magestades", o capitão Gonçalo Hernandez de Oviedo e Valdes publicou em 1535 o primeiro volume da *Historia general e natural de las Indias*. Anos antes, 1532, ele recebera o título de "cronista de las cosas de las indias", fornecendo notícias das novas possessões sob encomenda de

---

[7] Beatriz Pastor Bodmer. *The armature of conquest: Spanish accounts of the Discovery of America*. Stanford: Stanford University Press, 1992. p. 79

[8] Bernal Díaz del Castillo. *Historia Verdadeira de la conquista de Nueva España*. Barcelona: Plaza & Janés Editores, 1998. p. 94

[9] David A. Brading. *Orbe Indiano; de la Monarquia Católica a la República Criolla, 1492-1867*. (trad.) México: Fondo de Cultura Económica, 1991. p. 42-44.

Carlos V. Depois da chegada dos tesouros mexicanos a Sevilha, o soberano teve seu interesse reavivado pela América e encomendou a Oviedo, que retornava à Espanha pela segunda vez, um compêndio acerca das Índias. Para atender o convite, ele escreveu de memória o *Sumario de la natureza de las Indias*, impresso por ordem do imperador em 1526. Dedicada quase exclusivamente à natureza, a obra destinava-se a conceder ao soberano, de forma rápida e sumária, alguma recreação. Mais tarde, os temas aí tratados foram melhor explorados na *História*, quando, além do mundo natural, abordou os descobrimentos e os avanços da conquista. Essa obra seria muitas vezes ampliada com a intenção de "que antes del último día de los que me quedan, yo pueda ver corrigido y en limpio impreso lo que en todas as partes de aquesta General Historia de Indias yo tengo notado".[10]

Oviedo estudava a natureza segundo princípios e normas de historiadores e geógrafos como Plínio, Estrabon e Ptolomeu. Descrevia cada planta de forma exaustiva, ressaltando não apenas sua morfologia, mas também a utilidade como alimento ou como remédio. Sempre que possível comparava as espécies americanas às espanholas para melhor descrever suas características. A percepção pragmática da natureza ficava evidente ao relatar o emprego de distintas árvores na composição de vigas para construção de casas, ou quando da espécie obtinha-se madeira macia e apropriada para confecção de móveis, objetos de adorno e utensílios de cozinha. O grande interesse, porém, eram as plantas com propriedades medicinais, como a *hierba de los remedios* que era muito abundante e servia para curar feridas provocadas por lanças. A *Historia* ainda se ateve ao estabelecimento de cultivos e lavouras com plantas provenientes de Castela.[11]

O "protomédico de todas la Indias", Francisco Hernández também recebeu instruções do soberano, Felipe II, para realizar, durante cinco anos, inventário das riquezas naturais da Nova Espanha. O médico não pretendia ofertar-lhe um tratado em troca de mercê, como fizera Cortés. Guiado por instruções do próprio soberano, ele recebeu a incumbência de realizar um inventário da natureza, a partir de uma viagem à Nova Espanha. Para produzir história natural, sua expedição era composta de um geógrafo, pintores, botânicos e conhecedores de plantas medicinais indígenas. Era, então, o primeiro empreendimento de caráter racionalista e enciclopédico a desbravar e classificar a natureza para além da fronteira da península ibérica. Nascido em Montalbán, entre 1517 e 1518,

---

[10] Gonzalo Fernández Oviedo. *Historia General delas Indias*. Sevilla: Juan Cromberger, 1535. Libro VI, proemio em vol. I, p. 143.

[11] Remedios Contreras. La flora de América en la Historia general y natural de las Indias... *In: Cuadernos de Historia Moderna*, 16: 157-178, 1995.

Fernández cursou medicina na Universidade de Alcalá de Henares. Interessou-se pela botânica ao conhecer a obra do doutor Nicolás Monardes, divulgador da flora americana, e ao dirigir o Jardim Botânico do Monastério de Guadalupe na Extremadura. Somente em 1567, recebeu o título de "Médico de Cámara", integrando-se à corte de Felipe II, quando pode contar com as benesses do soberano para expandir seus conhecimentos botânicos. Das terras americanas, recolheu e descreveu cerca de três mil espécies, com especial interesse pelas plantas medicinais. No amplo compêndio, forneceu detalhadas notícias dos produtos naturais, suas propriedades e nomeações em diversas línguas indígenas. Com esses subsídios, produziu herbários e obra monumental que, em parte, perderam-se em incêndio no El Escorial em 1671. A súmula de sua obra, porém, preservou-se graças ao trabalho do doutor Antonio Recco, também médico de câmara do rei, que resumiu a obra com a finalidade de publicá-la, o que aconteceu em Roma em 1649. A originalidade da extensa pesquisa estava na síntese entre as tradições botânicas ocidental e mexicana. Hernández buscou traduzir para a cultura ocidental os conhecimentos locais, contribuindo para o debate renascentista em torno da história natural. Seus resultados caracterizavam-se pela enorme novidade, motivo talvez para que seus estudos não tivessem a merecida acolhida nos meios eruditos europeus.[12]

Como os demais súditos e vassalos, Oviedo e Hernández produziram crônicas e inventários. A dinâmica dos vínculos entre centro e periferia, porém, era invertida. Não eram os súditos ou vassalos da periferia que se dirigiam ao centro para pleitear honras em troca de conhecimento, mas ao contrário. Desde as primeiras décadas do século XVI, os monarcas espanhóis demonstraram interesse em conhecer e controlar as possessões americanas, preservar os laços e manter a centralidade de Madri no vasto império. Nesse sentido, nada se compara à amplitude das *Relaciones Geográficas,* questionário composto pelo cronista e cosmógrafo do rei, Juan Lópes de Velasco. Elaborada em 1577, essa enquete reuniu dados indispensáveis para viabilizar aprimorada cartografia do Novo Mundo, continente que ainda era desconhecido do *kosmos*.[13] As *Relaciones* eram parte de uma política de intervenção da monarquia, própria da modernidade, e recolhiam dados, por vezes, semelhantes aos fornecidos por Oviedo e Hernández. Exigiam, porém, a participação de vários setores das comunidades estabelecidas na América.

---

[12] Serge Gruzinski. *Les quatre parties du monde*. Paris: La Martinière, 2004. p. 183-4.

[13] Serge Gruzinski. *La colonisation de l'imaginaire*. Paris: Gallimard, 1988. p.139-140; Barbara E. Mundy. *The mapping of New Spain*. Chicago: Chicago University Press, 1996.

O questionário era composto por cinqüenta capítulos, subdivididos em geografia física, toponímia, clima, recursos agrícolas e minerais, botânica, línguas, história política, população, doenças e comércio. De forma variada, esses temas estão em quase todos inventários produzidos igualmente pelos súditos portugueses. Essa seria uma tipologia de dados presentes nos papéis enviados ao centro administrativo, para informar as potencialidades do território. No império português, desconheço procedimento equivalente ao proposto no reinado de Felipe II, pois seu cosmógrafo planejava transformar *corregidores* e *alcaldes mayores* em intermediários, encarregados de levar questionários e instruções às comunidades americanas. Em princípio, toda Nova Espanha deveria empenhar-se para o sucesso do empreendimento, não eram apenas as autoridades locais. 415 *pueblos* teriam de fornecer registros para aperfeiçoar os laços entre as possessões e a metrópole. O projeto, enfim, possuía nítido caráter ideológico, não pretendia compendiar apenas riquezas, mas traçar estratégias para atrelar as periferias ao centro, ou melhor, tornar visíveis os indissociáveis vínculos de Castela com os domínios ultramarinos. A visibilidade promovida pela cosmografia e cartografia efetivava a harmonia entre mundos apartados, formava corpo imperial, estruturado a partir da figura de el-rei.

Em proporções bem modestas, os portugueses tornavam também visíveis os meios de integrar o Estado do Brasil a Castela, fornecendo a Felipe II registros indispensáveis para compor um mapa "da riqueza e estranheza brasílicas". Sem os recursos do poder central, os súditos não eram capazes de reunir conhecimentos com a mesma intensidade das *Relaciones Geográficas*. Os reis portugueses jamais projetaram uma intervenção dessa amplitude, nem mesmo financiaram equipes de artistas e cartógrafos para compor mapas do império, como os de Anton van den Wyngaerde e Pedro de Esquivel. Para Felipe II de Espanha, os mapas eram instrumentos de governo, vitais tanto para o comando do reino quanto para expandir seus tentáculos para muito além de seus horizontes. Sem conhecimento geográfico não se poderia exercer um poder imperial convincente.[14] No quinhentos, os reis lusos também investiram na produção cartográfica que entraria em decadência no século seguinte. Incentivaram as crônicas, as histórias dos feitos portugueses nas quatro partes do mundo, enquanto a história natural era tema de pouca monta. Nem mesmo Garcia d'Orta recebera recursos do soberano para estudar as drogas da Índia. Os conhecimentos reunidos eram frutos de empreitadas de colonos e administradores, em busca

---

[14] Geoffrey Parker. *Sucess is never final.* New York: Basic Books, 2002. p. 96-121; ver também Barbara E. Mundy. *The mapping of New Spain...*

de privilégios, e não constituíam parte de um projeto de intervenção estatal. Depois da União Ibérica, os incentivos para conhecer o mundo colonial tornaram-se ainda menores. As notícias brasílicas se arrefeceram logo após o período holandês. Os vassalos não mais escreviam ao soberano para doar seus escritos, na esperança de obter privilégios. O tempo de incertezas – restauração, guerras contra Castela e crescente dependência lusitana ao pode econômico e militar britânico – talvez, explique a perda de vigor da monarquia em presentear os vassalos-escritores com honras e mercês.

Se na monarquia portuguesa, a natureza não era parte da política de integração de mundos apartados, as crônicas dedicadas à expansão ao Oriente receberam especial interesse. A história dos feitos portugueses viabilizava o estreitamento entre o monarca e as possessões do ultramar. A história de cercos e batalhas travadas ao longo da costa exaltava o gênio português, relatava a expansão comercial e as guerras contra os reinos orientais. Entre os séculos XVI e XVII, João de Barros e Diogo do Couto eram seus maiores expoentes e registraram inúmeros episódios dedicados à glória de cavaleiros. Eram recorrentes as narrativas centradas em heróis que, com amparo de santos, arriscaram suas vidas em nome da expansão do império luso. As crônicas atuavam como testemunhos da valentia e da fidelidade ao rei, realizações que, por vezes, seriam lembradas pelos próprios protagonistas ou por seus descendentes nas petições dirigidas ao soberano. Afinal, a história dos feitos era meio legítimo de pleitear e atribuir mercês. Quando registrados nas crônicas, os serviços ganhavam notoriedade e os heróis reconhecimento, tornando-os aptos a pleitear prêmios.[15]

Em princípio, os descobrimentos originaram dois tipos de literatura dirigida aos soberanos. O primeiro explorava as potencialidades do comércio, exaltava riquezas e singularidades, realizando um inventário da geografia, da natureza e das comunidades. Dedicado aos feitos de súditos em mares distantes, o segundo obedecia a uma cronologia, era história destinada a singularizar acontecimentos e heróis. Freqüentemente, inventários e crônicas estavam presentes em uma única narrativa. Para além da diversidade, essa produção escrita dirigia-se ao soberano e contava como serviço equivalente aos atos de bravura. Assim privilégios e concessões eram atribuídos como recompensa, de valor honorífico e econômico, como forma de retribuir a manutenção dos laços entre metrópole e possessões. Esses súditos atuavam na defesa da pátria, que se fazia tanto pela expansão territorial quanto pelo aumento do comércio.

---

[15] Fernanda Olival. *As Ordens Militares e o Estado Moderno*. Lisboa: Estar, 2001. p. 24

Cronista dos feitos na Ásia, João de Barros teve igualmente recompensa por exaltar a pátria e narrar a expansão portuguesa, "escusado dizer que se trata do que viria a ser historiador da Índia, com tanta glória para a nação, e fortuna para a língua...".[16] A escrita da história, portanto, permitiu-lhe "entesourar merecimentos" que lhe renderia mercê. Em parceria com Aires da Cunha, recebeu de D. João III uma extensão de terras dispersas no norte do Brasil, entre a Paraíba e o Rio Grande do Norte. O cronista não se aventurou nas novas terras, enviando dois de seus filhos e um delegado de confiança, Fernando Álvares, todos embarcados na frota do capitão-do-mar e também donatário Aires da Cunha. Em 1551, depois de funestas tentativas de estabelecer-se nos quinhões, a frota deslocou-se rumo ao Maranhão, onde muitos pereceram em naufrágio. A custa de árduo trabalho e dispêndio, João de Barros pôde reaver os filhos, mas restou-lhe uma enorme dívida que contraíra com as viagens. Mais tarde, D. Sebastião a perdoou e, depois de morto o cronista, ainda concedeu outra mercê à viúva. Na época de Felipe II, o filho, Jerônimo de Barros, recebeu indenização dos direitos sobre a capitania.[17] Assim, mesmo com os insucessos, o serviço prestado à pátria seria recompensado pelo monarca.

João de Barros deixou-nos uma explicação singular dos vínculos entre súditos e soberanos, afirmando que os homens eram mais dispostos a conceder frutos voluntários que encomendados. Forneciam diligentemente seus préstimos com a mesma naturalidade que as plantas forneciam sementes. Imitando a terra, sua *madre*, Barros dedicou-se à glória das armas comandadas pelo soberano. De livre vontade, escreveu sobre patrícios que militaram e verteram sangue em guerras orientais. Dirigindo-se ao rei, o cronista confessou ser o primeiro a brotar "este fruto de escritura desta vossa Ásia, se é lícito por ser árvore agreste, rústica e não agricultável, poder merecer este nome de fato ante a vossa real Majestade". Desse modo, buscou naturalizar a subordinação ao rei e o dever moral de registrar os feitos portugueses no Oriente. Assim, ao mesmo tempo, ele guardava a memória dos valorosos guerreiros e preservava o saber indispensável à conquista e administração do reino e do Estado da Índia. Barros advertia o soberano da conveniência de preservar registros de eventos passados tanto no próprio reino e império, como nos vizinhos: "lição das Crônicas dos reinos vizinhos, com que comunicam e tem conferência de negócios, e de si a toda outra história proveitosa".[18]

---

[16] Francisco A. Varnhagen. *História Geral do Brasil.* v. 1, t. I. São Paulo: Ed. Itatiaia/Edusp, 1981. p. 144.
[17] Francisco A. Varnhagen... p. 143, 192-196.
[18] João de Barros. Terceira Década, prólogo In: *Ásia de João de Barros, dos feitos que os Portugueses fizeram no descobrimento e conquista dos mares e terras do Oriente. Primeira Década.* Lisboa: Imprensa Nacional-Casa da Moeda, 1988.

Muito tempo depois de cessadas as edições das *Décadas*, o legado de João de Barros teve continuidade com Diogo do Couto. Ao escrever *Soldado Prático* (ca.1565), o primeiro fez severas críticas ao governo da Índia, considerando-o como rapina organizada "...em favor de clientela comandada pelo próprio vice-rei". Sob encargo oficial tornou-se cronista dos feitos portugueses, compôs algumas *Décadas* da Ásia, entre a quarta e a nona décadas. A turbulenta história dessas edições seguiu entre roubos, cortes e censuras: a quarta, a quinta e sétima décadas foram devidamente publicadas, a sexta ardeu na casa do impressor, a oitava e a nona foram roubadas e a décima primeira perdeu-se. Em relação ao antecessor, Couto destacou-se pela longa vivência na Índia, que lhe permitia conhecer as "coisas do Oriente", consultar relatos orais e documentos inacessíveis aos escritores radicados na Europa, pois era guarda-mor do arquivo real de Goa. Os poderosos nem sempre aprovavam as histórias narradas pelo cronista, pois delas dependiam para pleitear junto ao rei recompensas pelos serviços prestados.

Diogo do Couto era natural de Lisboa, teria sido criado e educado sob a proteção do infante D. Luís. Esteve na Índia desde os 17 anos, onde tomou parte em escaramuças e batalhas. O pendor para as letras certamente teve origem no ambiente palaciano, experiência responsável pelo conhecimento histórico e pelas formas de governar. Era ainda bem informado da situação de Portugal e de potências concorrentes, atributo que faria dele um soldado singular. Em Goa, o vice-rei D. Antônio de Noronha o encarregou da provedoria dos armazéns, "com muita mercê e vantagens". Sob ordem do governante, providenciou ainda armadas em socorro de Chale, Damão, Baçaim e Columbo, entre 1571 e 1573. Enfim, Diogo do Couto aproximou-se do vice-rei ao emprestar mantimento e prover armadas regulamente. Por vezes, era convidado para conversas confidenciais, para relatar suas experiências.

Em 1589, em carta a Felipe II, Couto solicitou a criação da Torre do Tombo de Goa e do cargo de guarda-mor do arquivo. Para atuar como cronista oficial, apresentou ao soberano três livros dedicados à história dos últimos vice-reis da Índia. Não deu bons resultados a primeira tentativa de ser cronista dos feitos portugueses, embora, anos depois, ele insistisse no pedido. Somente em 1595, o rei o nomeou sucessor de João de Barros e guarda-mor do Tombo, responsável por escrever a história da Índia, repartida em décadas, a partir do ponto em que Barros a encerrara. Como cronista, tentou obter o hábito de Cristo com o apoio do vice-rei D. Francisco da Gama. Em princípio, Felipe III o concedeu essa e muitas mercês, porém a Mesa de Consciência e Ordens emitiu parecer negativo, talvez, motivado por sua origem cristão-nova. Diogo do Couto faleceu em 1616; no enterro, estavam presentes o vice-rei e o arcebispo, como ele pedira em testamento.[19]

No *Soldado Prático*, Couto pretendia fornecer elementos para entender e conter a decadência do Estado da Índia. Suas críticas estavam inseridas em diálogos entre um vice-rei e um soldado, entre reinol recém-chegado e veterano de guerras e negócios. O soldado dos diálogos não era, porém, Diogo do Couto, pois o primeiro chegara à Índia por volta de 1524, ou melhor, muito antes do cronista, e contava com quarenta anos de vivência nos mares orientais. De fato, o soldado era português de origem humilde, morador por quarenta anos em paragens orientais, vítima de capitães e administradores de alta hierarquia, senhores obstinados em rapidamente enriquecer. Recorrendo à experiência, o soldado constatou recuo do vigor marcial e crescente perda das praças.

Para reagir à decadência, propôs retorno à guerra como meio de submeter às populações e reverter os interesses particulares em favor do monarca católico. O interlocutor era o recém-nomeado vice-rei da Índia que, ao saber da eleição para o cargo, logo solicitou a presença do soldado veterano para dissertar sobre a verdade de alguns temas que se mostravam proveitosos para o bom governo. Conhecedor da arte de governar e dos vínculos com o centro, Diogo do Couto aconselhava os governantes a conhecer seus territórios antes de atuar. A valorização da experiência seria melhor caminho para servir ao governo e fazenda de Sua Majestade: "Há outros homens que, por querer alcançar e saber cousas que não sabem bem, pelas não terem nunca vistas, nem praticadas, por virem a ter delas verdadeira informação, trabalham para efetuar seus desejos por meio de homens que as viram, trataram e praticaram...".[20] O diálogo, portanto, possuía caráter reformista, concebido para denunciar desvios e indicar bom termo para disputas entre soldados e fidalgos. A centralidade do rei tornava-se fortalecida por experiências de súditos distantes (soldado e mercadores) que se dirigiram à administração metropolitana para narrar contrariedades aos interesses reais.

Sem denunciar desvios, nem propor reformas, o cartógrafo Fernão Vaz Dourado forneceu ao rei um tipo de saber indispensável à manutenção do império. O controle sobre territórios e rotas sempre mobilizou o Estado a contratar cartógrafos para mapeá-los. Somente por meio de mapas e atlas, o império deixava

---

[19] António C. Martins. Introdução. *In*: Diogo do Couto. *O primeiro Soldado Prático*. Lisboa, CNCDP, 2001. p. 14-18 e 74-77.

[20] Diogo do Couto. *Observações sobre as principais causas da decadência dos Portugueses na Ásia, escritas por Diogo do Couto em forma de Diálogos, com o título de Soldado Prático*. Lisboa: Academia Real das Sciencias, 1790. p. 361-362.

de ser algo distante e desconhecido para se tornar visível e controlável. Essas imagens eram abstração de paragens distantes, recriação de litorais, penínsulas, ilhas e continentes. Sem eles toda experiência acumulada pelos conquistadores e viajantes estaria perdida. Sem esses rumos, os navegadores deveriam descobrir as mesmas rotas a cada vez que a percorressem. Sintetizam, enfim, conhecimento proveniente não somente da geografia, mas igualmente da etnografia e da história natural. Por essa razão, a cartografia quinhentista reúne elementos diversificados dos territórios, representando limites terrestres, ventos, correntes e povos. Os mapas expressam, portanto, projetos de centralização do poder, de construção de um centro e várias periferias. Eram ainda meios de expandir fronteiras, ampliar o comércio, controlar povos e negociar com impérios rivais. Os diários, tratados, crônicas e mapas constituíam instrumentos indispensáveis ao governo imperial. Freqüentemente, os reis contratavam cartógrafos para mapear as possessões, mas havia também a possibilidade de presentear o soberano na esperança de receber mercê. Talvez fosse essa a intenção de Vaz Dourado quando dedicou a D. Sebastião o atlas ricamente iluminado e datado de 1575.

Provavelmente, Fernão Vaz Dourado nasceu na Índia, filho do moço de câmara Francisco Dourado e uma indiana. Mesmo mestiço, residiu no reino e freqüentou universidade, embora pouco se saiba dessa formação. Ao retornar aos mares orientais, participou, em 1546, da defesa de Diu e embarcou para Benguela na nau de Vasco da Cunha, quando, por ser renomado cartógrafo ou navegador, ganhou referência no roteiro dessa viagem. Em 1571, retornou ao reino em companhia de D. Luís de Ataíde, décimo vice-rei da Índia, que lhe possibilitou dedicar a D. Sebastião um atlas universal, contendo imagem do soberano e armas de Portugal no frontispício, além de 17 cartas, duas dedicadas ao Brasil: a costa oriental e a parte meridional da América do Sul. Composto em Lisboa, o atlas é considerado o mais rico e detalhado do cartógrafo, possui legendas em português e brasões dos reinos ibéricos. A estreita relação entre Vaz Dourado e o vice-rei remonta ao início do governo, quando o cartógrafo dedicou-lhe igualmente um atlas universal (1568). No frontispício, compôs seu brasão de armas e uma longa fita enrolada com inscrição em latim, onde se lê a seguinte dedicatória a D. Luís de Ataíde: "Luís impera, reina em submissão a Cristo. E a sua vitória é certa".[21] O presente certamente rendeu privilégios, permitindo-lhe, mais tarde, aproximar-se da realeza. O vice-rei, portanto, era o intermediário, elo entre um mestiço indiano e a Corte de D. Sebastião, possibilitando a interação entre as duas partes do império.

---

[21] *Portugalia Monumenta Cartographica*. Lisboa: Imprensa Nacional, 1987. v. 3, p. 5-6 e 23

Como o cartógrafo luso-indiano, Diogo do Couto esperava receber privilégios como reconhecimento de seus méritos. Escrevera as *Décadas* sob encargo oficial, mas mesmo assim seus rendimentos eram parcos e necessitava de honras para "levantarem o espírito". Em carta a D. Francisco da Gama escreveu: "[...]estou pasmado como não há um fidalgo nesse Reino que persuada e grite aos ministros a me fazerem alguma honra, só por me levantarem o espírito[...]".[22] Nesse sentido, vale lembrar que o desejo de conquistar honras era anterior à expansão marítima e comum a toda península. As sociedades ibéricas organizavam-se a partir de hierarquia de posições que dependiam profundamente de honras recebidas. Desde a reconquista, alçavam-se privilégios por meio da espada, de vitórias militares, mas aos poucos os serviços prestados aos soberanos dilataram-se, e honras e tenças poderiam ser concedidas pelo emprego da escrita. Se a espada expandia as fronteiras do império, as letras e as cartas permitiam a manutenção, a construção de uma ordem favorável ao fortalecimento da centralidade da Coroa. Para o canonista Gonçalo Mendes de Vasconcelos e Cabedo, o rei era obrigado a remunerar os serviços dos seus vassalos, segundo os costumes antigos, sobretudo quando esses recursos eram insuficientes.[23] As dádivas reais complementavam os salários fornecidos aos servidores da *res publica*, razão para Diogo do Couto reclamar melhores proventos e privilégios. O cronista ainda espantava-se com a indiferença dos intermediários, os fidalgos, que pouco reconheciam seus méritos e, portanto, não viabilizavam seus legítimos prêmios. Sentia-se injustiçado, pois as recompensas ofertadas não estavam à altura das suas expectativas, não havia, enfim, eqüidade entre serviço e mercê.

Os laços entre o monarca e os vassalos forjaram, aos poucos, o próprio Estado Moderno e também atuaram para integrar partes distantes de um vasto império. As trajetórias individuais permitem vislumbrar a dinâmica entre serviços e recompensas, entre centro e periferias no mundo ibérico. Os exemplos, portanto, fornecem subsídios para entender uma seqüência de procedimentos que iam desde a enumeração de serviços prestados e os pedidos de mercês ao reconhecimento monárquico e concessão de privilégios. Essa regra estará presente em quase todos os capítulos deste livro e tornou-se uma lógica comum nas relações entre o rei e os súditos, entre o século XVI e a primeira década do XIX. Os vínculos vassálicos prestam-se, igualmente, para entender a inserção da América Portuguesa nas redes imperiais, além fornecer subsídios para vislumbrar as estratégias

---

[22] IANTT, Convento da Graça, misc. cx. 6, t. II, p. 652.
[23] Fernanda Olival. p. 23.

empregadas pelos habitantes do ultramar ao inventariar os povos, a natureza e a história da presença portuguesa em terras americanas.

Feitos e mercês no Brasil

Desde Pero Vaz de Caminha, a lógica da recompensa perpassa boa parte da trajetória dos exploradores da conquista. Ao final da famosa carta do descobrimento, o escrivão refere-se a pedido de mercê: "Pois que, Senhor, é certo que assim, neste cargo que levo, como em outra qualquer coisa, que de Vosso serviço for, Vossa Alteza há de ser, por mim, muito bem servida. A Ela peço que, para me fazer singular mercê, mande vir da Ilha de São Tomé, Jorge de Osório, meu genro, o que d'Ela receberei em muita mercê".[24] Não era a primeira vez que a família Caminha solicitava ao rei cargos e favores. O pai do escrivão, Vasco Fernandes de Caminha, solicitou a D. Afonso V a nomeação do filho para substituí-lo no cargo de mestre-balança da cidade do Porto, depois de seu falecimento. O soberano acatou o pedido e concedeu ao cavaleiro da casa real, Pero Vaz de Caminha, a mencionada mercê. Em carta régia de 1496, ano da morte do pai, D. Manuel I confirmou sua nomeação. Caminha, porém, não desfrutou da função por muito tempo, pois, em 1500, partiu rumo à Índia, como escrivão da esquadra de Álvares Cabral. À época, o escrivão era senhor de 50 anos, e, talvez, idoso para tamanha aventura. No entanto, poderia servir ao soberano em troca de favores, mesmo que tivesse de enfrentar mares tenebrosos para resolver problemas familiares.

A descoberta de terras era oportunidade de escrever ao rei. Esmerando-se nos detalhes, descreveu a experiência, "aquilo que via", a travessia, as praias e os povos. Em forma de diário, tinha a responsabilidade de traduzir ao soberano os acontecimentos, desde os primeiros "sinais da terra" a cerimônias religiosas que asseguravam aos cristãos a posse do território. Os homens de beiços furados e nus certamente abandonariam seus costumes para abraçar o cristianismo, enquanto o solo forneceria os metais necessários ao comércio oriental. Além de riquezas, a carta ainda fornecia subsídios para comprovar, junto aos soberanos de Castela, o controle sobre as novas conquistas. Afinal, o relato demonstrava que as descobertas localizavam-se dentro dos limites impostos pelo Tratado de

---

[24] *A carta de Pero Vaz de Caminha*. Estudo crítico, paleográfico-diplomático de José Augusto Vaz Valente. São Paulo: Museu Paulista – USP, 1975. p. 194.

Tordesilhas. Tão logo as notícias chegaram a Lisboa, D. Manuel escreveu aos reis católicos, tomando posse da Terra de Santa Cruz.

Executado o esmerado serviço, Caminha solicitou ao rei mais uma mercê que pretendia atenuar os dilemas da filha. Ao deixar a cidade do Porto, o escrivão abandonava sua esposa e filha, senhoras que teriam de sobreviver sem apoio de seus maridos. Sua filha, Isabel de Caminha, casara-se com Jorge de Osório, que, por cometer delitos, estava como degredado em São Tomé. Na carta do descobrimento, o escrivão solicitava ao soberano perdão e retorno do genro. Afinal, ele, senhor idoso, abandonara a família para aventurar-se na Índia, deixando netos e mulheres desamparadas. Sem conhecer a sorte do genro, Pero Vaz de Caminha faleceu em 16 de dezembro de 1500. Para recompensar os serviços prestados e atenuar a morte do chefe de família, D. Manuel concedeu ao neto, Rodrigo de Osório, o cargo de mestre-balança da cidade do Porto. Durante muitos anos, os Caminha desempenharam a mesma função, pois D. João III nomeou outro neto, que, em homenagem, também se chamava Pero Vaz de Caminha.[25]

Com a descoberta, os portugueses promoveram, de forma incipiente, viagens de exploração e comércio para nomear, mapear e localizar reservas de pau-brasil ao longo da costa. Antes de 1530, porém, não se produziram escritos que ampliassem os conhecimentos para muito além da carta de Caminha. Sem ouro ou especiarias, a conquista era de pouca monta, razão do descuido. O soberano investia esforços na rota inaugurada por Vasco da Gama, enquanto a Terra de Santa Cruz permanecia como reserva de madeira corante, explorada tanto por portugueses quanto por franceses. Além da cartografia, os portugueses pouco se dedicavam a descobrir e a descrever as grandezas do Brasil. No reinado de D. João III estabeleceu-se, de fato, uma política de ocupação das novas terras que se iniciava com a expedição de Martim Afonso de Sousa ao litoral americano. Após 1530, devido às incessantes investidas francesas, o soberano iniciou efetivamente a colonização do Brasil, como bem lembrou, saudoso, Gabriel Soares de Sousa. A expedição assentou padrões e, em princípio, garantiu a posse de extenso litoral entre o Amazonas e o rio da Prata e, em seguida, estabeleceu núcleos de povoamento com instituições administrativas. Expulsou franceses de reservas de pau-brasil no nordeste, protegeu a "costa do ouro e prata", território ao sul, onde fundou a vila de São Vicente, em ilha do litoral, e uma outra, a nove léguas no sertão, chamada Piratininga.

Durante essa jornada, entre 1531 e 1532, o escrivão Pero Lopes de Sousa produziu um cuidadoso diário que, ao retornar a Lisboa, cederia a D. João III, para

---

[25] José Augusto V. Valente. Pero Vaz de Caminha. In: *A carta de Pero Vaz...* p. 40-47.

informar-lhe dos acontecimentos.[26] Os registros eram imprescindíveis ao trabalho dos cartógrafos, pois localizavam e nomeavam ilhas, baías e costas, mediam distâncias, descreviam o clima e as gentes encontradas, além de indicar paragens onde se poderiam refazer os estoques de água e mantimento da frota. Os informes eram indispensáveis aos navegantes que continuariam a proteger o litoral das investidas francesas. O diário ainda trazia notícias precisas das comunidades radicadas no litoral, destacando vínculos entre os ameríndios e os "invasores". Lopes de Sousa era irmão de Martim Afonso de Sousa e primo-irmão de D. Antônio de Ataíde, conde de Castanheiro, membro do Conselho Real e muito próximo ao rei. Estudou na Universidade de Coimbra, aventurou-se em expedições guarda-costas no litoral atlântico e, em seguida, percorreu a costa brasílica na expedição de Cristóvão Jacques, entre 1526 e 1528. Em nome do rei português, auxiliou os espanhóis ao comandar a nau enviada a Tunes contra os infiéis. Como capitão-mor de armada, deslocou-se para Goa, em 1539. Combateu em Safim juntamente com Tomé de Sousa e, por todos esses serviços prestados, recebeu como doação uma capitania no Brasil, dividida em três quinhões: Santo Amaro, Sant'Ana e Itamaracá. Seus escritos, serviços e valentia, enfim, resultaram na posse de terras, privilégio que era o reconhecimento dos feitos ofertados ao soberano. Na verdade, servir a coroa constituía um modo de vida para diferentes estratos da sociedade lusitana. Parte da sobrevivência material, o oferecimento de préstimos era condição para pedir mercê, como forma de compensação. O justo prêmio impulsionava súditos e vassalos a promover guerras contra os infiéis, desbravar e descobrir terras, tomando notas para demonstrar ao soberano o quanto batalhou em favor da manutenção e expansão de seus domínios. Pero Lopes de Sousa, porém, não tomou posse da capitania no Brasil, talvez devido ao seu falecimento prematuro, em 1539, durante a viagem de retorno da Ásia, em naufrágio na altura de Madagascar.

Por volta de 1570, a saga dos primeiros portugueses na América ganhou registros que narravam os feitos de Cabral e dos irmãos Sousa, descreviam a exploração de pau-brasil, a cultura da cana, a construção de vilas e engenhos. Dedicado ao mui alto e sereníssimo príncipe dom Henrique, Cardeal e Infante de Portugal, o "Tratado da Terra do Brasil" de Pero de Magalhães Gandavo concedia, por certo, informações valiosas da história e geografia da nova possessão lusa. Seus préstimos, frutos da pura atenção, contribuiriam para aumentar e conservar, em perpétua paz, súditos e vassalos, como o Cardeal sempre desejou.

---

[26] Pero Lopes de Sousa. *Diário da navegação*. Prefácio de Teixeira da Mota. Lisboa: Agência Geral do Ultramar, 1968.

Para Gandavo, as notícias da terra divulgariam suas riquezas entre os pobres do reino que, na América, poderiam viver e cultivar a felicidade. Por essa razão, determinou-se a coligi-las com a deliberação de oferecer a Sua Alteza, a quem pediu humildemente que aceitasse, ficando ele satisfeito com tamanha mercê. O tratado, porém, não seria logo publicado, como fora a sua *História da Província de Santa Cruz* (1576). O mencionado tratado somente teve impressão em Lisboa em 1826.

Quando comparado aos escritos de Soares de Sousa, o tratado e a história demonstram, com nitidez, o acanhado conhecimento do território. Em princípio, considera-se que Gandavo esteve por aqui por pouco tempo, certamente não esteve em Pernambuco e em outras regiões de onde forneceu poucas e esparsas notícias. Mas há também a possibilidade de nunca ter pisado em terras brasílicas. Devido à sua crônica, ele recebeu mercê, como reconhecimento, talvez, de seu valor literário e estratégico. Em agosto de 1576, no mesmo ano da publicação da história dos feitos portugueses no Atlântico sul, foi nomeado provedor da Fazenda da capitania de Salvador da Bahia de Todos os Santos.[27]

Seus escritos possuem mérito de divulgar, em breves notícias, a fertilidade e a abundância das novas terras. Depois de publicadas, elas ganhariam fama e incentivariam os súditos pobres e desamparados que as escolheriam para remediar os seus males. Para além das lavouras, o autor mencionou dois atrativos irrecusáveis e capazes de promover paz aos desvalidos do reino: metais e escravos. O aumento das vilas coloniais contaria com "terras viçosas" de onde surgiriam "grossas fazendas" e muita prosperidade. Do interior, porém, vinham informações da existência de metais que estavam inexplorados devido à ausência de gente, ou mesmo devido à negligência de moradores que não se dispunham ao trabalho. Nessas paragens quase paradisíacas, o labor seria atenuado, pois com poucos escravos os moradores remediavam os sustentos: "As pessoas que no Brasil querem viver, tanto que se fazem moradores da terra, por pobre que sejam, se cada um alcançar dois pares ou meia dúzia de escravos", teriam seu sustento remediado. Dispondo de 10 cruzados, os súditos poderiam adquirir um escravo que logo caçaria, plantaria e produziria mantimentos. Acumulariam riquezas e viveriam muito mais felizes do que se estivessem no reino; em terras brasílicas, "[...] nenhum pobre anda pelas portas a pedir como neste Reino".[28] Gandavo, enfim,

---

[27] Diogo R. Curto. Cultura escrita e prática de identidade *In*: *História da Expansão Portuguesa*. v. 2. Dir. de Francisco Bethencourt e Kirti Chaudhuri. Lisboa: Círculo de Leitores, 1998. v. 2. p. 487.

[28] Pero de Magalhães Gandavo. *Tratado Descritivo do Brasil e História da Província de Santa Cruz*. São Paulo/Belo Horizonte: Edusp/Ed. Itatiaia, 1980. p. 44.

esboçava proposta destinada a harmonizar dois mundos, entrelaçá-los, integrá-los para alcançar a esperada felicidade. Os pobres deslocar-se-iam para América e aliviariam a pobreza do reino. Assim, ao mesmo tempo, tomariam posse efetiva e explorariam as riquezas nativas. Não sem razão, o projeto recebeu o reconhecimento do infante, expresso na publicação da *História da Província de Santa Cruz* e na concessão de cargo.

Serviços aos Felipes de Espanha

A União Ibérica promoveu a modernização do sistema político português, ao recorrer a reformas que alteraram tanto a comunicação político-administrativa entre o rei e o reino quanto as modalidades do exercício de poder. "No que toca especificamente à história do Brasil, podemos dizer que esse foi momento em que o Brasil se integrou plenamente no sistema imperial, suscitando um interesse crescente por parte da metrópole".[29] Desde 1603, a organização jurídico e administrativa do reino português e das terras brasílicas pautava-se nas Ordenações Filipinas que, entre outras mudanças, instrumentalizava o governador–geral a fomentar a produção agrícola. Com insistência, a burocracia determinava a construção de engenhos, o cumprimento rigoroso da lei de sesmaria a qual estipulava prazo para exploração das terras doadas pela Coroa. Cuidou-se ainda de fiscalizar, de maneira incisiva, o corte de madeiras e de incentivar a produção de estatísticas civil, militar e eclesiástica do Estado do Brasil. Entre os dados coletados deveriam constar os "salários pagos, quantidade e discriminação dos cargos e funções, a receita e a despesas da Fazenda Real, bem como o número de praças, fortalezas e capitanias existentes".[30]

O governo dos Felipes, portanto, estimulou o fortalecimento dos laços entre a metrópole e seus domínios, sem descuidar das possessões portuguesas na América. O incentivo não era apenas resultado do incremento da produção agrícola e das baixas no Estado da Índia. O afã de promover inventário do mundo colonial era uma marca do governo castelhano, responsável pela execução das *Relaciones Geográficas* nos Vice-reinos da Nova Espanha e do Peru. Certo da boa acolhida de seus escritos sobre o Estado do Brasil, o português radicado na Bahia, Gabriel Soares de Sousa, dirigiu-se à Corte de Felipe II com a intenção de informar-lhe das grandezas brasílicas. Natural do Ribatejo, chegou à cidade de Salvador em

---

[29] Guida Marques. O Estado do Brasil na União Ibérica. *Penélope*, 27, 2002. p. 8.
[30] Graça Salgado (coord.) *Fiscais e meirinhos.* Rio de Janeiro: Nova Fronteira, 1985. p. 55-57.

1569, durante viagem em direção à Índia. Ao constatar as boas oportunidades de enriquecimento, decidiu ficar e empregar seus recursos na lavoura canavieira. Não se interessou apenas por empreendimento agrícola, por muito tempo recolheu informações que seriam vitais para seus pleitos na Corte castelhana.

Por quase duas décadas, Gabriel Soares de Sousa residiu no Estado do Brasil e reuniu conhecimento digno de notas. Em Madri, durante a espera de um despacho, resolveu tirá-las a limpo, copiando-as em um caderno para convir ao serviço de el-rei Nosso Senhor, Filipe II de Espanha. Em 1º de março de 1587, ofertou o manuscrito a Cristóvão de Moura que, certamente, enviaria a Sua Majestade. No reino, Soares de Sousa compadecia da pouca notícia que se tinha da grandeza e estranheza do Brasil. Para tanto, compôs cosmografia e descrição do Estado, revelando ainda informes dilatados sobre terras e riquezas da Bahia de Todos os Santos. Não tencionava, porém, conceber uma história esmerada no estilo, nem mesmo esperava louvores pela escritura da breve relação. Em tempo de União Ibérica, procurava sensibilizar a realeza para a enorme fertilidade da terra. Denunciava ainda os descuidos dos reis passados, deixando desprotegido o imenso litoral, onde corsários poderiam estabelecer e assenhorear-se com uso de mui pequena armada. Depois que o rei D. João III "passou desta vida para eterna", as novas descobertas estavam muito desamparadas. Antes, porém, com imenso cabedal, edificaram-se muitas cidades, vilas e fortificações. Contando com litoral de mil léguas, terra fértil, fresca e abastada em mantimentos, no Estado do Brasil era viável edificar um grande império, informava ao soberano Gabriel Soares.

O abandono das novas terras não era por falta de providência de Sua Majestade, mas por carência de notícia, negligenciada por quem disso tinha obrigação. Como leal súbito, Gabriel Soares de Sousa declarou-se empenhado em contornar esses entraves, fornecendo ao serviço real uma memória capaz de guiar os empreendimentos imperiais em terras da América descoberta pelos lusitanos. Para dissertar sobre defesa, descreveu vilas e cidades da costa, demonstrando o quanto estavam despreparadas para as investidas inimigas externas e internas. Não era despropósito, considerou o fiel súdito, alertar a el-rei para o desamparo em que se encontrava a cidade de Salvador. Era mister cercá-la "de muros e fortificar, como convém ao serviço e segurança dos moradores dela; porque está arriscada a ser saqueada de quatro corsários, que a forem cometer, por ser gente espalhada por fora, e a cidade não ter onde se possa defender, até que a gente das fazendas e engenhos a possa vir socorrer".[31] Por certo, Soares de

---

[31] Gabriel Soares de Sousa. *Tratado Descritivo do Brasil em 1587*. São Paulo: Companhia Editora Nacional, 1987. p. 40.

Sousa percebera não somente a fragilidade das fortificações, mas, sobretudo, o desempenho de vilas e cidades para manutenção do próprio território circunvizinho. Eram, portanto, alvos frágeis de corsários e invasores – como sucederia, mais tarde, com Salvador e Olinda nas guerras contra os flamengos. Do mesmo modo, muralhas protegeriam as vilas de revoltas e combates promovidos pelos ameríndios vindos do sertão. Ilhéus não contava com fortificações e enfrentava a "praga dos aimorés". Antes contava com quatrocentos ou quinhentos vizinhos, mosteiro de São Bento e colégio da Companhia de Jesus, mas enfrentava invasões internas e despovoava-se rapidamente: "se despovoará de todo, se Sua Majestade com instância não lhe valer". Enfim a insistência do manuscrito em descrever os povoados atuava como alerta para preservar a conquista lusa.

Não era coincidência que na mesma oportunidade o colono solicitasse a concessão de Felipe II para um grande plano de desbravar e conquistar o interior, em paragens localizadas além do rio São Francisco: "Eu El-Rei faço saber aos que este alvará virem que, sendo eu informado quanto importa ao serviço de Deus e meu fazer-se o descobrimento do Rio de São Francisco, parte do Brasil, a que ora envio Gabriel Soares de Sousa por capitão-mor e governador dela; e querendo como é razão fazer mercê às pessoas que me forem servir na dita empresa[...]". O monarca acatava, assim, o pedido e concedia-lhe títulos de capitão-mor e governador da conquista, direito de nomear cargos de justiça e fazenda. Contaria ainda com hábitos das Ordens de cavalaria e respectivas tenças, mercê de cavaleiros-fidalgos e a permissão de formar uma tropa composta de mecânicos, mineiros, degredados ou não, e um grande número de índios, capazes de sustentar o empreendimento no sertão. A partir de descobertas de ouro, prata e pedras preciosas, Soares de Sousa planejava seguir os rastro do irmão, João Coelho de Sousa, e apoderar-se de riquezas escondidas longe das povoações litorâneas. Para levar à frente a empreitada, recorria às benesses de Sua Majestade.[32] Com a demora do despacho, resolveu colocar no papel a experiência de quase vinte anos no Estado do Brasil, redigindo o que viria a ser o *Tratado Descritivo do Brasil*, registro ainda hoje indispensável ao conhecimento do primeiro século da colonização portuguesa.

O tratado é divido em duas partes: a primeira denominada de "Roteiro Geral da Costa Brasílica"; e a segunda de "Memorial e Declaração das Grandezas da Bahia". Iniciando-se com a descoberta do Brasil, ele mistura elementos históricos, geográficos e etnográficos de diversos pontos do litoral, do Amazonas ao rio da Prata, fornecendo subsídios valiosos para colonos e administradores. Pro-

---

[32] IHGB – Arquivo 1.2.15, t. 1, p. 76-79, 115 e 174-182.

venientes da experiência, os escritos de Soares de Sousa encantam pelo detalhe: mapeamento de nações indígenas, aliadas e rebeldes, rios e portos, engenhos e lavouras diversas espalhadas pelo litoral. Mas conhecimento precioso seria fornecido sobre a Bahia de Todos os Santos, onde se radicou e era proprietário, senhor-de-engenho e de escravaria. Dividiu o memorial em vinte partes, abordando, sem dificuldades, a história e a geografia. Como os naturalistas, ele dissertou sobre os três reinos da natureza e, com muita pertinência, refletiu sobre as dádivas fornecidas pela criação divina, ou seja, plantas, animais e minerais. Denominada de "bichos menores que têm asas e têm alguma semelhança de aves", nem mesmo a entomologia brasílica escapou a esse senhor-de-engenho, na faina de comunicar ao rei, riquezas e estranhezas do Estado do Brasil. O manuscrito ainda se destaca pela capacidade de individualizar comunidades indígenas, particularmente os tupis radicados no litoral, fornecendo pormenores sobre casamentos, alimentação, guerras e ritos canibalescos.

Gabriel Soares não apenas entregou a D. Cristóvão de Moura descrição pormenorizada das terras brasílicas. Na oportunidade recorreu novamente a seus apontamentos para denunciar privilégios e desmandos cometidos pela Companhia de Jesus. Se inicialmente eram benquistos pelos moradores, tempos depois a reputação dos jesuítas não era das melhores, "ficaram os Padres muito odiosos ao povo". Com os favores d'el-rei, os religiosos construíram os colégios da Bahia, Pernambuco e Rio de Janeiro. Anualmente, contavam com 4.500 cruzados de renda provenientes de cofres reais, mais currais de vaca, propriedades e cinco aldeias de índios forros. Os privilégios não eram bastante para conter a sede de riquezas dos inacianos, comentava Gabriel Soares. Pressionavam fiéis para doar-lhes terras, estimulavam a fuga de escravos de propriedades vizinhas e contrariavam as ordens das autoridades locais. Além das mencionadas irregularidades, a catequese, razão para atuar nos reais domínios, demonstrava-se inócua, pois os índios eram incapazes de "conhecer que coisa é Deus, nem crer nele".[33]

As denúncias de Gabriel Soares de Sousa abordam os entraves ao emprego da mão-de-obra indígena nos empreendimentos coloniais. Sendo os jesuítas responsáveis pelos aldeamentos, os moradores ficavam dependentes dos padres para tocar as lavouras. As epidemias e as guerras provocaram no recôncavo baiano aumento da mortalidade e escassez de braços para o cultivo de cana-de-açúcar, o que veio agravar a penúria de canavieiros e senhores de engenhos. Ao descrever

---

[33] Gabriel Soares de Sousa. Capítulos que Gabriel Soares de Sousa deu em Madrid ao Sr. D. Cristovam de Moura contra os padres da Companhia de Jesus... *Anais da Biblioteca Nacional*, 62, 1940, 337-381.

os desmandos da Companhia de Jesus, ele pretendia alcançar o apoio das autoridades metropolitanas e solapar os privilégios dos inacianos no Brasil. Sem a interferência dos padres, os proprietários poderiam recorrer à escravidão e ampliar suas atividades agrícolas. Percebe-se então que o vassalo d'el-rei não pretendia apenas expandir as áreas da colonização para as bandas do São Francisco, mas viabilizar braços para explorar a fertilidade da terra.

Se os ataques aos jesuítas não alcançaram o desfecho planejado, o projeto de conquistar o sertão teve todo apoio do soberano. Os favores pleiteados foram, em grande parte, concedidos, em abril de 1591. O novo "capitão-mor e governador" partiu de Lisboa na urca flamenga denominada de Grifo Dourado, conduzindo cerca de trezentos e sessenta homens em direção à foz do rio São Francisco. Em terra, seguiria o roteiro rumo às minas traçado pelo irmão que encontrara a morte durante a jornada pelo sertão. O destino de Soares de Sousa não seria diferente. Na altura da enseada do Vazabarris, a embarcação naufragou, porém sem fazer muitas vítimas. Os sobreviventes logo passaram à Bahia. Depois de montar expedição com apoio do governador D. Francisco de Sousa, Gabriel Soares seguiu rumo às suas terras, subindo pela margem do rio Paraguaçu. No percurso, enfrentaram as cheias do rio, o frio e o nevoeiro da serra. Combalido, ele morreria sem encontrar as minas, desfrutar das tenças e mercês concebidas pelo soberano espanhol. O "Tratado descritivo do Brasil", porém, permaneceu como manuscrito durante todo o período colonial. Francisco Adolfo de Varnhagen localizou dezenas de versões parciais em arquivos de Portugal, Brasil, Espanha e França, o que demonstra o valor do memorial.

Para Soares de Sousa, nos reinos de Portugal e Castela havia escassas notícias do Estado do Brasil, o que agravava o abandono e a debilidade das fortificações. O inventário cosmográfico era, em princípio, recurso para incentivar a colonização, mas também parte da estratégia destinada a obter o real apoio para expandir seus domínios sobre o sertão. Esses entendimentos entre soberanos e súditos letrados eram constantes na Época Moderna, parte imprescindível do controle e gerenciamento das possessões ultramarinas. Os memoriais estreitavam os laços entre o centro e as várias periferias. Por vezes, viajantes eram previamente preparados para a tarefa de aproximar e fazer conhecer os limites e as potencialidades dos domínios. Esses súditos percorriam as fronteiras de imensos territórios, recolhendo elementos da geografia, do mundo natural e das comunidades nativas. Teciam, enfim, as tramas do império, criavam possibilidades para intervenções e reformas, fazendo chegar aos soberanos mundos distantes e realidades quase desconhecidas. Nem sempre, esses vínculos eram estreitados por enviados da

Coroa, por vezes vassalos experientes e treinados na escrita exerciam essa função em troca de honras.

Gabriel Soares de Sousa conhecia bem essas negociações, não sem razão confiou ao marquês de Castelo Rodrigues o "Tratado Descritivo do Brasil" e as denúncias contra a Companhia de Jesus. À época, início do reinado de Felipe II em Portugal, inaugurava-se com a União Ibérica uma política de atração da nobreza portuguesa para o quadro dinâmico da Monarquia Hispânica a partir da criação de casas titulares e concessão de vários privilégios.[34] Sem poder desfrutar das mesmas honras, Soares de Sousa pretendeu pleitear título de capitão-geral e governador das terras a serem descobertas no sertão.

D. Cristóvão de Moura, o mencionado marquês, era confidente e, decerto, o mais influente dos ministros de Felipe II. Depois de Alcácer Quibir, com muita habilidade, participou como embaixador do soberano de Castela, reunindo partidários da união das Coroas entre nobres portugueses. Proclamado rei nas Cortes de Tomar, Felipe II o fez vedor da fazenda, tornou-o membro do Conselho de Portugal e ainda concedeu-lhe numerosas mercês e doações, bem como o título de marquês. Apesar de embrenhado nas franjas do império, Gabriel Soares de Sousa certamente conhecia a influência de Moura na Corte madrilena. Recorreu ao seu prestígio para enviar ao rei notícias do Brasil que atuariam tanto como trunfo para engrandecer as terras, quanto elemento para fortalecer seus planos de conquista e comando do sertão do São Francisco. A partir do episódio, torna-se mais evidente a relação entre privilégios e produção do conhecimento. A existência de uma teia de informação era capaz de tornar móvel o mundo colonial, reduzi-lo a questões básicas, traduzi-lo em relatórios, tratados e mapas, e conduzi-lo enfim em forma de papel para os centros europeus. Essas operações eram vitais para sobrevivência da ordem colonial, para consolidação de laços entre centro e periferias.

Conscientes da interdependência, súditos letrados se dispunham a mobilizar mundos e narrar histórias em troca de privilégios. À época, essas conexões não eram novidades, faziam parte da tradição ibérica. Soares de Sousa e Diogo do Couto verteram muita tinta para denunciar os descaminhos dos governos e esperavam a reação da monarquia para coibir os abusos. Sem preocupar-se em traçar a história dos portugueses na América, em 1592, o licenciado Domingos de Abreu de Brito apresentou a Felipe II um "sumário", com a intenção de revelar as contrariedades aos interesses monárquicos dos dois lados do Atlântico sul. No Brasil e Angola, ele detectou práticas contrárias aos interesses imperiais,

---

[34] Jean-Frédéric Schaub. *Portugal na Monarquia Hisp*ânica; *1580-1640*. (trad.) Lisboa: Livro Horizonte, 2001. p. 45-48.

perpetradas por oficiais e vassalos do rei. De sua vida pouco se sabe, apenas que recebeu a incumbência de promover uma possível devassa em Angola e Pernambuco para o aumento "do Estado e renda para sua Coroa". Com tão valiosas notícias, pretendia "pedir as honras e mercês que por seus serviços os conquistadores mereciam".[35]

O fortalecimento da comunicação entre mundos apartados tornou-se uma importante característica do governo filipino, por isso, com toda propriedade, o historiador J. H. Elliott denominou a Monarquia Hispânica de *government by paper*.[36] Nesse sentido, Abreu de Brito pretendia fornecer notícias e estreitar os laços entre Madri e os rentáveis empreendimentos do Atlântico sul. O comércio do pau-brasil, à época, era monopólio régio, parte importante dos rendimentos da Coroa e produto alvo de particular atenção. Em 1601, o governo de Castela procurou reunir informações rigorosas sobre o rendimento desse negócio, "e tentou igualmente averiguar até que ponto estavam a ser cumpridos os termos do contrato que regulava esse monopólio". Nem sempre estavam disponíveis os índices dessas transações,[37] razão para Abreu de Brito percorrer as terras brasílicas, muito antes dos oficiais da Coroa, e oferecer ao monarca um inventário dos descontroles da arrecadação dos dízimos sobre o comércio de cana-de-açúcar e extração de pau-brasil. Proveniente de Angola, ele chegou a Pernambuco, em abril de 1591, durante o governo interino do bispo D. Antônio Barreiro, com a tarefa de lançar devassa sobre a produção e o comércio da capitania de Pernambuco.

Nos papéis enviados a Felipe II, Abreu de Brito calculou o dízimo sobre a produção açucareira e o número de engenhos, avaliou ainda a criação de gado, pescados e farinhas. O dízimo era imposto de um décimo cobrado sobre toda a produção que, por princípio, era destinado à Igreja. Arrecadado em nome do soberano, na condição de grão-mestre da Ordem de Cristo, o imposto era coletado pelo licitante que maior lance oferecesse no pregão anual.[38] O contrato do dízimo era concebido a partir de uma estimativa de produção, se a arrecadação fosse maior ou menor que o lance, ou melhor, que a estimativa, o lucro ou o prejuízo seria do contratador. Os cálculos de Abreu de Brito com-

---

[35] Domingos Abreu de Brito. *Um inquérito à vida administrativa e econômica de Angola e do Brasil, em fim do século XVI*. Pref. de Alfredo Albuquerque Felner. Coimbra: Imprensa Universitária, 1931. p. 29.

[36] A feliz expressão *government by paper* está em J.H. Elliott. *Imperial Spain; 1469-1716*. London: Penguin Books, 1990. p.170.

[37] Guida Marques... p. 9.

[38] Stuart Schwartz. *Segredos internos*. (trad.) São Paulo: Companhia das Letras, 1988. p. 154.

provaram, porém, o enorme ganho do contratador, em detrimento da rendas da Coroa. O açúcar era a base das fraudes, pois a partir de comparação entre dízimo do açúcar, número de engenhos e produção anual (6.000 arrobas), ele constatou o enorme prejuízo da fazenda real. Esta deveria receber cerca de 75.600 cruzados somente com produção açucareira. A arrecadação de dízimo do açúcar, mantimentos, gados e demais produções alcançava a soma de apenas 28.500 cruzados, arrematados pelo mercador João Nunes, que à época foi fartamente denunciado, ao visitador do Santo Ofício, por onzenas, desrespeito ao crucifixo e viver amancebado.[39]

O sumário dirigido a Filipe II não se ateve apenas à produção açucareira e denunciou o enorme contrabando de pau-brasil. As transações ilícitas realizavam-se em porto a uma légua do Recife. Embora houvesse inspeção, inúmeras mercadorias eram carregadas e descarregadas ilegalmente, sobretudo quando as autoridades se ausentavam. Mas eram os oficiais de Sua Majestade os grandes responsáveis por onerar a real fazenda. A partir de um dispositivo legal, os vassalos aumentavam seus lucros em detrimento dos cofres da Coroa. Os novos canaviais e engenhos eram isentos de impostos por dez anos. Oficiais da fazenda, justiça e Câmara aproveitavam os benefícios de lei e compravam roças e engenhos. Essas propriedades não eram destinadas ao cultivo e produção, serviam para acobertar negócios escusos. Eles compravam ou produziam açúcar e, em seguida, enviavam-no à alfândega. A carga, porém, era acompanhada de certidões que pertenciam a lavradores ou donos de engenhos recém-instalados e, assim, ficavam livres e isentos de impostos.[40] Esses vassalos enriqueciam e depauperavam as rendas reais.

Abreu de Brito forneceu igualmente notícias preciosas do reino de Angola ao relatar as guerras empreendidas nos governos de Paulo Dias e Luiz Serrão. Apesar de vassalo, o reino do Congo impedia o avanço do tráfico, dificultava os negócios de zimbo, a navegação e a circulação pelo interior. Com socorro de Lisboa, em pouco tempo, os congoleses seriam controlados, o caminho das minas estaria livre, os principais fidalgos e o rei de Angola seriam subjugados, acreditava Abreu de Brito. Para melhor explorar tais reservas de prata, as serras de ouro de "Manapota", a passagem para Moçambique e a exaltação da santa fé, seriam necessários muitos fortes e uns poucos homens brancos que viabilizariam a integração do interior africano.[41] Para além de metais, por serem muito povoadas, as terras forneciam ainda infinidade de escravos. Esses conselhos e advertências,

---

[39] IANTT – Inquisição de Lisboa proc. 1491 e 885.
[40] Domingos Abreu de Brito. p. 65.
[41] Domingos Abreu de Brito. p. 19.

enfim, tinham a finalidade de amenizar os prejuízos da fazenda real e consolidar a conquista de fabulosas riquezas. Felipe II deveria, então, ser alertado sobre os descaminhos arquitetados por seus próprios vassalos. Abreu de Brito incentivou, enfim, a integração entre Madri e as costas atlânticas, orientou o soberano sobre como coibir abusos e submeter súditos desleais em favor do engrandecimento da Monarquia Hispânica.

Como os demais escritos portugueses, os *Diálogos das Grandezas do Brasil* abordam vários incidentes e a descrição sumária das capitanias entre o rio Amazonas e São Vicente. Em forma de diálogos entre Alviano e Brandônio, o texto exalta a fecundidade da terra e a amenidade do clima, responsáveis por viabilizar tanto as lavouras de cana-de-açúcar e algodão, quanto a extração do pau-brasil e de diversas madeiras. O comércio de mantimento era também atividade promissora: mel, vinho e azeite ativariam o intercâmbio com o reino. Incentivou também a circulação de mercadorias entre o Peru e o Atlântico, recorrendo ao grande rio Amazonas. Depois de algumas intervenções, "podia Sua Majestade navegar por ele abaixo a sua prata, mas ainda os mercadores levariam as suas mercadorias para o Peru pelo mesmo rio acima", reduzindo os custos com o transporte da prata.[42] Esse projeto promoveria a integração comercial entre as partes castelhana e portuguesa do império centralizado em Madri. Por fim, aborda rapidamente os costumes portugueses e enfatiza o barbarismo perpetrado pelos índios: "Esse costume", comenta Alviano, "devia de lhes ensinar algum demônio, e à sua imitação o usam com darem maior mostra de sua grande barbaridade".[43]

Apesar da relevância do conteúdo, não ficam evidentes os motivos que induziram o autor dos diálogos a fornecer notícias sobre as capitanias. Ao longo deste capítulo, os escritos nos serviram de ponto de partida para entender os vínculos entre metrópole e as conquistas, a dinâmica de centralidade exercida por Lisboa e Madri. No caso em questão, inexistem documentos capazes de comprovar a aliança entre o suposto autor, Ambrósio Fernandes Brandão, e a Coroa. Essas preciosas informações poderiam perfeitamente servir aos holandeses, ao invés de firmar as conexões entre a costa brasílica e a metrópole. Como salientou José Antônio Gonsalves de Mello, Brandão era cristão-novo radicado na Paraíba e escreveu manuscrito que, mais tarde, seria encontrado na Biblioteca de Leyden. Essa evidência poderia ser testemunho da colaboração judaica à Holanda: "O

---

[42] *Diálogos das Grandezas do Brasil*. Pref. de Afrânio Peixoto, introdução de Capistrano de Abreu e notas de Rodolfo Garcia. São Paulo: Ed. Melhoramentos, 1977. p. 38.

[43] *Diálogos das Grandezas do Brasil*. p. 268.

fato é que, com a ocupação holandesa, muitos judeus encobertos residentes em Pernambuco se declararam como tais, mudaram os nomes cristãos para outros mais caracteristicamente israelitas e circuncidaram-se".[44]

Os *Diálogos*, porém, conservam uma tradição marcadamente portuguesa ao abordar temas comuns aos escritos de Gabriel Soares de Sousa, Abreu de Brito e Diogo do Couto. Em diversas passagens, o autor defendeu os interesses do soberano. Os vassalos e os ministros teriam a obrigação de aumentar as capitanias de Sua Majestade, "e não procurar de engrandecer a capitania de Pernambuco, que é de senhorio: por esse modo, com dano tão notável de estoutra de seu Rei, que lhe tem custado tanta despesa a povoação dela", concluiu Alviano.[45] O comentário surgiu da constatação que o açúcar da real capitania era comercializado na capitania vizinha. O descuido de capitães e governadores gerais provocava perda da arrecadação dos dízimos da Paraíba e engrandecimento de Pernambuco. O texto ainda aconselhou o soberano a enviar uma caravela à Índia para trazer sementes de pimenta. A embarcação distribuiria a cobiçada especiaria pelas capitanias de Sua Majestade, onde os capitães-mores obrigariam os moradores a plantar e beneficiá-las e "desta maneira se colheria do Brasil mais pimenta do que se colhe na costa do Malabar".[46]

Em princípio, o autor não dedicou o manuscrito ao rei. Ele nem mesmo dirigiu-se a Madri para entregar as notícias e pleitear mercês, como fizera Gabriel Soares de Sousa. Nas entrelinhas, de forma discreta, encontram-se conselhos, alertas e denúncias que somente interessariam às autoridades metropolitanas. O vassalo-escritor considerava-se incapaz de remediar tais males, mas suas advertências não seriam em vão. Personagem do diálogo, Alviano considerava legítimo abordar esses problemas, "porque pode suceder que esta nossa prática passe ainda à mão de pessoa, que a possa manifestar aos senhores do conselho de Sua Majestade, para que lhe dêem o remédio conveniente".[47] Alcançar o Conselho das Índias era, certamente, um forte motivo para se escrever notícias sobre o Brasil. Teria o senhor-de-engenho cristão-novo, Ambrósio Fernandes Brandão, interesse em solicitar, ao soberano, mercês em troca do valioso serviço? Talvez a pecha de cristão-novo o impedisse de fazê-lo, em época de intensa perseguição aos marranos, mas isso é apenas especulação.

---

[44] José Antônio Gonsalves de Mello. *Tempo dos flamengos*. Recife: Fundação Joaquim Nabuco/Massangana, 1987. p. 38.
[45] *Diálogos das Grandezas do Brasil*. p. 45.
[46] *Diálogos das Grandezas do Brasil*. p. 125.
[47] *Diálogos das Grandezas do Brasil*. p. 156-157.

Ao demonstrar interesse nas riquezas brasílicas, Luís Álvares Barriga, cavaleiro português, escreveu a Felipe IV de Espanha para adverti-lo dos prejuízos causados pelo controle neerlandês do porto de Pernambuco e do "grandissimo comercio de la Mina y Guiné, bastante para hacer poderoso un grande Monarcha". Os danos atingiam não somente os comerciantes da praça lisboeta, mas a "Real Hacienda". Para recuperar os portos atlânticos e manter o Estado do Brasil, recorria à mercê da monarquia, à real generosidade, com a esperança de que a medida pudesse "desinfetar nossos mares" e assegurar o comércio. O cavaleiro português reuniu, assim, suas argumentações e estratégias em livro com intenção de prestar ao monarca um grande serviço. Ele endereçou seus escritos ao "Senhor Conde Duque" de Olivares que certamente o conduziria ao monarca. Os pleitos, porém, foram em vão, não mereceram resposta, embora ele continuasse a insistir depois de suas breves propostas de 1631 e 1632. Ele ultimou seus apelos, em 1634, compondo livro mais adensado e denominado de "Advertencias que de necessitad forçada importa al servicio de su Magestad, que se consideren en la Recuperacion de Pernambuco,...".[48] O testemunho de Álvares Barriga nos interessa por demonstrar a complexa teia imperial e os vínculos entre serviço e inventários. Não se tratava de português radicado na conquista, que escrevia ao monarca em busca de recompensa pelos serviços. Era reinol e cavaleiro, interessado em manter o comércio do açúcar e o tráfico de escravos na costa da Mina e Guiné. Em seus escritos fica evidente a apologia das riquezas brasílicas e africanas, que no momento estavam sob o controle neerlandês. Se, inicialmente, o esforço de nada valeu, Barriga acreditava que se insistisse no pedido e alentasse suas informações sobre as perdas da real fazenda, teriam mais chances de ser atendido. Para além dos laços entre os comerciantes portugueses e o monarca espanhol, a rogativa de Álvares Barriga permite entender, sob um outro prisma, as estratégias de Soares de Sousa e Abreu de Brito. Ao ampliar, a cada pedido que fazia ao monarca, as descrições das riquezas e dos lucros advindos com o comércio, o cavaleiro demonstrava que a relevância dos serviços era proporcional às potencialidades do espaço em que atuava. Assim, quanto mais ricos eram os domínios, maiores eram as chances de obter honra e privilégios.

De fato, ao descrever as riquezas americanas, os vassalos não pretendiam apenas viabilizar o governo a distância, mas também tornar relevantes seus serviços. Gabriel Soares de Sousa escreveu de forma clara que sua cosmografia pretendia

---

[48] "Advertencias que de necessitad forçada importa al servicio de su Magestad, que se consideren en la Recuperacion de Pernambuco,... Hechas por Luys Alvares Barriga. *Anais da Biblioteca Nacional*. v. 69, 1950. p. 232-33.

divulgar no reino as potencialidades da conquista americana, pois no Estado do Brasil era viável edificar um grande império. O diálogo entre Alviano e Brandônio era igualmente oportunidade para enumerar os produtos coloniais e a posição privilegiada do Brasil nas rotas comerciais. Durante a União Ibérica, ao rogar por mercês, os vassalos do Brasil deveriam concorrer com conquistadores, militares, mineiros, fazendeiros e comerciantes de todo império espanhol. Oriundos da periferia, esses súditos brasílicos deveriam demonstrar o quanto o quinhão defendido era relevante. Sem esses subsídios, acreditavam que seus serviços não seriam recompensados. Por isso tornava-se conveniente descrever as plantas, os animais, a fertilidade do solo e as fabulosas reservas de metais preciosos ainda escondidos na natureza. Não bastava, porém, enumerar as dádivas naturais, era preciso demonstrar a disposição e docilidade dos povos para "compartilhar", com os portugueses, da faina nas fazendas, engenhos e minas. Tratavam ainda de indicar os descaminhos promovidos por súditos pouco fiéis, os contrabandos, o desrespeito à lei e a incúria na administração das conquistas. Em suma, com o interesse de valorizar os serviços, os fiéis vassalos enviavam notícias das grandezas da terra.

Mameluco, paulista e cavaleiro da Ordem de Cristo

Mais do que os papéis, as vitórias bélicas e a expansão do império eram os meios mais seguros de entesourar méritos e mercês. Na América portuguesa, no seiscentos, as conquistas rumaram em direção ao oeste, sobretudo depois da expulsão dos franceses da ilha de São Luís. O capitão-mor de Pernambuco, Alexandre Moura, tinha a tarefa de fundar uma nova capitania para deter os franceses que ameaçavam o Amazonas. O empreendimento, porém, ficou sob o comando de Caldeira Castelo Branco que recebera antes da partida o título de capitão-mor. Comandava cento e cinquenta homens e três embarcações e, em 1616, fundou o forte do Presépio e a cidade de Nossa Senhora de Belém, às margens do rio Guamá.[49] No entanto, os avanços da colonização ocorreram com mais rapidez na região em torno de São Luís. Em 1618, desembarcaram lá perto de 300 pessoas. Os imigrantes receberam suas léguas de terra e puderam desfrutar da fertilidade e grandeza da América. As moças donzelas logo se casaram e tiveram vida próspera, o que era impossível no reino. Para consolidar a posse do Maranhão, os portugueses de-

---

[49] AHU, Conselho Ultramarino, Requerimento, maço n. 3. Alexandre de Moura. Regimento que Alexandre de Moura deixou a Francisco Caldeira de Castelo Branco. Forte São Felipe, 22 de dezembro de 1615.

veriam explorar seus recursos, construir vilas e fortificações. Entre os açorianos, encontrava-se Simão Estácio da Silveira, capitão da nau de Jorge Lemos Bitencourt e autor de dois escritos dedicados às capitanias do norte. A "Relação sumária das cousas do Maranhão" voltava-se aos pobres do reino de Portugal e, como Gandavo, Silveira pretendia incentivar a migração para as terras americanas. No interesse de difundir a "Santa Fé Católica" e a conversão do gentio, Silveira ainda escreveu "Intentos da jornada do Pará", onde procurava relatar as potencialidades da terra e os recursos naturais indispensáveis à manutenção dos moradores. Para estimular a imigração, não bastava apenas enumerar frutas e raízes, mas a disposição dos nativos para auxiliar os moradores na exploração das glebas. Descreveu, então, as comunidades indígenas de modo a exaltar suas características: "O gentio da terra é brioso, engenhoso e tem algum polido mais que outro do Brasil muito fácil e tratável, que deseja e procura nossa amizade...".[50] Além de informar à Sua Majestade os descobrimentos realizados ao norte da América Portuguesa, Silveira buscava apoio para o povoamento do Pará e Maranhão, empresa que "se requer grande cabedal de valia e de fazenda". Mais uma vez, as informações sobre as novas conquistas antecediam os pedidos de recursos e os pleitos ao monarca.

Com os avanços dos açorianos e o crescimento da vila, instalou-se a Câmara de São Luís, onde Silveira elegeu-se juiz. Ele não permaneceu muito tempo nesse lugar, pois em 1624 estava novamente em Lisboa, onde publicou, com a permissão do inquisidor geral, sua obra sobre as terras conquistadas dos franceses, a "Relação sumária das coisas do Maranhão".[51] Dois anos depois, em Madri, Silveira escreveu ao monarca espanhol para, mais uma vez, oferecer serviços. Pretendia empregar seus conhecimentos sobre os rios amazônicos e abrir uma nova rota marítima e fluvial entre o Peru e a Espanha. Esse trajeto diminuiria a viagem em quatro meses, tornando desnecessária a travessia pelo Panamá. "Como platico en las cosas de la mar, que tengo mucha noticia de las del Marañon, como parece de mi relacione q he impresso, me ofrezco por servicio de Dios y de V. Magestad a abrir nuevo camino por un de los rios de Marañon".[52]

---

[50] Simão Estácio da Silveira. Intentos da jornada do Pará, Lisboa, 21 de setembro de 1618. *In*: *Annaes da Bibliotheca Nacional do Rio de Janeiro*. v. 26, 1905. p. 361-366.

[51] Simão Estácio da Silveira. Relação sumária das coisas do Maranhão. *In*: Cândido Mendes de Almeida. *Memórias para o extinto estado do Maranhão*. v. II. Rio de Janeiro: livr. Paulo Hindebrandt, 1874.

[52] Simão Estácio da Silveira. Intentos da jornada do Pará...p. 99; Petição de Symão Estacio da Silveyra, [Madrid, 15 de junho de 1626]. *In*: *Revista do Instituto Histórico e Geographico Brasileiro*. t. 83,1919, p. 91-99.

Infelizmente, não dispomos da resposta do monarca para o pedido de Silveira. Vale, porém, destacar que o desbravador do Maranhão escreveu sobre as novas descobertas, teve o trabalho impresso e, tempos depois, solicitou ao rei permissão para encontrar rota entre as minas do Peru e os portos da Espanha. Em nenhum momento, Silveira solicitou privilégios para si, somente apoio do monarca para seus empreendimentos, tornando-se um testemunho singular. Não pretendia, em princípio, solicitar mercê pelo serviço de difundir notícias, incentivar povoamento das conquistas e descobrir caminhos, como o fez Gabriel Soares de Sousa e Abreu de Brito. Nesse sentido, seus escritos ao monarca também se diferem dos de Bento Maciel Parente. Este conquistador participou ativamente da expansão portuguesa na costa oeste, relatou ao soberano seus feitos e alcançou inúmeros privilégios. Não recebeu, porém, o hábito da Ordem de Cristo, alcançado por seu filho depois da morte do pai. Parente era reinol e, por longos anos, desbravador de terras no Maranhão e Pará, enquanto seu filho era mameluco, também chamado Bento Maciel Parente. Sem reunir serviços, o filho conseguiu o perdão do soberano para seus defeitos, condição para um mameluco, paulista e bastardo alcançar o hábito da Ordem de Cristo.

Em 1619, o forte do Presépio sofreu enormes perdas com levante tupinambá, que foi debelado por Jerônimo Fragoso de Albuquerque, capitão-mor do Pará, Pedro Teixeira e Bento Maciel Parente. O último realizou feitos notáveis na Amazônia, e a guerra contra os ameríndios amotinados não seria sua primeira missão em terras brasílicas. Antes, Bento Maciel pelejou contra os ingleses na costa de Pernambuco, descobriu salitre na Bahia e minas em São Paulo. Na conquista do Maranhão, atuou como capitão de mar e guerra em companhia de Alexandre Moura e, por fim, lutou para expulsar corsários do Amazonas e combater a rebeldia dos tupis. Depois de pacificados, nos rios do Pará, mandou construir fortificações e consolidou a posse lusa sobre a entrada do grande rio. Como recompensa pelo serviço, em 1625, recebeu o hábito da Ordem de Santiago, com quinhentos réis de renda. Tempos depois, em sua defesa, escreveu a el-rei para requerer o hábito da Ordem de Cristo e cinqüenta mil réis de tença, pois seus serviços eram equiparados aos de "Fernando Cortéz" na Nova Espanha. E assim solicitava mercê correspondente "a lo mucho bien que tiene servido". À época, era capitão-mor do Grão-Pará e apresentava ao monarca um memorial destinado a inventariar 36 anos de serviços no Estado do Brasil, onde atuou como soldado, capitão, sargento e capitão-mor.[53]

---

[53] Bento Maciel Parente. Memorial. *In*: Francisco Adolfo Varnhagen. v. 2. p. 218-219.

Bento Maciel Parente era natural de Viana do Castelo. Nascido por volta de 1584, não era moço quando pelejou no costa do Brasil, entre 1618 e 1621. Depois de muito servir a el-rei, decidiu ir à Corte de Madri para solicitar mercê, com apoio de D. Diogo de Castro e da princesa Margarida, altos dignitários do reino português na era filipina. Seus pleitos não foram logo atendidos; depois de apresentar várias vezes os pedidos, recebeu carta de doação da capitania do Cabo Norte em junho de 1637.[54] Antes, porém, recebera terras no Amazonas, foro de fidalgo com dois mil réis de moradia, com obrigação de servir em Pernambuco. Na mesma época da doação da capitania, atuou como governador do Maranhão até a captura holandesa de São Luís, em 1641. Aos 75 anos, o velho Bento Maciel tornou-se prisioneiro e, ao ser conduzido ao Recife, faleceu.[55] D. João IV assegurou ao seu filho natural, de nome idêntico ao pai, a posse da capitania, mas o mesmo morreu sem geração. Sucedeu-o seu irmão, Vital Maciel Parente, que também não deixou descendente. Depois, segundo Rodolfo Garcia, a capitania do Cabo Norte permaneceu sem herdeiros e retornou à Coroa.[56]

Por meio de guerras e notícias, os vassalos alcançavam os disputados privilégios. Eles prestavam serviços em troca de recompensas, de prêmios, concedidos somente pelo rei. Para alcançar as benesses, eles deveriam recorrer a intermediários, homens de prestígio, próximos ou membros da Corte. Era fundamental conhecer os canais que levavam ao centro do poder, sem eles as negociações seriam quase impossíveis. Em busca de aliados, Gabriel Soares de Sousa e Bento Maciel Parente estabeleceram-se em Madri, como forma de divulgar seus feitos e pleitear mercês. Esse trâmite nos permite entender, em boa parte, a dinâmica da produção de conhecimento e, sobretudo, avaliar os vínculos entre serviço, honra e centralização política. No entanto, muitos feitos não foram reconhecidos, apesar da valentia dos vassalos. Por isso, ao pleitear a recompensa de seus serviços, Bento Maciel Parente não se contentava em mencionar apenas os combates contra invasores e as investidas contra as rebeliões indígenas, mas procurou descrever as riquezas do Maranhão, as potencialidades da natureza capazes de comportar lavouras, minas e braços para tocar os empreendimentos.

Em Madri, entregou, ao soberano, petição e memorial que defendiam a catequese no Maranhão: a criação de bispado e envio de religiosos para que se "conquiste o muito que ainda falta por aqueles grandes rios". O sustento do bispo e

---

[54] IANTT, Chancelaria de Felipe III, Doações, Liv. 34, fols. 2-5 v.

[55] José Honório Rodrigues. *História da história do Brasil; 1ª parte: Historiografia Colonial*. São Paulo: Companhia Editora Nacional, 1979. p. 82-83.

[56] Rodolfo Garcia. Nota VIII. *In*: Francisco Adolfo Varnhagen. v. 1. t. II. p. 350-1.

demais ministros eclesiásticos proviria da "encomienda", ou melhor, de tributos pagos pelos ameríndios, como se fez logo depois da conquista nas Índias de Castela, lembrou Bento Maciel. Para justificar a cobrança, ainda ponderou que todas as criaturas estavam obrigadas a dar a Deus e aos seus ministros o dízimo dos frutos da terra. Em todas as repúblicas políticas, e não somente entre os índios, os tributos eram estabelecidos para premiar os naturais, que com as armas conquistaram e defenderam os seus estados. Não era, portanto, inconveniente tributar os índios dessa forma, concluiu Bento Maciel Parente. Nas Índias de Castela, os senhores protegiam, conservavam os índios e curavam suas enfermidades. Ainda os treinavam na guerra, "para que com as suas armas ajudem a defender a terra e a conquistar outras, e de todo se segue aumento desta conquista, e serviço de Deus e de V.M.".[57] Nessa justificativa, Bento Maciel buscava confundir os tributos pagos à Igreja e aos conquistadores, pois os maranhenses deveriam trabalhar para sustentar bispo, padres e demais moradores, viabilizando tanto a catequese quanto a manutenção da posse. Os guerreiros portugueses teriam seus feitos recompensados com o trabalho indígena e estariam encarregados de proteger e ensinar os ofícios da guerra. Assim, juntos defenderiam e aumentariam os domínios do soberano.

Em seus escritos, Bento Maciel Parente tornou a defesa e a doação de terras temas recorrentes, que se coadunavam com a necessidade de tributar os ameríndios. Na "Relação do Estado do Maranhão", priorizou a debilidade das defesas; mencionou ainda a fertilidade da terra e as potencialidades a serem exploradas pelos moradores. A cidade de São Luís estava desprovida de fortificações; sem muralhas a cabeça do Estado cairia novamente sob jugo de invasores. Para aumento da real fazenda e defesa, seria necessário povoar as terras recorrendo a incentivos. O soberano daria poderes aos governadores para repartir as glebas entre as pessoas que pedissem e quisessem ocupá-las.[58] "Encomienda" e distribuição de terras faziam, enfim, parte de um mesmo projeto, destinado a ocupar o Maranhão conforme a tradição hispânica, conforme as primeiras experiências castelhanas de conquista e colonização da América. A estratégia beneficiava tantos os interesses dos conquistadores, que ganhariam terras e trabalhadores, quanto a manutenção de conquistas.

Apesar de demonstrar interesse na catequese, Parente tornou-se alvo de graves denúncias divulgadas pelo frei Cristóval de Lisboa, primeiro custódio da Ordem

---

[57] Petição dirigida pelo capitão-mor Bento Maciel Parente ao rei de Portugal D. Philippe III acompanhada de um memorial. *In*: Candido Mendes de Almeida. *Memória para História do extinto Estado do Maranhão*. Rio de Janeiro: Tip. de Paulo Hindebrandt, 1874. v. 2. p. 36.

[58] Bento Maciel Parente. Relação do Estado do Maranhão feita por Bento Maciel Parente (1636). *Anais da Biblioteca Nacional*, 26: 355-359, 1904.

dos Capuchos e comissário do Santo Ofício no Maranhão. Devido ao excesso de trabalho nos engenhos e extensas viagens, o capitão-mor impedia os índios de cultivar suas terras e produzir alimentos, provocando fome e inúmeras mortes nas comunidades. Em suas propriedades, nem mesmo o domingo, dia de descanso e de reverência à Igreja, era respeitado. Afrontava ainda os frades e a Igreja ao afirmar que reconhecia como superior somente el-rei. Escândalo maior provocou quando se amancebou com várias índias e permitia a existência de "uma Aldeia que estava junto do seu Engenho, [que] mais parecia mancebia dele, e de seus criados, que aldeia cristã...".[59] Nem por isso, Bento Maciel deixou de ser recompensado pelos serviços, recebendo, entre outros, a capitania do Cabo Norte e o hábito de cavaleiro da Ordem de Santiago. Atributo principal do monarca, a real justiça, por vezes, falhava, e as dádivas não estavam à altura dos serviços. A falta de insistência ou uma conjuntura desfavorável podiam provocar o esquecimento dos feitos.

Na década de 1630, realizou-se a importante viagem de Pedro Teixeira ao rio Amazonas, sendo o redescobrimento de uma passagem entre o oceano Atlântico e o Peru. A jornada foi descrita pelo próprio Teixeira e pelo jesuíta Acuña que forneceram detalhes preciosos sobre o rio: o curso, as ilhas, a fertilidade da terra, o clima e as várias entradas para os rios. Desde então, os portugueses iniciaram processo de ocupação da vasta bacia amazônica. Em 17 de outubro de 1637, iniciou-se essa grande viagem, composta por setenta soldados, mil e duzentos índios, embarcados em frota de mais de quarenta canoas de bom porte, segundo estimativas de Varnhagen. Em Quito, a audiência expediu provisão geral que autorizava o retorno dos jesuítas Cristóbal Acuña e Andrés de Artiega na comitiva de Pedro Teixeira. Durante a viagem de regresso ao Pará, iniciada em 16 de fevereiro de 1639, Acuña reuniu informações sobre o percurso, seus habitantes e riquezas. A partir do relatório, se formularam estratégicas para o controle militar do vale amazônico. Desde Orellana, a Amazônia despertava a curiosidade dos europeus: lugar de mistérios, povoado por mulheres guerreiras e cidades fabulosas. A grande viagem originou duas importantes narrativas: *Relazión del General Pedro Tejeira de el rio de las Amazonas para el Sr. Presidente* – descrição corográfica destinada à Audiência de Quito; e *Nuevo descubrimiento del gran rio de las Amazonas* (1641) – relatório de Acuña.[60]

---

[59] BNL, seção de reservados, Cx. Y, 2, 23. Carta do frei Cristóvão de Lisboa. S.l. 2 de outubro de 1626.

[60] BA, livr. 51–V–41. Relazión del general Pedro Tejeira de el rio de las Amazonas para el Sr. Presidente. São Francisco de Quito, 2 de janeiro de 1639. Cristóval Acuña. *Novo descubrimento do Grande Rio das Amazonas*.(trad.) Rio de Janeiro: Agir, 1994.

Em 1641, a narrativa do jesuíta veio a público em Madri, mas logo a edição foi suprimida. A nova conjuntura ibérica tornava o roteiro da viagem lesivo ao império espanhol. Após a Restauração portuguesa, a corografia de Teixeira e o relatório do jesuíta permitiam tanto a descoberta das riquezas amazônicas quanto o alcance do Vice-reino do Peru. As fronteiras entre as conquistas portuguesa e castelhana estavam, cada vez mais, tênues. A partir desse feito, iniciaram-se, então, as conquistas lusas dos rios, os descimentos de índios e a implementação de novos núcleos de povoamento, sobretudo com a criação do Estado do Maranhão e Pará. Pouco depois de regressar de tão árdua viagem, Teixeira exerceu o cargo de capitão-mor do Pará, durante 15 meses. Quando se preparava para retornar ao reino, faleceu em junho de 1641, sem receber privilégios à altura de seus feitos.

Se Pedro Teixeira enfrentou conjuntura adversa a seus planos de ascensão social, os Parentes não sofreram desse mal. Em 1644, o filho homônimo recebeu o hábito da Ordem de Cristo, processo de habilitação que demonstra o enorme prestígio do pai junto aos poderes do centro, pois os "defeitos" tornaram irrelevantes frentes aos serviços prestados ao soberano.[61] A recompensa do monarca era fruto dos prestimosos feitos do pai, que morrera em 1642, sob o jugo dos holandeses do Recife. Em tempo de Restauração, esse vassalo da fronteira e os serviços do pai tornaram irrelevantes a mestiçagem e a origem humilde do suplicante. Essa conjuntura foi favorável para que o filho de Bento Maciel Parente alcançasse o título pleiteado, por tanto tempo, pelo pai. Esse episódio nos permite entender como regras tão rígidas como o defeito mecânico e a limpeza de sangue possuíam no ultramar, sobretudo nas franjas do império, um outro significado. A produção de lealdade em terras tão remotas era mais relevante do que a classificação social própria do reino. O estatuto de limpeza era pertinente onde os vassalos disputavam honra, cargos e privilégios, menos importante era fazer valer esse mesmo princípio em paragens quase vazias, distantes do centro e desprotegidas, dependentes do sangue e fazenda dos leais vassalos de Sua Majestade, mesmo sendo eles humildes e mestiços. Essas concessões eram, por certo, indispensáveis à manutenção das fronteiras imperiais.

A sentença proferida pela Secretaria das Mercês, em 2 de julho de 1644, concedeu a Bento Maciel Parente o hábito da Ordem Cristo. Por meio da portaria do padre Gaspar de Faria Severim, de 5 de abril de 1643, mandou-se lançar o hábito e depois se fizeram as provanças, ou melhor, as investigações, de seus antepassados. Da parte de sua mãe e avós maternos, descobriu-se que eram naturais da capitania de São Paulo, no Brasil, e os paternos das vilas de Viana e Caminha, no reino. O

---

[61] IANTT, Habilitações à Ordem de Cristo, maço 12. n. 85.

avô paterno fora alfaiate e seus avós maternos gentios do Brasil. Seu pai não se casou com sua mãe, que era de origem indígena. O agraciado era, portanto, filho bastardo, mestiço, de origem humilde e mecânica. Mesmo assim a sentença lhe foi favorável: "De que se dá conta a V. Majestade como governador da dita Ordem na forma de mandar vir os serviços destes habitantes que estão nas fronteiras, e eles na Secretaria das Mercês para que sendo merecedores de S. Majestade dispensar-vos os defeitos referidos, o passa fazer. Lisboa, 02 de julho de 1644".

Para ser cavalheiro da Ordem de Cristo, ordem militar de maior prestígio em Portugal, o suplicante não deveria ter defeito mecânico, ou melhor, seus país e avós não poderiam desempenhar funções manuais; nem possuir sangue infecto, seus antepassados deveriam ser cristãos, sem procedência judia, moura ou de qualquer outra "raça". Esses defeitos, porém, foram perdoados pelo rei, governador da Ordem de Cristo, por ser o suplicante morador em localidade remota do império. Por certo, o monarca perdoou suas faltas, baseado nos serviços prestados por seu pai, fiel vassalo das fronteiras. Na verdade, pouco se sabe dos seus feitos, embora seu pai tivesse apresentado ao monarca uma extensa lista de serviços. A portaria da Secretaria das Mercês nos permite entender a debilidade das forças que uniam as partes do império e a necessidade de reafirmar as alianças com os súditos de áreas remotas. Ao perdoar esses graves impedimentos, o rei reconhecia a fragilidade de sua posse sobre terras suscetíveis aos ataques neerlandeses e espanhóis, em tempo de guerras e da fragilidade advinda com a Restauração. O governo a distância tornava-se factível por meio do reconhecimento e da premiação dos serviços como os apresentados por Bento Maciel Parente. Percebe-se então uma interdependência entre o centro e a periferia, pois se os conquistadores almejavam títulos e rendas, o monarca dependia de leais súditos para manter as conquistas.

Os feitos militares eram indispensáveis ao monarca. Os vassalos atuavam tanto nos combates aos invasores e índios rebelados quanto no controle de tumultos promovidos pelos próprios moradores. Nesse sentido, é compreensível a grande recorrência de pedidos de mercê por parte capitães como Maciel Parente, que descreviam seus empreendimentos bélicos como trunfo para solicitar o hábito da Ordem de Cristo. Até a Restauração, porém, era freqüente que os conquistadores aliassem seus serviços a escritos destinados a valorizar as riquezas de sua região, e logo, seus serviços. Por isso, eles descreviam a natureza, as comunidades indígenas e a história da colonização. Os vassalos mencionavam ainda a defesa dos interesses da Coroa para solicitar cargos mais prestigiosos na administração ultramarina e títulos que atuavam na consolidação de seus poderes locais. Dispondo do reconhecimento do monarca, de título e cargos, eles teriam mais chances de atuar nas Câmaras e nas demais instâncias do poder local.

De fato, os privilégios faziam-nos mais poderosos que os demais moradores. De modo geral, os pleitos ao monarca partiam das elites locais, dos "principais da terra", que apesar de desfrutar de prestígio nas localidades, nem sempre possuíam o reconhecimento da Coroa para seus feitos e serviços. Os pedidos de mercê eram formas de alcançar o aval monárquico que os tornava ainda mais poderosos nas respectivas capitanias. Capitães, vereadores e juízes certamente desfrutavam de prestígio, mas teriam ainda mais se pudessem exibir a insígnia da Ordem de Cristo ou pudesse contar com o foro de Fidalgo da Casa Real. Esses títulos, por certo, não significavam apenas reconhecimento monárquico de seus serviços, mas a consolidação de seus privilégios nos domínios ultramarinos. Eram ainda mecanismo de integração entre as elites ultramarinas e a administração metropolitana. Os pedidos de mercê dinamizavam e revitalizavam o pacto entre vassalos e a monarquia, pois os primeiros reconheciam o centro como forma de consolidação de sua ascensão social. Enfim, Bento Maciel Parente, o pai, era vassalo da espada e da pena, recursos que lhe permitiram acumular honra e prestígio.

Outros centros

Nem sempre os inventários das terras brasílicas percorriam os caminhos em direção ao monarca. O mundo colonial, decodificado em papéis, não era enviado apenas a Lisboa ou a Madri. Os centros, por vezes, localizavam-se muito além dos Pirineus, em cidades como Paris, Amsterdã e Roma. Depois de transcritos os inventários, as notícias eram publicadas ou armazenadas pelos reinos rivais ou pela Igreja. Finalizava assim o percurso de inventários indispensáveis ao aumento dos impérios ou da fé católica. A luta por mercados e a expansão da cristandade produziram registros que hoje se tornaram fundamentais para conhecer o Brasil entre os séculos XVI e XVII. Inúmeros testemunhos percorreram-no e deixaram escritas suas impressões. Além dos lusitanos, franceses e neerlandeses pretendiam comercializar produtos e, por vezes, estabelecer possessões nos domínios dos monarcas ibéricos. Os relatos de viagem descrevem os caminhos, os índios e os recursos naturais capazes de prover o sustento de moradores e conquistadores futuros.

Desde o século XVI, eles produziram inventários destinados a conhecer o Brasil a partir de quatro temas básicos: a geografia, a história, os povos e a natureza. Ao longo do período colonial, esses temas nem sempre foram tratados da mesma forma. Entre os séculos XVI e XVII, os objetivos da jornada se transformavam ao sabor das conjunturas: ora a catequese estava em evidência; ora as viagens tornaram-se instrumento de disputas imperiais; ora os rivais produziam escritos para avaliar as potencialidades das terras, o melhor momento e os pontos estratégicos para futuros ataques. Essas reflexões servem tanto para entender a produção escrita portuguesa quanto dos demais europeus que percorreram o Brasil no período. Franceses e holandeses nutriam forte interesse em descrever os habitantes da terra brasílica. As comunidades indígenas, portanto, tornaram-se alvo de relatórios que procuravam identificar seus costumes, língua, localização geográfica e disposição para guerra. Os conquistadores necessitavam de informes sobre as guerras intertribais para viabilizar a conquista. Contando com o apoio de tribos aliadas, portugueses, neerlandeses e franceses fomentavam rivalidades, dominavam áreas controladas por tribos rivais e capturavam prisioneiros de guerra que se tornariam escravos para os empreendimentos agrícolas. Em contrapartida, os missionários enfrentavam as adversidades do meio em busca de almas para convertê-las ao cristianismo.

Impossível tratar de escritos sobre o Brasil colonial sem ao menos referir-se aos missionários e aos jesuítas em particular. Cartas, crônicas, sermões e gramáticas constituem acervo extenso e destinado a informar a Roma e às demais instituições religiosas metropolitanas dos avanços na catequese. Apesar do controle da Coroa sobre a Igreja no ultramar, o padroado, os religiosos destinavam seus escritos aos superiores das Ordens e não contavam com a liberalidade régia. Esses escritos permitem entender a expansão da fé, mas pouco contribuem para explicar as negociações dentro do império português. A correspondência jesuítica não evidencia que os rumos da catequese resultassem diretamente do diálogo entre os religiosos e o soberano. Os debates em torno da cristianização eram, por certo, matérias de consultas dirigidas aos superiores das Ordens religiosas. Em raros momentos, os primeiros missionários escreveram ao soberano, quando o fizeram pretendiam melhorar as condições materiais e legais da catequese, fornecer informações rápidas das comunidades portuguesas na América e avisar dos conflitos locais, como nas três cartas enviadas pelo padre Manuel da Nóbrega ao rei D. João III, entre 1552 e 1554.[62] Nóbrega não informou, porém, o soberano das potencialidades

---

[62] Entre 1549 e 1563, somente em duas ocasiões os jesuítas escreveram ao rei. As cartas reunidas por Serafim Leite reforçam a hipótese da existência de um outro centro aglutinador de informações provenientes do Brasil. Essa pesquisa, porém, deveria ser ampliada para confirmar o processo, o que farei em uma outra oportunidade, ver: *Cartas dos Primeiros Jesuítas do Brasil*. Serafim Leite (ed.). São Paulo: Missão do IV Centenário da Cidade de São Paulo, 1954. v. I, p. 343 e v. II, p.13; ver também outras coletâneas de cartas: Manuel da Nóbrega. *Cartas do Brasil*. Belo Horizonte: Itatiaia, 1988. p. 123-27, 133-136 e 144-146; José de Anchieta. *Cartas, informações, fragmentos históricos...* Belo Horizonte, Itatiaia, 1988. p. 113-153 e 191-254.

da natureza ou da diversidade de gentios, como fizera, em detalhes, o jesuíta José de Anchieta ao escrever aos irmãos de Coimbra ou ao padre geral Diogo Lainez de Piratininga. A rede de informação entre os jesuítas do Brasil, Coimbra e Roma era fundamental para o bom funcionamento da catequese. Os informes sobre a conversão eram temas relevantes o bastante para aproximar as localidades da metrópole, as periferias do centro, mas essas notícias não rumavam em direção a Lisboa e ao soberano. O provincial P. Miguel de Torres escreveu a Nóbrega para solicitar o envio de informes universais e particulares do Brasil. Em seguida alertou-lhe para manter segredo, caso contrário os serviços poderiam perder a eficiência: "tanto más importa el secreto en ello, porque si viniesse a descubrirse no se podia tan bien hazer y seguirse hian muchos inconvenientes y este medio para el servicio de Dios que se pretende podrá perder su efficacia, por lo qual advierta V. R. de escrevir siempre por las personas más fiadas que hallare".[63] Enfim, a participação da Igreja na construção do império é tema controvertido,[64] ainda pouco explorado pela historiografia e merece uma pesquisa a parte.

Entre o quinhentos e o seiscentos, os missionários descreveram fartamente os costumes indígenas, defenderam a viabilidade de expandir a cristandade, denunciaram guerras e escravidão como contrários ao princípio cristão. A correspondência entre os irmãos da Companhia de Jesus pretendia informar a respeito dos sucessos e entraves à conversão e à catequese. Os costumes indígenas constituíam saber indispensável aos padres, pois não saberiam indicar os desvios da fé, caso ignorassem as crenças locais. Essas notícias pretendiam divulgar os avanços e também incentivar vocações junto aos cristãos radicados na Europa. Certamente, seriam essas as razões para se publicar cartas, crônicas e gramáticas em Portugal e na Itália.

As crônicas constituem documentos valiosos para entender o funcionamento das missões, os conflitos pelo controle das comunidades indígenas e os avanços dos empreendimentos agrícolas. O principal interesse, porém, era comprovar a viabilidade da catequese e confirmar a disposição natural dos ameríndios para abraçar a "verdadeira fé". Os missionários ainda escreveram sobre a fauna e a flora brasílicas. Demonstraram conhecimento de história natural e interesses que iam muito além

---

[63] Carta do P. Miguel de Torres ao P. Nóbrega, Lisboa 12 de maio de 1559. *In: Cartas dos Primeiros Jesuítas...* v. III p. 24. Sobre a correspondência jesuítica ver: Mário F. C. Branco. Nóbrega, as cartas dos primeiros jesuítas e as estratégias de conversão dos gentios. Dissertação de mestrado. Niterói, Programa de Pós-graduação em História da Universidade Federal Fluminense, 2005.

[64] Dauril Alden. *The Making of an Enterprise; The Society of Jesus in Portugal, its Empire and beyond; 1540-1750.* Stanford: Stanford University Press, 1996. p. 430-567; C. R. Boxer. *O Império Colonial Português*; 1415-1825. (trad.) Lisboa: Ed. 70, 1981. p. 224-241.

da conversão. Na verdade, o controle sobre a natureza era imprescindível para sobrevivência em terras tão distantes e estranhas ao velho mundo. Indicavam, então, como as criações divinas seriam empregadas como alimentos e remédios, mas alertavam também para perigos das cobras, onças e frutos peçonhentos.

A escrita missionária permite, porém, avaliar como se produziram outros vínculos entre as conquistas e os centros europeus. Os escritos franceses, holandeses e missionários servem como contraponto aos produzidos pelos súditos da coroa portuguesa. Os diversos inventários das grandezas e estranhezas do Brasil perseguiam temas recorrentes. Os missionários franceses e portugueses dedicaram-se, aos índios, boa parte de suas reflexões, enumerando as conversões, os desvios da fé e as práticas abomináveis. Os vassalos portugueses escreveram sobre recursos da terra, vilas desprotegidas, contrabandos, conflitos de poder, desvios de função, temas muito próprios do cotidiano colonial. Nesse sentido, os testemunhos holandeses pouco diferem, pois reuniram elementos capazes de assegurar a conquista e a colonização da principal zona açucareira da América. Estavam, no entanto, inseridos em ambiente intelectual distinto, quando comparados aos portugueses. Os avanços da ciência produziram, na Holanda, sábios como Margraff e Piso, enquanto os lusos mergulhavam no mundo da contra-reforma. Os impérios rivais diferiam, porém, na forma de intervenção estatal. Na época moderna, a Companhias das Índias Ocidentais e o príncipe Maurício de Nassau sustentaram e financiaram a mais notável expedição científica aos trópicos.[65] Como Felipe II, eles reuniram naturalistas e administradores para inventariar a natureza e promover o comércio. A Coroa lusa não recorreu a esses meios para obter notícias de suas possessões. De valiosos súditos recebia essas dádivas, sem despender recursos com o planejamento e manutenção de expedições. Para tanto, concedia, por vezes, mercês e privilégios como recompensa de feitos e escritos. Essa política mudaria depois das reformas pombalinas, quando a Universidade de Coimbra tornou-se centro de formação de naturalistas e administradores coloniais. Ao fim do setecentos, as colônias lusas seriam amplamente percorridas pelos novos agentes estatais.

---

[65] Freedberg, David. Ciência, Comércio e Arte. *In*: Paulo Herkenhoff (org.). *O Brasil e os holandeses*. Rio de Janeiro: Sextante, 1999; H.R. Hoetink, Introduction. *In*: E.van den Boogaart (ed.) *Johan Maurits van Nassau Siegen*. The Hague: The Johan Maurits van Nassau Stichting, 1979.

O DECLÍNIO DA ESCRITA

Inúmeras evidências demonstram a determinação do centro sobre a produção escrita. Como prestavam serviços, os "escritores" deveriam produzi-los segundo os interesses do soberano, das companhias de comércio ou das ordens religiosas radicadas em Roma. Fornecer notícias pertinentes era parte da negociação entre súditos e soberanos, entre missionários e as ordens. A escrita pretendia, enfim, preservar e explorar as conquistas materiais e espirituais, zelava ainda pelo engrandecimento dos Estados e da Igreja. Além de esclarecer as tramas do império, a escrita de vassalos portugueses fornece elementos para refletir sobre a ascensão social na época moderna, pois, ao escrever e lutar pelo soberano, eles prestavam vassalagem e reconheciam-no como o centro. Pleitear títulos, tenças e cargos era sentir-se parte da monarquia e vincular-se à sociedade metropolitana. Ao servir nas periferias, os súditos contavam com a eqüidade do monarca, logo se identificam com o centro e tornavam as periferias como campo de atuação. Para além das negociações, não se pode negar a subordinação das periferias. Como a ascensão social era concedida como dádiva de Sua Majestade, não restavam muitas alternativas para os súditos, além de obedecer, tentar reunir serviços e méritos, como o fez Gabriel Soares de Sousa, nosso melhor exemplo. De certo modo, as restritas possibilidades de ascensão social nas conquistas retardaram, ou mesmo inviabilizaram, a construção de identidades coloniais contrárias às metropolitanas. A elite letrada buscava no centro o reconhecimento de seus méritos e, para tanto, sentia-se parte do centro, era mais portuguesa do que brasílica. Essa dinâmica era responsável pela proliferação de leais súditos, pelo emprego da escrita e da espada em nome da monarquia. No entanto, os vínculos entre as notícias, os serviços e os pedidos de mercê tornaram-se menos evidentes quando as terras brasílicas foram reconhecidas como parte importante do império.

A Restauração da monarquia portuguesa marcou, enfim, uma viragem na produção de conhecimento sobre o ultramar. Bento Maciel Parente seria um dos últimos vassalos a descrever a natureza e os povos dos territórios desbravados. De forma muito nítida, percebe-se que os pedidos de mercês não eram acompanhados de notícias da terra, como fizera Gabriel Soares de Sousa na Corte de Madri. No reino, o último percebeu como eram desconhecidas as possessões portuguesas e como a desinformação poderia comprometer seus pedidos ao monarca. Em Madri, poucos sabiam da grandeza e estranheza brasílicas e não podiam dimensionar o quanto seriam úteis os serviços empreendidos pelos moradores. Para tanto, o fiel vassalo propôs a escrever, compor cosmografia, inventariar o

Brasil e conceder informes dilatados sobre terras e riquezas da Bahia de Todos os Santos. Essas notícias não viabilizavam apenas o governo a distância. Ao exaltar as fabulosas riquezas brasílicas, o vassalo criava condições para reverter a situação periférica da possessão portuguesa no vasto império espanhol. Até a Restauração, o Brasil enfrentava a forte concorrência das minas de prata americanas, o comércio das especiarias e as inesgotáveis possibilidades de riquezas orientais. Para confrontar-se aos feitos dos vassalos na Ásia, os súditos como Soares de Sousa e Maciel Parente deveriam verter muita tinta para convencer o soberano da relevância de seus serviços. Defendiam terras prósperas e riquezas a descobrir. Depois de consolidada a importância econômica do Brasil no império, que coincidiu com a retomada de Pernambuco e as perdas de possessões orientais, bastava descrever os serviços, demonstrar lealdade e esperar as merecidas recompensas. Na luta contra os neerlandeses, os valorosos guerreiros luso-brasileiros não mais recorriam às riquezas nativas com a intenção de realçar seus feitos. Para receber títulos, tenças e cargos na governação, eles arrolavam as batalhas, os assaltos, os ferimentos e as mortes provocados pelo confronto. Os serviços militares bastavam para alcançar mercê.[66]

As notícias da terra somente ganharam relevância no setecentos, quando a metrópole fomentou a produção de conhecimento sobre o mundo colonial e promoveu a formação da elite luso-brasileira na Universidade de Coimbra, tema dos próximos capítulos. Nessa conjuntura, os inventários da geografia, da natureza e das comunidades nativas ganharam relevância no império e transformaram-se definitivamente em serviços ao rei. Os homens de espada foram aos poucos substituídos por homens de ciência, com formação universitária. Os feitos militares ainda eram relevantes, mas se desvincularam do processo de reunir informações indispensáveis ao governo a distância.

---

[66] José Antônio Gonsalves de Mello. *Restauradores de Pernambuco*. Recife: Imprensa Universitária, 1967; *João Fernandes Vieira; mestre-de-campo de Terço de Infantaria de Pernambuco*. Lisboa: Ceha/CNPCDP, 2000. p. 305-320.

INVENTÁRIO DAS CONQUISTAS

Em Portugal, os reis não diferiam de qualquer outro pai de família, suas obrigações eram as mesmas. As responsabilidades monárquicas, porém, avolumavam-se, por cuidar não apenas de uma, mas de muitas famílias. Para D. Luiz da Cunha, entre os afazeres reais estavam as visitas às terras "para ver se estão bem cultivadas, ou delas se tem usurpado alguma porção, a fim de que lhe não falte a renda que delas tirava para sustentar a sua casa". Não somente manter o controle sobre as propriedades, o soberano deveria ainda cuidar de vilas, cidades e caminhos, da comunicação entre as províncias, para viabilizar o comércio e a circulação dos súditos.[1] No setecentos, porém, ele não mais poderia controlar sozinho glebas tão vastas, territórios muito além das vistas, em possessões ultramarinas. Para tanto, trataram os governos vindouros de criar mecanismos de vigília sobre as conquistas apartadas. Não se tem notícia se os conselhos de D. Luiz da Cunha foram examinados por D. José I. De todo modo, em seu reinado, criaram-se as condições para que funcionários da Coroa percorressem as áreas promissoras e em litígio. O soberano não poderia arcar com mais essa obrigação de pai de família, mas poderia zelar para que súditos, treinados na função, mantivessem seus domínios sob controle.

De forma esporádica, os súditos setecentistas ainda percorriam as terras, e produziam inventários da geografia e da natureza para informar ao rei. Essa prática tornou-se, aos poucos, superada devido à crescente especialização do conhecimento. O Estado necessitava de dados sobre as fronteiras produzidos por matemáticos e recorria também ao saber dos naturalistas para conhecer as plantas, animais e minerais. O vulgo não estava capacitado a delimitar as conquistas, ativar a agricultura e o comércio. Entre os reinados de D. José e D. Maria, formou-se, na metrópole, uma burocracia treinada e, por vezes, egressa da Universidade de Coimbra, onde cursou leis, matemática e filosofia. Esses profissionais recebiam instruções pormenorizadas para viajar às possessões ul-

---

[1] D. Luiz da Cunha. *Testamento político* (c. 1747-49). Revisão e notas introdutórias de Nanci Leonzo. São Paulo: Editora Alfa-Omega, 1976. p. 41.

tramarinas e recolher informações indispensáveis ao governo. Com a crescente necessidade de notícias, a Coroa tanto treinou agentes quanto deu poderes à burocracia para coordenar as viagens e visitas ao império. Com o Alvará de 1736, criou-se a Secretaria de Estado da Marinha e Ultramar que passou a funcionar com o Conselho Ultramarino como intermediários entre o monarca e a burocracia colonial.[2] A Secretária, no tempo de D. Maria, exerceu o principal comando sobre as explorações científicas no império colonial e, aos poucos, se tornou também a patrona do conhecimento.

Antes, o período pombalino criou instituições e metas com objetivo de produzir saber especializado sobre o mundo colonial. A intervenção estatal patrocinava agentes para elaborar inventários sobre os três reinos da natureza, avaliar as potencialidades das lavouras e a capacidade produtiva das comunidades nativas. Propiciavam também meios de melhor conservar os territórios ainda incertos e disputados por reinos rivais. Nas franjas do império, observavam a fragilidade das fronteiras, a circulação de armas e manufaturas contrabandeadas. Por vezes, aconselhavam o deslocamento de comunidades indígenas aliadas para ocupar áreas em perigo, projetavam vilas e lavouras para assegurar a posse lusa.[3] Os rios fronteiriços eram cuidadosamente avaliados, protegidos por fortificações, às vezes reproduzidos em aquarelas. Os vassalos não se dedicavam apenas a estabelecer a colonização em conquistas incipientes, buscavam ainda aperfeiçoar as antigas áreas mineiras e agrícolas. Os produtos coloniais, como o tabaco, açúcar e metais, receberam destaque especial, pois a partir do fomento desses artigos o comércio e as balanças de pagamentos tornar-se-iam favoráveis à real fazenda.

Para além dos artigos tradicionais, em vários pontos da América Portuguesa, os súditos tentavam implantar as lavouras de anil, algodão, arroz, café, cânhamo e cochinilha, frentes novas para incrementar o comércio. Ao atender os interesses do Estado, os vassalos produziram estudos sobre a exploração das lavouras e minas, indicando técnicas adequadas ao solo, à detecção e extração mineral. O aperfeiçoamento agrícola era, por certo, forma de aumentar a produtividade e, por conseguinte, os lucros da metrópole em tempo de decadência das minas. Oriundas das conquistas, essas notícias eram transmitidas a Lisboa em

---

[2] Graça Salgado (coord.) *Fiscais e meirinhos; a administração no Brasil Colonial.* Rio de Janeiro: Nova Fronteira, 1985. p. 44-45.

[3] Ângela Domingues. *Viagens de exploração geográfica na Amazônia em fins do século XVIII.* Funchal: Centro de História do atlântico, 1991; Renata Malcher Araújo. As cidades da Amazônia no século XVIII: Belém, Macapá e Mazagão. Dissertação de Mestrado, Faculdade de Ciências Sociais e Humanas, Universidade Nova de Lisboa, 1992.

cartas, diários, participações, derrotas, memórias e mapas. Enfim, as fronteiras, as lavouras e a mineração tornaram-se os principais temas de papéis dirigidas à Secretaria de Estado da Marinha e Negócios Ultramarinos e, posteriormente, à Academia Real das Ciências de Lisboa.

Aos poucos, a economia tornou-se uma ciência que zelava pela saúde do Estado. À época, era conhecimento responsável por instruir os membros da sociedade; ensinar práticas e virtudes indispensáveis para se alcançar a glória e o progresso. Para José Antônio de Sá, memorialista e doutor em leis na Universidade de Coimbra, os homens se tornavam dignos quando se moviam pelo patriotismo, pela "mútua prestação de ofícios com que nos ajudamos; é deste modo que se acham os felizes fins da união civil".[4] A agricultura, por sua vez, tornava doces os costumes, era atividade responsável pela felicidade e pelo retorno à Idade de Ouro em que floresceu a inocência dos homens. Sua reforma atuava como intervenção do soberano para defesa dos interesses públicos, combate à ignorância e ao desrespeito às leis. O memorialista propunha, então, medidas para valorizar os lavradores, além de incentivar academias e escolas. Sem reforma pedagógica, os projetos para agricultura não alcançariam as metas planejadas. Era urgente instruir os trabalhadores, guiados por práticas cegas quando deveriam se instruir nas luzes. Os portugueses somente ultrapassariam a dependência econômica quando se tornassem senhores de suas próprias riquezas, quando deixassem de ser uma nação rica em recursos naturais, mas pobre no contexto internacional.[5] O governo pombalino pretendeu reformular a economia colonial, promovendo desenvolvimento das manufaturas, agricultura, comércio e a interligação metrópole e colônias. O planejamento e a execução das reformas prescindiam da reunião de informações sobre o reino e o ultramar. As viagens, enfim, eram indispensáveis à intervenção estatal.

As reformas no Império Colonial

Inicialmente, as reformas procuravam incentivar a produção da metrópole, ou melhor, o cultivo da vinha, as manufaturas e a pesca. Para fortalecer a produção vinícola, fundou-se a Companhia Geral da Agricultura das Vinhas do Alto Douro, em 1756, com nítido interesse de arrefecer a participação de comissá-

---

[4] BACL, Série Azul, 1944-1945. José Antonio de Sá. Carta ao Visconde de Barbacena, Coimbra, 5 de fevereiro de 1781.

[5] Francisco A. L Vaz. *Instrução e Economia; as ideas económicas no discurso da Ilustração portuguesa (1746-1820)*. Lisboa: Colibri, 2002. p. 367-70.

rios ingleses no comércio desse importante produto de exportação. Antes das reformas, escassas eram as exportações portuguesas de produtos manufaturados ao ultramar. Para suprir a demanda, recorreu-se à reexportação de mercadorias estrangeiras, o que agravava o problema da balança comercial. Por intermédio da Junta de Comércio, Pombal concedeu privilégios para a abertura de instalações fabris e a recuperação da Real Fábrica de Seda. Aprovou ainda o seu estatuto com medidas para garantir crédito, fornecimento de matéria-prima e isenção de impostos às mercadorias destinadas ao Brasil. Desse modo, o tecido industrial português prosperou, impulsionado por privilégios, isenções e medidas contra a importação de produtos estrangeiros.[6]

A partir de 1760, a queda das remessas de ouro tornou-se sensível e agravou-se depois de 1764. Começava a se esgotar a grande fonte de recursos para sustentar as importações do reino, provocada não apenas pela queda da produção mineira, mas também pelo aumento da concorrência de produtos coloniais nos mercados europeus. A balança de pagamento permaneceu paulatinamente deficitária, as importações iniciaram também um processo de declínio e atingiram drasticamente a entrada de produtos ingleses.[7] As diretrizes do governo de Sebastião José de Carvalho e Melo eram incrementar a economia e assegurar o monopólio do comércio sob o controle dos nacionais. Para contornar a recessão, restaurou-se o imposto dos quintos sobre a extração aurífera, remodelou-se a cobrança das sisas, criou-se o Depósito Público – para assegurar numerário ao Estado – e o Erário Régio – para responder por toda administração fazendária do reino e ultramar, além de controlar as rendas régias.

Para melhorar a competitividade, criaram-se as mesas de inspeção que zelavam pelo comércio e qualidade do açúcar e tabaco. Era também intenção diversificar as lavouras e introduzir os cultivos de anil, cochinilha, linho, arroz e café. A cultura algodoeira recebeu grande impulso entre 1776 e 1789, motivado pela guerra de independência da América do Norte, enquanto a economia açucareira teria expansão depois da revolta em São Domingos. A criação das Companhias de Comércio do Grão-Pará e Maranhão e de Pernambuco e Paraíba garantiam a circulação de mercadorias, incentivavam os produtos coloniais comercializáveis e o tráfico de escravos, comércio que garantia lucros a uma minoria de comerciantes e a seus principais acionistas. Por fim, para melhor fortalecer o exclu-

---

[6] J. M. Viana Pedreira. *Estrutura Industrial e Mercado Colonial; Portugal e Brasil (1780-1830)*. Lisboa: Difel, 1994. p. 54-55; Francisco J. C. Falcon. *A época pombalina*. São Paulo: Ática, 1982. p. 455-469.

[7] J. M. Viana Pedreira. p. 44-45.

sivo comercial, intensificaram a fiscalização e o combate ao contrabando. Se a agricultura recebeu incentivo no mundo colonial, as manufaturas tornaram-se proibitivas, sobretudo com o Alvará de 1785. O governo de D. Maria I reforçou o exclusivo da produção industrial metropolitana e proibia o refino de açúcar no Brasil. O algodão estampado, sobretudo as chitas e saias, contribuíu para o aumento das exportações para os mercados coloniais e substituíram, em parte, os artigos indianos nos carregamentos para o ultramar.[8]

Em Goa, as autoridades do período pombalino realizaram grande esforço para incrementar a agricultura e a indústria, como estratégia de restabelecer os domínios portugueses na Índia. O conde de Ega teve destaque na tentativa de alterar os processos arcaicos de cultivo da terra, métodos pouco produtivos e perpetuados por séculos. Em relação às manufaturas, procurou torná-las competitivas por meio de técnicos especializados, provenientes de Portugal e de outras partes do continente indiano. Além de zelar pela agricultura, Simão Rodrigues Moreira tornou-se intendente e inspetor de todas as fábricas e manufaturas do Estado da Índia, quando incentivou a produção de pólvora, ferro, linho de cânhamo e algodão. Procurou ainda motivar os fabricantes particulares, independentes das fábricas reais, para melhor difundir a indústria têxtil por todo o Estado.[9] Se as manufaturas eram incentivadas na Índia, nas conquistas americanas e africanas, eles tornaram-se proibitivas ou quase inexistentes. Diferentemente do continente indiano, na América e África, as fronteiras, a agricultura e o comércio eram as prioridades das reformas pombalinas.

Em 1757, ao se criar a Companhia Geral do Comércio do Grão-Pará e Maranhão, as ilhas de Cabo Verde vinculavam-se às atividades agrícolas da América portuguesa, fornecendo, sobretudo, braços escravos. Durante vinte anos, o exclusivo comercial nas costas da África ficaria sob o encargo da companhia, que incluía, além do tráfico de escravos, panos e urzela. O tráfico, porém, pouco alterou a economia cabo-verdeana. Fora dos grandes circuitos atlânticos, seus portos não se beneficiaram com o monopólio, mesmo porque os escravos lá encontrados não estavam em boas condições físicas para a travessia em direção à América.

Em Angola, o governo pombalino determinou o avanço das áreas coloniais em direção ao leste e incentivou, por meio dos governadores, a interiorização, sobretudo depois do estabelecimento do forte e feitoria em Pedra de Encoge. Em seguida, organizaram-se feiras no interior, como estratégia para incrementar, de

---

[8] Kenneth Maxwell. *Marquês de Pombal; paradoxo do iluminismo.* (trad.) Rio de Janeiro: Paz e Terra, 1996. p. 98; Francisco J.C. Falcon. p.445-475; J. M. Viana Pedreira. p. 61.

[9] Maria de Jesus dos M. Lopes. *Goa Setecentista: tradição e modernidade.* Lisboa: Universidade Católica Portuguesa, 1999. p. 54-57.

forma espontânea, a circulação de gente e mercadorias. Mais tarde, recorrendo à malha fluvial, procurou-se uma via segura para penetrar o território e, talvez, encontrar rotas para banda oriental do continente. Em princípio, pensou-se no rio Guango, como meio de alcançar Moçambique, depois se investiu em Benguela, onde se encontravam o rio Cunene e a ilusão de um caminho fluvial em direção à costa oriental. Sem sucesso, o matemático Joaquim José da Silva participou, em 1785, dessa jornada sob o comando do capitão Antônio José da Costa. Bons empreendimentos marcaram, porém, o governo de D. Francisco Inocêncio de Sousa Coutinho, pois conseguiu instalar, em Nova Oeiras, uma fábrica de ferro e avançar a colonização em direção ao interior de Benguela, onde se encontravam "largos e úteis sertões", com ar salubre, terras férteis e abundância de gados. Em relação à costa oriental, as intervenções econômicas foram de pouca monta. Em 1752, o governo de Moçambique foi separado do Estado da Índia, por não estar em condições de assegurar a defesa da costa africana oriental. Para preservar a conquista, a Coroa decidiu concentrar poderes no governador e capitão-geral da capitania de Moçambique, Rios de Sena e Sofala, que se relacionaria diretamente a Lisboa. A medida, porém, não enfraqueceu a intervenção do Estado da Índia no comércio local. As pressões, por certo, explicam a permissão, por parte do novo governador, para navios da Índia comercializar na baía de Lourenço Marques, favorecendo os comerciantes de Goa, Diu e Damão.[10]

ESTRATÉGIAS METROPOLITANAS

No consulado pombalino, enfim, o intervencionismo estatal atuava para reverter a defasagem portuguesa frente os demais reinos da Europa ocidental. Para reforçar o poder do Estado, o governo confrontou-se com a nobreza e a Companhia de Jesus, alcançando vitórias na modernização do ensino. Submeteu a Inquisição, sobretudo depois que suprimiu as diferenças entre cristãos velhos e novos. Na década de 1770, durante o governo de D. Maria, como desdobramento das reformas, tornaram-se mais efetivas as influências da ilustração européia, evidentes no novo estatuto da Universidade de Coimbra, na fundação da Academia Real das Ciências, nos Jardins Botânicos de Lisboa e Coimbra,[11] todas

---

[10] Joaquim Romero Magalhães. Os territórios africanos. In: *História da Expansão Portuguesa*. Dir. De Francisco Bethencourt e Kirti Chaudhuri. Lisboa: Círculo de Leitores, 1998. v. 3 p. 60-80.

[11] Fernando A Novais. *Portugal e Brasil na crise do Antigo Regime Colonial (1777-1808)*. São Paulo: Hucitec, 1983. p. 213-298.

elas instituições capazes de impulsionar o conhecimento sobre o ultramar. Essas realizações foram a grande novidade setecentista, tornando o Estado patrono do conhecimento. A percepção da crise econômica promoveu a criação de uma estrutura estatal responsável por formar agentes do império, homens treinados e encarregados de encurtar as distâncias entre Lisboa e seus domínios. Apesar da crescente modernização, a Coroa continuava a empregar os tradicionais mecanismos de recompensa, de concessão de privilégios para incentivar seus agentes a percorrer o mundo colonial como viajantes e funcionários régios. A liberalidade régia tornou-se, portanto, instrumento promotor da ciência e de mecanismos responsáveis por ativar a capacidade produtiva e reverter a decadência. Por outro lado, os agentes vislumbravam nos privilégios os meios de ascender socialmente a partir das benesses concedidas pelo Estado.

A motivação para enviar notícias ao soberano pouco se alterou entre os séculos XVI e XVIII. À espera de justiça e liberalidade, os vassalos prestavam serviços em paragens remotas e contavam com os atributos próprios da realeza que deveria zelar pela religião, garantir a paz, a ordem e a justiça. A justiça, porém, era atributo prioritário do soberano e significava "dar a cada um o que é seu". O monarca atuava como juiz, responsável por avaliar não somente as culpas, mas também os serviços.[12] Ao contrário dos séculos precedentes, o Estado não mais esperava que seus vassalos conquistassem terras e descrevessem suas riquezas. No setecentos, o patronato régio criou uma legião de matemáticos e naturalistas que se radicava ou percorria as diversas conquistas para informar à Secretaria de Estado da Marinha e Negócios Ultramarinos as melhores diretrizes para o fomento da agricultura, mineração e comércio. Essa estratégia do Estado produziu um volume espetacular de "inscrições",[13] registros codificados e capazes de transportar para o centro a natureza, as fronteiras e as potencialidades locais. A circulação do saber se fazia por meio de cartas, mapas, imagens e remessas. A partir dessa prática, os secretários de Estado teriam condições de implementar reformas e intervenções no ultramar. Os agentes atuavam para modernizar e diversificar os cultivos, construíam, portanto, as tramas do império e formavam as conexões entre a produção e o comércio coloniais e Lisboa.

Como o reconhecimento dos serviços dava-se no centro, na administração metropolitana, os agentes deveriam produzir papéis e executar serviços que se afinassem com os interesses do Estado, dos secretários e do monarca. Do contrá-

---

[12] Fernanda Olival. *As Ordens Militares e o Estado Moderno*. Lisboa: Estar, 2001. p. 20.

[13] Bruno Latour. Drawing things together. *In: Representation in Scientific Practice*. Edited by Michel Lynch and Steve Woolgar. Cambridge: The MIT Press, 1990. p. 40-41.

rio, a liberalidade régia não se exercia, não seria tarefa considerada como serviço ao rei. Na espera de recompensa, os novos vassalos usavam da escrita para produzir informações úteis à administração e estavam, portanto, atrelados à trama do poder régio. Desse modo, intensificaram os vínculos entre as diversas partes, pois os vassalos, mesmo embrenhados no sertão, buscavam reconhecimento de seus serviços no centro. Essa integração era fruto das reformas, da modernização e criação de instituições científicas. Do centro viriam o ensino, o treinamento, as instruções e as recompensas, o centro promoveria, enfim, a ascensão social. Da benevolência real, esses homens recebiam o reconhecimento de seus préstimos, traduzidos em títulos e cargos na administração. Esses fatores tornaram-se responsáveis por forjar leais vassalos, homens letrados em busca de promoção social e obedientes às diretrizes planejadas pelo centro. Não sem razão, denomino-os de agentes do império.

Para refletir sobre o conhecimento colonial no setecentos, torna-se relevante analisar a atuação do secretário de Estado da Marinha e Domínios Ultramarinos, Martinho de Melo e Castro, entre 1770 e 1795, quando manteve correspondência com os naturalistas e, sobretudo, com os vice-reis e governadores das capitanias percorridas pelas viagens. Melo e Castro nasceu em Lisboa em 1716, filho de Francisco de Melo e Castro e de Maria Joaquina Xavier Magdalena da Silva e neto de André de Melo e Castro, 4º Conde das Galveias. Do pai recebera todos os bens patrimoniais, exceto o título, por ser filho natural de um celibatário. Pela linhagem materna, era neto de Manuel da Silva Pereira, cavaleiro professo da Ordem de Cristo, familiar do Santo Ofício e guarda-mor do Consulado de Lisboa. Embora parte da aristocracia portuguesa, Melo e Castro não contava com título de nobreza. Estudou na Universidade de Évora, onde cursou latinidade, filosofia e teologia. Em Coimbra, freqüentou as aulas de direito canônico e formou-se bacharel em 1744. D. José I logo o indicou para a carreira diplomática, atuando em Haia e, sobretudo em Londres, durante os conflitos provocados pela Guerra dos Sete Anos. Em 1770, com a morte de Francisco Xavier Furtado de Mendonça, teve de regressar ao reino e assumir o cargo de secretário de Estado, pelo Decreto de 4 de janeiro de 1770, onde permaneceu até sua morte, em 24 de março de 1795.[14] À frente da Secretaria, Melo e Castro patrocinou as viagens filosóficas às conquistas do ultramar e tornou-se o principal artífice da produção do conhecimento e do envio de remessas provenientes do mundo colonial, acervo destinado a ampliar os Museus de História Natural em Lisboa e Coimbra.

---

[14] Virgínia Maria Trindade Valadares. A sombra do poder. Dissertação de mestrado. Universidade de Lisboa, 1997. cap. 1.

Na correspondência assinada pelos naturalistas, ficam evidentes os laços de dependência para com o secretário. A execução dos empreendimentos não avançaria sem as diversas ordens enviadas por Melo e Castro às autoridades coloniais. As viagens ao império eram, em grande parte, arquitetadas pela Secretaria, que determinava o espaço, a trajetória e a duração das jornadas, bem como a permissão de visitas a rios, minas e fronteiras. Para solucionar os entraves durante a expedição, os viajantes escreviam ao secretário que, por sua vez, ordenava os governadores para viabilizar barcos, remeiros e suprimentos para a jornada. De Lisboa, Melo e Castro solicitava aos naturalistas o envio de remessas de minerais, aves, mamíferos, peixes e plantas para os acervos do reino. As diretrizes científicas das viagens não eram, enfim, atributos do naturalista e professor Domenico Vandelli, mas determinadas pela Secretaria de Estado. Quando os agentes do império solicitavam privilégios, também se dirigiam ao secretário que atuava como intermediário entre os vassalos e o monarca. Os benefícios eram concedidos pelo rei, mas com o aval do secretário. Era, portanto, o patrono da ciência, centralizava todo o conhecimento coligido e, em seguida, permitia que as instituições recebessem espécies, diários e memórias.

Viagens às fronteiras

Desde o início do século XVIII, a cartografia do interior americano estava entre as prioridades nas relações diplomáticas entre Portugal e Espanha. À época, os limites do Tratado de Tordesilhas não eram respeitados, nem mesmo comportavam os avanços das áreas coloniais lusas. As fronteiras a oeste constituíam, por conseguinte, temas controversos e motivo de disputa por terras ainda pouco conhecidas. A partir dos Tratados de Madri (1750) e Santo Ildefonso (1777), as Coroas reuniram cartógrafos e astrônomos para percorrer o interior americano e determinar, por meio de latitude e longitude, os limites dos domínios. Inicialmente, as viagens de exploração buscavam reunir, sobretudo, conhecimento espacial. Seus componentes se habilitaram a fazer medições e transformar a matemática em cartas. A geografia tornou-se paulatinamente menos importante nos anos 80, quando a história natural e a agricultura passaram, aos poucos, a ativar o circuito do conhecimento entre as periferias e o centro. Essa viragem indicava, certamente, um suficiente avanço da cartografia, resultado da produção exaustiva de mapas por quase cinqüenta anos. A ênfase sobre a natureza era, por certo, necessidade de explorar as novas áreas coloniais, estabelecer lavouras e comércio, mas também resultado das reformas no ensino em Portugal. A partir de 1772, a Universidade de Coimbra ministrou disciplinas filosóficas – filosofia racional, moral e natural –, possibilitando a formação de profissionais que estariam aptos a conhecer a natureza e as comunidades. Como filosofia natural, compreendiam-se todos os ramos das ciências dedicados à contemplação da natureza, exceto os cursos médico e matemático. O primeiro se limitava à física do corpo humano e o segundo à "filosofia da quantidade, em quanto susceptível de número, e de medida".[15] O curso de filosofia não formava apenas os bacharéis em filósofos, ou os filósofos naturais, mas também os naturalistas. Os últimos eram alunos das faculdades de leis, medicina e matemática que cursavam, como obrigados, as disciplinas filosóficas e se habilitaram a investigar o mundo natural. Entretanto, mesmo os filósofos poderiam receber o apelido de naturalista.

Matéria de filósofos e naturalistas, a descrição da natureza vinculava-se tanto aos avanços da ciência quanto da agricultura. A diversidade e produtividade das lavouras eram indispensáveis ao bom andamento das reformas econômicas implantadas desde o governo pombalino. Os cultivos ainda sustentavam o controle sobre áreas fronteiriças, pois a posse da terra atrelava-se à exploração. Nesse sentido, as comunidades indígenas tornaram-se tema de várias memórias que se dedicavam à proteção das fronteiras, avaliação da capacidade produtiva, doenças e epidemias. Se a posse do território se dava pela ocupação, o *uti possidetis*, era estratégico a implantação de vilas e lavouras nas franjas do império. Ao percorrer o território, os agentes determinavam técnicas, solos próprios ao cultivo e avaliavam a capacidade produtiva de vilas e "lugares". Para além dos mapas populacionais, a etnografia setecentista[16] procurava reunir elementos para identificar as etnias, avaliar a capacidade bélica, o controle dos rios e as possíveis alianças com espanhóis e holandeses radicados nas fronteiras. No século das luzes, em suma, o Estado promoveu importantes inventários sobre seus domínios e nem sempre priorizou os mesmo temas: ora a cartografia de fronteiras, ora a etnografia, os reinos da natureza e a agricultura. Os debates em torno da cartografia da América Portuguesa iniciaram-se nas primeiras décadas do setecentos.

Em 1720, com a divulgação dos cálculos de Guillaume Delisle na Academia Real das Ciências de Paris, constatou-se que a colônia de Sacramento e o Cabo Norte não faziam parte do território português. D. João V e seus ministros defla-

---

[15] *Estatutos da Universidade de Coimbra* (1772). Coimbra: Por Ordem da Universidade, 1972. p. 229.

[16] Peter Pels & Oscar Salemink. Introduction: Locating the Colonial Subjects of Anthropology. *In*: Peter Pels and Oscar Salemink (ed.) *Colonial Subjects; essays on the Practical History of Anthropology*. Ann Arbor: Michigan University Press, 2000. p. 1-52.

graram, então, um processo destinado a demarcar a extensa área antes dos espanhóis, recorrendo inicialmente aos serviços dos padres matemáticos. Em setembro de 1722, os napolitanos Giovanni Carbone e Domenico Capacci chegaram a Lisboa para fazer observações de latitude e longitude, organizar observatório astronômico em Lisboa e executar a carta do Maranhão, tarefas encomendadas pela Coroa. Sete anos depois, o rei escreveu aos administradores coloniais sobre a viagem dos jesuítas Capacci e Diogo Soares ao Brasil, com a tarefa de produzir mapas a partir de estudos da marinha e dos sertões. Para evitar dúvidas e controvérsias em torno das novas descobertas, os padres estavam incumbidos de realizar descrição geográfica e reunir elementos indispensáveis às negociações de fronteiras, determinando, sobretudo, a posição da colônia de Sacramento em relação ao Tratado de Tordesilhas. Em 1730, os religiosos alcançaram o Rio de Janeiro, onde permaneceram por alguns meses antes de empreender expedições a Minas, São Paulo, Curitiba, Goiás, Rio Grande de São Pedro e colônia de Sacramento.

Aos padres matemáticos, seguiram-se as investidas de Alexandre de Gusmão, que muito promoveu o conhecimento do mundo colonial para negociar o Tratado de Madri em 1750. O leal colaborador da política externa de D. João V reuniu notícias geográficas, etnográficas e econômicas, recorrendo aos governadores e administradores locais, além de inquéritos geográficos executados por exploradores. Conhecia, certamente, os resultados alcançados pelos jesuítas e compreendeu que as pretensões portuguesas sobre o Rio Grande de São Pedro e a colônia de Sacramento seriam fracassadas se pautassem pelo Tratado de Tordesilhas. Era, por certo, "indispensável prescindir do velho convênio quatrocentista e buscar outra base jurídica às pretensões portuguesas".[17] Com essas informações, Gusmão percebeu a necessidade de ceder à Espanha a colônia de Sacramento e defender a posse portuguesa sobre as fronteiras da Amazônia, do centro e do sul do Brasil, áreas de colonização portuguesa. O conhecimento do espaço era, por certo, imperioso nas negociações entre os reinos ibéricos, pois sustentava tanto as pretensões territoriais quanto a resolução de litígios fronteiriços.[18]

Para implementar as resoluções do Tratado de Madri, criaram-se equipes demarcadoras que contavam com engenheiros militares, cartógrafos, astrônomos, riscadores (desenhador), cirurgiões e capelães. Formada por índios, escravos, criados, carpinteiros, pedreiros e militares, a tropa de escolta cuidava da segu-

---

[17] Jaime Cortesão. *Alexandre de Gusmão e o Tratado de Madri*; Parte V – Execução do Tratado. Rio de Janeiro: Ministério das Relações Exteriores e Instituto Rio Branco, 1961. p. 24; Iris Kantor. *Esquecidos e Renascidos*. São Paulo: Hucitec/Centros de Estudos Baianos, 2004. p. 45-57.

[18] Mário Clemente Ferreira. *O Tratado de Madri e o Brasil Meridional*. Lisboa: CNPCDP, 2001. p. 58.

rança, transporte, alimentação, vestuário dos comissários e técnicos.[19] As equipes procuravam respeitar rios, serras e demais acidentes geográficos, que funcionavam como divisas naturais entre os domínios luso e hispânico. Valorizavam ainda as terras exploradas pelos colonizadores, preservando os estabelecimentos agrícolas e comerciais anteriores ao processo de demarcação. O princípio do *uti possidetis* seria, portanto, fundamental para assegurar o estabelecimento do Tratado.[20] As observações astronômicas permitiam o cálculo de latitude e longitude, medidas indispensáveis à construção cartográfica. Esses procedimentos eram seguidos por registros de umidade, pressão atmosférica, temperatura, magnetismo, levantamentos topográficos, rumos e distâncias percorridos pela expedição. Os cartógrafos procuraram estabelecer uma escala uniforme para todos os trabalhos, viabilizando a comparação e sobreposição de mapas das várias regiões. Deveriam ainda descrever "Água, Vales, Montes, Bosques [...] discorrendo pelos Países para notificarem os incidentes naturais", conforme o "Método que devem seguir os Oficiais Engenheiros" de 1753.[21] Os oficiais, portanto, produziram um farto acervo escrito, onde se detalhavam concordâncias e controvérsias entre as equipes portuguesa e espanhola. O material geográfico jamais seria publicado, permanecendo como manuscrito por ser instrumento político das duas Coroas.

Nos sertões americanos, a nova geração de cartógrafos contava com os manuais de Azevedo Fortes, engenheiro-mor do reino e membro da Academia Real de História, encarregado de questões geográficas do reino e conquistas.[22] Esses profissionais ainda dispunham de instrumentos matemáticos e literatura científica voltada à produção de conhecimento sobre astronomia. No entanto, nos papéis produzidos pelas partidas, não se verificaram estudos e classificações botânicas e zoológicas relevantes, pois seus registros se atinham apenas ao emprego econômico e medicinal das espécies localizadas. O resultado do empreendimento científico não poderia ser diferente, pois a finalidade última da expedição era demarcar terras e não examinar as espécies segundo os princípios de Lineu. Por isso as equipes não incluíam naturalistas, e os próprios demarcadores reconheciam sua incapacidade de produzir conhecimento sobre história natural.

---

[19] Mário C. Ferreira. p. 135-6.
[20] Luís Ferrand Almeida. *Alexandre de Gusmão e o Tratado de Madri (1735-1750)*. Coimbra: Instituto Nacional de Investigação Científica, 1990. p. 38.
[21] FBN, seção de manuscrito, I – 3, 4, 40. n. 7. Método que devem seguir os Oficiais Engenheiros que, por ordem da Sua majestade Fidelíssima, são constituídas para descrição dos Mapas do Brasil com os comentários de José Custódio de Sá e Faria, 1753.
[22] Beatriz S. Bueno. A iconografia dos engenheiros militares no século XVIII: instrumento de conhecimento e controle de território. *In*: *Universo Urbanístico Português 1415-1822*. Lisboa: CNP-CDP, 1998. p. 106.

Em anotações às margens das instruções aos oficiais engenheiros, o cartógrafo e chefe da terceira partida de demarcação, José Custódio de Sá e Faria, demonstrou desconhecer os princípios da história natural: "Isto é que nós queríamos que nos ensinasse, porque não somos naturalistas". As instruções, porém, propunham diligências na busca de minerais, "em que se podem fazer descobrimentos de grandíssima importância, e conseqüência para os interesses de Sua Majestade, e pública utilidade de seus vassalos". Embora demonstrassem a falta de preparo, o estudo de vegetais e animais era tarefa dos demarcadores. Durante a viagem, não poderiam deixar de mencionar nenhuma espécie rara e "adiantar a erudição da História Natural, e satisfazer a virtuosa curiosidade dos professores". Sá e Faria pareceu estranhar as instruções, como nesse comentário: "Que tem isto com as Cartas Geográficas?". A debilidade na formação dos componentes portugueses não se restringia, porém, ao conhecimento dos três reinos da natureza, a produção cartográfica era comandada por italianos e alemães.[23]

Desde o início, os administradores do Estado perceberam a limitada oferta de profissionais portugueses para compor as equipes de demarcação. Atendendo as demandas do Tratado de Madri, o secretário de Estado Azevedo Coutinho encarregou o frei João Álvares de Gusmão de buscar, na Itália e Alemanha, geógrafos para prestar serviços ao soberano. Os cartógrafos contratados deveriam igualmente ser "suficientes desenhadores para tirarem vistas dos lugares mais notáveis, e debuxarem as plantas, animais, e outras coisas desconhecidas, e dignas de notícias". Não convinham os espanhóis, franceses e holandeses, por terem interesses territoriais na América. Os estrangeiros, porém, eram indispensáveis, devido à falta, em Portugal, de profissionais aplicados aos estudos de astronomia e geografia. Nos anos 1750, a demarcação era composta por portugueses nos principais cargos civis, financeiros e burocráticos, enquanto os estrangeiros desempenhavam tarefas especializadas. Eram, sobretudo, alemães e italianos os cartógrafos, engenheiros e riscadores. A necessidade de contratar, no exterior, deveria retroceder nos anos vindouros, pois o secretário de Estado convidava também professores para atuar no ensino. Como a matemática teve grande voga em outras partes da Europa, deveria se criar no reino uma escola dedicada à matéria e, para tanto, convidar-se-iam dois professores "dos de primeira nota".[24]

---

[23] Sousa Viterbo. *Expedições científico-militares enviadas ao Brasil*; coordenação, aditamentos e introdução de Jorge Faro. Lisboa: Ed. Panorama/SNI, 1962. 2 vs.
[24] Marco Antônio Azevedo Coutinho. "Instruçam pela qual se hade regular o M.R. P. F. Joam Alvares de Gusmão para buscar, e ajustar alguns Geografos para o serviço de S. Mag., 11 de abril de 1750". *In*: Cortesão, Jaime (org.). *Alexandre de Gusmão e o Tratado de Madri*. Parte v. Rio de Janeiro: Ministério das Relações Exteriores e Instituto Rio Branco, 1961. p. 21-25.

Em 1772, quando se criou o curso de matemática na Universidade de Coimbra, Miguel Franzini era responsável pela cadeira de Álgebra, Miguel Ciera por Astronomia e Monteiro da Rocha pelas Ciências Físico-matemáticas. A partir dessa data, a universidade lusitana criou um corpo de profissionais capaz de atender as necessidades do Estado, fato importante para perceber o predomínio de profissionais portugueses nas partidas de demarcação do Tratado de Santo Ildefonso.

O Tratado de Madri logo demonstrou ser insuficiente para atender as demandas das Coroas ibéricas. Os profissionais encontraram realidades geográficas inicialmente desconhecidas e não alcançaram, por conseguinte, a harmonia entre as partes. Apesar das evidentes vantagens conquistadas por Alexandre de Gusmão, Pombal considerava o tratado lesivo aos interesses portugueses e orquestrado pelos jesuítas, ordem religiosa que resistia às reformas implementadas na governação pombalina.[25] Somou-se ao antagonismo do marquês, o descontentamento de Carlos III, soberano empossado ao trono espanhol em 1759, que considerava incômoda a presença lusa no rio da Prata. Em setembro de 1777, depois de muitos conflitos, as Coroas assinaram o Tratado de São Ildefonso que estabelecia quatro comissões mistas demarcadoras.[26] Cada uma contava com dois comissários, dois engenheiros e seus técnicos. A partir do tratado e de regimentos próprios, definiram-se as zonas de atuação e seus responsáveis. As fronteiras compreendiam o vasto território, desde o Chuí ao Rio Negro, envolvendo da parte portuguesa o marquês do Lavradio, os governadores de São Paulo, Mato Grosso e Pará. As expedições, enfim, reuniram conhecimento fabuloso sobre as fronteiras entre os impérios luso e espanhol.[27]

Diferentemente das equipes anteriores, as comissões de 1780 eram compostas por astrônomos, matemáticos e naturalistas; entre eles, muitos eram profissionais recém egressos da Universidade de Coimbra reformada. Os cartógrafos portugueses eram João Saldanha e Francisco João Roscio, este comissário das demarcações do sul; do norte os principais eram Ricardo Franco de Almeida Serra, Manuel da Gama Lobo de Almada, Francisco José de Lacerda e Almeida e Antônio Pires da Silva Pontes Leme. Com título de doutor em matemática, atuavam, como astrônomos e cartógrafos, José Simões de Carvalho, José Joaquim Vitório da Costa,

---

[25] Carta "Secretíssima" do secretário de Estado para o Conde de Unhão..., 27 de junho de 1755. In: Jaime Cortesão. *Alexandre de Gusmão e o Tratado de Madri*. Parte V. Rio de Janeiro: Ministério das Relações Exteriores e Instituto Rio Branco, 1961. p. 101-103.

[26] Inácio Guerreiro. As demarcações segundo o Tratado de Santo Ildefonso de 1777. In: *Cartografia e Diplomacia no Brasil do século XVIII*. Lisboa: CNPCDP, 1997.

[27] Francisco A. Varnhagen. *História Geral do Brasil*. São Paulo: Ed. Itatiaia/Edusp, 1981. v. 2, t. IV, p. 271-74.

Lacerda e Almeida e Pontes Leme. Os estrangeiros eram Henrique João Wilkens e José Antônio Landi, ambos radicados no Brasil e participantes da primeira demarcação; na expedição de 1780, Wilkens exerceria o cargo de capitão de infantaria, com exercício de engenheiro, e Landi atuava como arquiteto.[28]

A reforma da Universidade de Coimbra, por certo, contribuiu para formar os profissionais que executaram as tarefas anteriormente desempenhadas por estrangeiros. A equipe estava apta a produzir medições matemáticas rigorosas e promover conhecimento sobre história natural. Nos estatutos da Universidade de Coimbra de 1772, as disciplinas filosóficas como filosofia racional, moral e natural tinham a finalidade de obrigar a "Natureza a declarar as verdades escondidas, que por si mesma não quer manifestar, senão sendo perguntada com muita destreza, e artifício".[29] Esses ensinamentos estavam presentes nos escritos de vários filósofos, naturalistas e matemáticos das expedições portuguesas à América, África e Ásia. Os matemáticos luso-brasileiros Pontes Leme e Lacerda e Almeida procuraram delimitar as fronteiras, localizar rios, rumos, correntes e cachoeiras. O conhecimento e registro de plantas e animais novos, assim como a descrição e localização de minas de ouro e diamantes, eram também interesses da expedição. Durante dez anos, Lacerda e Almeida vasculhou fronteiras, marcou latitudes e viabilizou o trabalho dos cartógrafos, além de traçar o "Plano Geográfico do Rio Negro" de 1780. Assim como a geração de profissionais formada antes da reforma universitária, o matemático priorizava conhecimento geográfico e parecia menosprezar a história natural: "Como meu companheiro e colega, o dr. Pontes, ia distraído com suas filosofias, gastando muita parte do dia em copiar macacos, ratos, etc. deixava por este motivo passar em claro muitos rumos, dando ao rio curso diferente do que na realidade tinha, resolvi-me desde este dia a configurá-lo diariamente".[30] As observações de Lacerda e Almeida lembram as anotações de Sá e Faria que se perguntava acerca da relação entre as cartas geográficas e a história natural. Permaneceria, portanto, o descompasso entre as instruções do Estado e a execução dos peritos. As medições matemáticas ainda eram prioritárias, somente a Viagem Filosófica comandada por Alexandre Rodrigues Ferreira romperia com esse pressuposto ao produzir centenas de desenhos e memórias sobre fauna e flora.

---

[28] Sobre as equipes de demarcação do norte ver: Ângela Domingues. *Op. cit.*

[29] *Estatutos da Universidade de Coimbra....* p. 229.

[30] Luísa F. Guerreiro Martim. Francisco José de Lacerda e Almeida, travessias científicas e povos da África Central. Dissertação de Mestrado, Faculdade de Letras da Universidade de Lisboa – Departamento de História, 1997. p. 40-1.

Nos anos 1780, enfim, a metrópole requeria aos profissionais a exploração de outros ramos do conhecimento para além da cartografia. Interessava-se em preservar as fronteiras, incentivar o comércio e a agricultura. Em áreas de litígio, os demarcadores descreviam as lavouras, a capacidade produtiva das comunidades, as inadequadas técnicas agrícolas e ainda produziam mapas populacionais de vilas e aldeias. Embora precários e pouco sistemáticos, os relatórios eram capazes de traçar perfil da população radicada na fronteira. Por meio desses testemunhos, pôde-se avaliar a queda demográfica que se abateu sobre as comunidades ribeirinhas do rio Branco, depois da "liberdade" dos índios instituída pelo diretório pombalino. Entre 1781 e 1782, Ricardo Franco de Almeida Serra percorreu o rio Madeira e enumerou as intricadas motivações para se fundar um povoado. Sua análise baseava-se não apenas no conhecimento geográfico, mas demonstrava os vínculos entre hidrografia, navegação, comércio, proteção de fronteira e catequese.

Na cachoeira do Salto, comentou o cartógrafo, deveria se criar uma vila, empreendimento vantajoso por diversos motivos. Seria proveitoso ao Estado do Grão-Pará o estabelecimento de um sistema de navegação entre Belém e o Mato Grosso. O novo povoado estaria no meio caminho entre as duas capitanias, em vasto e abundante sertão, que se comunicaria ao mar e à Europa. Dessas paragens, por certo, sairiam produtos destinados ao mercado metropolitano. A vila evitaria ainda a fuga de índios e escravos do Pará, impedindo-os de entrar no rio Mamoré e se estabelecer nas reduções espanholas de moxos. Os desertores eram obrigados a passar pela cachoeira do Salto e seriam logo barrados, caso existisse tal localidade. Os padres deveriam aí se estabelecer para polir e catequizar as nações, além de incentivá-las a manter a navegação. "Utillíssima, enfim, para assegurar e vigiar a extrema portuguesa com os domínios espanhóis conflitantes, sendo a posse privativa deste importante lugar, não só um posto de apoio para se ajudarem e socorrem mútua e brevemente as duas capitanias do Pará e Mato Grosso".[31]

Entre 1784 e 1786, o engenheiro militar e administrador, Lobo de Almada, recolheu informações que, conforme a ordem da rainha, deveriam atentar para os produtos naturais, lavouras e rios. No relatório, zelava pelos limites e fornecia notícias sobre as movimentações dos vizinhos espanhóis, franceses e holandeses. Em seus mapas populacionais, dividiu os índios em capazes e impossibilitados, enfatizando, portanto, seus vínculos à produção. Os números recolhidos por Almada apontam para

---

[31] Ricardo Franco de Almeida Serra. "Diário do rio Madeira; viagem que a expedição destinada à demarcação de limites fez do rio Negro até Villa Bella". RIHGB, XX, 1857. p. 405.

um nítido processo de despovoamento e decadência da agricultura ao longo do rio Branco.³² O sargento-mor Henrique João Wilkens, possivelmente de origem inglesa, descreveu, por sua vez, as remotas expedições de reconhecimento do rio Japurá, o regime dos demais rios e a linha de fronteira entre as possessões luso e espanhola. Durante as viagens, os militares deveriam contatar as etnias, particularmente os principais para conhecer seus interesses em obedecer à Coroa. Wilckens atentou, portanto, para as nações indígenas e as possíveis alianças entre seus principais e as autoridades coloniais. Percorreu o território do gentio Tauocas e recebeu de seu principal a promessa de "ser vassalo da Rainha e descer com todos os seus vassalos".³³

Os demarcadores buscavam, então, reunir notícias para viabilizar o projeto pombalino de integrar os indígenas às lavouras e ao comércio coloniais, pois a posse do território e a sobrevivência dos colonos dependiam profundamente da cooperação indígena. À época, eram tratadas como inimigas as nações que não cooperassem com esses princípios. Vigiados como rivais, os muras dominavam os rios e impediam a circulação de colonos em áreas vitais da Amazônia, eram perseguidos e reduzidos à escravidão, mesmo depois da liberdade decretada pelo Diretório pombalino. Os engenheiros militares relataram ataques desferidos pelo grupo que saqueava aldeias e canoas durante as viagens. Nos anos de 1780, Lobo d'Almada, Wilkens, Almeida Serra e demais agentes do império gastaram muita tinta para descrever as etnias das fronteiras. O interesse por contatar e conhecer as comunidades era, certamente, resultado dos embates entre os exércitos de Gomes Freire e os guaranis, sob comando jesuítico. Depois dos incidentes em Sete Povos das Missões, o Estado percebeu o quanto eram frágeis as possessões fronteiriças, caso não contassem com o apoio dos ameríndios. Desde então, os cartógrafos procuraram não apenas traçar limites, mas mapear as etnias, computar as possíveis alianças e perigos aos estabelecimentos lusos no sertão.

A cartografia era, no entanto, o conhecimento mais relevante produzido pelas equipes. Nos anos de 1750, a colônia de Sacramento era o principal alvo das medições, pois a primeira partida, entre Castilhos e o rio Uruguai, produziu cerca de 14 mapas, enquanto a segunda e a terceira partidas compuseram somente 12 mapas.³⁴ Ao norte, no mesmo período, os cartógrafos não tiveram o mesmo desempenho, mas a produção seria compensada pela demarcação dos

---

³² Manuel da Gama Lobo d'Almada. Descripção relativa ao Rio Branco e seu território (1787). RIHGB, XXIV, 1861. p. 617-683.

³³ IHGB, Arquivo do Conselho Ultramarino, 1.1.4, p. 111-148. Henrique João Wilkens. Diário da Viagem ao Japurá, 23 de fevereiro de 1781.

³⁴ Mário C. Ferreira. p. 280-311.

anos de 1780. Nesta década, os lusos produziram volumosos e excelentes trabalhos cartográficos para as fronteiras amazônicas. Esse conhecimento era, por certo, o resultado dos ensinamentos ministrados aos profissionais formados pela Universidade de Coimbra reformada. O Estado português contava, enfim, com uma admirável coleção de mapas, formada desde a contratação dos padres matemáticos. Durante 50 anos de investimentos, as fronteiras americanas do império foram transportadas em papéis para Lisboa, onde serviam tanto aos governantes do centro quanto das periferias. Nesse sentido, em 1798, o secretário de Estado da Marinha e dos Domínios Ultramarinos, D. Rodrigo de Sousa Coutinho, ordenou a composição da carta geral do Brasil, recorrendo às melhores cartas parciais dos demarcadores, graduadas com latitude e longitude. A carta do Brasil seria obra de equipe, oriunda das várias demarcações, cujo chefe era Dr. Antônio Pires da Silva Pontes Leme, o mesmo cartógrafo considerado como displicente por Lacerda e Almeida. Os desenhistas eram José Joaquim Freire e Manuel Tavares da Fonseca. A "Nova Lusitânia" era composta de 86 cartas com legendas explicativas e da lista dos cartógrafos responsáveis pelos traçados. Além do emprego de sinais convencionais, as cartas localizavam marcos, fortalezas, capitanias, caminhos, minas de ouro e de ferro, cachoeiras e sítios abandonados.[35] Era verdadeira síntese do conhecimento cartográfico reunido sob o patronato régio.

Do ultramar, cartógrafos e naturalistas remeteram dados, remessas e sistematizaram memórias, mapas e diários. Desde 1780, pouco antes da partida das viagens filosóficas, os naturalistas portugueses iniciaram a preparação de volumes dedicados ao mundo natural das colônias, empreendimento sem continuidade, interrompido por incidentes e tormentas provocadas pela Revolução Francesa e invasões napoleônicas. O primeiro e único resultado materializou-se nos quatro tomos da *Specimen Florae Americae Meridionalis*, obra dedicada à reprodução artística da flora, com desenhos de Angelo Donati, José Joaquim Freire, Joaquim José Codina, Cypriano da Silva e Manuel Piolti, os três primeiros artistas, mais tarde, se integrariam às viagens a Angola e ao Pará.[36] Durante algumas décadas, o naturalista Domenico Vandelli ambicionou publicar a "História Natural das Colônias" e para isso criou a Casa do Risco, onde seriam produzidas pranchas e gravuras das espécies provenientes das conquistas.[37] Apesar do esforço de reunir

---

[35] Jaime Cortesão. *História do Brasil nos Velhos Mapas*. v. 2. Rio de Janeiro: Instituto Rio Branco, 1971. p. 371-372.

[36] *Specimen Florae Americae Meridionalis*. Olisipone: Regio Viridiano Botanico, 1780. 4 tomos.

[37] Miguel Faria. "Os estabelecimentos artísticos do Museu de História Natural do Palácio Real da Ajuda e a Viagem Filosófica de Alexandre Rodrigues Ferreira". *In*: *Viagem Filosófica de Alexandre Rodrigues Ferreira*, ciclo de conferências por Carlos Almaça *et alii*. Lisboa: Academia de Marinha, 1992. p. 34, 38-40.

naturalistas, desenhistas e gravadores, esse empreendimento não teve sucesso, ainda que se abrissem, em chapas, alguns riscos dos "novos gêneros, e novas espécies de plantas, e de animais"[38] oriundos, em boa medida, da expedição liderada por Alexandre Rodrigues Ferreira. Os subsídios provenientes das viagens permitiram ainda que D. Rodrigo de Sousa Coutinho, secretário de Estado entre 1796 e 1801, escrevesse "Memória sobre o melhoramento dos domínios de Sua Majestade" (1797-1798), onde traçou as principais diretrizes para harmonizar o reino e suas possessões, e encomendasse a carta geral do Brasil, a "Nova Lusitânia" (1798). De todo modo, os resultados foram tímidos, frente aos esforços das autoridades e viajantes. Esse problema será abordado nos próximos capítulos.

Viagens e suas instruções

As viagens filosóficas marcaram uma nova etapa na produção de conhecimento e possuíam características que se destacavam das jornadas promovidas pelos Tratados de Madri e Santo Ildefonso. Inicialmente, planejava-se uma grande expedição ao Brasil, cujos preparativos iniciaram-se antes de 1778. À época, Domenico Vandelli escreveu carta a Martinho de Melo e Castro e descreveu as diligências para completar o plano da expedição. Por atuar na Universidade de Coimbra, tinha pouco tempo disponível para executar as instruções e o rol de instrumentos para a exata história natural de vasto continente. Os planos previam um grupo composto de matemáticos e naturalistas que percorreriam o território, enquanto o jardineiro Júlio Mattiazzi e um naturalista permaneceriam no Rio de Janeiro para facilitar o transporte das espécies dos sertões para o litoral.[39]

Vandelli arquitetou a grande expedição sob o comando de Alexandre Rodrigues Ferreira e auxiliado por quatro jovens naturalistas. Depois de anos de espera, o empreendimento sofreu alterações significativas. Manteve-se a jornada ao Pará, mas os equipamentos e o corpo de naturalistas tomaram proporções menores. Sem os colegas, Ferreira, dois riscadores, um criado e um jardineiro partiram em direção a Belém em julho de 1783. Se essa viagem sofreu drásticas reduções, ampliaram-se os destinos dos naturalistas, pois seguiram João da Silva

---

[38] IANTT, Ministério do Reino, maço 444. Domenico Vandelli. "Relação da origem e estado prezente do Real Jardim Botânico, Laboratório Chymico, Museu de História Natural e Caza do Risco".

[39] AHU, Reino, maço 26. Carta de Domenico Vandelli a Martinho de Melo e Castro, 22 de julho de 1778.

Feijó para Cabo Verde, Joaquim José da Silva para Angola e Manuel Galvão da Silva para Goa e Moçambique. A almejada viagem ao Brasil se desdobrou em investigações sobre conquistas do império luso na África e em Goa: "Não foi por outro motivo mais, do que considerar Sua Majestade esta África tão interessante nas suas produções naturais, como as demais partes do mundo".[40]

As viagens filosóficas eram, portanto, empreendimentos planejados pelo naturalista Domenico Vandelli e executados por seus alunos da Universidade de Coimbra, formados entre 1776 e 1778. Antes da partida das expedições, alguns discípulos percorreram, como parte de um treinamento, localidades não muito distantes de Lisboa e Coimbra. Recém-formados, os naturalistas Alexandre Rodrigues Ferreira e João da Silva Feijó visitaram a mina de Buarcos perto do cabo Mondego, em 1778. Nos anos seguintes, os luso-brasileiros se juntaram a Joaquim José da Silva e realizaram expedição ao Ribatejo. Em maio de 1783, o italiano Júlio Mattiazzi, Custódio José da Silva, Ferreira e um criado receberam proteção da rainha para visitar a vila de Setúbal, seu termo e comarca, e fazer experiências a respeito dos produtos naturais, conforme carta do secretário Martinho de Melo e Castro.[41]

Para além do ensino prático, no mesmo período, multiplicaram-se as instruções de viagem, provenientes da Universidade de Coimbra e da Academia das Ciências de Lisboa. Diferentemente da demarcação, as viagens filosóficas realizava-se segundo regras e procedimentos pormenorizados nas instruções que se dedicavam, particularmente, à coleta e classificação dos reinos da natureza. De modo geral, esses manuais guiavam os naturalistas a produzir diários, preparar remessas e averiguar a natureza para conhecer todos os produtos e riquezas. Por ser filosófica, a viagem realizar-se-ia segundo um método, uma disciplina capaz de revelar as maravilhas que o "onipotente espalhou na superfície do globo". O viajante filósofo não era, porém, comandado pelo espírito divino, nem ungido por Deus, era instruído pelas luzes, pela geografia, aritmética, geometria, trigonometria, química e história natural. Os ensinamentos tornavam-nos mais ávidos por detalhes, mais dispostos a encontrar os tesouros da natureza. Nas viagens filosóficas, os procedimentos de coleta, classificação e remessa de material obedeciam às *Breves Instrucçoens aos correspondentes da Academia das Sciencias de*

---

[40] AHU, Moçambique, cx. 21. Petição de Manuel Galvão da Silva ao governo interino. Moçambique, 23 de junho de 1784.

[41] AHU, Reino maço 26, 2722. Relação das ajudas de custo que V. Mag. manda dar aos naturalistas, riscadores e botânicos que embarcam para as Capitanias do Pará, Moçambique e Reino de Angola. Relação das ajudas de custo que V. Mag. manda dar aos naturalistas, riscadores e botânicos que embarcam para as Capitanias do Pará, Moçambique e Reino de Angola.

Lisboa.⁴² Publicada em 1781, momento de intensas mudanças nas viagens lusitanas, as instruções ensinavam como coletar, preparar, embarcar espécies e compor o diário de viagem. Do reino e das colônias, viriam espécies dos três reinos da natureza que seriam reunidas e conservadas no Museu Nacional.

Acondicionados em caixas, barris e frasqueiras bem fechadas, os produtos eram enviados cuidadosamente para não perecer com a umidade. Antes da partida, eles sofriam um longo processo de conservação: os animais eram embalsamados ou imersos em álcool, quando havia, ou em aguardente de cana; as plantas eram desidratadas ou transplantadas em caixões, enquanto as sementes eram embrulhadas em papel de terebintina. As instruções, porém, não tencionavam a formação de um jardim botânico, nem mesmo aclimatar espécies úteis ou exóticas na capital do império. O propósito era formar um Museu Nacional, onde se reuniriam e conservariam produtos das quatro partes do mundo. Seria, por certo, supérfluo ensinar como transportar árvores e plantas de países estrangeiros para aclimatá-las no jardim da rainha. "Por ora só se trata do modo mais fácil de remeter as plantas secas com todas as partes que as caracterizam."⁴³

Antes dessas instruções, alguns manuais buscavam instruir os exploradores a aperfeiçoar a coleta de espécies e de informações durante as viagens. No reinado de D. João v, foi composto "O Peregrino Instruído", roteiro composto de várias perguntas direcionadas àqueles que, por meio de viagens, desejavam conhecer o mundo.⁴⁴ Em princípio, as instruções destinavam-se ao rei, interessado em visitar incógnito às Cortes estrangeiras, mas estavam franqueadas a qualquer pobre mortal curioso. No roteiro encontram-se indagações bastante simplórias quando comparadas às instruções posteriores, apesar de úteis ao conhecimento dos espaços visitados. Nitidamente, o roteiro se dirigia ao vulgo, interessado em percorrer regiões do continente europeu, e não possuía a especialização encontrada em instruções elaboradas no tempo do naturalista Domenico Vandelli.

Em "Viagem Filosófica ou Dissertação sobre as importantes regras...",⁴⁵ Vandelli destacou a pouca utilidade das peregrinações filosóficas que não resultassem

---

⁴² *Breves Instrucçoens aos correspondentes da Academia de Sciencias de Lisboa sobre as remessas dos productos e notícias pertencentes a história da Natureza para formar hum Museo Nacional.* Lisboa: Academia de Sciencia de Lisboa, 1781. p. 3-4.

⁴³ *Breves Instrucçoens.* p. 28-29.

⁴⁴ O Peregrino Instruído; seguido de comentários de Luiz Mott. *Boletim Cultural da Junta Distrital de Lisboa,* 75-76: 81-99, 1971-2.

⁴⁵ BACL, mss. 405 – série vermelha. Domenico Vandelli. Viagens Filosóficas ou dissertação sobre as importantes regras que o Filósofo Naturalista nas suas peregrinações deve principalmente observar, 1779.

em diários e memórias. O primeiro era um livro de papel, ou de outra qualquer matéria, dividido em anos, meses, dias e horas, onde o viajante descreveria os objetos encontrados e a localidade. Ele deveria, obedecendo a técnicas precisas, coletar todas as plantas, animais e minerais que fossem possíveis. Finalmente as espécies deveriam ser "iluminadas [desenhadas] com toda exatidão". Em seguida, as instruções indicam como descrever povos, lugares de "Beira-mar", minerais, rios, fontes e lagoas, além do reino da natureza. Por fim, dedica-se à preparação de animais. As instruções tecem comentários sobre viagens à Europa e América, sendo o Brasil o tema privilegiado. Quando comparado ao "Peregrino Instruído", percebe-se o avanço da ciência no Portugal mariano e, sobretudo, a ênfase às viagens destinadas ao mundo colonial. Além de fornecer um guia, o documento demonstra erudição e domínio sobre os debates da história natural e economia. Apesar de não dispor de dados, o manuscrito certamente fazia parte das disciplinas filosóficas ministradas em Coimbra. O professor destas cadeiras abordava a origem e o progresso das ciências e destacava os requisitos necessários para estudar a idéia de natureza e a constituição do mundo em geral.[46]

No *Compendio de observações*, o sócio da Real Academia das Ciências, José António de Sá defendeu a necessidade dos viajantes reduzirem os produtos naturais a reinos, classes, ordens, gêneros e espécies, de acordo com os ensinamentos de Lineu. A viagem filosófica possuía o nobre encargo de revelar elementos ocultos, desconhecidos do vulgo: "Quantas coisas nos mostra a superfície, de que poderíamos usar, se as conhecêssemos? A viagem nos ministra todas estas vastas notícias". Ao contrário do "Peregrino Instruído", eram indispensáveis sábios para conduzir essa aventura. Na viagem de exploração científica, haveria também naturalistas especializados na ciência de metalurgia matemática: "que envolve a Arte de cavar, extrair as Minas, tirar as Pedras da Arquitetura, Hidráulica, e Aerometria Subterraneas: de Metalurgia Química Monticular, Economia". O maior encargo de uma viagem filosófica, ratificou J. A. de Sá, era averiguar a natureza e suas potencialidades, tornando disponíveis todos os produtos e riquezas que "o Onipotente espalhou na superfície do Globo, a fim de se obter uma perfeita descrição dos três Reinos da natureza". As dádivas deveriam ser situadas segundo latitude e longitude, e o viajante atentaria para variações climáticas, definição das estações, distribuição de rios, lagoas, fontes e poços. Sá indicou normas pormenorizadas para estudar os reinos animal, vegetal e mineral. Além da pesquisa nos reinos, estabeleceu regras para preservar o material coletado, a redação do diário e composição de desenhos, destacando que: "Entre a descrição

---

[46] *Estatutos da Universidade*, p. 230-235.

das coisas entra também o Risco, e Pintura, a qual se aplicará aqueles objetos, que a narração não for capaz de descrever perfeitamente, e em clareza".[47]

A Viagem Filosófica, comandada por Alexandre Rodrigues Ferreira, possuía outro tipo de instrução, destinada a regrar o cotidiano da equipe durante a jornada. Sem ter a intenção de ensinar história natural, elas regulavam inicialmente as atividades a serem executadas na travessia marítima para América, quando a tripulação deveria se disciplinar e cumprir as ordens: aprender a coletar, classificar e preparar as espécies. Em alto-mar, esses ensinamentos práticos seriam realizados com os peixes. Assim, a tripulação receberia ensinamentos de como classificar as espécies. Ela ainda enfrentaria os exercícios de pintura, traçando "algumas linhas sobre a frutificação das plantas, e debuxo dos animais debaixo da Inspeção do riscador que os acompanha".[48] Finalmente, a tripulação deveria ser treinada a pilotar as embarcações. Além do ensino, as instruções mencionam o cronograma da viagem, desde a chegada a Belém até as visitas aos seus arredores, sem se ater, porém, a detalhes precisos das atividades a serem executadas.

Inicialmente, as instruções esclarecem sobre a "utilidade" da viagem, cujo desígnio era promover o benefício da "Pátria". A ciência, portanto, não estava atrelada a interesses estranhos aos estatais e pátrios. Atuava no aprimoramento da agricultura e do comércio e ampliava suas fontes de renda. A ciência e a economia agiam como agentes estatais no processo de centralização política e controle do território – reino e ultramar. Fora deste âmbito, os cientistas não sobreviveriam, dependentes de recursos indispensáveis à execução de experimentos. Na época moderna, a ciência estava profundamente atrelada aos interesses da nobreza e do Estado, em uma simbiose primordial aos avanços das ciências.[49] As instituições científicas, ao mesmo em Portugal, eram criações do Estado e submetidas aos seus desígnios. Eram forma de sustentar as reformas, a modernização da agricultura e comércio. Como se tornou evidente na trajetória dos naturalistas luso-brasileiros, o comando das viagens filosóficas não era exercido pelo gênio de Vandelli, naturalista de renome internacional. Depois de iniciadas, os secretários de Estado e os governadores coloniais determinavam os percursos e as tarefas, viabilizaram as jornadas, enquanto as

---

[47] José António de Sá. *Compendio de Observaçoens que fôrmão o plano da Viagem Politica, e Filosofica, que se deve fazer dentro da Patria*. Lisboa: Officina de Francisco Borges de Sousa, 1783. p.47, 80 e 210.

[48] FBN, seção de manuscritos. Instruções para os membros da Expedição Filosófica. mss. 21, 2,2 n.22.

[49] Mario Biagioli. *Galileu courtier; The practice of science in the culture of absolutism*. Chicago: Chicago University Press, 1994.

instruções nem sempre regravam o cotidiano do grupo. Os ensinamentos do mestre certamente aprimoraram a coleta e a produção de memórias, mas era dos mandatários estatais o controle efetivo das viagens filosóficas concebidas por Vandelli.

De todo modo, a universalidade do conhecimento constitui a grande ruptura entre as preocupações do "Peregrino Instruído" e as instruções produzidas no âmbito da Universidade de Coimbra e Academia de Ciências de Lisboa. Ao destacar a uniformização dos dados, as coletas viabilizavam os "ciclos de acumulação". O conhecimento somente se tornava móvel, imutável e acumulativo se o naturalista seguisse as instruções e padronizasse os dados. A reunião desordenada de testemunhos, cara aos colecionadores curiosos, inviabilizava o caráter associativo próprio do saber científico. Esse princípio constava dos manuais de Azevedo Fortes e do "Método que devem seguir os Oficiais Engenheiros" de 1753, mas esses guias se referiam à cartografia e pouco referendava o rigor no estudo dos reinos naturais. Datadas entre 1779 e 1783, as instruções marcaram mais uma mudança na intervenção estatal sobre o território da América Portuguesa. Inicialmente, a cartografia era prioritária, reinando absoluta entre as tarefas executadas pelos demarcadores, depois, nos anos 1780, a etnografia de povos da Amazônia tornou-se aos poucos tema visitado pelos administradores e oficiais engenheiros. Os mapas seriam ainda fartamente produzidos nos anos vindouros, mas eram acompanhados de descrições dos povos.

Remessas ao Museu da Rainha

A ênfase na história natural não se evidencia apenas na produção de várias instruções. A remessa de espécies para os museus metropolitanos concorre igualmente para constatar que a história natural tornava-se um culto entre letrados e fidalgos lusitanos. Em Portugal, as luzes, inicialmente, se materializaram nos Estatutos do Colégio dos Nobres (1761), nos Estatutos da Universidade de Coimbra (1772), na construção do Museu de História Natural e Jardim Botânico, iniciada ainda na década de 1760. O Museu teria como primeira finalidade viabilizar uma educação filosófica aos príncipes D. José e D. João. À época, os reis filósofos eram a tônica nas Cortes européias, e a alta fidalguia lusitana não poderia se furtar do valioso saber proveniente da natureza. Nesse sentido, o naturalista paduano Domenico Vandelli reuniu esforços para formar o Museu a partir de espécies provenientes do reino e das colônias. Em 1768, ele apareceu nomeado para conduzir as obras do Jardim Botânico da Ajuda e, por longos anos, manteve correspondência com vários naturalistas e jardins botânicos europeus, de onde recebia ou trocava espécies para ampliar o acervo. Sua prática de colecionar plantas, animais e minerais tiveram, certamente, enorme influência sobre as viagens ultramarinas. Assim, quando as instruções investiam na história natural, procurava não apenas modernizar as lavouras, mas também reunir peças para a Corte lisboeta entreter-se com a grandeza natural de seus vastos domínios ultramarinos.

Com Vandelli, o museu poderia dispor de um naturalista-colecionador e professor de prestígio no circuito europeu. Além de lecionar na Universidade, tornou-se o principal encarregado da fundação do Museu de História Natural sustentado pelo erário público.[50] Tempos depois de estabelecido, ele escreveu uma memória dedicada ao museu, onde dissertou sobre sua importância na sociedade portuguesa. Considerou impossível visualizar todas as produções naturais do vasto império sem contar com um museu que atuava como um anfiteatro e reunia, em espaço limitado, peixes, vermes, sais, enxofre, pássaros, gomas, artefatos de povos e demais espécies dos três reinos da natureza. Quando bem constituído, o museu atuava como um verdadeiro teatro da natureza ou um livro aberto, no qual "o observador se instruía com prazer, e facilidade, a memória vem ajudada pelos olhos, se conserva atenção pelo prazer da vista". O caráter pedagógico da instituição foi muitas vezes ressaltado por Vandelli, pois ao ver as espécies os aprendizes facilmente nomeavam, faziam confrontos, investigavam as origens e usos na agricultura, artes, medicina e comércio.

Contando com possessões na Ásia, África e América, Portugal merecia um "museu nacional" para promover o conhecimento dos produtos do reino e das conquistas.[51] A natureza mais desconhecida encontrava-se, porém, em terras americanas e africanas, de onde os viajantes naturalistas coletavam espécies e enviavam-nas ao Museu em Lisboa. Apesar das qualidades pedagógicas e científicas do Museu, a instituição seria, por muito tempo, um espaço de deleite da nobreza lisboeta. Como bem salientou João Brigola, "o limitado alcance institucional e funcional destes equipamentos durante todo o período pombalino, para além de meros espaços de aprendizagem e recreação privada da família real, longe ainda da ampla utilidade pública que assumirão no período mariano".[52] A farta corres-

---

[50] João Carlos Brigola. *Coleção, gabinetes e museus em Portugal no século XVIII*. Lisboa: Fundação Calouste Gulbenkian e Ministério da Ciência e do Ensino Superior, 2003. p. 101-108.

[51] Domenico Vandelli. "Memória sobre a utilidade dos museus de História Natural (c. 1787)". *In*: *Memórias de História Natural, Domingos Vandelli*. Introdução e coordenação de José Luís Cardoso. Porto: Porto Editora, 2003. p. 59-65.

[52] João Carlos Brigola. p. 101-2.

pondência entre os vice-reis, governadores e o secretário de Estado evidencia que o mencionado Museu permaneceu como espaço cortesão por mais tempo. As remessas de espécies à instituição atuavam como dom, como presentes e objetos que permitiam a aproximação entre os governantes ultramarinos e o secretário de Estado. Da mesma forma, ao incentivar as remessas de produtos exóticos para enriquecer o Museu, o secretário prestava vassalagem à soberana. Esses negócios promoveram um aumento considerável da coleção e criou uma verdadeira febre de remessas provenientes do ultramar.

Essas remessas originavam-se de uma intrincada relação entre o naturalista, o secretário de Estado da Marinha e Negócios Ultramarinos e os governadores, entre poderes metropolitanos e coloniais. Para formar o Museu da rainha, o pedido de espécies partia desse estabelecimento e atingia os altos escalões da burocracia estatal, ou melhor, o secretário. Depois atravessava o Atlântico e chegava às mãos do vice-rei ou governador. Por meio de ofícios, Martinho de Melo e Castro encarregava-os do comando de expedições ao território, da remessa de produtos naturais e escritos direcionados ao Museu, ou o também denominado Gabinete de História Natural. Essa hierarquia determinava a subordinação do naturalista viajante aos poderes instituídos nas possessões ultramarinas, ou seja, ao vice-rei ou governadores, que autorizavam as jornadas ao sertão e rios, viabilizaram canoas, mantimentos e índios para sustentar os empreendimentos científicos. O viajante ainda contava com valiosas informações disponibilizadas pelas Câmaras e paróquias. Ao longo da jornada ao mundo colonial, os naturalistas ainda podiam encontrar correspondentes da Academias das Ciências ou do próprio Vandelli que, por serem habituados aos temas da história natural e ao envio de espécies a Lisboa, lhes forneciam memórias e pequenos escritos, indispensáveis a seus compêndios remetidos à Secretaria e ao Museu.

Indício da circulação de notícias está presente nas poucas cartas enviadas pelos correspondentes a Vandelli, ou melhor, poucas que restaram do incêndio no Arquivo Histórico do Museu Bocage. Nesse acervo, encontra-se o pedido do governador do Mato Grosso, Luiz Pinto de Sousa Coutinho (1769-1772), para que Lourenço Belford realizasse descrição de vários vegetais, especialmente a "jalapa" e a "epicacoanha". Esse pedido, por certo, originou-se em Lisboa onde Vandelli coordenava equipe para criar coleções de história natural. Anos depois, o paduano recebeu carta assinada por Lourenço Belford, morador da capitania de Mato Grosso e, por certo, bom conhecedor de botânica. Ao cumprir a tarefa, Belford dirigiu-se ao naturalista, não ao governador, e procurou explicar os entraves à sua execução. Depois de dissertar sobre as plantas do Ceará, Pernambuco e referir-se aos escritos de "Tournnefort,

Lineu e Doblin", ele revelou que as plantas solicitadas não proliferavam nesse país. Mesmo assim, remetia outras espécies conforme recomendação superior.[53]

Em janeiro de 1770, Vandelli recebeu correspondência semelhante do arquiteto bolonhês Antônio Landi, radicado no Pará, que se considerou incapaz de atender as solicitações do naturalista por estar ocupado com a construção do palácio do governo em Belém.[54] Como Landi era um bom desenhista, ele por certo lhe encomendou desenhos de espécies do Pará. Para o outro governador do Mato Grosso, Luís de Albuquerque de Melo Pereira e Cárceres, fidalgo da Casa da Ínsua, o naturalista pediu espécies de borboletas, demanda que foi atendida em remessa enviada de Vila Bela. Cárceres escreveu carta a Vandelli e assumia o seu amor e curiosidade pela história natural. Prometia ainda remeter produtos do Mato Grosso, Goiás e Minas Gerais para enriquecer o Museu e o Jardim Botânico, sobretudo com amostras consideradas raras na Europa. "E me não descuidarei a enviar-lhe tudo que possa descobrir a minha diligência, para poder servir de emprego aos seus profundos Estudos da Natureza."[55]

Da mesma época, um correspondente do Mato Grosso escreveu ao mestre Vandelli para enviar notícias, em forma de história natural e espécies, provenientes tanto do Pará quanto do Rio de Janeiro. Mas esse fluxo, aos poucos, se extinguia devido ao silêncio do mestre e da incerteza se as remessas teriam de fato alcançado as plagas portuguesas. Mesmo assim, enviou-lhe sementes de "jalapa", planta recomendada por Lineu, casca de uma planta natural da capitania, semelhante à quina e capaz de tirar "as sezões com felicidade", isto é, aplacar febres. Para produzir ramalhetes, remeteu sementes de um tipo de tulipa, "planta de cebola", produtora de "uma flor bastante engraçada". Do forte de Bragança no Mato Grosso, Souza ainda se correspondia com a província de Tucumã à procura da planta e semente do bálsamo do Peru.[56] Um ano depois, o governador do Mato Grosso, Luiz Pinto de Sousa Coutinho, escreveu ao mestre Vandelli de Vila Bela e suplicou proteção para retornar à Corte: "para que S. Majestade se digne a resgatar-me deste cruel clima".[57] Mesmo com a saúde abalada, ele se

---

[53] AHMB – CN/B – 91. Carta de Lourenço Belford a Domenico Vandelli. 27 de agosto de 177(?).

[54] AHMB – CN/K –1. Carta de Antônio Landi a Domenico Vandelli. Pará, 20 de janeiro de 1770.

[55] AHMB – CN/C – 112. Carta de Luiz Albuquerque de Melo e Cárceres a Domenico Vandelli, Vila Bela, 27 de julho de 1773.

[56] AHMB – CN/S – 55. Carta de Luiz Pinto de Souza a Domenico Vandelli. Forte de Bragança na capitania de Mato Grosso, 1º novembro de 1770. No documento não há menção, mas Luiz Pinto de Souza deve ser o mesmo governador do Mato Grosso Luiz Pinto de Souza Coutinho.

[57] AHMB – CN/B – 93. Carta de Luiz Pinto de Balsemão a Domenico Vandelli. Vila Bela, 1º de dezembro de 1771.

prontificava a enviar remessas ao museu, fazendo chegar à Ajuda uma longa lista de produtos.[58] Aos poucos, porém, perdeu o ímpeto de caçador de plantas e passou narrar os infortúnios que destruíram suas remessas. Desgostoso, ele descreveu o conturbado trânsito entre a capitania e Lisboa, sobretudo os trechos mais danosos, as cachoeiras, onde os caixotes e as frasqueiras deveriam ser descarregados, transportados por subidas acidentadas e, em seguida, novamente depositados nas canoas até a próxima queda de água. Isso se repetia mais de 20 vezes durante a trajetória em direção ao mar. Por isso, as encomendas chegavam à Corte danificadas, ou completamente arruinadas. Remetidas em duplicatas, a coleção de serpentes e anfíbios nada contribuiu com o Museu, pois nem um só frasco deixou de "ir quebrado e vazio".[59]

Queixa semelhante enviou de Benguela o naturalista Joaquim José da Silva ao escrever a Júlio Matiazzi, jardineiro e administrador do Museu de História Natural d'Ajuda. Mesmo ao perder o companheiro de viagem e sofrer com moléstias, Silva tentou reunir esforços e enviar as remessas, que não tinham, porém, o volume esperado e correspondente à rica natureza africana. Esse esforço não foi reconhecido pelo mestre Vandelli e demais autoridades lisboetas, que não comentavam sobre o material recebido. Se os produtos estavam ou não adequadamente embalados e preparados, o naturalista não sabia, mesmo assim continuava a remeter espécies.[60] Em Barcelos, na capitania do Rio Negro, Alexandre Rodrigues Ferreira também lamentou a falta de informação sobre os resultados da jornada. Depois de dois anos sem notícias, tinha dúvida se seus trabalhos tiveram a felicidade de chegar ao Museu, "nem sequer tenho sabido, se lá tem chegado as produções remetidas. E esta é a mais pungente mortificação que passo, vacilando sempre, se ao penosíssimo trabalho, quando elas custam em observar, recolher, e preparar, sobreviverá a desgraça de chegarem mal acondicionadas".[61] O esforço de coletar e embalar as espécies não era portanto devidamente valorizado, interrompendo o fluxo de informações em direção a Lisboa, devido ao descuido no armazenamento das espécies e memórias remetidas. Ao retornar à Corte, depois de quase dez anos, Ferreira teve a surpresa de encontrar as remessas em péssimo estado, com as etiquetas de identificação embaralhadas.[62]

---

[58] AHMB – CN/B – 92. Carta de Luiz Pinto de Balsemão a Domenico Vandelli. Vila Bela, 8 de fevereiro de 1769.

[59] AHMB – CN/B – 93. Carta de Luiz Pinto a Domenico Vandelli. Vila Bela, 1º de dezembro de 1771.

[60] AHMB – CN/S – 22. Carta de Joaquim José da Silva a Julio Mattiazzi. Benguela, 24 de maio de 1787.

[61] AHU – Rio Negro, d. 455. Carta de Alexandre Rodrigues Ferreira ao secretário Martinho de Melo e Castro. Barcelos, 16 de novembro de 1786.

[62] Essa é a explicação para o insucesso da viagem filosófica, ver: Carlos França. "O doutor Alexandre Rodrigues Ferreira". *Boletim da Sociedade Broteriana*, 1-2, 1922. p. 65-123.

Em Lisboa, à frente do Museu, Vandelli deixou o jardineiro Júlio Mattiazzi que, além de receber as remessas e tentar ordená-las, passou também a apoiar seus discípulos no ultramar. Várias cartas enviadas das possessões portuguesas eram direcionadas a Mattiazzi, enquanto o professor e afamado naturalista envolvia-se em outras tarefas. Atuava na Universidade de Coimbra onde ministrava as novas cadeiras de história natural e química, além de estabelecer o Museu, laboratório químico e Jardim Botânico. Na correspondência entre Vandelli, visconde de Barbacena e abade Correia da Serra ficam evidentes as inúmeras tarefas executadas para criar a Academia Real das Ciências de Lisboa[63] e a impossibilidade de acompanhar os naturalistas em expedições filosóficas. Ao longo dos anos de 1780, Melo e Castro tornou-se cada vez mais presente no comando das equipes das viagens filosóficas. Era, portanto, recorrente o predomínio do secretário nos destinos das expedições. As remessas tentavam contentar suas diretrizes, deixando as de Vandelli em segundo plano.

O secretário Martinho de Melo e Castro atuou ativamente na formação do Museu, seja na demanda de espécie, seja no controle dos percursos de viagens, tornando-se o maior promotor dos museus lisboeta e coimbrão. Com freqüência solicitava aos governadores o envio de remessas de pássaros, plantas e animais para enriquecer a coleção da rainha. Intervinha também nos rumos das expedições em território americano e africano, ao impor roteiros de viagens, investigações, desenhos, memórias e remessas. Ao comentar a intervenção do secretário nos assuntos do Museu, Vandelli escreveu: "Dessa administração nunca me deu conta, porque o sobredito ministro tomou toda a si essa inspeção".[64] A frase originou-se da negociação entre o secretário e o jardineiro Julio Mattiazzi em torno da fábrica de purificação de anil, e a conseqüente exclusão do paduano da empresa. A interferência, no entanto, ia muito além dos negócios com anil, pois Melo e Castro guiava os principais empreendimentos dedicados à natureza no ultramar. Vandelli reconhecia o empenho do dito ministro para ampliar a coleção e enriquecer o Museu de Sua Majestade: "Este Museu teve considerável aumento pelo cuidado e zelo do sobredito ministro, e principalmente com o que remeteram os quatro naturalistas meus discípulos, que por esse efeito de enriquecer o Museu, e fazer, em conseqüência a história natural das colônias, Sua Majestade mandou nelas viajar".[65]

---

[63] Coleção de cartas do Ex. Sr. Visconde de Barbacena e Sr. Abade Correia da Serra dirigidas ao Sr. Domingos Vandelli. *Para a História das Academia das Sciências de Lisboa*. Lisboa: Imprensa Universitária, 1927.

[64] Domenico Vandelli. Relação da origem e estado presente do Real Jardim Botânico Laboratório Químico, Museu de História Natural e casa do Risco. *In: Memórias de História Natural...* p. 51-53.

[65] Domenico Vandelli. Relação da origem e estado presente do Real Jardim Botânico,... p. 52.

No ultramar, os naturalistas consideravam o secretário com enorme respeito e, por vezes, temiam suas atitudes e repreensões. Angelo Donati, riscador da expedição a Angola, denominou a perseguição do secretário de "ingiusta vendetta",⁶⁶ mas o italiano não era o único a enfrentar a "malignità" de Melo e Castro. Depois de desobedecer as suas ordens e deixar Goa antes de terminar o serviço requisitado, o naturalista Manuel Galvão da Silva escrevia a Lisboa para tentar reatar os laços com o poderoso secretário. Além de prometer-lhe o cavalo marinho e o peixe mulher solicitados, indagava a Julio Mattiazzi se "Ex. Sr. Martinho se tem agradado da remessa das amostras das minas que tenha recebido, e se o Ex. Sr. Vandelli e V. M. as acham boas. Falem-me com sinceridade como lhe merece".⁶⁷ A raridade dos contatos entre naturalistas e funcionários do museu lisboeta deixava-os inseguros, sobretudo Galvão que procurava atenuar a desobediência às diretrizes do secretário.

As viagens filosóficas não eram, porém, a única fonte de espécies. O secretário tratou de convocar as autoridades coloniais para enriquecer a real coleção e, por meio dos governadores, reuniu durante muitos anos espécies as mais exóticas. Em princípio, o pedido de Melo e Castro deveria ser rapidamente atendido, mas nem sempre os governadores perceberam que os produtos naturais poderiam tornar-se um importante ingrediente do sistema de patronagem, um dom nas trocas de serviços e mercê travadas no vasto território imperial. Para uns poucos governadores, a história natural era, então, motivo para se aproximar do poderoso secretário. Curiosamente, junto a assuntos da alta administração, os governadores, frequentemente, remetiam ao secretário listas de espécies ou avisos sobre o envio de plantas e aves.

Já no tempo do secretário Francisco Xavier Mendonça Furtado, os governadores enviaram extensas remessas de pássaros, sem mencionar a coleção a qual estavam destinadas. Das capitanias de Pernambuco, Pará e Rio de Janeiro, as aves foram enviadas desde o início da década de 1760. Anos após a criação do Museu de História Natural, em 1768, intensificaram-se os pedidos e, sobretudo, as remessas. Entre 1773 e 1775, o envio de pássaros para Lisboa teve aumento notável. Se no ano anterior, houve apenas uma remessa, em 1773 ocorreram dez que partiram de Pernambuco e Pará; em 1774, 8; 1775, 8 provenientes das mencionadas capitanias somadas ao Rio de Janeiro. De forma notável, a capitania de

---

⁶⁶ AHMB – CN/D – 6. Carta de Angelo Donati a Júlio Mattiazzi. Moçambique, 10 de setembro de 1783.

⁶⁷ AHMB – CN/S – 31. Carta de Manuel Galvão da Silva a Julio Mattiazzi, Moçambique, 28 de agosto de 1790.

Pernambuco tornou-se o celeiro de aves para coleção do Real Museu, pois entre 1762 e 1788, formaram-se cerca de 40 remessas de pássaros endereçadas ora à Secretaria, ora ao Museu, ora às Quintas Reais de Belém. Para as demais capitanias, os números eram muito menores.[68]

As remessas de aves e animais enviadas por diversos governadores de Pernambuco eram notáveis. O volume de espécies não constitui a única surpresa de nossa pesquisa, mas a procedência de muitos animais enviados a Lisboa. Eles originavam-se tanto do sertão americano quanto das terras de Angola e Costa da Mina. De Angola, desde 1763, antes mesmo dos pedidos de Melo e Castro, chegavam carregamentos de escravos e pássaros exóticos. Não escapou ao governador Luís Diogo Lobo da Silva (1756-1763) o envio de oferta ainda mais inusitada, pois remeteu a Lisboa, na charrua São José, um elefante, pássaros e galinhas provenientes de Angola.[69]

Em julho de 1773, o governador Manoel da Cunha Meneses (1769-1774) escreveu a Melo e Castro para informar da chegada de um "Passaro exquisito" proveniente da Costa da Mina e embarcado na corveta da Companhia Geral do Comércio. A ave era "semelhante a uma Ema, porém diferente na cor das penas, porque são pretas, e na cabeça, que tendo olhos encarnados, se coroa nela de uns penachos cor de ouro, que o fazem sumamente agradável e raro, circunstâncias pelas quais me pareceu digno da Real Presença de S. Majestade de que seja apresentado".[70] Desde de 1759, com a criação da Companhia do Comércio de Pernambuco e Paraíba, estreitavam-se os vínculos entre a África e Pernambuco devido ao tráfico de escravos para a lavoura canavieira. O governador sabia certamente da existência do Museu, mas presenteou o rei com ave exótica como forma de prestar vassalagem. Para tanto, recorreu ao secretário como intermediário, pois era ele o responsável por mobilizar os governadores a enviar espécies raras para o acervo. De todo modo, o presente esquisito era para o monarca e não constituía diretamente uma doação ao Museu.

Em abril de 1774, Melo e Castro escreveu ao governador de Pernambuco e solicitou o envio de pássaros e participou-lhe que era "Sua Majestade servida que

---

[68] Estudo quantitativo realizado junto à documentação do AHU – Documentos Avulsos das capitanias do Rio Negro, Pará, Ceará, Pernambuco, Paraíba, Bahia, Rio de Janeiro, Minas Gerais, São Paulo, Mato Grosso e Rio Grande.

[69] AHU Pernambuco, d. 7758. "Ofício do governador Luís Diogo Lobo da Silva ao secretário Francisco Xavier Mendonça Furtado". Recife, 16 de abril de 1763.

[70] AHU – Pernambuco, d. 8673. "Ofício do governador Manoel da Cunha Meneses ao secretário Martinho de Melo e Castro". Recife, 3 de julho de 1772.

pelas Embarcações que forem desta Capitania" mandasse o governador todas as qualidades de pássaros que nela houver e entregar na Secretaria de Estado da Repartição da Marinha e Domínios Ultramarinos. Cunha Meneses logo mandou executar a Real Ordem em várias remessas entre 1773 e 1774, sempre recomendando ao mestre da embarcação o bom tratamento aos pássaros.[71] Entre 1775 e 1776, o seu sucessor, o governador José César de Meneses (1774-1787), procurou cumprir o pedido do secretário e continuou a remeter pássaros e animais.[72] O interesse de satisfazer os desígnios reais era evidente, mas arrefeceu quando da queda do marquês de Pombal, para retomar o fôlego no final da década de 1780 com o governador D. Tomás José de Melo (1787-1798). A diminuição das remessas, talvez, fosse motivada pela espera de novas ordens, de novos pedidos de espécie, por parte da administração mariana.

O governo de D. Tomás José de Melo estabeleceu feiras e mercados, promoveu o calçamento do Recife e melhorou o aterro dos Afogados, onde plantou árvores gameleiras.[73] Nos ofícios enviados ao secretário Melo e Castro, informava sobre os envios de pássaros, animais, plantas medicinais, quina, madeiras para construção naval e, particularmente, vagens e sementes de pau-brasil. Na charrua Príncipe da Beira, enviou ainda, preso em uma capoeira, um tigre para se somar às raridades da coleção de história natural. Em princípio, essas remessas não eram destinadas ao Museu, mas diretamente ao ministro na Secretaria de Estado, "Repartição da Marinha e Domínios Ultramarinos". A coleção real nem mesmo merecia menção nesses ofícios enviados do Recife a Lisboa.[74] Somente em janeiro de 1796, o governador, ao escrever ao secretário interino, Luís Pinto de Sousa Coutinho, referiu-se ao destino das espécies coletadas: "sobre a ordem de recolher, acondicionar e remeter para o Real Jardim Botânico, todas e quaisquer plantas com o valor medicinal ou econômico, declarando onde nasce e qual o uso que pode ser dado".[75] Com o falecimento de Melo e Castro, os vínculos de subordinação pessoais entre governador e secretário deveriam ser reconstruídos,

---

[71] AHU – Pernambuco. d. 8784. Ofício do governador Manoel da Cunha Meneses ao secretário Martinho de Melo e Castro. Recife, 8 de junho de 1773; d. 8798. Ofício... Recife, 5 de agosto de 1773; d. 8873 Ofício... Recife, 14 de abril de 1774; d. 8904. Ofício... Recife, 23 de julho de 1774.

[72] AHU – Pernambuco. d. 8904; d. 9026; d. 9095; d. 9121; d. 9249; d. 9284; d. 9318; 123 d. 9352.

[73] Francisco A. Varnhagen. v. 2. tomo IV. p. 283.

[74] Ver AHU – Pernambuco. d. 11625; d. 11757; d. 11777; d. 11800; d. 11805.

[75] AHU – Pernambuco. d. 13199. Ofício de D. Tomás José de Melo a Luís de Pinto de Sousa. Recife, 14 de janeiro de 1796.

motivo talvez para cumprir as ordens à risca e deixar de enviar diretamente ao ministro as remessas destinadas ao Jardim Botânico.

Além de agradar as autoridades, esse governo incentivou a agricultura, e logo a história natural, como forma para contornar problemas de abastecimento e inflação. Lutou contra os interesses de comerciantes especuladores e contava, para tanto, com o apoio de poderosos lisboetas. Suas reformas eram, por certo, meios para contornar a grave crise da lavoura de mandioca que assolou os centros urbanos de Pernambuco a partir de 1785. Em carta à rainha, em 1797, D. Tomás afirmou acertadamente que a ruína do cultivo de mandioca originava-se na difusão da cultura algodoeira.[76] Os pequenos agricultores preferiam exportar o algodão, em tempo de crise promovida pela ruptura de laços entre Inglaterra e as colônias americanas ao invés de cultivar alimentos para os núcleos urbanos da capitania.[77]

Os governadores não constituíam os únicos interlocutores do secretário quando se tratava de remessas. Da capitania de Pernambuco, Melo e Castro ainda recebeu ofício do intendente da Companhia Geral de Comércio e do ouvidor do Ceará; ambos abordaram o cultivo de anil e envios de espécies. O serviço prestado ao ministro era, então, disputado por variados estratos da burocracia colonial. O intendente Antônio José Souto dissertou sobre o progresso do cultivo e extração do anil, além dos problemas com a fábrica de beneficiamento do mesmo produto às margens do rio Beriberi. O ouvidor do Ceará, Manuel de Magalhães Pinto de Avelar, escreveu a Melo e Castro sobre a remessa de produtos naturais e suas respectivas localizações geográficas. Lamentou, porém, a debilidade da identificação de minerais por estar impossibilitado de realizar ensaios químicos. Prometeu ainda, para breve, uma pequena coleção de plantas medicinais e exóticas, que por certo eram "inéditas em Lineu, o que melhor decidirá o Doutor Vandelli, meu Mestre".[78]

---

[76] Guilhermo Palacios. Agricultura camponesa e *plantations* escravistas no nordeste oriental durante o século XVIII. In: *História econômica do período colonial*. T. Szmrecsányi (org.). São Paulo: Hucitec/Fapesp, 1996. p. 48.

[77] Governador D. Tomás José de Melo enviou vários ofícios a Martinho de Melo e Castro referentes à remessas de produtos naturais e as reformas urbanísticas no Recife. Ver: AHU – Pernambuco. d. 11623-26, 11635, 11638, 11644, 11646-47, entre outros; F.A. Pereira da Costa. *Anais Pernambucanos – 1740-1794*. v. VI. Recife: Arquivo Público Estadual, 1954. p. 505-538.

[78] AHU – Pernambuco. d. 9217. Ofício de Antônio José Souto a Martinho de Melo e Castro. Recife, 26 de outubro de 1775; d. 659. Ofício do ouvidor do Ceará, Manuel de Magalhães Pinto de Avelar a Martinho de Melo e Castro. Crato, 4 de agosto de 1788.

Usos da Geografia e da História Natural

Em Portugal, as luzes não foram apenas impulsionadas pela voga européia, pela difusão francesa das academias e pelo costume aristocrático de cultivar as letras e a história natural. A ciência tornou-se instrumento estatal para consolidar suas possessões, dinamizar o comércio entre o reino e o ultramar. Percebe-se, então, a intervenção dos governos de D. João v e de D. José I para, inicialmente, consolidar as fronteiras americanas, ameaçadas pelas descobertas geográficas, os cálculos longitudinais difundidos por Guillaume Delisle. As reformas pombalinas ainda incentivaram a diversificação dos cultivos e o maior controle sobre as comunidades indígenas, sobretudo após os incidentes que resultaram na guerra guaranítica e na expulsão dos padres da Companhia de Jesus. Incentivaram, enfim, o saber etnográfico e agrícola responsável por consolidar as fronteiras imperiais.

A reforma da Universidade de Coimbra exerceu enorme influência nessa viragem, pois esta se tornou celeiro de matemáticos, filósofos e naturalistas que se embrenharam nas possessões imperiais para melhor conhecer tanto a geografia quanto a natureza, ou melhor, as potencialidades econômicas das colônias. Sem homens instruídos na ciência, o Estado português continuaria à mercê de matemáticos italianos e alemães, como nas primeiras demarcações das fronteiras oriundas do Tratado de Madri. Ao comparar as equipes originadas dos mencionados tratados, fica evidente a interferência da Universidade de Coimbra e dos novos cursos na política colonial. Os sertões americanos tornaram-se, então, locais privilegiados para intervenção estatal e ilustrada. Vale, porém, destacar que não se tratava apenas de transformar o saber em mecanismo de controle, enriquecimento e fortalecimento do Estado. Se, inicialmente, as descrições tinham preocupações econômicas, medicinais ou utilitárias, "não se pode crer que ao Estado não interessava uma ciência pura. Aliás, no século XVIII registra-se uma vontade de conhecimento que ultrapassava aquelas preocupações. A demonstração de poder passava também pela conquista científica".[79]

A formação de um Museu de História Natural não se coadunava apenas com interesse mercantilista. Buscava-se também reunir em uma instituição a diversidade de povos e da natureza do império. Ao enviar a Lisboa animais exóticos americanos e africanos, os governadores de Pernambuco obedeciam a solicitação do secretário Martinho de Melo e Castro e fomentavam a fabulosa coleção que era orgulho do soberano de vasto império. Era o anfiteatro da natureza montado na metrópole capaz de espelhar o poderio da monarquia lusi-

---
[79] Mario Clemente Pereira. p. 226.

tana. Entre os espanhóis, era ainda mais evidente a contribuição das coleções para engrandecimento da monarquia. As plantas, animais, minerais e artefatos humanos do império não eram divulgados apenas nos museus, mas igualmente nas publicações. Entre 1735 e 1810, a dinastia Bourbon incentivou ou mesmo financiou cerca de 40 viagens, mas somente algumas entre elas produziram obras científicas. As expedições de Ruiz-Pavón ao Peru (1777-1787), Malaspina ao redor do globo (1779-1794), Azara ao Paraguai (1781-1800), Parra a Cuba (1790-1793) e Cuéllan às Filipinas (1785-1798) foram as principais viagens espanholas ao império que resultaram em coleções e publicações em torno da história natural.[80] Esses inventários não seriam apenas utilíssimos ao público, mas dariam muita honra à Nação. Depois de examinar cuidadosamente o gabinete do naturalista José Celestino Mutis em Bogotá, o presbítero don Francisco Martinez escreveu: "he visto que la obra será utilissima al público y hará mucho honor a la nación".[81]

Em Portugal, o projeto de formar um "Museu Nacional" pretendia reunir produtos naturais, "ao menos os mais notáveis, que se achou dentro do reino e das suas colônias". Para tanto, os correspondentes da Academia das Ciências de Lisboa deveriam remeter "as coisas mais notáveis e curiosas do terreno, em que se acham os ditos produtos e os costumes dos povos que o habitam".[82] As instruções comprovam, enfim, o caráter pouco pragmático do Museu de História Natural, pois essa instituição não se vinculava às necessidades da lavoura e do comércio coloniais. Se, durante as viagens, os filósofos buscaram aperfeiçoar os cultivos, essa intervenção não dependeu de um possível aporte fornecido pelo Museu da rainha. Considero, enfim, o Museu um notável espaço cortesão, evidente nas remessas ultramarinas, apesar das investidas do mestre Vandelli. De fato, as instruções, não pretendiam reunir espécies em jardim botânico para aclimatar e viabilizar a migração de produtos coloniais entre as diferentes partes do império. Os correspondentes da Academia deveriam procurar produtos exóticos, "as coisas mais notáveis e curiosas", e não plantas capazes de dinamizar o comércio colonial. O Museu reuniria, por certo, espécies e artefatos destinados às pesquisas e avanços da ciência, mas viabilizava igualmente o anfiteatro da natureza próprio de um grande soberano.

---

[80] Fermin Del Pino Diaz y Angel G. De Vierna. Las expediciones ilustradas y el Estado Español. *Revista de Indias*. v. XLVII, n. 180, 1987. p. 533-546.

[81] *Apud* Carlos Chardon. *Los naturalistas em la America Latina*. La Española, Cuba y Puerto Rico: Secretaria de Estado de Agricultura, Pecuaria y Colonización, 1949. p. 88.

[82] *Breves instrucções aos correspondentes...* p. 38.

Nas expedições científicas portuguesas, ficam também evidentes como a história natural consolidou-se como serviço dedicado à monarquia. As remessas de espécies e as memórias enviadas ao Museu atuavam como serviços, como prestígio acumulado, que mais tarde seriam reunidos em pedidos de mercê. Para alcançar as dádivas, os naturalistas dependiam do apoio do secretário de Estado, particularmente Martinho de Melo e Castro, cuja proteção viabilizaria títulos, tenças e cargos. A história natural promovia, enfim, vínculos entre os naturalistas e o Estado, sobretudo durante as viagens filosóficas. Elas marcaram o amadurecimento da intervenção estatal e ilustrada nas colônias, fosse na formação dos viajantes, no planejamento e financiamento das expedições, fosse na pretendida divulgação de seus resultados. Se nesse capítulo, exploramos a geografia e a história natural, como saber capaz de fortalecer o império, nos próximos serão exploradas as viagens filosóficas portuguesas e, em seguida, perceberemos como o conhecimento era meio de reunir prestígio, honra e obter ascensão social em uma sociedade do Antigo Regime.

VIAGENS FILOSÓFICAS

No século XVIII, os sábios do Velho Mundo planejavam realizar um grande inventário da natureza e dos povos, para tanto, percorreram os mares e as terras com equipes de jardineiros e artistas. Se a coleta das espécies e uma rápida descrição realizavam-se durante as viagens, a análise e a classificação dependiam de recursos disponíveis nos museus europeus, onde encontravam-se instrumentos e bibliotecas especializados. Ao executar essas tarefas, eles deveriam dominar os vários ramos da ciência setecentista, sabedoria que o diferenciava dos leigos. Procuravam ainda encontrar na natureza leis e, portanto, não se contentavam com a mera descrição. Para ser filosófica, uma viagem deveria promover o avanço da ciência, descobrir leis, a lógica do criador, que estavam escondidas no mundo vivo.[1] Mas a história natural não reunia apenas estudos das espécies, mas incluía conhecimento para manipular minerais, domesticar plantas e animais. Os naturalistas atuavam, portanto, como economistas e etnógrafos, coletando as técnicas nativas de transformação da natureza.

Durante as jornadas, os mais afamados despachavam as espécies e seus escritos em duas vias, por caminhos e navios diferentes, para assegurar a chegada nos grandes centros europeus. Ao serem embaladas, as plantas e os animais recebiam cuidados especiais; por vezes, eram imersos em álcool, envoltos em substâncias macias, embrulhados em papéis. Todo o cuidado era pouco para preservar os fragmentos e os testemunhos da longa viagem em busca do conhecimento. O material era catalogado e rapidamente comparado a exemplares já descritos e estudados pelos sábios. Os ensinamentos de Lineu eram indispensáveis para o bom andamento da pesquisa, portanto uma edição do *Systema Naturae* constituía peça básica para a expedição.[2]

Essa primeira fase realizava-se nos mais distintos cantos do mundo, em lugares inóspitos e, em princípio, adversos ao avanço da história natural, onde

---

[1] Philip F. Rehbock. *The philosophical naturalists; themes in early Nineteenth-Century British Biology.* Madison: The University of Wiscosin Press, 1983. p. 4.

[2] Lisbet Koerner. *Linneus: nature and nation.* Cambridge: Harvard University Press, 1999. cap. 2.

os viajantes deveriam observar em detalhes o material recolhido, recorrendo a instrumentos, microscópios e corantes.³ As autópsias teriam maior sucesso caso se realizasse *in loco*, no ambiente de origem dos animais e plantas, pois os meios de conservar as espécies mortas ainda eram precários. Desde o século XVII, a pesquisa sobre a anatomia ganhou adeptos, tornando-se operações indispensáveis para entender a fisionomia e a fisiologia interna da fauna e flora.⁴ Partindo do conhecimento do singular, os estudiosos realizavam comparações, consultavam livros e opiniões de companheiros de ofício. O estudo mais acurado, por conseguinte, era realizado nos laboratórios e nos jardins botânicos da metrópole, onde o naturalista possuía os recursos indispensáveis para uma análise segura das espécies, contando com livros recentes, instrumentos precisos e avanços técnicos. Além dos conhecimentos anatômico e fisiológico, buscava-se reproduzir em cativeiro, ou em jardins botânicos, plantas e animais de terras distantes. A diversificação da agricultura no âmbito colonial, portanto, era um requisito de destaque para o fortalecimento da economia. O reino vegetal foi objeto de vários experimentos no final do século XVIII. Depois de recolhidas as sementes e as mudas, os naturalistas enviavam-nas para jardins e hortos da metrópole, onde ocorria a aclimatação de espécies asiáticas, africanas e americanas. Em seguida, eram transplantadas para as colônias, com o objetivo de diversificar a agricultura, sendo um requisito de destaque para o fortalecimento do comércio entre metrópole e o ultramar. Essa prática era recorrente entre os principais Estados europeus, particularmente França e Inglaterra, pois criaram grandes centros, metropolitanos e coloniais, dedicados a classificar, aclimatar e depois reproduzir as espécies nas diferentes possessões ultramarinas.

Na Suécia de Lineu, a história natural atuava igualmente como suporte da economia. Os problemas advindos das balanças comerciais deficitárias seriam contornados com o domínio sobre a natureza. Lineu, portanto, se indagava como viabilizar o plantio de espécies tropicais nas frias terras suecas, acreditando na adaptação da natureza às necessidades mercantis. Sem contar com a geografia das plantas, ele considerava essa operação de modo simplório, bastava encontrar mudas e transplantá-las para o ecossistema escandinavo.⁵ Deste modo,

---

³ Marie-Noëlle Bourguet. "L'exploratore". *In*: Michel Vovelle (à cura di). *L'uomo dell'illuminismo*. Bari: Editori Laterza, 1992. p. 283-351.

⁴ Sobre a difusão da autópsia entre os naturalistas ver: Paula Findlen. *Possessing nature*. Berkeley: California University Press, 1996. p. 208-220.

⁵ Sobre o assunto ver: Alfred Crosby. *Imperialismo ecológico*. São Paulo: Companhia das Letras, 1993; Eli Heckscher. *La epoca mercantilista*. México: F.C.E., 1983.

buscava, recorrendo aos ensinamentos da ciência, superar problemas políticos e econômicos, provocados pela dependência ao mercado externo. Um economista, comentou o sábio, sem o domínio dos processos naturais era como um físico sem os conhecimentos da matemática. Para substituir importações e tornar a Suécia independente, Lineu enviou discípulos às mais diversas partes do mundo, buscando ampliar e diversificar as atividades econômicas. O empreendimento, porém, esbarrava em obstáculos climáticos e provocava a falência do projeto de transformar a terra natal em grande celeiro.[6]

Na mesma época, o naturalista inglês Joseph Banks comandava uma equipe de 126 coletores em todo o mundo, possibilitando-lhe reunir uma enorme diversidade de espécies vegetais em Kew Gardens. Esses coletores e correspondentes nem sempre eram naturalistas, não dispunham de conhecimento especializado, mesmo assim enviavam-lhe seus escritos e remessas com exemplares dos três reinos da natureza. Havia, então, um enorme contingente de naturalistas amadores que, por vezes, recebiam apenas algumas poucas instruções de como compor diários, embalar e enviar os materiais. Banks usufruía desta rede para montar herbários e coleções que se tornaram referência na Europa. Proveniente da *gentry* rural, o jovem cientista não se contentou em reunir espécies em seu gabinete londrino. Participou da tripulação da primeira viagem do Capitão Cook, comandando a equipe de naturalistas e pintores na descoberta de espécies e povos dos Mares do Sul.

O poderoso e afamado inglês concebia a ciência, a botânica em particular, como fator indispensável ao fortalecimento da economia britânica. Apesar da visão mercantilista da natureza, ele também buscava ampliar o conhecimento da ciência, sobretudo a partir do estudo de novas plantas:

> Esse processo de intercâmbio de planta exemplifica o forte caráter utilitarista nas relações entre Banks e seus coletores. Contudo, temos que ter cautela em conceber Banks apenas como um utilitarista. Ele geralmente demonstrou um enorme entusiasmo pelas descobertas e identificação de novas espécies de plantas, fossem elas úteis ou não.[7]

Esse processo, econômico e pragmático, era acompanhado de um estudo detalhado da natureza, onde os profissionais classificavam uma nova espécie e nomeavam-na segundo os ensinamentos de Lineu.

---

[6] L. Koerner... cap. 5.
[7] David Mackay. Agents of Empire. *In*: David Miller and Peter H. Reil (ed.) *Visions of Empire*. Cambridge: Cambridge University Press, 1996. p. 49. A tradução do trecho é nossa. Ver também Bernard Smith. *Imagining the Pacif.* New Haven: Yale University Press, 1992. cap. 2.

Banks demonstrava também um grande cuidado com os testemunhos materiais da viagem – diários, correspondências, desenhos e remessas –, sem os quais não se fazia avançar a ciência e a expedição era esquecida. Era ainda imprescindível a publicação de seus resultados em livros e artigos para que circulassem entre as sociedades científicas.[8] Essa última etapa destacava-se por ser o reconhecimento público do trabalho realizado, a consagração de um esforço; somente esta fase concedia autoria às descobertas. Desde as grandes navegações, as viagens se vincularam aos gabinetes, museus, herbários ou jardins da Europa, o que possibilitava publicações de diários de viagens, artigos (memórias) e livros de história natural. Bruno Latour denominou esse processo de "ciclos de acumulação".

O ciclo viabilizava a existência de "centrais de cálculo" capazes de coletar novos dados durante a viagem, fundir os resultados com o saber existente, decodificar experimentos que, mais tarde, seriam divulgados entre os naturalistas radicados nas metrópoles. Os centros eram controlados por naturalistas e técnicos, que dispunham de laboratórios, herbários e bibliotecas, instrumentos imprescindíveis ao avanço da ciência. A partir do estabelecimento de regras fixas, o saber reunido por viajantes tornava-se inicialmente móvel e transportável a longas distâncias. Em seguida, era decodificado para que pudesse ser entendido por outros naturalistas, por vezes radicados na metrópole, ou melhor, nas "centrais de cálculo". Mantê-lo estável era a condição para que pudesse ser traduzido e levado sem se distorcer, decompor e deteriorar. O cuidado de se transcrever dados era também condição *sine qua non* para torná-los combináveis, agregados aos conhecimentos pré-existentes. Eis, então, o processo de produção da ciência setecentista.

As primeiras fases produziam *inscrições*, conhecimentos codificados, indispensáveis às metrópoles européias, meio de dominarem o mundo colonial e manterem a superioridade técnica e política sobre os demais povos. Enfim, as viagens constituíam o início de "ciclos de acumulação" que reuniam, sistematizavam, difundiam informações e viabilizavam, por vezes, medidas administrativas destinadas a diversificar as lavouras coloniais, estreitar a dependência de áreas periféricas, além de promover os avanços do saber.[9]

Os "ciclos de acumulação" atuam, finalmente, como um método para pensar as viagens filosóficas, particularmente a comandada pelo filósofo Alexandre Ro-

---

[8] Sobre o assunto ver: Daniel Roche. Natural History in the academies. *In*: N. Jardine *et alii* (ed.) *Cultures of Natural History.* Cambridge University Press, 2000. p. 127-146.

[9] Bruno Latour. *Ciência em ação.* São Paulo: ed. Unesp, 2000; Bruno Latour. "Drawing things together". *In*: M. Lynch and S. Woolgar (ed.) *Representation in scientific practice.* Cambridge: The MIT Press, 1990. p. 19-68.

drigues Ferreira, pois essa jornada produziu uma enorme quantidade de registros, em boa parte, preservados. Desde a preparação, as expedições promovidas pelo Estado português, a partir de 1783, possuíam um sentido norteador, ou sentidos, capaz de guiar os indivíduos a um fim, ou melhor, à execução de tarefas. Somente com a análise dessa meta é possível entender as ações científicas e administrativas. Os naturalistas e sua equipe executavam, por certo, tarefas planejadas em Lisboa e destinadas a manter a posse e a exploração dos territórios ultramarinos. A viagem era a ponta de lança da realização de reformas na economia, iniciada ao tempo de marquês de Pombal. Suas intervenções buscavam, ao mesmo tempo, criar vínculos de dependência entre as economias metropolitana e colonial, além de descobrir minas, diversificar a agricultura e as matérias-primas destinadas ao mercado lusitano e, por fim, consolidar a posse de terras americanas em disputa com a Espanha, ou conter os avanços britânicos no interior da África. De fato, as diretrizes da ciência e da colonização nem sempre se confundiam, nem sempre havia concordância entre a lógica científica e a lógica colonial. As viagens filosóficas prestam-se perfeitamente para explorar esse tema.[10]

Se as primeiras viagens de exploração nos sertões americanos buscavam demarcar fronteiras e identificar povos, as viagens filosóficas tiveram atribuições mais diversificadas. A ruptura na produção do conhecimento aconteceu a partir de 1783, quando as viagens priorizaram temas muito além da cartografia e da etnografia, pois pretendiam compilar uma verdadeira enciclopédia sobre as possessões americanas e africanas. Encarregado da expedição ao Pará, o doutor luso-brasileiro Alexandre Rodrigues Ferreira escreveu sobre conflitos diplomáticos, história, povos, medicina, agricultura e reinos da natureza. Como Ferreira e sob os auspícios do secretário Martinho de Melo e Castro, partiram de Lisboa outras expedições destinadas às demais possessões ultramarinas. Os naturalistas desbravariam Cabo Verde, Angola, Goa e Moçambique, percorrendo as partes do império ainda pouco conhecidas.

A ênfase sobre a natureza não era apenas promovida pela reforma da Universidade de Coimbra. Na Europa ocidental, entre 1760 e 1800, as publicações de Lineu impulsionaram coleções e herbários, responsáveis por incentivar inúmeras expedições científicas. Aventureiros e homens de ciência descobriram lugares, povos, plantas e animais, nunca antes pensados pela tradição ocidental. Bougainville, Cook, Lapérouse, Malaspina e Humboldt percorreram enormes dis-

---

[10] Abordagem semelhante é encontrada no artigo de Angel G. Vierna. Expediciones cientificas o ciencia en las expediciones? Tres ejemplos clasificadores. *Revista de Indias*, n. 180, 1987. p. 431-446.

tâncias em busca do conhecimento e do controle sobre os processos naturais.[11] A descrição dos fenômenos observados seguia regras estritas, assim como havia a enorme preocupação em preservar os dados recolhidos ao longo do caminho. Em Portugal, as viagens filosóficas foram concebidas sob os auspícios da Academia das Ciências de Lisboa, Secretaria de Estado de Negócios e Domínios Ultramarinos e planejadas pelo naturalista paduano Domenico Vandelli, radicado em Portugal desde o período pombalino. O baiano Alexandre Rodrigues Ferreira formou-se bacharel pela Universidade de Coimbra, em 1778, e recebeu meses depois o título de doutor. Sendo assistente e discípulo talentoso de Vandelli, seria ele escolhido para comandar a Viagem Filosófica à América do Sul.

Em princípio, a expedição comandada pelo naturalista seguiu os passos dos renomados desbravadores europeus. Embora contasse com recursos precários, a Viagem Filosófica percorreu as capitanias do Grão-Pará, Rio Negro, Mato Grosso e Cuiabá entre 1783 e 1792. O grupo era composto de um naturalista, um jardineiro botânico, Agostinho do Cabo, um criado, José Ferreira Jorge, e dois riscadores (desenhistas), José Codina e José Joaquim Freire. Durante a viagem, Ferreira produziu basicamente três diários, intitulados de "Viagem Filosófica pela Capitania de São José do Rio Negro",[12] "Diário do Rio Branco"[13] e "Extrato do Diário da Viagem Filosófica pelo Estado do Grão-Pará".[14] Muito volumosa, a documentação se distingue por ser uma exposição cronológica do espaço percorrido, podendo, no entanto, referir-se aos mais diversos temas. Na verdade, os diários servem para localizar no tempo e no espaço temas que poderiam se tornar memórias mais tarde. Problemas referentes à agricultura, deficiências das lavouras, doenças, mortalidade, comunidades indígenas, debilidade da administração local, particularmente da atuação dos diretores, poderiam ser aprofundados nas memórias e comentados na correspondência enviada a Lisboa.

[11] Lorelai Kury. *Histoire naturelle et voyages scientifiques* (1780-1830). Paris: Harmattan, 2001; Michèle Duchet. *Anthropologie et Histoire au siècle des Lumières*. Paris: Albin Michel, 1995; Spary, E.C. *Utopia's Garden; the French Natural History from Old Regime to Revolution*. Chicago: Chicago University Press, 2000; N. Jardine *et alii* (ed.) *Cultures of Natural History*. Cambridge: Cambridge University Press, 1996; Jas Elsner and Joan-Pau Rubiés (ed.). *Voyages & Visions*. London: Reaktion Books, 1999; Richard Drayton. *Nature's Government; Science, Imperial Britain, and the 'Improvement'of the World*. New Haven: Yale University Press, 2000.

[12] Alexandre Rodrigues Ferreira. Diário da viagem philosófica pela capitania de São José do rio Negro. RIHGB, 48-51, 1885-9.

[13] FBN, seção de manuscrito, 21, 2, 1. Alexandre Rodrigues Ferreira. Diário do Rio Branco, 1786.

[14] FBN, seção de manuscrito, 21, 1, 032. Extrato da Viagem Filosófica pelo Estado do Grão-Pará. Barcelos, 31 de outubro de 1787.

As memórias, por conseguinte, dedicam-se a temas mais específicos, com interesse de aprofundar a análise e indicar soluções para os problemas. Os grupos indígenas foram particularmente descritos nesse tipo de documento, onde eram inventariados os costumes, a capacidade técnica de produzir roupas, armas, barcos, casas, cerâmicas e tecidos. Como agente demarcador de terras, Ferreira teve a preocupação de mencionar a posição geográfica de aldeias e comentar sobre possíveis relações entre nativos e agentes da colonização provenientes de áreas espanholas e holandesas. As memórias dedicadas à flora e à fauna possuem igualmente caráter utilitarista, realizando inventários sobre suas potencialidades econômicas.[15] Em relação ao reino mineral, o naturalista poucas vezes teceu comentários. Em Mato Grosso teve, inicialmente, dificuldades em percorrer as minas. Depois de observar amostras de ouro, indicou sete problemas, muitos deles relacionados aos investimentos e à mão-de-obra escrava. Na visita à Gruta das Onças, ele analisou a composição geológica, mas pouco abordou sobre a composição química do espaço, preferindo relatar a beleza natural.[16] Apesar de recorrer a nomeações variadas como "demarcação", "participação", "notícias", "mapas", "extratos", "prospectos", "tratados", "memórias" e "relação", o viajante tinha como meta traçar um panorama das potencialidades econômicas, da posse e da colonização portuguesa.

Desde de junho de 1785, Ferreira enviou ao reino várias remessas de produtos naturais para compor o acervo do Museu de História Natural. Da vila de Barcelos, na capitania do Rio Negro, remeteu as primeiras relações que especificavam o tipo, a quantidade e a descrição sucinta, embora valiosa, de produtos. Além dos comentários sobre as espécies, o naturalista mencionava seu emprego nas comunidades locais, indicava as técnicas empregadas na produção de artefatos e incluía esses objetos na remessa. Não se interessava apenas em conhecer a flora e a fauna, mas entender como as espécies se integravam ao cotidiano dos povos – tema do sexto capítulo deste livro.

A enorme diversidade temática demonstra o vasto conhecimento do naturalista que não se restringia aos reinos da natureza e se destacava pela presteza de

---

[15] Alexandre Rodrigues Ferreira. *Viagem Filosófica pelas Capitanias do Grão-Pará, Rio Negro, Mato Grosso e Cuiabá*. (memórias – antropologia) Rio de Janeiro: Conselho Federal de Cultura, 1974. *Viagem Filosófica pelas Capitanias do Grão-Pará, Rio Negro, Mato Grosso e Cuiabá*. (memórias - zoologia e botânica) Rio de Janeiro: Conselho Federal de Cultura, 1972.

[16] FBN, seção de manuscrito, 21, 1, 022, Alexandre Rodrigues Ferreira. Relação circunstanciada das amostras de ouro que se remete para o Real Gabinete de História Natural...Vila Bela, 14 de abril de 1790; FBN, seção de manuscrito, 21, 1, 004, n. 008, Alexandre Rodrigues Ferreira. Viagem à Gruta das Onças. Cuiabá, 5 de outubro de 1790.

exímio administrador colonial. Nesse sentido, percebe-se na correspondência com a Secretaria de Estado que a finalidade última da viagem estava longe de perseguir os ditames da ciência setecentista. Melo e Castro almejava, por certo, um ativo agente da colonização, ao invés de um correto discípulo de Lineu. Cabia-lhe verificar, portanto, as condições materiais das vilas e das fortalezas destinadas a suportar as possíveis invasões estrangeiras. Obstinado agente da administração lusa, Ferreira chegou ao requinte de arrolar roupas dos padres, paramentos para missa, estado de igrejas e condições dos cemitérios locais. Esses aspectos também constituem o corpo do *Diário da Viagem Filosófica*, relatório enviado à Secretaria por intermédio do capitão-geral da capitania do Rio Negro, João Pereira Caldas. Nada escapava, portanto, a esse fiel agente colonial. A multiplicidade de tarefas, certamente, prejudicou um tratamento mais científico e aprofundado da natureza amazônica.

Na América, Ferreira dedicou-se integralmente à viagem, às remessas, à composição de memórias, diários e participações encomendadas por Martinho de Melo e Castro e pelos governadores. Em viagens ao território africano, seus colegas não tiveram a mesma sorte e exerceram, sobretudo, atividades administrativas, tarefas, com certeza, alheias aos afazeres de naturalista. Por ressentir-se da falta de oficiais bem treinados nas conquistas da África, a Coroa recorreu aos letrados para ocupar importantes postos na administração local. Antes de partir, Manuel Galvão da Silva e Joaquim José da Silva foram nomeados a secretários de governo em Moçambique e Angola. Depois de estabelecidos, eles também atuavam como naturalistas, coletando e remetendo espécies.[17] João da Silva Feijó, porém, não exerceu atividades burocráticas durante os primeiros anos, mas percorreu a conquista e produziu várias memórias sobre as Ilhas do Cabo Verde. Ao contrário dos demais colegas, ele não comandou expedição, estava sozinho para executar tarefas de jardineiro e riscador. Livre de afazeres burocráticos, Feijó teve trajetória muito produtiva comparada aos naturalistas radicados em Angola e Moçambique. Seus escritos tiveram boa recepção à época e vieram a público nas *Memórias da Academia das Ciências de Lisboa* e, mais tarde, na *Revista Patriota* no Rio de Janeiro, enquanto os estudos de Ferreira permaneceram inéditos por quase um século.

Logo após o desembarque, Feijó iniciou a redação do "Itinerario Filosofico" onde, recorrendo ao método epistolar, descreveu a viagem às Ilhas Brava e

---

[17] IANTT, Chancelaria de D. Maria I, livro 84, fl. 321. Alvará da Mercê do lugar do secretário do reino de Angola; IANTT, Chancelaria de D. Maria I, liv. 20, fl. 224, Alvará do emprego do secretário de Moçambique dada a Manuel Galvão da Silva. Lisboa, 19 de janeiro 1788.

do Fogo, entre junho e dezembro de 1783. Pretendia informar a Martinho de Melo e Castro os avanços em seus estudos sobre a antiga conquista portuguesa em território africano. Depois de descrever o clima, o solo e a vegetação, Feijó comentou as características dos povoados e enfatizou sua capacidade produtiva. O sustento dos moradores encontrava-se à farta, pois além do milho, feijão e hortaliças, as vinhas produziam duas colheitas por ano. Em suma, "de todos víveres é mui abundante, de sorte que uma galinha nunca passa de 2 vinténs". A intervenção humana, porém, nem sempre fazia jus à fertilidade e à exuberância da natureza. Exceto no tempo das águas, quando semeavam para o ano seguinte, os habitantes inclinavam-se à preguiça. Eram libidinosos, lascivos ao extremo, principalmente as mulheres. Todo o tempo era empregado em bailes, os "zambunais", e "outros divertimentos repreensíveis, acompanhados de ações e movimentos licenciosíssimos, que desprezam a honestidade...".[18]

Tempos depois, nos "Ensaios econômicos sobre as Ilhas de Cabo Verde" (1797), Feijó tornou a destacar o primitivismo e considerou a dispersão como responsável pelo espírito livre e quase selvagem desses povos. Viviam em choupanas, ou em pequenos domicílios, e estavam impossibilitados de receber educação regular: "Nesta dispersão, adquirindo estes povos geralmente com o tempo um espírito livre, e quase selvagem, vive cada um em sua choupana, ou pequeno domicílio. A impossibilidade de terem uma educação regular, não só científica, mas ainda mesmo religiosa, os faz supersticiosos...". Tornavam-se, assim, semelhantes aos povos da Guiné, "de quem se pode dizer os herdaram, e atualmente recebem pelo trato familiar com a escravatura".[19] Seus costumes selvagens, portanto, eram originários da dispersão, dos fracos laços sociais, que os confundiam com povos ameaçados pela escravidão.

Nas memórias sobre o cultivo de anil e a produção de panos, o naturalista abordou a capacidade técnica, o "governo econômico" dos povos e a necessidade de civilizar os moradores das conquistas. Essa temática era recorrente na administração colonial desde o Diretório pombalino, nos idos de 1750, quando o projeto de civilização dos ameríndios tornou-se parte da reforma nas colônias. Nos diários e participações de Alexandre Rodrigues Ferreira, as técnicas agrícolas impróprias, comuns entre os autóctones, provocavam a ruína das lavouras.

---

[18] BNL – Reservados FR 436. João da Sylva Feijó. *Itinerario Filosofico que contem Rellação das Ilhas de Cabo Verde disposto pelo methodo epistolar dirigidas a Ill Exa. Senhor Martinho de Melo e Castro pelo naturalista Regio das mesmas Ilhas*, 1783.

[19] João da Silva Feijó. *Ensaio e memórias económicas sobre as Ilhas de Cabo Verde* (século XVIII). Apres. e com. de António Carreira. Lisboa: Ed. Inst. Caboverdeano de Livro, 1986. p. 7.

Em Cabo Verde, a situação não era diferente: "Satisfeitos com pouco de milho, feijão, alguma mandioca, e aguardente, que teriam sem muito trabalho...", esses povos não conheciam "uma verdadeira cultura" para os salvarem de uma fome infalível, assim como "para introduzirem ou aumentarem a cultura de outros importantíssimos gêneros naturais".[20] O testemunho de Feijó, portanto, permite entender que a intervenção estatal para "civilizar" os nativos não se referia apenas aos índios do Grão-Pará e Maranhão. As reformas da economia pressupunham comportamentos e avanços técnicos, próprios da "civilização", e não apenas o cultivo de lavouras de subsistência. Segundo a memória de Feijó, esse projeto não pretendia apenas atingir as comunidades indígenas da Amazônia, mas os mais diversos povos do ultramar.

Em 24 de janeiro de 1785, João da Silva Feijó presenciou uma erupção vulcânica na Ilha do Fogo. A experiência permitiu-lhe compor uma memória singular, tanto por descrever um fenômeno raro nos domínios portugueses, quanto por expressar seus sentimentos do sublime, da catástrofe, do extraordinário, bem ao gosto dos românticos alemães e britânicos. "Parece que a providência", confessou Feijó, "pela paixão que tenho ao estudo da Mineralogia quis benigna satisfazer a meus desejos, mostrando-me o horrível espetáculo, que uma irrupção vulcânica oferece, na continuação de minhas Viagens Filosóficas".[21] Diante do evento, exclamou o naturalista, as teorias dos mais célebres observadores da natureza, da "Física subterrânea", desvaneceram. Queria ele dispor de habilidades de pintores e de poetas para reproduzir explosões, tremores e chamas. Ao longe, as aberturas no solo se multiplicavam, "vomitando com fúria as mais vivas, e ardentes chamas, parecendo que querem incendiar todo universo". Os espessos fumos jorravam do interior do pico e subiam às nuvens, atacavam os céus, apagavam o sol e, por fim, caíam na mesma fornalha subterrânea. Os tocantes e enternecidos "clamores dos espavoridos habitantes, que pensavam ser o último, e desgraçado termo de suas existências".

Depois de cumprir com os deveres de sensível observador, ele passou relatar, de forma objetiva, os fenômenos e as produções da nova irrupção que poderiam produzir vantagens para o Estado e os insulares. Em princípio, as observações e as remessas seriam oferecidas ao Museu da Real Academia das Ciências. Os vulcões não serviam apenas aos interesses científicos e artísticos, mas forneciam a pedra-ume, caparrosa, sal vitriólico, sal amoníaco e enxofre, principal ingredien-

---

[20] *Idem.* p. 8.

[21] João da Silva Feijó. Memória sobre a última irrupção vulcânica do Pico da Ilha do Fogo, succedida em 24 de janeiro do anno de 1785... *O Patriota*, n. 5 (novembro), 1813. p. 28.

te da pólvora. Com esses produtos, Portugal despendia uma porção de dinheiro, a favor dos estrangeiros, para atender a demanda interna. Na Ilha do Fogo, país seco, existiam reservas capazes de diminuir a dependência e aumentar o "comércio nacional, com um ramo ativo, em utilidade daquela desgraçada colônia".

Para além das memórias, Feijó enviou remessas que nem sempre agradaram aos superiores. Em dezembro de 1784, Melo e Castro escreveu ao naturalista para censurar seus comportamentos abusados e o poder excessivo que procurava demonstrar. Por fim, considerou a segunda remessa um fracasso, não prestava para nada e mostrava bem a sua incúria.[22] Anos depois, escreveu a Vandelli e remeteu ao Real Jardim Botânico 63 diferentes espécies de sementes das mais curiosas plantas das ilhas.[23] A Viagem Filosófica de João da Silva Feijó rendeu-lhe muitos frutos, mesmo depois de retornar a Lisboa. Escreveu e publicou memórias sobre as ilhas, tornou-se, em junho de 1790, sócio correspondente da Academia das Ciências de Lisboa e, anos depois, partiu em viagem ao Ceará onde residiu por longo tempo. Tornou-se, portanto, um naturalista bem sucedido, com obras publicadas, cargos e contínuo interesse pela história natural.

A sorte, porém, não presenteou, com o mesmo êxito, seus colegas de aventuras africanas. Oficialmente, Joaquim José da Silva exercia o cargo de secretário do governador de Angola, segundo Alvará real de 14 de dezembro de 1782.[24] Seu nome nem constava da relação de provimentos concedidos por Sua Majestade aos naturalistas, riscadores e botânicos. Para expedição a Angola, constavam apenas os nomes dos riscadores Ângelo Donato e José Antônio, o primeiro com a remuneração de 240 mil réis e o segundo com 192 mil réis.[25] Na prática, entretanto, Silva exerceria dupla função, por período de três anos seria secretário do governador e naturalista. Seus poucos escritos, particularmente a correspondência, enunciam as agruras de cientista comandado por burocratas e chefes militares preocupados em defender a conquista no interior da África. Assim, ao analisar os produtos enviados a Lisboa, percebe-se o quanto seus serviços como naturalista estavam aquém das remessas e memórias produzidas por seus colegas encarregados da expedição a Cabo Verde e ao Pará.

A Viagem Filosófica a Angola, inicialmente, percorreu Benguela, Luanda, Cabinda, rio Dande e Massangano. Silva logo escreveu a Melo e Castro e demons-

---

[22] AHU, cod. 402. doc. 33. Carta de Martinho de Melo e Castro a João da Silva Feijó, Lisboa, 9 de dezembro de 1784.

[23] AHMB – CN/F-21. Carta de João da Silva Feijó a Domenico Vandelli, 23 de julho de 1796.

[24] IANTT, Chancelaria de D. Maria I, liv. 84, fl. 321 v.

[25] AHU, Reino, maço 26. Carta de Martinho de Mello e Castro. Lisboa, 3 de maio de 1783.

trou entusiasmo com a empreitada. Do navio, o naturalista percebeu o quando era curiosa a costa, e útil a expedição: "Não posso explicar o sentimento com que deixei Benguela muitas e curiosas plantas que o pouco tempo e fadiga [...] não me deixaram recolher".[26] Mas seu contentamento pouco durou, pois, antes de chegar a Luanda, o riscador Angelo Donati faleceu e furtou a expedição de seus preciosos dotes artísticos. Felizmente restava o segundo riscador, José Antônio. A expedição seguiu em direção a Cabinda e, depois, ao rio Dande, onde Silva recolheu amostras de breu e constatou a existência de petróleo que ali "corria em lágrimas".[27] José Antônio registrou essa incursão às margens do rio e produziu aquarela que retratava o cotidiano da equipe. Solicitadas pelo secretário de Estado, as remessas angolanas deveriam também seguir para o Museu lisboeta e reuniam minerais, animais e plantas, espécies denominadas, quando possível, segundo os ensinamentos de Lineu.

Com apoio do novo governo, do barão de Moçâmedes, Silva pretendia explorar o território, não apenas como naturalista, mas como desbravador de caminhos. Em princípio, procurava a foz do rio Cunene, mas pretendia ainda investigar uma possível comunicação entre Angola e Moçambique. Ao longo da costa atlântica, a expedição nada encontrou, nem mesmo a tal passagem em direção às conquistas portuguesas no extremo oriental da África.[28] O controle do interior não seria alcançado com as investidas de Joaquim José da Silva, apesar da urgência. À época, os britânicos do Cabo da Boa Esperança tornaram-se uma ameaça ao território interior que permitia a circulação entre as colônias portuguesas. Caso avançassem em direção ao norte, esses desbravadores poderiam controlar áreas importantes dessas conquistas. Mais tarde, em 1796, o secretário de Estado D. Rodrigo de Sousa Coutinho planejou uma nova investida ao sertão africano, mas o empreendimento também não teve êxito.

Depois de percorrer o interior do Brasil, o matemático luso-brasileiro Francisco José de Almeida e Lacerda retornou a Portugal para exercer o cargo de professor de matemática na Real Academia da Marinha. Lá não permaneceu por muito tempo, pois fora nomeado governador dos rios de Sena e Tete, na África Austral, com a missão de atravessar o continente de Oriente para Ocidente, efetuar estudos e demarcar os territórios. Essa jornada vinculava-se a interesses

---

[26] AHU, Angola, cx. 38. Relatório de Joaquim José da Silva a Martinho de Melo e Castro. Luanda, 17 de março de 1784.

[27] AHU, Angola, cx. 39. Relatório de Joaquim José da Silva a Martinho de Melo e Castro. Luanda, 1 de outubro de 1783.

[28] William Simon. *Scientific expeditions in the Portuguese Overseas Territories* (1783-1808). Lisboa: Instituto de Investigação Científica Tropical, 1983. p. 89.

portugueses de caráter político e científico. Para assegurar o controle do *hinterland* entre Angola e Moçambique, Sousa Coutinho planejava criar um corredor entre as duas regiões, com vistas a impedir a presença de nações européias no interior. Como governador, Lacerda e Almeida deparou-se com dura realidade, enfrentando resistência para organizar as expedições, pois, estimulados pelos portugueses locais, os africanos se recusavam a participar da jornada, temendo serem capturados e reduzidos à escravidão. Em 1798, o matemático e sua família avançaram rumo ao leste, mas logo seriam dizimados por doenças endêmicas. Antes de morrer, escreveu o *Diário da viagem de Moçambique ao rio Sena*, datado de 1797 e 1798, onde forneceu importantes notícias sobre as dificuldades do controle metropolitano dessas áreas.[29]

Em 9 de julho de 1787, o naturalista Joaquim José da Silva escreveu carta a Julio Matiazzi do Museu de História Natural. Assim como Lacerda e Almeida, ele reclamou da falta de amparo e do árduo trabalho de enviar remessas sem contar com os companheiros de viagem, pois os riscadores faleceram e não foram substituídos. Em condições normais, o ato de recolher e descrever as espécies demandava dispêndio: "quanto mais me não custaria nas circunstâncias que todo mundo sabe? com armas continuamente ao ombro, em terra inimiga, e entre brutos? sem falar nas calúnias, nas mofas, nas fomes e sedes mortais...".[30] Devido ao esforço, Silva deixou apenas um pequeno diário da viagem ao sertão de Benguela no ano de 1785, mas sua principal contribuição científica encontra-se nas remessas e inventários de produtos naturais datados entre 1791 e 1793. Em Moçambique, o legado científico de Manuel Galvão da Silva não seria muito diferente dos demais colegas de aventura africana. Sem amparo do Estado, esses bacharéis de Coimbra não poderiam produzir conhecimento à altura de suas potencialidades.

Antes de partir para a jornada, o luso-brasileiro Manuel Galvão da Silva recebeu nomeação do secretário de Estado com deveres de naturalista, conforme Alvará de novembro de 1782. A expedição não seria iniciada na África, mas em Goa, na Índia Portuguesa, onde chegou em dezembro de 1783, permaneceu apenas dois meses e examinou minerais, flora e fauna locais. A jornada era composta do naturalista, do riscador Antônio Gomes e do jardineiro botânico José da Costa. O ordenado do naturalista era equivalente ao de secretário do

---

[29] Francisco José de Lacerda e Almeida. *Diários de Viagem*. Nota e prefácio de Sérgio Buarque de Holanda. Rio de Janeiro: Imprensa Nacional, 1944; Luísa Fernanda Guerreiro Martins. Francisco José de Lacerda e Almeida, travessias científicas e povos da África Central, 1797-1884. Tese, Faculdade de Letras da Universidade de Lisboa, Departamento de História, 1997.

[30] AHMB – CN/S – 23. Carta de Joaquim José da Silva a Júlio Matiazzi. Luanda, 9 de julho de 1787.

governador, e os demais componentes receberam 192 mil réis por ano.[31] A equipe estava sob a responsabilidade do governador e capitão-geral de Goa e exerceria a tarefa de examinar e descrever tudo relativo à história natural. Em seguida, estava encarregada de recolher, preparar e remeter as espécies a Lisboa, conforme as instruções publicadas pela Academia das Ciências, "a bem do Real Serviço".

Em carta a Martinho de Melo e Castro, o governador de Goa, D. Frederico Guilherme de Sousa, determinou o percurso da expedição. Sem a menor perda de tempo, eles deveriam percorrer a costa e as margens da Ilha de Goa e as demais ilhas das províncias adjacentes. Em princípio, as jornadas seriam marítimas e aportariam nos sítios onde poderiam "achar ou descobrir tudo a respeito à História Natural". Em seguida, o continente indiano seria alvo da jornada, e o naturalista teria de percorrer a província de Pondá, Gates, Saquelim e Bicholim, de onde as espécies coletadas seriam remetidas a Goa e preparadas para a viagem ao reino. Na expedição, Galvão recebeu apoio dos coronéis Assa e Charmont e do capitão ajudante de agricultura Simão Roiz Moreira, o último "pessoa hábil e inteligente com muito conhecimento do país e suas produções".[32]

A jornada à Índia durou apenas dois meses, quando Galvão resolveu partir para Moçambique. Considerou prudente assumir o cargo de secretário do governador que estava vago. "Talvez", comentou, "a minha chegada a Moçambique fosse útil ao povo".[33] O secretário de Estado Martinho de Melo e Castro reprovou a partida do naturalista, pois considerava prudente a sua permanência em Goa pelo período de um ano, tempo necessário para percorrer a cordilheira dos Gates. Nos papéis de Goa, Galvão procurou relatar as etapas da jornada e os ramos do conhecimento explorados. Ao indagar sobre "as substâncias que pertencem ao reino das pedras", encontrou apenas ferro. Depois de visitar Goa e seus arredores, subir montes e outeiros, com a intenção de enriquecer o Real Gabinete de História Natural, deparou-se com as mesmas reservas de ferro, "mais ou menos em seu estado natural". Não encontrou fósseis petrificados, pedras calcárias ou "silicosas", nem qualquer sorte de betume.

As plantas, porém, eram inumeráveis, mas faltou-lhe suporte científico para reduzi-la segunda os ensinamentos de Lineu: "quem sabe que é História Natural, conhece

---

[31] AHU – Reino, maço 26, n. 2722.

[32] AHMB – REM 386. Carta de D. Frederico Guilherme de Sousa para Martinho de Mello e Castro. Goa, 20 de março de 1784.

[33] AHMB – CN/S – 29. Carta de Manuel Galvão da Silva a Júlio Matiazzi. Moçambique, 21 de julho de 1786.

quantas dificuldades traz consigo a História das Plantas e que não pode ser tratado por alto uma matéria que tem cansado por tantos anos aos mais célebres homens".[34] Durante a Viagem Filosófica, não poderia consultar os famosos compêndios sobre as plantas da Índia produzidos por Rhoeder e Rumphio, tornando impraticável o estudo. A deficiência o fez abandonar muitas plantas que possivelmente eram novas espécies, por não haver tempo suficiente para estudá-las. Escolheu somente algumas que, em princípio, pareceram-lhe novos gêneros ou foram pouco descritas. As últimas tiveram tratamento especial: "se não me engano, as quais cuidei em descrever sistematicamente, e fiz desenhá-las e pintá-las ao natural". Ao consultar os tratados sobre a Ásia, por certo, deveria encontrar as mencionadas plantas, tornando a tarefa pouco relevante. Os animais também eram inúmeros, mas o naturalista precisava de tempo para capturar e prepará-los. Conservou somente alguns peixes em espírito de vinho, conchas univalves e bivalves, mas elas não eram de grande valor.

No Estado da Índia contava com o precioso auxílio do governador, mas mesmo assim resolveu partir e deixar inacabada a tarefa de explorar a natureza. Quando desembarcou em Moçambique, porém, a situação seria diferente e seus afazeres de cientista ficaram ainda mais prejudicados. Depois de alguns meses em terras africanas, descreveu o tormentoso cotidiano para Júlio Matiazzi. Considerou Moçambique terra miserabilíssima, onde viviam os "malfeitores degredados": "Só se pode viver nela por serviço de S. Majestade que de outra forma, teria a nado desertado delas. Aqui reina o insulto, a velhacaria, a traição, o veneno, e quantos males há, oprimem-se uns aos outros, e ninguém o era para o bem público se não para o interesse particular. E o comércio que causa esta desordem toda não tarda muito que se não consuma com as ruínas de Moçambique".[35]

A produção de memórias e o envio de remessas seriam também prejudicados por uma série de contrariedades. Inicialmente, solicitou em vão consentimento do governador interino para explorar a Ilha de Moçambique e depois os rios de Sena. Durante meses, o botânico e o riscador contratados permaneceram sem utilidade para o real serviço, pois a jornada não era permitida pelas autoridades locais.[36] Logo nos primeiros anos, o ajudante José da Costa abandonou o serviço, freqüentava tabernas, "ora bebendo com um soldado, ora jogando com um

---

[34] Manoel Galvão da Silva. *Observações sobre História natural de Goa, feitas no ano de 1784*. Organização de J. H. da Cunha Rivara. Nova Goa: Imprensa Nacional, 1835. p. 38.

[35] AHMB – CN/S – 28. Carta de Manuel Galvão da Silva a Júlio Matiazzi. Moçambique, 18 de agosto de 1784.

[36] AHU, Moçambique cx. 21. Petição de Manuel Galvão da Silva para o governador interino, Moçambique, 23 de julho de 1784.

cafre".³⁷ Silva esteve também adoentado por mais de seis meses. Em agosto de 1785 escreveu a Lisboa e explicou que se encontrava incapaz de finalizar suas tarefas "por estar convalescendo de uma moléstia grave".³⁸ Em março de 1787, morreu de febres o riscador Antônio Gomes, dois anos depois seria a vez do botânico José da Costa.³⁹ Esses entraves não impediram a realização de viagens aos arredores da Ilha de Moçambique, embora prejudicassem a qualidade do material coletado e remetido a Lisboa.⁴⁰

Em Moçambique, Manuel Galvão da Silva produziu dois pequenos diários. O primeiro narra a Viagem Filosófica à jurisdição da Vila de Tete, em 1788, e o segundo às terras de Manica, em 1790. Ao chegar à vila de Tete, encontrou muito doente o desenhador, gravemente acometido de disenteria, que não resistiu à moléstia e faleceu. As febres intermitentes também atingiram o naturalista: "comecei a padecer no segundo dia de minha chegada a Tete, e que me duraram até o princípio de outubro, a falta de desenhador, a estação imprópria para as herborizações, tudo concorreu para intentar meramente aplicar-me no conhecimento das minas, logo que me senti com alguma força...".⁴¹ Devido à debilidade física, Silva enviou poucas remessas a Lisboa: em 1786, dos rios Sena, remeteu conchas, uma cabeça de hipopótamo e dois barris de peixes preservados no álcool; em 1789, de Tete e Manica, enviou mostras de minerais.⁴² A maior contribuição de Silva para ciência foi precisamente o esforço de coletar minerais. Em Coimbra, os cursos de matemática e ciências físicas prepararam-no para examinar minas e fontes termais ao invés de coletar espécies e produzir herbários. Nos diários ficam evidentes seus

---

³⁷ AHMB – CN/s – 30. Carta de Manuel Galvão da Silva a Júlio Matiazzi. Moçambique, 15 de dezembro de 1786.

³⁸ AHU, Moçambique, cx. 22. Relatório de Manuel Galvão da Silva a Martinho de Melo e Castro. Moçambique, agosto de 1785.

³⁹ AHU, Moçambique, cx. 23. Carta do governador Antônio Manuel de Melo e Castro a Martinho de Melo e Castro, 28 de setembro de 1787; AHMB – CN/s – 31. Carta de Manuel Galvão da Silva a Júlio Matiazzi. Moçambique, 28 de agosto de 1790.

⁴⁰ AHU, Moçambique, cx. 22. Relatório de Manuel Galvão da Silva a Martinho de Melo e Castro, Moçambique, 9 de janeiro de 1785.

⁴¹ Manuel Galvão da Silva. Diário ou relação das Viagens Philosophicas que por ordem de Sua Magestade Fidelíssima tem feito nas terras da Jurisdição da Vila de Tete e alguns dos Maraves, Sena 4 de julho de 1788. In: *Fontes para História, geografia, e comércio de Moçambique (século XVIII)*. Lisboa: Junta das Missões Geográficas e de Investigação do Ultramar, 1954. p. 313-319; Diário das viagens feitas plas Terras de Manica por Manuel Galvão da Silva em 1790. In: *Fontes para História, geografia, e comércio de Moçambique*. ... p. 323-332.

⁴² William Simon... p. 75.

esforços de rastear as minas de cobres e os demais metais, empenho que não resultou em coleções à altura da diversidade e riqueza natural do interior africano. A correspondência entre os naturalistas e a Secretaria de Estado testemunha o envio constante de remessas para o Museu de Lisboa. Mesmo sobrevivendo às doenças e resistindo aos estorvos burocráticos, eles desempenhavam suas funções e enviavam materiais para engrandecer à coleção da rainha. Mas a debilidade maior das "centrais de cálculo" estabelecido no reino era a forma de receber as remessas do ultramar. Se houvesse uma equipe para analisar esse farto material de pesquisa, a ciência em Portugal teria avanços notáveis. A mesma debilidade está presente nas memórias compostas por Alexandre Rodrigues Ferreira durante a Viagem Filosófica. A profusão de manuscritos não sofreu aprimoramentos depois que o mesmo retornou da viagem e estabeleceu-se no Museu da rainha. Em Lisboa, depois de muitos anos, as memórias de Ferreira continuavam como esboços e, portanto, incapazes de enfrentar os comentadores da Academia das Ciências, caso o naturalista almejasse a publicação e divulgação de seus resultados.

Interesses conflitantes

Muito antes de a instabilidade política provocar o abandono do grande projeto da "História Natural das Colônias", os descaminhos da Viagem Filosófica já eram evidentes. Quando, em 1786, Ferreira expressou a necessidade de retornar a Lisboa para não retardar o estudo das espécies coletadas, ele certamente pensava na nova etapa da pesquisa, ou melhor, nos "ciclos de acumulação". Em princípio, o naturalista não tencionava atuar como mero agente do colonialismo, não defendia apenas propósitos pragmáticos, mas empenhava-se no avanço do conhecimento, sem, contudo, descuidar do emprego de espécies vegetais para fomento da agricultura. Assim, fica evidente que as viagens filosóficas portuguesas não eram guiadas apenas por propósitos pragmáticos – mais ligadas à utilização e ao rendimento do que propriamente aos estudos científicos de gabinete. Se os resultados efetivos da viagem certamente corroboram com a visão pragmática, os projetos de Ferreira, expressos no discurso na Academia das Ciências, em 1781, e na correspondência, pressupõem uma concepção de ciência distinta. Por certo, ele almejava retornar a Lisboa para atuar como cientista de gabinete, analisando os produtos coletados ao longo da viagem.

Em princípio, as instruções da Academia das Ciências de Lisboa também refutam o caráter meramente pragmático das viagens. O principal alvo das *Bre-*

ves Insctrucções era formar um Museu Nacional em Lisboa, reunindo raridades, os mais notáveis produtos encontrados no reino e nas colônias. Essas normas não tencionavam criar um Jardim Botânico, ou melhor, não estabeleciam como prioritárias a melhoria e a diversificação das lavouras, pois era: "supérfluo apontarmos o método de transportar árvores e plantas de países estrangeiros para as transplantar nos nossos terrenos; matéria que tem sido admiravelmente tratada por muitos naturalistas deste século". As espécies dos três reinos da natureza não eram coletadas para fortalecer a economia, ou substituir importações, mas para formar um Museu com "as cousas mais notáveis e curiosas do terreno".[43] Se as instruções da Academia das Ciências normatizavam o cotidiano da viagem, Ferreira não os cumpriu, pois dedicou às comunidades indígenas seus maiores esforços. Percebem-se, então, os sentidos conflitantes e, por vezes, antagônicos em torno da Viagem Filosófica. Por um lado, as instruções para formar um Museu, de outro os interesses dos governadores na agricultura colonial e no pragmatismo econômico. Ferreira seguiu, em parte, todos esses objetivos, mas reuniu seus maiores esforços para analisar, a partir das teorias de Buffon, a evolução das comunidades ameríndias, tema recorrente em dezenas de memórias.

Em princípio, deve-se atentar para os distintos temas tratados nos diários e memórias da Viagem Filosófica. Nos primeiros, Alexandre R. Ferreira descreveu as vilas, destacou os problemas da agricultura e a deficiência crônica de mão-de-obra nas capitanias do norte. Como funcionário da Coroa, o naturalista percorreu uma vasta região, descrevendo os avanços e, sobretudo, os recuos e as fragilidades da cultura do anil, arroz, café, entre outras. Ele traçou, igualmente, diretrizes para o aprimoramento técnico das plantações e para a melhoria da qualidade dos produtos. Ao longo do *Diário da Viagem Filosófica*, preocupou-se em analisar os recursos agrícolas e as condições materiais dos povoados comandados por portugueses. Seguindo os ensinamentos iluministas, Ferreira almejava traçar metas para fixar o domínio lusitano no norte da Amazônia e civilizar o índio por meio do desenvolvimento agrícola.[44]

Para avaliar esse empreendimento, ele construiu tabelas pormenorizadas destinadas a fornecer um panorama da composição populacional e da produção agrí-

---

[43] *Breves Instrucçoens aos correspondentes da Academia de Sciencias de Lisboa sobre as remessas dos productos e notícias pertencentes a história da Natureza para formar hum Museo Nacional.* Lisboa: Academia de Sciencia de Lisboa, 1781. p. 28 e 38.

[44] Sobre o assunto ver estudo de Andréa Roloff Lopes. Alexandre Rodrigues Ferreira e a Viagem Filosófica: economia e ciência na Amazônia Colonial. Dissertação de mestrado. Curitiba: Programa de Pós-graduação em História do Dep. de História da UFPR, 1998. p. 65-101.

cola. Em cada comunidade, os mapas populacionais dimensionavam as potencialidades da mão-de-obra, destacando a existência de trabalhadores ativos e inativos, o número de brancos, índios, negros escravos, mulheres, crianças e velhos. Deste modo, compunha um quadro sobre a viabilidade econômica dos lugarejos visitados. A produção tornou-se, igualmente, um dado fundamental para compor um diagnóstico da economia da Amazônia. O naturalista, então, mensurava as colheitas de farinha de mandioca, arroz, milho, cacau, café e tabaco, compondo balanços agrícolas.[45] Para Ferreira a agricultura era uma ciência "que ensinava a cultivar bem a terra, em ordem a tirar-se dela todo o proveito possível; que as produções da terra eram o bem mais real sobre as minas, o fundamento mais sólido dos estados, e a verdadeira base do comércio [...] e as operações do campo bem ou mal dirigidas, eram arbitrárias, que decidiam da riqueza ou indigência dos habitantes, do aumento ou diminuição dos povos, da fortaleza ou fraqueza do estado".[46] A agricultura seria a salvação da Amazônia, fixaria o índio à terra, asseguraria as fronteiras e aumentaria as divisas das debilitadas capitanias.

Nas memórias, ao contrário, dedicou atenção especial às etnias amazônicas, embora os ritos e os mitos indígenas não despertassem a curiosidade do naturalista. Seus escritos destacavam as vestimentas, as armas de guerra, os utensílios de barro, confecção de canoas e moradias, enfim, preocupou-se com as técnicas nativas empregadas na transformação da natureza. As "Observações gerais e particulares sobre a classe de mamíferos...",[47] concebida em Vila Bela - Mato Grosso, em 1790, é profundamente influenciada pela *Histoire Naturelle* de Buffon. Essa memória inicia-se com a dissertação sobre o reino animal segundo o sistema de Lineu e, em seguida, traça um perfil da estrutura interna e externa dos mamíferos. Os ameríndios receberam a denominação de primatas e foram descritos em sua constituição física, moral e política.[48] As observações sobre os mamíferos são, sem dúvida, o mais aprofundado e erudito estudo do naturalista. Alexandre Rodrigues Ferreira recorreu às principais autoridades da história natural, além de diversos relatos e crônicas sobre a América. O estudo, no entanto, reúne poucas reflexões provenientes da experiência, preferindo arrolar testemunhos e observações recolhidas na literatura européia sobre as diversas comunidades amerín-

---

[45] A. R. Ferreira. *Diário da Viagem...* t. 70, 1885. p. 49-50, 234, 282-3; t. 75, 1887. p. 3 e 115-116.

[46] A. R. Ferreira. *Diário da Viagem....* t. 75, 1887. p. 39.

[47] A. R. Ferreira. Observações gerais e particulares sobre a classe dos mamíferos... *In*: Alexandre Rodrigues Ferreira. *Viagem Filosófica ao Grão-Pará, Rio Negro, Mato Grosso e Cuiabá; memórias: zoologia e botânica...*p. 67-204.

[48] *Idem*. p. 87.

dias. Ferreira escreveu como se fosse um naturalista de gabinete, distante das "espécies" estudadas. De todo modo, as observações sobre os mamíferos contêm avanços importantes que serão analisados no capítulo 6.

Para Domenico Vandelli, o estudo de zoologia "não consiste em um simples conhecimento dos nomes de cada animal; mas é necessário saber quando for possível a sua anatomia, seu modo de viver e multiplicar, os seus alimentos, as utilidades....".[49] Os ensinamentos do mestre não valeriam para as memórias dedicadas aos animais, nem para o estudo sobre peixes, intitulado de "Relação dos peixes dos sertões do Pará",[50] onde encontra-se uma lista de peixes, nomeados a partir da língua indígena. Nesse sentido, em muitas memórias sobre botânica, as nomeações das espécies eram, de fato, oriundas da tradição indígena. Ferreira, por certo, recorreu aos nativos para descrever, classificar, conhecer as propriedades medicinais, dietéticas e utilitárias do reino vegetal. Suas memórias foram compostas, em boa parte, por informações indígenas, que ele recolheu, aqui e ali, ao longo da viagem. As madeiras próprias para as canoas, os remédios indígenas, as palmeiras empregadas para construção de casas eram dados fundamentais para sobrevivência dos colonos portugueses em regiões remotas.

A botânica não recebeu o destaque especial, comum entre os naturalistas setecentistas, nem o rigor exigido pelas instruções concebidas pela Academia das Ciências de Lisboa. A ênfase recaia sobre os possíveis empregos de plantas em favor da agricultura e do comércio coloniais. Os escritos coadunavam-se mais com obras de agricultura prática, relatórios de viagem de caráter administrativo ou de delimitação cartográfica. E assim, suas memórias afastavam-se dos minuciosos estudos sobre plantas realizados no âmbito da história natural e das experiências em torno do estabelecimento de jardins botânicos, dedicados a incrementar a transferência de espécies entre os continentes.

A falta de rigor de tais memórias chamou atenção do seu contemporâneo, o naturalista português Félix Avelar Brotero que teceu duras críticas aos estudos de zoologia e botânica produzidos pela equipe do Real Jardim da Ajuda. Para Brotero, Alexandre Rodrigues Ferreira "[...] jejua em botânica. Vandelli trata a botânica de puerilidade frívola, como há cinco anos me escreveu em uma carta, e cuida hoje em dar planos políticos ao Príncipe e ver se assim chega a ter vinte e quatro mil cruzados, porque mais da metade desta soma já a recebe de renda anualmente". Denunciava assim o desconhecimento de Ferreira, evidente nas memórias so-

---

[49] Domenico Vandelli. *Dicionario dos termos technicos de História Natural.* Coimbra: Officina da Universidade, 1788. p. 2.

[50] FBN – seção de manuscrito – mss. 21, 2, 22 n. 21.

bre a fauna e flora, e alertava para a estratégia de Vandelli de acumular dividendos com cargos nas instituições científicas portuguesas. Brotero forneceu ainda outro dado que comprova a fragilidade das instituições científicas lisboetas, pois o "brasileiro Alexandre Rodrigues Ferreira", nomeado como administrador das Quintas Reais, "está sempre em Caxias para promover as tosquias de alguns burros, e assim agradecer à Princesa, e cuida muito pouco no Jardim Botânico da Ajuda, nem ainda que ele quisesse podia cuidar dele porque jejua em botânica".[51]

Se durante a viagem, os escritos de Ferreira eram fortemente influenciados por interesses estatais, pelas políticas destinadas a fomentar a agricultura e manter as fronteiras, essa tendência deveria ser alterada ao retornar a Lisboa. Entretanto, suas memórias não foram aperfeiçoadas, nem adequadas às normas e aos debates dos filósofos e naturalistas. Ao analisar os títulos das memórias da Academia das Ciências, percebe-se o motivo para Ferreira abandonar suas reflexões filosóficas. As memórias econômicas eram particularmente dedicadas à agricultura e procuravam consolidar um discurso reformista, crítico a obstáculos impostos pelas estruturas sociais. A agricultura era uma estratégia modelar de desenvolvimento, "o que implicaria uma reorganização, quer dos sistemas de produção e comercialização, quer das estruturas administrativas e fiscais". O tema agrícola era, em suma, o aspecto mais saliente nos discursos dos memorialistas reconhecidos pela Academia,[52] o que demonstra, mais uma vez, os interesses conflitantes, pois suas breves instruções apontavam como prioritárias as remessas para compor o acervo do Museu. Nesse descompasso, vale mencionar que Ferreira não explorou, em seus escritos, os temas encontrados nas memórias publicadas na Academia. Não verteu, enfim, tinta para estudar a agricultura.

O naturalista luso-brasileiro era, contudo, um grande conhecedor das lavouras das capitanias do norte, pois escreveu inúmeras considerações sobre os cultivos locais, nos diários e nas participações, destinadas aos governadores e ao secretário de Estado. Se nos diários as lavouras estavam em voga, nas memórias o tema da agricultura não era abordado com a ênfase e rigor científico necessários, razão suficiente para permanecerem em manuscrito. Além disso, as comunidades indígenas e as descrições geográficas não eram temas privilegiados pela Academia lisboeta. Ao contrário, eram a botânica e a agricultura os principais temas das memórias econômicas publicadas. Nem um nem outro, porém, sensi-

---

[51] Carta de Brotero para o Abade Correia da Serra, 20 de fevereiro de 1801. *In*: Abílio Fernandes. Uma carta inédita de Brotero para Correia da Serra. *Anuário da Sociedade Broteriana*, XLII, 1976. p. 39-40.

[52] José Luís Cardoso. Introdução. *In*: José Luís Cardoso (dir.) *Memórias económicas da Academia Real das Ciências de Lisboa (1789-1815)*. Lisboa: Banco de Portugal, 1991. tomo I. p. XIX.

bilizaram o naturalista a produzir memórias. De todo modo, Ferreira tinha um ambicioso projeto científico, escrever a "História da Indústria Americana". Por ser muito original, talvez, este projeto não recebeu a devida atenção de seus contemporâneos. Acrescentava a esse impedimento, os percalços burocráticos que desviavam o naturalista da finalização de seus estudos.

Os sentidos conflitantes surgiam, enfim, do confronto de vários projetos destinados a controlar a natureza e o mundo colonial. As instruções da Academia procuravam guiar os naturalistas e os correspondentes a coletar espécies para o Museu da rainha e não se interessava pelo caráter prático da agricultura. Estava ausente de seus planos a composição de Jardim Botânico para aclimatar espécies. Se essa opção era defendida em 1781, ano de publicação das instruções, elas seriam desobedecidas, pois um jardim de aclimação estava em funcionamento nos anos vindouros, conforme Link e outros visitantes do jardim lisboeta. As diretrizes dos administradores coloniais também recomendavam a coleta de espécies raras para engrandecer o Museu, mas priorizavam, na Amazônia, a diversificação das lavouras e o aprimoramento agrícola, além do controle das fronteiras americanas e africanas. As memórias da Academia enfatizavam a reforma agrícola, valorizando os estudos que aliavam conhecimento de botânica à exploração comercial de lavouras. Ao estudar as comunidades americanas, os tapuias, os esforços de Ferreira não seriam, talvez, incentivados pelos acadêmicos, o que explica a permanência de dezenas de memórias em manuscrito. Contrariando a tendência, o naturalista luso-brasileiro escreveu cerca de vinte estudos sobre a capacidade técnica indígena, ou melhor, sobre os mecanismos empregados pelas etnias para domesticar a natureza. Objetivava compor uma "História da Indústria Americana" que, infelizmente, deixou apenas fragmentos, aqui e ali, ao longo das memórias e dos escritos que acompanhavam as remessas de espécies. Tantos projetos, tantos desencontros, somavam-se às desorganizadas instituições científicas do reino, tornando inviáveis os planos iniciais para viagens filosóficas ao mundo colonial.

Ciência na metrópole

Para analisar a interrupção dos "ciclos de acumulação", dos elos entre naturalistas, museus e academia, torna-se, enfim, indispensável conhecer as razões de Estado presentes no planejamento das viagens filosóficas, sobretudo da expedição ao Pará. Os vínculos entre o naturalista Alexandre Rodrigues Ferreira e o Estado se forjaram antes mesmo da partida para Belém. Seus estudos de filosofia natural em Coimbra capacitaram-no a pensar o conhecimento como forma de fortalecer o Estado, além de colecionar espécies e artefatos para o Museu da rainha. Concebidas, sobretudo, para viabilizar reformas e assegurar o bom governo, as viagens marcavam o vínculo entre o centro e a periferia, entre governo colonial e metropolitano, pretendendo assegurar o controle de Lisboa sobre o império. Nas palavras do reitor Francisco Lemos, a Universidade de Coimbra não deveria ser encarada como uma instituição isolada, preocupada com seus próprios negócios. Como parte do Estado, "cria e difunde a sabedoria do Iluminismo para todas as monarquias a fim de animar e revitalizar todos os ramos da administração pública e promover a felicidade do Homem".[53] A universidade difundia as luzes, levando a razão para o seio do Estado, que, por sua vez, propiciava a felicidade geral.

Esse pressuposto permite entender a existência de dois tipos de conhecimento: os capazes de fomentar o desenvolvimento da esfera estatal e os estranhos aos seus interesses. O reitor, porém, não se referiu aos descompassos entre interesses científicos e interesses estatais. Ao contrário, procurou confundi-los. O mesmo procedimento encontra-se nos escritos da historiadora Ângela Domingues, quando considerou coincidentes o conhecimento destinado ao fortalecimento do Estado e o conhecimento científico, como no trecho a seguir: "A construção de um novo conhecimento sobre o Império e a fluidez com que a informação circulava tinham, para além de um componente científico notório, repercussões econômicas óbvias".[54] Partindo do princípio de que nem toda informação coligida pelos viajantes resultava em produção de conhecimento científico, pois desobedeciam as instruções e contrariavam a lógica dos "ciclos de acumulação", considero indispensável debater a questão empregando as instruções de viagem, a correspondência administrativa e os escritos de Ferreira.

No século das luzes, a produção do conhecimento se fazia a partir de métodos, entendidos como um conjunto de regras para explorar um determinado objeto.[55] Somente o estudo metódico permitia o naturalista vislumbrar as leis da natureza. Do contrário, a coleta de dados, privada de critérios precisos de seletividade, provocaria uma classificação confusa, mesmo recorrendo a registros acuradíssimos e minuciosos. Esse é o mesmo sentido que as mencionadas instruções pretendiam

---

[53] Francisco Lemos. *Relação geral do estado da universidade* [1777]. reprodução fac-símile. Coimbra: Universidade de Coimbra, 1983. p. 232.

[54] Angela Domingues. Para um melhor conhecimento dos domínios coloniais... *História, Ciência, Saúde: Manguinhos.* v. VIII, 2001. p. 829.

[55] D. Diderot & J. D'Alambert. *Enciclopédia ou Dicionários das Ciências das Artes e dos Ofícios para uma sociedade letrada.* São Paulo: Unesp, 1989. p. 93-95.

conduzir o viajante no momento de coletar dados e produzir conhecimento. O desvio das metas desvirtuava os "ciclos de acumulação" e, portanto, provocava o rompimento do processo. Muito antes da Viagem Filosófica, Ferreira teceu algumas considerações sobre a utilidade das ciências e concluía: "O grau de aplicação que merece uma ciência, mede-se pela sua utilidade". A razão e a experiência, o verdadeiro e o útil, a promoção da felicidade eram os princípios da filosofia. O ócio e a inércia afastavam os homens da sabedoria, por isso os curiosos que preferiam "consultar o exemplo, o costume, a autoridade, não a razão, porque pede reflexão, não a experiência, porque requer atividade". Essa postura promovia a estagnação do saber, que não ia nem para atrás, nem para frente.[56]

Proferido na Academia das Ciências de Lisboa em 1781, o discurso combatia o conhecimento que não promovesse a felicidade do Homem e, por sua vez, a melhora da intervenção estatal, seguindo, portanto, a mesma lógica do reitor da Universidade de Coimbra reformada. Por não dispor de métodos, os colecionadores curiosos não obedeciam aos preceitos da ciência, acumulando peças com a mera intenção de completar o gabinete. Tempos depois do discurso na Academia, Ferreira reunia dados indispensáveis ao Estado, mas, por vezes, eram avessos aos princípios científicos porque não formavam "inscrições", porque não reuniam dados capazes de promover o avanço da ciência. Passou, então, a colecionar nomes de árvores, animais e aves, sem promover reflexão e experiência, sem buscar a razão e, portanto, não fazia avançar o debate científico. Eram meras coleções de nomes.

Mesmo ciente dos princípios científicos, Ferreira em poucos momentos procurou seguir as instruções, preferindo renunciar ao método. Não havia mister de seguir regras para coligir informações indispensáveis ao Estado. Por certo, uma lista de árvores com a nomeação nativa e os possíveis empregos de seus frutos era mais interessantes ao Estado que aos estudos compostos segundo a taxonomia de Lineu. O descumprimento das regras provocou sérios danos à Viagem Filosófica, que alcançou resultados muito aquém da capacidade do naturalista. Relatos, memórias e desenhos permaneceram, por quase um século, em manuscritos. O material recolhido pela expedição (plantas, animais, artefatos, etc.) não foi devidamente classificado e estudado pelos sábios portugueses, nem mesmo por Ferreira. Os resultados da expedição não foram discutidos e nem publicados pela Academia das Ciências de Lisboa, local ideal para difundir e debater a produção do saber, pois: "As academias eram congregações do saber, era nelas que se encontravam os homens capazes de solucionar os problemas das nações nos

---

[56] FBN – seção de manuscrito, ms. 21, 2, 2 n. 20. A.R. Ferreira. Abuzo da Conchyologia em Lisboa.

âmbitos científicos e técnicos, e era a eles que os governos se dirigiam pedindo conselhos, sugestões e pareceres".[57] Mesmo sendo eleito em 1789 "sócio de 1ª classe",[58] Ferreira não apresentou as memórias provenientes da Viagem Filosófica entre os pares da Academia, perdendo a oportunidade de aperfeiçoar, divulgar e publicar suas memórias.

Ao retornar a Lisboa, o naturalista exerceu cargos na administração metropolitana, atendeu demandas esparsas dos secretários de Estado dos Negócios e Domínios Ultramarinos, D. Rodrigo de Sousa Coutinho e Visconde de Anadia. As remessas e memórias produzidas durante a viagem seriam abandonadas. Boa parte desses fragmentos da natureza amazônica seria, mais tarde, conduzida a Paris como butim de guerra. A Viagem Filosófica, enfim, não promoveu os "ciclos de acumulação", rompendo os elos da cadeia do conhecimento, capaz de unir o viajante e as instituições científicas da metrópole. Percebe-se, enfim, um descompasso entre a produção escrita de Ferreira antes e depois da expedição ao Pará. O formato das memórias produzidas ao longo da jornada seguia, de modo geral, as diretrizes da administração colonial, ao invés de basear-se nos ensinamentos do mestre Vandelli.

A farta bibliografia dedicada à Viagem Filosófica e a Alexandre Rodrigues Ferreira prima por exaltar seus feitos. Eram, por vezes, obras apologéticas, exaltações ao naturalista esquecido e abandonado pela sorte. O português Carlos França se filia ao grupo de historiadores dedicados a resgatar o talento de Ferreira, considerando-o como "um dos mais brilhantes padrões de glórias da nossa história colonial". Para explicar o malogro da expedição, recorreu a três fatores: Ferreira não se atualizou depois do retornar da viagem; o naturalista sofria de melancolia, razão para as dificuldades de sistematizar os registros; a coleta de espécies e demais informações produzidas na viagem estavam desorganizadas devido "às interferências de Vandelli, estrangeiro traidor".[59] França parte do princípio de que os manuscritos dedicados à Zoologia Paraense, onde por certo haveria estudo segundo as regras de Lineu, desapareceram, restando apenas papéis de menor valor. O ato "criminoso" seria atribuído ao "estrangeiro traidor".

Ao final do estudo sobre as expedições científicas portuguesas, William J. Simon destacou a importância de Alexandre R. Ferreira para o progresso do co-

---

[57] Rómulo de Carvalho. *A actividade pedagógica da Academia das Ciências de Lisboa*. Lisboa: Academia das Ciências de Lisboa, 1981. p. 11.

[58] W. Simon. p. 47.

[59] Carlos França. Doutor Alexandre Rodrigues Ferreira. *Boletim da Sociedade Broteriana*, 1-2, 1922. p. 65 e 78.

nhecimento na história natural. Recorreu, então, ao testemunho de Alexander von Humboldt e Étienne Geoffroy Saint-Hilaire.⁶⁰ Contudo, essas personalidades da comunidade científica oitocentista impressionaram-se com material recolhido na Amazônia e não com a capacidade de produção e sistematização do conhecimento por parte do naturalista luso-brasileiro. No século XVIII, o naturalista não mais ganhava notoriedade pela capacidade de reunir artefatos, plantas e animais em um *Wunderkammer*. No século das luzes, as curiosidades e as excentricidades da natureza deixavam de ser matérias da ciência e ganhavam enorme difusão entre o público leigo. Não sem razão, laboratórios e museus se tornam instituições com funções distintas nessa conjuntura. Depois de Francis Bacon, o naturalista deveria sistematizar os materiais estudados, descartando o legado aristotélico na busca de redesenhar o mapa do conhecimento.⁶¹

O historiador Rómulo de Carvalho também enfatizou a importância da enorme coleção deixada por Ferreira. Ao longo da jornada, ele compôs dezenas de memórias e centenas de desenhos, recolheu artefatos da cultura indígena e espécies dos três reinos. Em 1793, depois do regresso a Lisboa, encontrou o material deteriorado e com sérios problemas de identificação. Nos anos seguintes, o naturalista foi nomeado vice-diretor do Museu de História Natural e do Jardim Botânico, administrador das Reais Quintas da Bemposta, Caxias e Queluz. Jamais retornaria aos trabalhos com as espécies e amostras recolhidas na viagem; as memórias não foram aperfeiçoadas, aprimoradas e publicadas. Desgostoso, entrevado e alcoólatra, Ferreira morreu em 1815. A fatalidade e malogro da expedição não impediram que Rómulo de Carvalho afirmasse que Alexandre Rodrigues Ferreira era "o mais notável de todos os observadores e pesquisadores da América portuguesa no domínio da História Natural".⁶²

No ensaio de 1895, porém, Emílio A. Goeldi apontou a insuficiência das memórias botânicas e zoologias de autoria de Alexandre R. Ferreira. Faltou-lhe, ressaltou Goeldi, educação profissional, em "Coimbra ele não poderia munir-se de uma preparação suficiente para uma empresa tão complicada".⁶³ O material produzido ao longo da jornada demonstra, porém, que Ferreira possuía um bom preparo para comandar a viagem, por isso não posso concordar inteiramente com Goeldi. Apesar da Universidade de Coimbra não ser um grande centro,

---

⁶⁰ W. Simon. p. 128.

⁶¹ K. Pomian. *Collectioneurs, amateurs et curieux*. Paris: Gallimard, 1987. p. 61-80; Paula Findlen. p. 17-47 e 393-407.

⁶² Rómulo de Carvalho. *A História Natural em Portugal no século XVIII*. Lisboa: Ministério da Educação, 1987. p. 91.

⁶³ Emilio Goeldi. *Ensaio sobre o Dr. Alexandre Rodrigues Ferreira*. Pará: Alfredo Silva & Cia, 1895. p. 88.

havia a missão italiana, sobretudo o naturalista Domenico Vandelli, ativo agente da reforma na Universidade de Coimbra. Nas memórias, torna-se evidente o contato de Ferreira com a obra de Lineu, Buffon e outros personagens ilustres do circuito erudito europeu. Logo depois de Ferreira, estudou filosofia em Coimbra o luso-brasileiro José Bonifácio de Andrada e Silva que recebeu excelente acolhida nos principais centros europeus dedicados à química, metalurgia e mineralogia. Não foi, portanto, apenas a inconsistência da formação acadêmica a causa para a precariedade dos estudos. Recentemente, P. E. Vanzolini considerou que a expedição conduzida por Ferreira almejava, sobretudo, metas de caráter administrativo e estratégico, assegurando aos portugueses a posse e exploração de fronteiras ainda indefinidas e disputadas por metrópoles européias. "O título 'philosophica'", ponderou Vanzolini, "pode ter sido em parte um disfarce, em parte complacência com as inclinações de naturalista de Alexandre. E provavelmente correspondia aos intuitos iniciais da coroa portuguesa".[64]

Ao contrário dos biógrafos do naturalista, a correspondência, datada depois de 1793, comprova sua capacidade produtiva. Como melancólico, entrevado e alcóolatra, Ferreira dificilmente executaria tantas tarefas: análise de plantas (goma caninana, quina, cravo da Índia e do Pará), memória sobre macaco da Índia, adaptação de plantas, carta da América e mapas, para mencionar apenas as referências encontradas na correspondência e nos "Livros de Registros e Decretos, Portarias, Avisos [...] do Real Jardim Botânico, Laboratório Químico, Museu e Casa do Risco".[65] Somente nos últimos anos da vida, tornam-se recorrentes os registros sobre sua debilidade física e mental. Ao solicitar pequenos trabalhos, o Estado, portanto, requeria do naturalista e da equipe de desenhistas funções que os desviavam dos empreendimentos científicos planejados para Viagem Filosófica.

Para um homem de ciência, Alexandre R. Ferreira dedicou-se com muito empenho na busca de cargos na burocracia, de sinecuras e mercês ao seu alcance. Como resultado percebe-se o abandono das diretrizes, do aperfeiçoamento das memórias e da composição das histórias referidas. Soma-se ao desvio de funções, a indiferença do Estado para o cumprimento das metas. Em julho de 1795, Ferreira escreveu uma carta ao mordomo-mor do reino solicitando o pagamento de seus honorários como naturalista, verba que havia sido suspensa desde o seu

---

[64] P. E. A. Vanzolini. A contribuição zoológica dos primeiros naturalistas no Brasil. *Revista USP*; dossiê Brasil dos Viajantes, 30, 1996. p. 195.

[65] Para conhecer a enorme gama de tarefas executadas por Ferreira ver: A. P. de Lima. p. 362-4, 370-2 e 380-3; e J. Carlos Brigola. *Colecções, gabinetes e museus em Portugal no século XVIII*. Lisboa: Fundação Calouste Gulbenkian, 2003. p. 246-281.

retorno a Lisboa.⁶⁶ O corte do financiamento, certamente, significava desinteresse, ou impossibilidade do Estado em sustentar os estudos. Os avanços da ciência não eram, definitivamente, prioritários em Portugal. A falta de incentivos estatais, a saúde debilitada e o desgosto com o ofício de naturalista empurraram, talvez, o viajante para os afazeres burocráticos, apartaram-no do grande projeto da História Natural das Colônias. Ao invés de cientista, Ferreira reclamava de ser, efetivamente, "oficial papelista" do Museu e Jardim Botânico da Ajuda.

Enfim, desconsidero os entraves ao iluminismo⁶⁷ em Portugal para explicar a debilidade da produção do conhecimento nas viagens filosóficas. Acredito que não era prioridade do Estado português, imiscuir-se em temas distantes dos interesses coloniais, em um momento de reforma na economia. Nesse sentido, os escritos do naturalista possuem um surpreendente caráter burocrático e administrativo, preocupando-se, sobretudo, com as atividades econômicas desenvolvidas nas possessões do império. Alexandre Rodrigues Ferreira descreveu inúmeros animais e plantas, sem realizar nomeações segundo as normas da ciência européia do século das luzes. Preocupou-se antes em ressaltar como a natureza amazônica poderia resultar em dividendos para a metrópole portuguesa e descuidou-se das inúmeras descobertas realizadas nessas paragens. Por isso, a expedição ao Pará não teve a merecida repercussão nos circuitos científicos contemporâneos. Nas cartas enviadas ao secretário Martinho de Melo e Castro e nas *Breves instruções aos correspondentes da Academia* (1781),⁶⁸ ficaram evidentes os esforços para formar fabulosa coleção no Museu de História Natural. Nem um, nem outro, porém, incentivava a sistematização e divulgação do saber acumulado.

A historiografia luso-brasileira pretendeu, enfim, explicar o malogro da expedição recorrendo à doença do naturalista, à intervenção "criminosa" de Vandelli e à invasão francesa. Não constitui objeto do presente estudo saber se essas causas alteraram ou não os destinos da Viagem Filosófica. Melhor seria indagar as razões para a dispersão e o desaparecimento do material coligido durante os nove anos da expedição. A viagem era o início de um ciclo de acumulação e não o fim. Os dados recolhidos eram enviados ao "centrais de cálculo", onde eram sistema-

---

⁶⁶ Miguel Faria. Os estabelecimentos artísticos do Museu de História Natural do Palácio Real da Ajuda e a Viagem Filosófica de Alexandre Rodrigues Ferreira. In: *Viagem Filosófica de Alexandre Rodrigues Ferreira*. Ciclo de Conferências. Lisboa: Academia da Marinha, 1992. p. 55.

⁶⁷ Sobre a difusão das luzes em Portugal ver: J.S.Dias. Cultura e obstáculo epistemológico do Renascimento ao Iluminismo em Portugal. In: F. Contente Domingues e Luís Felipe Barreto (orgs.). *A abertura do mundo*. v. 1 Lisboa: Editorial Presença, 1986. p. 41-52; António Sérgio. O reino cadaveroso ou o problema da cultura em Portugal. In: *Ensaios*. Lisboa: Sá da Costa, 1977. t. II, p. 25-48.

⁶⁸ *Breves Instrucçoens*, p. 3-4.

tizados. Partindo deste pressuposto, Ferreira expedia as remessas a Lisboa para que fossem estudadas e sistematizadas por uma equipe comandada por Vandelli. Nas instituições científicas do reino, ou melhor na Academia das Ciências, Museu de História Natural, Jardim Botânico d'Ajuda e na Universidade de Coimbra, deveria atuar um grupo composto por naturalistas e jardineiros com a tarefa de estudar, formar coleções e publicar os resultados da pesquisa. Deste modo, o "ciclo de acumulação" se fecharia, resultando no avanço do conhecimento e em ações capazes de dinamizar a economia colonial.

Para explicar as rupturas do ciclo é relevante acompanhar as instruções recebidas por Ferreira durante a jornada, sobretudo perceber como a Viagem Filosófica sofreu interferência dos administradores coloniais. O circuito entre o viajante e as instituições científicas do reino contava ainda com a participação ativa de governadores das capitanias percorridas, responsáveis por autorizar e viabilizar as viagens pelos territórios, fornecendo índios remeiros, mantimentos e canoas. Sem o suporte dessas autoridades a expedição estava inviabilizada. Em carta a Martinho de Souza Albuquerque, capitão-geral das capitanias do Pará e Rio Negro, Ferreira exaltou a contribuição inestimável do capitão para o andamento da viagem, empreendimento destinado ao aperfeiçoamento das ciências e artes, à glória e felicidade pública. E acrescentou: "Felizes de nós, se executando à risca as instruções de V. Exa., nisso ao menos lhe mostrar a nossa gratidão; a unanimidade, com que o prometemos, é um vivo indício do sucesso, que há de acompanhar os nossos esforços; porém muito mais feliz eu, se restituindo, algum dia ao descanso, que requer um historiador, poder então colocar no frontispício da História Natural e Civil deste Estado, o Respeitável nome de V. Exa. Que assim se vai costumando a ser invocado".[69]

As cartas dirigidas às autoridades coloniais e metropolitanas possuem sempre um tom de louvor, adulação, próprio de serviçais. Comum à sociedade do Antigo Regime, a reverência se torna interessante quando o administrador recebia, por parte do naturalista, a honra de ser conselheiro e guia da expedição científica. Outro mentor da Viagem Filosófica, o capitão João Pereira Caldas, recomendou a composição da "História Filosófica da Lusitânia Equinocial",[70] obra

---

[69] Carta de Alexandre R. Ferreira a Martinho de Sousa Albuquerque, 18 de setembro de 1784. *In*: D. A. Tavares da Silva. *O cientista luso-brasileiro.*Lisboa: s/ed., 1947. p. 105. A promessa seria reafirmada em carta ao mesmo governador na data de 17 de setembro de 1791, ver: A. P. Lima. *O Doutor Alexandre Rodrigues Ferreira*. Lisboa: Agência do Ultramar, 1953. p. 349.

[70] Carta de Alexandre R. Ferreira a João Pereira Caldas, 2 de março de 1785. *In*: D. A. Tavares. p. 112.

dedicada aos três reinos da natureza. A cada etapa da viagem, o naturalista se deparava com as autoridades locais e se dispunha, além de obedecer a suas instruções, a compor obras de História Natural da localidade. A postura do naturalista presumia "ambivalência de interesses",[71] a troca de favores, comum à sociedade cortesã. Para comandar a Viagem Filosófica, Ferreira deveria despertar, então, as autoridades para a nobre tarefa da ciência, como requisito indispensável para o sucesso do empreendimento.

Antes de seguir os ensinamentos do mestre Vandelli, o naturalista dependia das ordens e instruções do secretário de Estado de Negócios e Domínios Ultramarinos, do todo poderoso Martinho de Melo e Castro, formado leis e filosofia na Universidade de Évora. Mesmo assim, o ministro era responsável pelos deslocamentos, duração e tarefas executadas durante a jornada. Os sentidos da Viagem Filosófica eram, enfim, determinados por Melo e Castro. Em carta datada de 1786, o "muito humilde criado" Alexandre Rodrigues Ferreira solicitou permissão do ministro para retornar a Lisboa. Sem subtrair-se ao serviço de S. Majestade, ele desejava prosseguir o estudo do material coletado nas capitanias do norte. Depois de formadas as coleções, o naturalista deveria aperfeiçoar classificações e estudos, porque: "[...] quanto mais se prolongar a coleção dos produtos, mais retardará depois o conhecimento individual de cada uma no confuso caos de milhares de produções diversas".[72] Esse arrazoado não sensibilizou o ministro que ordenou o prosseguimento da expedição em direção ao rio Madeira. A notícia foi recebida com pesar por Júlio Matiazzi,[73] responsável pela coleção do Museu e Jardim Botânico d'Ajuda.

Melo e Castro, portanto, se opôs aos interesses científicos apresentados pelo naturalista e decidiu-se pelos os interesses estatais, preocupados com as fronteiras em litígio e com as minas do Mato Grosso.[74] Assim, torna-se evidente que Matiazzi e Ferreira percebiam a interrupção do "ciclo de acumulação", indispensável à sistematização do farto material coletado. Por não contar com uma equipe de naturalistas para preservar e formar coleções, Ferreira temia pelo futuro da in-

---

[71] Sobre o conceito ver: Norbert Elias. *O Processo civilizador.* (trad.) Rio de Janeiro: J. Zahar ed., 1983. v. 2, p. 146.

[72] Carta de Alexandre R. Ferreira a Martinho de Melo e Castro, Barcelos, 17 de abril de 1786. *In*: D. A. Tavares. p. 120.

[73] Carta de Júlio Mattiazzi a Alexandre R. Ferreira, Lisboa, 12 de julho de 1786. *In*: D.A. Tavares. p. 127.

[74] Maria de Fátima Costa. Alexandre Rodrigues Ferreira e a capitania do Mato Grosso. *História, Ciências, Saúde: Manguinhos,* v. VIII (supl.), 2001. p. 993-1014.

vestigação. Estava, portanto, encarregado não somente de múltiplas empreitadas durante a viagem, mas atuaria ainda na análise das remessas e na publicação dos resultados, conforme correspondência. A conservação do material era indispensável para o naturalista, mas elas deveriam ser repartidas por instituições e por cientistas para viabilizar a análise das espécies. Para além do ensino, qual era a função de Vandelli nesse empreendimento? Junto a Matiazzi, não seria ele responsável pela sistematização do material enviado por nove anos?

Na África, evidenciam também as dificuldades criadas pelos governadores que, por vezes, inviabilizavam o andamento dos estudos, como bem descreveu Manuel Galvão da Silva, naturalista e secretário de governo em Moçambique. Para Melo e Castro, os governadores tornar-se-iam os chefes da expedição, encarregados de viabilizá-las ao fornecer condições materiais para execução do real serviço. Ao contrário, porém, Galvão denunciou a indiferença e a pilhéria de quem desconhecia a contribuição da história natural para o governo metropolitano: "[...] não tenho feito mais por me não terem os governadores animados e olharem para isto com a maior indiferença, e rirem-se mesmo, principalmente o tenente-coronel, quando me vê ajuntando alguns produtos".[75] Os capitães poderiam ainda empregar o naturalista para executar tarefas alheias às instruções da Academia e da própria Secretaria de Estado, que transformavam o bacharel em espião, conforme escreveu Joaquim José da Silva:

> [...] com pretextos da História Natural, sendo o verdadeiro intuito do governo observar eu como espião o que passara no exército que então estava na Quistama, assim como dantes o mandarem-me a Cabinda havia sido com a vista de observar o que lá se passava para certos fins: bem diferentes do real serviço.[76]

As viagens filosóficas não alcançaram, enfim, os resultados planejados nas instruções. Se, em princípio, deve-se considerar como extraordinário o acervo formado nos museus de História Natural de Lisboa e Coimbra, o conhecimento reunido durante as viagens não chegou ao circuito erudito da Academia das Ciências. Exceto os escritos do naturalista João da Silva Feijó, os demais não tiveram a oportunidade de divulgar seus experimentos nas prestigiadas sessões da mencionada Academia, nem publicar seus estudos. Domenico Vandelli ainda

---

[75] AHU, Moçambique, cx. 52, doc. 70. Carta de Manoel Galvão da Silva para Martinho de Mello e Castro. Moçambique, 3 de dezembro de 1786.

[76] AHMB. CN/S – 22. Carta de Joaquim José da Silva para Júlio Mattiazzi. Benguela, 24 de maio de 1787.

planejava a rica edição da "História Natural das Colônias", abortada devida à tormentosa conjuntura dos primeiros anos oitocentistas.

A atuação de Vandelli na Viagem Filosófica precisa ser melhor pesquisada. Em 1792, em carta ao naturalista espanhol Casimiro Ortega, o italiano comentou sobre o pouco tempo gasto com a botânica, sua primeira paixão, por estar muito ocupado na Real Junta do Comércio. Nem o naturalista contratado para promover o avanço do saber em Portugal escapava da faina burocrática, em detrimento dos afazeres científicos. Nem mesmo os colegas de Ferreira, os naturalistas Joaquim José da Silva, Manuel Galvão da Silva e João da Silva Feijó ficaram isentos dos cargos e puderam retornar das colônias africanas para analisar o material coletado. Um indivíduo, ou mesmo um grupo reduzidíssimo, não seria capaz de enfrentar essa enorme tarefa. Não sem razão, de volta a Lisboa em 1793, Ferreira encontrou coleções dispersas e deterioradas. Durante a invasão francesa, ao visitar o Museu de História Natural, o cientista Saint-Hilaire encontrou coleções intocadas: não estudadas, não catalogadas desde a década de 1780 quando foram remetidas a Lisboa.[77] Aos olhos do francês, o Museu certamente parecia um gabinete de curiosidades, como o de Aldrovandi, modelo superado nos circuitos eruditos europeus.

Os problemas não eram, porém, exclusivos do ultramar, do clima inóspito, de povos "brutos" e de doenças tropicais. No reino, local de armazenamento das remessas e sistematização do conhecimento, as instituições não funcionavam para servir de apoio aos naturalistas. Também não era apenas o absenteísmo de Vandelli o responsável por resultados tão aquém do projeto inicial.[78] Em 1795, o mestre naturalista relatou o destino das produções naturais armazenadas no museu. Provenientes das quatro partes do mundo, as remessas encontravam-se em péssimas condições de conservação e sujeitas a perecer antes mesmo de tornar-se objeto da taxonomia. "A maior parte destas produções estão ainda fechadas em caixões como vieram. Muitos animais, e principalmente insetos se perderam por não estarem expostos a vista [....] entre os quais muitos minerais das colônias e reino, que ainda se devem encaixar. O copiosíssimo herbário das colônias contém gêneros, e espécies novas, e outras não bem conhecidas". Sábio de origem alemã, Heinrich Friedrich Link esteve no museu de História Natural, entre 1797 e 1799, e teceu considerações ainda mais negativas. Para Link, embora merecesse uma visita, a instituição estava muito aquém dos estabelecimentos franceses e espanhóis contemporâneos: ele era pequeno e muito desfalcado, lá se

---

[77] W. Simon. p. 120, 105-6 e 126.
[78] João Carlos Brigola. p. 229-281.

encontrava um número muito inferior de objetos relativos ao Brasil, sobretudo quando se sabia que a possessão americana era parte importante do império colonial português.[79]

Para entender a denúncia de Vandelli, devem-se ser analisadas as razões para o acúmulo de remessas, diários e memórias. Desde os anos de 1770, esse naturalista formou inúmeros discípulos, promoveu a coleta de espécies no reino e no ultramar, participou da modernização universitária, da construção de laboratórios e museus. Planejava a "História Natural das Colônias" e a difusão do conhecimento reunido pelos naturalistas. Aos poucos, distanciou-se do circuito científico, ocupou cargos na administração, recebeu títulos honoríficos e ascendeu socialmente, tornando-se, enfim, um homem de muito prestígio. Essa trajetória seria também percorrida por Alexandre Rodrigues Ferreira, Baltazar da Silva Lisboa, Joaquim de Amorim Castro e inúmeros naturalistas e bacharéis em filosofia e leis egressos da Universidade de Coimbra. A trajetória ascendente desses indivíduos iniciava-se, de alguma forma, na coleta e na classificação de espécies, mas terminava em altos cargos da burocracia metropolitana ou colonial. Essa recorrência talvez explique o estado de abandono das coleções comentado por Link e Vandelli. Se as viagens e as memórias eram fonte de acumulação de prestígio, depois de receber a merecida recompensa em forma de cargos, títulos e tenças, os naturalistas, talvez, não mais se preocupassem com o destino das coleções formadas.

Mas o testemunho de Vandelli nos permite também avaliar as instituições científicas de Coimbra e Lisboa. Os museus e os laboratórios não conseguiram classificar e armazenar as espécies remetidas do ultramar. Desde o tempo de Pombal, a rede de conhecimento previa reforma universitária, formação de quadros, viagens, museus de História Natural e Academia das Ciências de Lisboa. As instituições exerciam papéis específicos e deveriam se integrar em favor da produção de conhecimento. Para além das deficiências, os profissionais se formaram, as viagens rumaram em direção do mundo colonial, mas os museus não estavam capacitados para sistematizar as informações acumuladas durante as viagens, seria esse o principal ponto da denúncia de Vandelli. O naturalista paduano bem tentou reformar o museu nos anos de 1790, mas sua intervenção não

---

[79] IANTT, Ministério do Reino, maço 444. Domenico Vandelli. Relação da origem, e estado presente do real Jardim Botânico, Laboratório Químico, Museu de História Natural, e Casa do Risco [1795]; H. F. Link. *Voyage em Portugal*. Paris: chez Levrault, Schoell et Cie, 1803. p. 298. Nem todos os visitantes do museu deixaram registros tão pessimistas. De modo geral, eles denunciaram a debilidade da instituição. Ver J. C. Brigola. p. 597-602.

fomentou a pesquisa, não incentivou os estudos das espécies armazenadas nos porões da instituição. Como escreveu J. Carlos Brigola, o programa de trabalho proposto deveria exigir "ao poder político um maior esforço de investimento quer no apetrechamento das instalações e equipamentos museológicos, quer na requalificação técnica do seu quadro de funcionários (através da contratação de naturalistas e da formulação de ensino público no interior dos estabelecimentos)".[80] Deste modo, o caráter científico do museu estaria mais garantido.

Domenico Vandelli tinha plena consciência da debilidade da instituição e propôs que Alexandre Rodrigues Ferreira fosse liberado dos cargos burocráticos para se dedicar aos estudos para os quais estava habilitado. Apesar de desempenhar com sucesso os cargos no Jardim Botânico, Laboratório, Museu de História Natural, Casa do Risco e atuar como oficial da Secretaria de Estado dos Negócios e Domínios Ultramarinos, ele deveria ser nomeado para o cargo de Deputado da Real Junta do Comércio, por ter vasto conhecimento da "ciência econômica e política", das produções coloniais e de seu comércio. "Mas entretanto se deveria dispensar dar exercício da Secretaria, e além do ordenado, que por isso tem, dar-lhe alguma coisa a mais para sua decente subsistência."[81] O mestre, então, pretendia a retomada dos estudos dos produtos naturais existentes no museu, mas ainda procurava beneficiar Ferreira com o cargo, tão almejado pelo discípulo, na Junta do Comércio. Esse arranjo seria suficiente para ativar o Museu como empreendimento científico, como promotor do saber original e reconhecido pela comunidade científica européia?

De todo modo, a proposta não teve sucesso, e o material continuaria encaixotado e as pesquisas estagnadas. O sentido da viagem exploratória para o naturalista luso-brasileiro ainda submetia-se aos interesses metropolitanos, se confundia com a razão de Estado. Em Portugal, a ciência era muito pouco autônoma, continuava completamente dependente dos desígnios e da lógica administrativa, resultado da intensa interferência na ciência e na educação por parte do Estado desde a época pombalina. Esse pressuposto é fundamental para entender a Viagem Filosófica e a inserção de Alexandre Rodrigues Ferreira no século das luzes. Para o historiador Abílio Fernandes, se "os governantes portugueses tivessem uma visão clara dos problemas das Ciências Naturais, manteriam no Museu e Jardim Botânico da Ajuda equipes de mineralogias, botânicos e zoólogos para ocuparem do acondicionamento, ordenamento e identificação dos espécimes que iam chegando. A esses especialistas deveria ser concedida a possibilidade

---

[80] João Carlos Brigola. p. 256.
[81] IANTT – Ministério do reino, maço 444.

de se deslocarem ao estrangeiro, para aí tomarem conhecimento da bibliografia existente e efetuarem comparações com os materiais das coleções dos grandes centros de investigação".[82] Mais uma vez, vale retomar a dicotomia entre interesses estatais e científicos.

O incentivo estatal à ciência visava promover a felicidade, a manutenção das balanças positivas e o crescimento da economia. Mesmo não seguindo as instruções, as regras científicas, Ferreira poderia produzir estudos importantes para o Estado, apesar de tímidos frente às potencialidades do material coletado e do conhecimento científico do naturalista. A dicotomia, ao meu ver, estava na política estatal, e não na lógica pragmática da ciência. Inicialmente, a burocracia lusa incentivou a "longa, demorada, e muito dispendiosa viagem", como bem denominou o governador do Mato Grosso João de Albuquerque. Mas não exigia resultados efetivos, sem requerer que o naturalista debatesse e publicasse seus principais resultados. Apesar de solicitar, durante anos, o envio de remessas, a Secretaria de Estado não recorria ao saber acumulado para guiar suas investidas no ultramar.[83]

Por certo, ao longo da jornada, ocorreram mudanças no sentido da Viagem Filosófica, tornando-a mais administrativa e menos dedicada aos avanços científicos. Essas alterações fizeram-se mais nítidas após o retorno do naturalista. Datam de 1795 a morte de Melo Castro, a posse de Ferreira em cargos na burocracia e o pedido de financiamento do naturalista, indícios da mudança na política científica e do afastamento de Ferreira do material coletado durante a viagem. Na mesma época, verifica-se um processo paulatino de decadência da Academia das Ciências. "Aos poucos a agremiação lisboeta foi vivendo um processo de 'burocratização' das suas atividades de rotina, descaracterizando o projeto inicial de intervenção 'crítica' sobre o Mundo natural das colônias."[84] Assim, o recuo dos interesses científicos não se verificou apenas nas tarefas executadas por Ferreira. Os naturalistas enviados às colônias africanas pouco se dedicaram à ciência, exercendo funções notadamente administrativas. O retrocesso das atividades ocorreu, enfim, em outros campos do saber.

O abandono do projeto dedicado à História Natural das Colônias vincula-se, em grande parte, aos conflitos internacionais. No mesmo ano de 1795, as relações diplomáticas européias sofreram alterações radicais e desfavoráveis para Portugal.

---

[82] Abílio Fernandes. Uma carta inédita de Brotero para Correia da Serra. *Anuário da Sociedade Broteriana*, XLII, 1976. p. 49.

[83] Ângela Domingues. Para melhor conhecimento dos domínios coloniais. *História, Ciências, Saúde*. v. VIII, 2001. p. 834.

[84] Oswaldo Munteal Filho. Sinfonia para o Novo Mundo. Tese de doutorado, UFRJ, 1998. p. 140.

A Espanha e a França assinaram um Tratado de Paz em Basiléia (22 de julho de 1795), provocando sérios desequilíbrios na península ibérica. As fronteiras lusitanas, na Europa e no império, estavam novamente ameaçadas. Caso o Estado lusitano cedesse às pressões de Paris e Madri, os ingleses ameaçariam as áreas coloniais. A perda das possessões portuguesas provocaria o colapso da economia, potencializando as manifestações do expansionismo espanhol. Conseqüentemente, a aliança agravava a dependência lusa à Grã-Bretanha.[85] Para neutralizar possíveis desdobramentos, Portugal submetia-se, paulatinamente, às pressões políticas e econômicas britânicas, em parte neutralizadas no tempo do marquês de Pombal. As negociações com a França se intensificaram a partir de 1796. Na oportunidade, Paris estabeleceu como ponto de negociação a cessão de toda margem norte do Amazonas, do Rio Negro ao Oceano Atlântico, área em parte percorrida por Ferreira. Enfim, a conjuntura política européia era completamente desfavorável a Portugal, fator indispensável para entender as mudanças das diretrizes científicas. Os recursos produzidos pelo Estado se canalizaram para a defesa das fronteiras luso-espanholas e imperiais, em detrimento, talvez, das instituições científicas.

Em suma, o tímido resultado das viagens filosóficas provém tanto da conjuntura européia quanto do divórcio entre os viajantes e Vandelli. Antes da partida, as viagens filosóficas eram tarefas do paduano, depois ele passou a exercer cargos na Universidade e na Junta do Comércio. Atuava também como conselheiro do príncipe, envolvendo-se em atividades que nem sempre estavam vinculadas à ciência. Ao invés de escrever ao mestre, os naturalistas enviavam cartas ao jardineiro Júlio Mattiazzi, onde relatavam as dificuldades cotidianas e solicitavam orientações técnicas de como enviar as remessas. O tempo e o espaço das expedições eram atributos de Melo e Castro, governadores e capitães-gerais. Longe estavam os naturalistas das precisas instruções da Academia das Ciências; suas tarefas eram ditadas por lógica administrativa e militar, sobretudo aqueles radicados em Angola e Moçambique. Com equipes desfalcadas e sob péssimas condições de trabalho, os naturalistas faziam muito em sobreviver em terras tão inóspitas, como salientou Galvão da Silva ao relatar como as condições locais afetavam as remessas e a produção de conhecimento. Além das doenças, em Moçambique, a secretaria não poderia ser mais precária e trabalhosa, pois labutava contra uma infinidade de requerimentos, "embrulhava-se de tal sorte" que suas tarefas lhe tiravam o tempo e a vida.[86]

---

[85] Valentim Alexandre. *Os sentidos do Império*. Lisboa: Afrontamento, 1992. p. 101-106.

[86] AHMB, CN/S – 28. Carta de Manuel Galvão da Silva a Júlio Mattiazzi. 18 de agosto de 1784.

Não entendo as dificuldades de Ferreira como intriga do destino, mas como indício de que as instituições científicas lisboetas não funcionavam conforme planejaram os administradores do período pombalino e mariano. Relevantes são os indícios da indiferença do Estado em relação aos avanços da investigação. Vale ainda ressaltar que os naturalistas não exerciam funções apenas para promover a ciência ou atender as demandas dos secretários de Estado. Na busca de mercês e cargos, obedeciam a uma etiqueta e se comportavam segundo os interesses do grupo que detinha os monopólios de poder e tributação, como bem definiu Norbert Elias. Com o avançar da idade, os naturalistas ocupavam cargos na burocracia metropolitana, mas antes, por vezes, desempenham funções no ultramar, fosse como viajante, fosse como burocrata, obedecendo a metas colonialistas do Estado. Conhecer o jogo de interesses se torna indispensável para perceber como a produção de conhecimento tornava-se um "bem de troca" para o naturalista exercer cargos na burocracia, receber mercês. Esse processo é evidente na correspondência entre Ferreira e a administração metropolitana, como se constata no próximo capítulo.

ILUSTRAÇÃO E PATRONAGEM

A recente historiografia sobre viagens e história natural promoveu um salto significativo ao vincular a produção do saber às tramas do poder. Esses estudos destacam a inserção dos naturalistas na sociedade do Antigo Regime, na "ambivalência de interesses" própria do Estado Moderno, como definiu Norbert Elias. O cientista, portanto, não exercia suas funções à parte dos interesses políticos e estratégicos das metrópoles européias. Para alcançar mercês, ele deveria obedecer a uma etiqueta e se comportar segundo os interesses dos grupos que detinham o controle sobre os recursos materiais. Assim como ocupavam cargos de destaque na burocracia metropolitana, esses letrados, por vezes, desempenham funções no ultramar, como viajante ou como burocrata, obedecendo aos interesses coloniais do Estado.

Nesse sentido, tornam-se evidentes as estreitas relações entre império e conhecimento, pois a ciência se fazia em nome do fortalecimento econômico e político das metrópoles, em uma época de intensa rivalidade entre os Estados europeus.[1] Para além dos interesses mercantilistas, portanto, os viajantes, naturalistas e administradores coloniais estavam inseridos em uma intricada rede de poder que, por vezes, incentivava determinados estudos, em detrimento dos demais. A mando estatal, os naturalistas realizavam longas temporadas em mares e em localidades remotas e, certamente, esperavam recompensadas em forma de privilégios e cargos metropolitanos. Essas mercês garantiam o bem-estar dos naturalistas e dos administradores coloniais depois de retornar à Europa. A obediência aos preceitos estatais era condição indispensável para continuar as pesquisas ou para subir os degraus na escala social.

Em Paris, berço do radicalismo das luzes, pensões, gratificações e estipêndios eram o ganha pão de muitos literatos até os conturbados anos da Revolução. Lon-

---

[1] Bons exemplos de estudos sobre os vínculos entre Estado e Ciência no setecentos são os de Richard Drayton. Knowledge and Empire. *In*: P. J.Marshall (ed.) *The Oxford History of the British Empire; Eighteenth Century.* Oxford: Oxford University Press, 1998. p. 231-252; ____. *Nature's government; Science, Imperial Britain and the 'Improvement' of the World.* New Haven: Yale University Press, 2000.

ge do mercado e dependentes da proteção estatal, os literatos recorriam às sinecuras, por certo para compensar a incapacidade de se manter ou contornar insucessos editoriais. De fato, os jovens escritores, sob à benção dos poderosos, pouco ou nada escreviam capaz de atormentar o regime. Recebiam, então, suas recompensas e pleiteavam somas cada vez mais altas para calar o radicalismo herdado dos velhos filósofos. Integravam-se a ambientes freqüentados por ricos patrocinadores e cortesãos, *gens du monde* em busca de entretenimento e instrução. Na alta sociedade, os ilustrados, *gens des lettres*, recebiam como recompensa refinamento e posição social. O requinte aristocrático promoveu a transição dos tempos heróicos da crítica aos privilégios ao iluminismo domesticado, anestesiado por regalias proporcionadas pelo Estado.[2] Se, em princípio, a república das letras recorria à moral civil para exercer pressão sobre a monarquia, os iluministas tardios reforçavam a intervenção estatal, em detrimento da legislação moral própria da crítica. Mas os literatos não eram os únicos a estabelecer esses vínculos de dependência.

Os naturalistas tornaram-se indispensáveis aos empreendimentos estatais a partir de seus conhecimentos de plantas e animais para montar coleções e museus. Participavam também das reformas para diversificar e aumentar a produtividade agrícola. Desde meados do setecentos, a Coroa francesa reconhecia a história natural como principal função do *Jardin des Plantes*. Para comandar a real instituição, ela indicou especialistas e formou uma pequena sociedade sustentada pelos cofres régios. As expedições, as coleções e as publicações eram de responsabilidade estatal, tornando o Jardim parte da estrutura de patronagem da sociedade francesa setecentista. Nesse microcosmo, contava não apenas o saber botânico, mas o sucesso das publicações, a divulgação pública de seus resultados e o estreito relacionamento com o *grand monde*. Tais ingredientes tornavam-se imprescindíveis para os pleitos e ganhos. Os sábios disputavam as benesses, almejavam postos e rendas, que atuavam como propulsores de sua ascensão social. Os privilégios provocavam disputas e, sobretudo, frustrações para os indivíduos que não controlavam o intrincado jogo cortesão. Conforme Emma Spary, o "sistema de patronagem" (*patronage system*) apoiava e financiava determinados naturalistas e ramos do saber, por certo, mais adequados aos interesses políticos e econômicos do Estado.[3] Assim como em Portugal, esse jogo viabilizava absorção desses sábios às tramas do poder central, tornando-os agentes do Estado ao invés de críticos e oponentes ao sistema.

---

[2] Robert Darnton. *Boemia Literária e Revolução*. (trad.) São Paulo: Companhia das Letras, 1989. p. 13-26; Reinhart Koselleck. *Crítica e crise*. (trad.) Rio de Janeiro: Contraponto, 1999. p. 54-55.

[3] Emma Spary. *Utopia's Garden*. Chicago: Chicago University Press, 2000.

No império luso, a produção de conhecimento era dependente da ação estatal. A patronagem régia setecentista investia inicialmente na formação de quadros, preparava os profissionais em Coimbra e inseria os doutores na administração colonial e depois metropolitana. Ao servir ao Estado, os homens de letras, naturalistas, sobretudo, solicitavam a contrapartida, as benesses que atuavam como recompensas. Tornavam-se, por conseguinte, dependentes das mercês oferecidas pela liberalidade monárquica. Os vínculos traduziam-se na acumulação de cargos na administração, tenças e hábitos, privilégios que os aproximavam, sem os confundir, dos cortesãos de primeira grandeza. Para desfrutar de regalias próprias de um bacharel da Universidade de Coimbra, eles precisavam do amparo estatal, da benevolência das autoridades, sobretudo do monarca, pois como naturalistas e letrados não dispunham de meios para sobreviver. Eram lacaios de reis e secretários, indiferentes ao radicalismo da crítica ilustrada, atuavam como homens das luzes sem o afã de alterar a arquitetura do poder. O conhecimento não promovia a reforma da sociedade de ordens, ao contrário, o saber era moeda de troca para ascensão social, para reunir privilégios e consolidar as distinções sociais. Os letrados fortaleciam as malhas da centralidade estatal, disponibilizavam subsídios ao governo à distância, consolidavam enfim os tentáculos do Leviatã que se prolongavam desde o coração do reino aos mais distantes rincões do império. Mesmo no sertão africano, os bacharéis de Coimbra não esqueciam a etiqueta, escreviam aos secretários para informar-lhes da expedição e para tornar viva a memória de seus serviços como fiel vassalo. Esse circuito de prestação de serviço e solicitação de recompensa era recorrente em terras portuguesas e ultramarinas. Viver da filosofia ou da história natural pressupunha a patronagem de um nobre ou um cargo na burocracia estatal.

Em terras lusas, história natural não era, porém, exclusividade de naturalistas egressos de disciplinas de filosofia natural ministrada na Universidade de Coimbra, nem de funcionário do Real Museu de História Natural e Jardim Botânico da Ajuda, nem mesmo do Museu de História Natural e Jardim Botânico da Universidade de Coimbra. Fruto de verdadeira febre setecentista, a botânica ganhou adeptos por toda parte. Naturalistas ou curiosos coletavam espécies e enviam-nas às instituições científicas do reino. O mestre Domenico Vandelli se correspondia com Lineu em Estocolmo e com Joseph Banks em Londres, mas também contava com serviços preciosos de correspondentes em vários pontos do império. O secretário Martinho de Melo e Castro escreveu, por diversas vezes, aos governadores e vice-reis para solicitar o envio de aves e plantas para o Museu da rainha. Esses canais não funcionavam apenas com o apoio da alta administração colonial. Juízes-de-fora, catedráticos de língua, médicos e soldados também coletavam espécies, redigiam memórias e informavam ao Estado, como fizeram Gabriel Soares de Sousa e Bento Maciel Parente nos primeiros séculos da colonização. Apesar de não contar com a patronagem régia para produzir memórias, eles desejavam se vincular aos poderosos e, para tanto, solicitavam recompensas pelos serviços prestados.

No setecentos consolidaram-se dois tipos de produtores de conhecimento sobre o mundo colonial. Tema desse capítulo, o primeiro era financiado pelo Estado e reunia filósofos, naturalistas e matemáticos que percorriam as conquistas como funcionários da Coroa. O segundo, em princípio, não recebia financiamento do Estado, exercia outros ofícios e executava serviços como naturalista. Formava, portanto, grupo heterogêneo, composto por profissionais de diferentes tipos. Localizados em partes remotas do império, eles se vinculavam aos Museus de História Natural, à Academia das Ciências de Lisboa, ao secretário Melo e Castro, aos governadores das capitanias ou a Domenico Vandelli, para enviar remessas, compor e publicar memórias que eram dedicadas ao monarca ou às autoridades metropolitanas. Se a inserção era distinta, esses homens tornavam-se unívocos quando empregavam o saber como patrimônio, como serviço prestado, nas negociações com a burocracia. Os afazeres de um naturalista poderiam, mais tarde, render cargos no governo local, nos Tribunais da Relação do Porto ou do Rio de Janeiro. Almejavam também obter hábitos de cavaleiro ou ainda obter a honra de ser sócio ou correspondente da Academia das Ciências de Lisboa. O jogo da patronagem poderia, enfim, resultar em um futuro tranquilo ou mesmo na ascensão social, capaz de tornar um filho de mercador ou plantador de tabaco em "nobreza da terra" nas vilas e cidades do mundo colonial. O saber, portanto, era parte de estratégias de mobilidade social nas várias sociedades do império colonial português.

Patronos das Viagens Filosóficas

Em 1787, no diário da viagem ao Grão-Pará, o naturalista Alexandre Rodrigues Ferreira reconheceu a importância do suporte estatal para formar bacharéis e doutores em filosofia natural, financiar e organizar viagens filosóficas, reunir equipe de apoio, enviar remessas e solucionar adversidades ao longo do percurso. Os administradores responsáveis pela Viagem Filosófica receberam do naturalista a nomeação de "patronos da expedição". Seriam eles o secretário de Estado da Marinha e Negócios Ultramarinos Martinho de Melo e Castro, Martinho de Sousa e

Albuquerque, governador da capitania do Pará, e João Pereira Caldas, governador do Estado do Grão-Pará e encarregado da execução do "Tratado Preliminar de Limites e Demarcação dos Reais Domínios". Dessa forma, o naturalista traçou a complexa relação de poderes, de interdependências, que envolvia a jornada. As instâncias do poder metropolitano se uniam aos poderes locais para tornar viável a expedição. As despesas com a equipe corriam por conta da Real Fazenda, enquanto os governadores forneciam mantimentos, embarcações, índios remeiros e auxiliares. O conhecimento local também era disponibilizado pela autoridade máxima da capitania que concedia livre acesso aos territórios, rios e minas, sobretudo aos espaços ricos em recursos naturais e estratégicos para a preservação das fronteiras. As Câmaras, capitães, cirurgiões, padres e diretores de índios forneciam, igualmente, dados indispensáveis à composição de diários, participações e memórias. Por meio desses agentes locais era possível avaliar a dinâmica da população, os três reinos da natureza, a produção agrícola, o comércio, a circulação de gentes e mercadorias, os danos provocados por etnias não pacificadas e as ameaças às fronteiras ainda indefinidas entre os impérios. A Viagem Filosófica era, portanto, fruto da interdependência e jamais obra exclusiva de um naturalista.

Ferreira não apenas os denominou patronos, mas enumerou suas realizações para o sucesso da viagem. Martinho de Melo e Castro notabilizou-se por promover aulas de química no Real Laboratório, por estabelecer o Real Gabinete de História Natural e por adiantar as obras do Real Jardim Botânico da Ajuda, enriquecendo-o com plantas indígenas e exóticas. Da Universidade de Coimbra, convocou naturalistas e encarregou-os, com o beneplácito de Sua Majestade, da "História Filosófica e Política dos Estabelecimentos Portugueses no Estado do Grão-Pará". Forneceu, então, livros, instrumentos e uma equipe formada por riscadores e jardineiro, além de suprir suas despesas com sustento e transporte. Por fim, o patrono metropolitano concedeu ao irmão do naturalista um dos "canonicatos da Sé de Arquiepiscopal da cidade da Bahia". No âmbito colonial, o governador do Pará apoiou o naturalista e doutor da Universidade de Coimbra ao recebê-lo no palácio de governo, onde o explorador passou a residir. Sem demora, proporcionou a viagem à Ilha Grande de Joannes e acompanhou-o pessoalmente durante a viagem ao rio Tocantins. Ordenou a construção de canoas novas para suportar a viagem à capitania do Rio Negro e indicou dois índios para auxiliar o naturalista na coleta e na preparação das espécies. Além de moradia, o palácio ainda serviu para armazenar os volumes de produtos naturais antes de embarcar para Lisboa. Em Barcelos, capital da capitania do Rio Negro, Pereira Caldas também providenciou residência e forneceu ao naturalista cópias de ordens, bandos, editais, portarias e avisos de onde Ferreira recolheu informações sobre população, comércio, agricultura, navegação e manufaturas para compor a História Filosófica e Política. Com a finalidade de enriquecer as remessas ao Real Museu, o governador adquiriu e ofereceu-lhe produtos e curiosidades naturais, além de promover diligências na parte superior do rio Negro e rio Branco. Caldas destacou-se, sobretudo, pela "proteção e amizade",[4] ao solucionar as querelas em torno da fuga de índios, falta de braços para tocar as canoas e repor os estoques de mantimentos depois de acidentes com as embarcações.

Mas o maior patrono da expedição era mesmo Martinho de Melo e Castro. A homenagem de Alexandre Rodrigues Ferreira, por certo, evidencia o lugar subordinado, ou mesmo apático, de Domenico Vandelli como guia da equipe. Se aos governantes o secretário solicitava apenas remessas de plantas e animais, aos naturalistas ele exigia farta quantidade de produções naturais, além de escritos para particularizar a geografia e as propriedades das espécies enviadas ao Museu da rainha. Depois de delimitar as tarefas iniciais, o secretário ordenava os governadores para que assumissem o comando da equipe, pois debaixo de suas ordens deveriam os naturalistas "examinar, e descrever tudo que houver neste Estado relativo à História Natural, e em recolher e preparar o que se deve remeter a esta Corte".[5]

Em setembro de 1784, o governador do Pará, Martinho de Sousa e Albuquerque, escreveu ao secretário para comunicar o início da viagem à capitania e assegurou-lhe do total comprometimento de seus subordinados para o sucesso da viagem. O governador conclamava, então, os diretores dos índios, os comandantes de todas as fortalezas, as povoações, os oficiais auxiliares, os juízes ordinários e as Câmaras para prestarem o auxílio necessário a Alexandre Rodrigues Ferreira e sua comissão. A ordem partia de Sua Majestade e viabilizava os trabalhos das diligências da História Filosófica e Natural ao fornecer mantimentos, índios remeiros para tocar as canoas e livre acesso aos rios, serras, matos e minas. Sousa e Albuquerque ainda ameaçava a seus governados que não cumprissem a mencionada portaria: "Ficando-me seriamente responsáveis os que faltarem em todo ou em parte à execução desta minha ordem, e contra eles proceder ao merecido castigo[...]".[6] Mas os trabalhos da Viagem Filosófica não dependiam apenas dos

---

[4] FBN, seção de manuscrito – 21, 2, 021. Extrato do diário da Viagem Filosófica pelo Estado do Grão-Pará. Vila Barcelos, 3 de outubro de 1787.

[5] AHU – Pará, d. 7340. Ofício de Martinho de Melo e Castro a Martinho de Sousa e Albuquerque. Mafra, 29 de agosto de 1783.

[6] FBN – seção de manuscrito – 21, 1, 008 n. 1 doc. 2. Cópia da Portaria que Martinho de Sousa e Albuquerque lavrou e entregou a Martinho de Melo e Castro. Pará, 15 de setembro de 1784.

governadores e do secretário Martinho de Melo e Castro, contavam também com a participação dos vereadores para fornecer notícias das capitanias.

Em carta aos vereadores da Câmara de Barcelos, datada de fevereiro de 1787, Ferreira lembra as determinações do Conselho Ultramarino em 20 de julho de 1782, enviadas em forma de provisão ao governador Pereira Caldas que ordenava que os ouvidores fizessem realizar memórias anuais dos novos estabelecimentos, incluindo os fatos mais notáveis e história da fundação da capitania do São José do Rio Negro. As memórias eram tarefas dos vereadores, apresentadas e debatidas em sessões e registradas em livros da Câmara ao fim de cada ano. Todo o corpo de vereadores tomaria ciência dos escritos e atestariam a veracidade dos fatos. Dias depois os vereadores responderam a solicitação filósofo natural e afirmaram desconhecer mencionada provisão: "[...] tal provimento se não acha no Arquivo deste Senado, nem registrado nos livros, que servem de registro de todas as Ordens, Decretos, Bandos e Cartas Régias, que a ela tem sido distribuídas, pois assim como se acham muitas registradas, se registraria o Provimento que V. M. nos procura na sua carta; e principalmente sendo Decreto da Nossa Augusta Soberana Majestade [...]".[7] Apesar das diretrizes do Conselho Ultramarino, Ferreira não pode contar com as valiosas notícias fornecidas pelo ouvidor e pela Câmara. De todo modo, havia uma legislação encarregada de auxiliar o naturalista em seus empreendimentos.

O filósofo natural Alexandre Rodrigues Ferreira logo percebeu o intrincado jogo de interesses capaz de viabilizar as investigações, as remessas e seus escritos. Seus esforços durante a viagem dependiam da patronagem de Melo e Castro, dos governadores, como dos poderes instituídos nas vilas e fortalezas percorridas pela expedição. O sucesso do empreendimento era indispensável para seus planos de tornar-se cavaleiro de uma das Ordens Militares e membro da Junta do Comércio. Assim, ao mesmo tempo, que remetia espécies e escritos, solicitava à Secretaria de Estado recompensas pelos seus feitos como naturalista. Ao retornar ao reino, seus intentos seriam, em boa parte, realizados. Essa proeza era certamente resultado de suas negociações com os poderosos e dos bons resultados no comando da jornada. Essa percepção não orquestrava as atitudes e os pensamentos dos demais naturalistas comandados por Melo e Castro, pois em pouco tempo de viagem entravam em confronto com as instruções concebidas pelo patrono. Nesse sentido, eles se chocavam com o sistema de patronagem e perdiam a possibilidade de acumular honra e prestígio durante a expedição. O resultado era o total ostracismo, os viajantes ficaram esquecidos nos inóspitos territórios africanos, onde padeciam com o clima e os desmandos dos poderes locais. Os naturalistas Manuel

---

[7] FBN – seção de manuscrito rolo MS-21 da seção de manuscrito doc. 19.5-6.

Galvão da Silva e Joaquim José da Silva não receberam o reconhecimento régio de seus serviços, nem títulos, nem tenças. Se eles retornaram ao reino, ou à terra natal, minhas pesquisas ainda não encontraram vestígios. O fracasso da expedição rendeu-lhes frustrações e abandono por parte do secretário.

Sem entender as tramas entre os poderes metropolitano e colonial, nas Ilhas de Cabo Verde, João da Silva Feijó envolveu-se em disputas que o levariam ao esquecimento e a anos de desterro. O jovem Feijó nasceu no Rio de Janeiro por volta de 1760 e tornou-se bacharel em Matemática na Universidade de Coimbra,[8] onde teve certamente formação em química e história natural com Domenico Vandelli. Como na viagem ao Pará, Martinho de Melo e Castro escreveu ao bispo das Ilhas para transferir-lhe o comando da expedição e descrever as tarefas de Feijó. Este atuaria no serviço de Sua Majestade com o ordenado de 400$000 réis por ano e a obrigação de obedecer as ordens do bispo-governador. A tarefa era examinar e descrever tudo o que houvesse nessas Ilhas relativo à natureza. Cabia ao bispo viabilizar as jornadas e remeter seus resultados à Corte. O naturalista devia dar conta ao superior de seus trabalhos por meio da coleta de espécies e produção escrita de suas observações. O bispo ainda indicaria os sítios, lugares, ilhas e costas para serem percorridos e as "despesas que se fizerem com as comedorias nestas Expedições devem correr por conta da Real Fazenda, recebendo-as V. Ex. [o bispo] dos Administradores, da Sociedade dessas Ilhas e passando-lhes as clarezas necessárias, para se levarem em conta no Erário Régio".[9] O cuidado de controlar os passos do naturalista não resultou, porém, em bons resultados. Depois da morte do bispo D. frei São Simão, Feijó tornou-se alvo de vários rumores, denúncias de desvios de conduta e ineficiência, que provocaram a repreensão enérgica de Melo e Castro.

Em carta ao secretário, datada de abril de 1784, sem conhecer as denúncias contra a sua pessoa, o jovem Feijó narrou a perseguição promovida pelo governador Antônio Faria e Maia, sucessor do bispo: "Não sei que mal tenho feito a este Sr. que aqui me governa, que não faz mais me ultrajar sem me dar causa a isto...". Ao reclamar o ordenado vencido, o naturalista em viagem às Ilhas de Cabo Verde teve como resposta a recusa na execução do pagamento. Verbalmente, o "despó-

---

[8] Verbete: João da Silva Feijó. *In*: Innocêncio Francisco da Silva. *Dicionário Bibliográfico Portuguez*. Lisboa: Imprensa Nacional, 1958-1923. Vale mencionar a dúvida se Feijó realmente cursou Matemática na Universidade de Coimbra, ver: Clarete P. da Silva e Maria M. Lopes. O ouro sob as Luzes. *História, Ciência, Saúde Manguinhos*, v. 11(3), 2004. p. 732-733.

[9] AHU – códice 402, d.33. Ofício de Martinho de Melo e Castro ao bispo das Ilhas de Cabo Verde. Palácio de N. S. da Ajuda, 3 de janeiro de 1783.

tico desta Ilha" declarou que Melo e Castro não governava a Fazenda Real. Ele não tinha ordens, nem juízo algum de Sua Majestade e nem ordens do marquês de Angeja, presidente do Real Erário, para remunerá-lo. Essas contrariedades, segundo Feijó, resultavam de "pareceres de um homem perverso" que do reino veio como degredado. Ao secretário, pediu ainda licença para se retirar logo após a conclusão dos trabalhos nas Ilhas, pois não suportaria por mais tempo os ares que arruinavam a saúde e deixavam-no em estado deplorável. Sem saber das graves acusações, ele recorria a Melo e Castro para solucionar a contenda e lembrar-lhe "deste infeliz" que se via, de todos as partes, perseguido. Sentia-se, por certo, carente de proteção: "por falta do patrocínio de V. Ex. que há de ser de mim".[10]

Meses depois, o jovem discípulo de Vandelli receberia correspondência do secretário que, ao invés de patrocinar seus intentos, acusou-o de abusar dos pobres habitantes locais, comportando-se como "pessoa de grande poder, e criatura que querendo soldados e outras distinções semelhantes". Para empacotar as remessas exigia dos moradores uma quantidade exagerada de algodão. Essas "notícias desagradáveis" chegavam escritas aos olhos do secretário, com várias procedências, e provocaram sua advertência e repreensão do comportamento de Feijó: "para que V.M. com sua emenda evite, que se tome outras medidas que lhe produzirão dos maiores desgostos". Mas as contrariedades não se resumiam à conduta, as tarefas executadas como naturalista também não satisfaziam ao secretário. Enviara a Lisboa uma porção insignificante de salitre e enxofre, sem incluir as devidas notícias, o que mostrava a negligência no cumprimento das obrigações. Ele deveria examinar com miudeza os sítios onde se localizavam os minerais, e compor uma relação "individual e circunstanciada", com amostras em porções avultadas.[11] Melo e Castro, nesse ofício, demonstrava seguir os ensinamentos de Lineu, ou mesmo de Vandelli, com quem certamente adquiriu conhecimento de história natural para seguir de perto os desdobramentos das viagens filosóficas.

A situação de João da Silva Feijó se agravaria nos meses seguintes, quando o secretário escreveu ao governador sobre sua possível transferência para o Limoeiro. Segundo a autoridade metropolitana, as remessas insuficientes constituíam prova do mau uso do tempo, da displicência com as instruções e metas da viagem.

---

[10] AHU – Cabo Verde. Cx. 42, d. 13. Ofício de João da Silva Feijó a Martinho de Melo e Castro. Vila da Praia, 4 de abril de 1784. Para os conflitos entre Feijó e as autoridades locais ver: Magnus Roberto de Mello Pereira. Um jovem naturalista num ninho de cobras... *História: questões e debates*, v. 19, n. 36: 29-60, 2003.

[11] AHU – cod. 402, d. 33. Ofício de Martinho de Melo e Castro a João da Silva Feijó. Lisboa, 9 de dezembro de 1784.

A pretexto de realizar essas diligências, comportava-se, entre os ilhéus, como "homem de autoridade, e importância, e os tem vexado, e oprimido por diversos modos". O governador de Cabo Verde deveria vigiá-lo e nunca entregar-lhe grande soma de dinheiro. Somente as comedorias seriam cedidas, ou melhor, cerca de dez mil réis cada mês, outra parte seria guardada para quando fosse necessária e o restante destinava-se ao sustento de sua esposa e filho, desamparados por Feijó em Lisboa. Em síntese, a intervenção de Melo Castro originava-se na negligência, no excesso de poder e no irresponsável abandono da família. Desde a morte do bispo, ele não mais executava suas obrigações, sob o pretexto de moléstias, "se precipitou nos escandalosos absurdos, latrocínios, e iniquidade que o Ouvidor dessas Ilhas ali foi descobrir, e que já aqui havia suficientes noções, pelas quais já o dito naturalista se teria mandado vir preso para as cadeias do Limoeiro".[12]

Os escritos do secretário não deixam dúvida sobre a origem das denúncias. O ouvidor e o governador eram informantes da conduta transgressora do naturalista e capazes de envenená-lo perante as autoridades lisboetas. Os ofícios enviados ao secretário talvez fossem meios de neutralizar possíveis relatórios comprometedores, onde Feijó descrevia a exploração dos moradores perpetrada pelas autoridades locais, como confisco de bens de crianças tramado pelo juiz dos órfãos. A Melo e Castro, o próprio naturalista escreveu para relatar os possíveis efeitos de suas denúncias contra os governantes locais. Depois de constatar essas desordens, ele tentou intervir, guiado por "espírito excitado" de ver como em nome de S. Majestade, tão justa, tão piedosa, se oprimia infelizes e desesperados vassalos. Por contrariar a essa elite, Feijó considerava-se alvo de ataques: "queira Deus que as suas malevolências não venham fulminar contra minha honra e, algum dia males que me façam perder a graça da minha Soberana e de V. Ex.".[13] Os temores logo se materializaram e provocaram total perda de prestígio do naturalista que deveria andar pelas ilhas sempre acompanhado de "pessoa zelosa e ativa que o faças trabalhar". Para executar a vigia, o secretário indicou o coronel José Maria Cardoso, pessoa de comprovada competência para enviar remessas para o real Museu.[14]

---

[12] AHU – cod. 402, f. 40. Ofício de Martinho de Melo e Castro ao governador das Ilhas de Cabo Verde. Lisboa, 23 de novembro de 1785.

[13] BNL – reservados, FR 436. João da Silva Feijó. Itinerário Filosófico que contem Rellação das Ilhas de cabo Verde... Terceira Carta. Ilha Brava, 1 de julho de 1783. Devo agradecer a Magnus Roberto de Mello Pereira pela gentileza de ceder a transcrição desse documento.

[14] AHU – cod. 402, f. 41.

O secretário de Estado, seu ex-protetor, jamais cedeu a seus apelos, e Feijó permaneceu na ilhas cumprindo seu desterro. Nos anos de 1790, sua condição teria alguma melhora, pois conseguiu acumular interinamente o cargo de secretário do governo da capitania de Cabo Verde, responsável por redigir ofícios a Lisboa. De São Tiago, ele remeteu em setembro de 1793 uma relação de produtos naturais, destinada ao "Real Museu do Príncipe Nosso Senhor pela Secretaria dos Negócios Ultramarinos".[15] Tornou-se também correspondente da Real Academia das Ciências de Lisboa, na sessão de 19 de junho de 1790, para onde enviou memórias, sendo três delas publicadas.[16] No primeiro tomo das *Memórias económicas da Academia Real das Sciencias de Lisboa*, Feijó publicou "Memória sobre a Fábrica Real de anil da Ilha de Santo Antão"; no quinto tomo, a "Memória sobre a Urzella de Cabo Verde" e "Ensaio económico sobre as Ilhas de Cabo Verde, em 1797".[17] Seriam, porém, recusadas as seguintes memórias compostas pelo naturalista régio: "Memória sobre a nova irrupção vulcanica do Pico da Ilha do Fogo" (1785); "Planto Insulano Prom. Viridis Varia Secundum Linnean methodum descripto" (1788); "Reflecções botanicas sobre a Censura do Jornal Encyclopedio feito a Flora Lusitana et Brasiliensis specimen do Dr. Vandelli" (1789).[18] A incrível memória sobre a irrupção vulcânica seria mais tarde publicada no periódico brasileiro *O Patriota* (1813). Entre os bacharéis luso-brasileiros, João da Silva Feijó era, na verdade, o mais produtivo e reconhecido pela Academia, mas nem por isso alcançaria cargos e títulos equivalentes a Alexandre Rodrigues Ferreira, que nunca finalizou seus trabalhos no intuito de publicá-los.

As qualidades acadêmicas, porém, não explicam a ascensão social de Feijó. Suas vitórias advêm da estratégia de recompor alianças com as autoridades das Ilhas de Cabo Verde e com a burocracia estatal na Corte. Nesse sentido, em 1793, o governador Francisco José Teixeira Carneiro escreveu a Lisboa para interceder por este "pobre naturalista que se acha aqui a dez para onze anos". Durante o seu governo, ele atestava a sua boa conduta e por isso apelava "pelos estímulos de humanidade" para lembrar-se da infeliz situação que se encontrava Feijó e, então, atendesse a seus apelos.[19] A ordem para retornar ao reino somente

---

[15] AHU – Cabo Verde, cx. 48, n. 11. Relação das produções naturais... São Tiago, 3 de setembro de 1793.

[16] BACL. Processo Acadêmico de João da Silva Feijó.

[17] *Memórias económicas da Academia Real das Sciencias de Lisboa*. 1789 (t.1) p. 407-421; 1815 (t.5) p.145-154 e p. 172-193.

[18] BACL – manuscritos série azul 17 (15) e 374 (8-9)

[19] AHU – Cabo Verde, cx. 48, d. 11. Ofício de Francisco José Teixeira Carneiro a Martinho de Melo e Castro. Ilha de S. Tiago de Cabo Verde, 3 de setembro de 1793.

sairia em junho de 1795, em despacho diretamente remetido do Palácio de Queluz, que não estava assinado pelo secretário de Estado. Esse retorno certamente foi deliberado depois da morte de Martinho de Melo e Castro, ocorrida em 24 de março de 1795.

Em julho de 1796, em Lisboa, Feijó enviou carta a Vandelli, onde descrevia enorme remessa de plantas, novas e raras, e dezenas de sementes com diversas utilidades, sobretudo flora destinada a produzir tintura para tecidos. Ao despedir-se do mestre, externou seu desejo de "continuar no Real Serviço do mesmo Senhor e de escrever a História Geral e Filosófica de suas viagens".[20] Essa talvez fosse a última remessa das ilhas preparadas pelo discípulo e, por certo, um apelo para Vandelli interceder pela sua permanência como naturalista. Esse novo e temido ostracismo não se efetivou, pois ele logo se engajaria em estudos sobre o salitre na Ribeira de Alcântara e, em seguida, em 1797, foi agraciado com posto de sargento-mor do segundo terço auxiliar da guarnição das Ilhas de Cabo Verde. Essa nomeação ocorreu quando o naturalista já se encontrava em Lisboa e era, certamente, reconhecimento de serviço realizado, no passado, nas Ilhas sem a devida nomeação. Por esse cargo, ele não receberia soldo algum, mas gozaria de "todas as honras e privilégios, liberdades e isenções e franquias que dele lhe pertencerem" [...].

Ele não mais retornaria ao Cabo Verde e seria nomeado, dois anos depois, para atuar como sargento-mor das milícias da capitania do Ceará, onde produziu várias memórias.[21] Devido a seus bons serviços, recebeu em 30 de abril de 1797 a "mercê em remuneração, de o condecorar com Hábito da Ordem de Cristo", sem mencionar tença. Essa concessão, porém, levanta duas dúvidas: nem as provanças e nem a mercê constam nos registros da Chancelaria da Ordem de Cristo, da Chancelaria de D. Maria I, do Registro Geral das Mercês e Habilitação à Ordem de Cristo, acervos do Arquivo Nacional da Torre do Tombo. A mencionada mercê encontra-se registrada nos papéis do Ministério do Reino. Por outro lado, o trecho inicial do documento ainda traz a informação de que o hábito era concedido "em consideração aos bons serviços que tem feito João da Silva Feijó, Sar-

---

[20] AHMB – CN/F – 21. Carta de João da Silva Feijó a Domenico Vandelli. Lisboa, 23 de julho de 1796.

[21] IANTT – Chancelaria de D. Maria I – liv. 42, f. 110 v. Patente de confirmação de Sargento-Mor do Terço Auxiliar da Guarnição da Ilha de Cabo Verde de 22 de fevereiro de 1797; Chancelaria de D. Maria I Liv. 58, f. 145 v. – Patente de Sargento-Mor de Milícias da Capitania do Ceará de 25 de fevereiro de 1799. Sobre as memórias ver: João da Silva Feijó. *Memória sobre a capitania do Ceará e outros trabalhos.* (ed. fac-similada) Fortaleza: Fundação Waldemar Alcântara, 1997.

gento-Mor de Milícia da Capitania do Ceará, nas Ilhas de Cabo Verde".[22] Com mesma data da nomeação para a capitania do Ceará, o hábito não era somente reconhecimento de serviço realizado no passado, mas a ser realizado no futuro. Era comum que o título de cavaleiro da Ordem de Cristo fosse resultado de feitos acumulados. Quando o vassalo se deslocava para paragens muito distantes do reino, onde ele defenderia os interesses do soberano, costumava-se recompensá-lo com mercês antes de partir. A mencionada concessão do hábito da Ordem de Cristo obedeceu, por certo, a esse pressuposto.

Enfim, a trajetória de Feijó comprova, mais uma vez, que a proximidade do rei permitia os vassalos alcançar seus pleitos, pois, como bem escreveu Vilhena, era triste viver em colônias, longe do soberano. Radicado em Lisboa e próximo à Corte, Feijó não apenas retomou seus trabalhos como naturalista, mas ainda teve o reconhecimento de suas atividades militares nas Ilhas, recebeu promoção a sargento-mor e o hábito de cavaleiro da Ordem de Cristo por serviço que, certamente, ainda cumpriria com louvor em terras americanas.

Os anos de desterro lhe permitiram, enfim, vislumbrar as tramas aos quais estava enredado e recuperar seu prestígio entre os poderosos do ultramar e da metrópole. Para tanto, buscou apoio no governo da capitania das Ilhas de Cabo Verde, onde passou ocupar cargos e obteve a intervenção para retornar ao reino. Antes mesmo da partida, travou diálogo com a Academia das Ciências e, em seguida, conseguiu publicar suas memórias sobre a economia das Ilhas. Por fim, escreveu ao velho mestre para garantir a continuidade do trabalho como naturalista. Estavam assim dadas as condições para a ascensão social do matemático naturalista.

A trajetória do naturalista Alexandre Rodrigues Ferreira seguiu caminhos mais amenos. Morador da Bahia e filho de comerciante, Ferreira estabeleceu-se em Coimbra ainda muito jovem, com 14 anos. Na Universidade, matriculou-se, inicialmente, em Instituta (1770) e depois na Faculdade de Leis (1773), sem comparecer no auto de encerramento. A partir de 1774, iniciaram-se seus cursos na Faculdade de Filosofia Natural com duração de três anos. Consta ainda matrícula na Faculdade de Matemática, em 4 de novembro de 1775. Acabou formando-se em Filosofia Natural em 2 de julho de 1778 e obteve ainda o título de doutor em 10 de janeiro de 1779.[23] Suas escolhas iniciais apontavam para carreira de magistrado, forma mais segura e direta de inserção na burocracia metropolitana ou colonial. Ao escolher filosofia natural, ele se arriscava a não

---

[22] IANTT – Ministério do Reino – Decretos. Maço 61, d. 96. 30 de abril de 1799.

[23] Américo Pires de Lima. As matrículas do Doutor Alexandre Rodrigues Ferreira. *Boletim da Sociedade Broteriana*, v. XXVIII, 1954. p. 77-78.

encontrar cargo na governação, ou a desempenhar funções sem o mesmo prestígio dos magistrados. A rápida passagem pela Faculdade de Matemática, talvez, fosse uma estratégia para alcançar o título de cavaleiro da Ordem de Cristo, pois os melhores alunos seriam agraciados com essa mercê e teriam a preferência para ocupar qualquer cargo nos Amoxarifados, segundo o Estatuto da Universidade de Coimbra de 1772.[24] Seu excelente desempenho na Faculdade de Filosofia permitiu-lhe, porém, exercer o primeiro cargo de naturalista na burocracia estatal. Teria ele a tarefa de percorrer as possessões "com a laboriosa comissão de ele ser o primeiro vassalo Português, que exercitasse o nunca visto em Portugal, nem antes do feliz reinado de Sua Majestade, exercitado emprego de Naturalista".[25]

Ao longo da jornada à América, Rodrigues Ferreira obteve apoio dos poderes locais, dos governadores e das Câmaras, que se tornaram fundamentais para o sucesso do empreendimento, ou melhor, para a produção de boas remessas, memórias, participações, diários e desenhos. As autoridades metropolitanas e coloniais se uniam para solucionarem os percalços provocados por doenças, pela falta de remeiros e mantimentos. Como Feijó, os passos de Ferreira eram seguidos pelos governadores, mas esses, ao invés de coibir seus excessos e espalhar malevolências, promoviam o avanço da expedição. Esse naturalista não recorria apenas às mencionadas autoridades para reunir notícias do território. Em princípio, todos estavam imbuídos da tarefa de coletar espécies e auxiliá-lo na produção de conhecimento sobre as conquistas. Para tanto, ele recorria à engenhosa estratégia, descrita logo no primeiro ano de viagem, em ofício ao secretário Martinho de Melo e Castro: "Agora acabo de receber um dos bichinhos que lá no Gabinete estão preparados, por que como eu não figuro a este tempo senão de missionário da História Natural todos me mandam um bicho, ou uma pedra, porque no Real Gabinete de V. Majestade a todos digo que terão os seus nomes. Deste modo terá V. Ex. muitas produções que é com que trabalho".[26]

A barganha entre Ferreira e os coletores "ambulantes" renderam ao real gabinete inúmeras espécies e o necessário prestígio do naturalista junto à Secretaria de Estado. Para além das remessas, em seus escritos, não descuidou de prestar homenagens, de descrever as qualidades do patrono da jornada. Mostrava-se encantado com a riquíssima natureza do Pará e agradecia-lhe por enviá-lo ao

---

[24] *Estatutos da Universidade de Coimbra do ano de 1772*. t. 3. Lisboa: Régia Officina Typografica, 1773. L. III, Parte II, tit. I, cap. II parágrafo 8.

[25] IANTT – Ministério do Reino – Decretos. Maço 55, proc. 71. cx. 59. Lisboa, 5 de julho de 1794.

[26] AHU – Pará, d. 7363. Ofício de Alexandre Rodrigues Ferreira a Martinho de Melo e Castro. Belém do Pará, 28 de outubro de 1783.

paraíso, onde se achava e cumpria seus deveres. Ao contrário do naturalista das Ilhas de Cabo Verde, não se atreveu a solicitar licença para retornar ao reino logo no primeiro ano de jornada. Nem mesmo relatava intrigas do poder local, externava apenas o quanto os governadores viabilizavam os deslocamentos e as remessas. Seus empreendimentos atuariam para restabelecer a agricultura, ampliar o comércio e difundir a justiça em nome de Sua Majestade. A todo o momento procurava enviar espécies curiosas e invulgares para enriquecer o Museu da rainha. Nesse sentido, escreveu eufórico a Melo e Castro, informando sobre o envio de peça rara, inexistente nos gabinetes da Europa. Em uma caixa, ele remetia ao reino uma cabeça de tapuia com uma enfiada de dentes, uns poucos colares e braceletes de penas provenientes de Santarém.[27] Assim, em Lisboa, seria possível remontar as peças e visualizar a cabeça e os adereços próprios de um índio tapuia. Infelizmente, o naturalista não indica o nome da etnia, estava tão animado com a remessa que não se importou em produzir uma memória para permitir melhor estudo de peça tão rara.

As reverências não se destinavam apenas a Melo e Castro, os demais patronos também tiveram o reconhecimento do naturalista que lhes dedicou histórias naturais. Se os populares recebiam a promessa de ver seus nomes em espécies da real coleção, os governadores seriam reconhecidos como mecenas e seus nomes seriam gravados no frontispício da História Natural de suas capitanias. Para Ferreira, o governador Martinho de Sousa e Albuquerque muito honrava seus estudos sobre o Pará. Atuava como patrono por acreditar que seus escritos fomentariam a agricultura, comércio e promoveriam felicidade. Os esforços do naturalista não pretendiam oferecer "aos olhos simplesmente curiosos objetos curiosos", mas o engrandecimento do Estado.[28] Ferreira contava com patrocínio de autoridade de muito prestígio, pois o mencionado governador tornou-se conselheiro de Sua Majestade, coronel da Infantaria, cavaleiro da Ordem de S. João de Malta, governador e capitão-geral das capitanias do Pará e Rio Negro. Não sem razão, depois de 11 meses sob a sua tutela, o naturalista realizou um balanço das atividades, onde tornou evidente a admiração pela sua capacidade de comando. Suas deliberações conduziam à glória, adiantamento da instrução pública, aumento da indústria popular, perfeição das ciências e artes. Quem à risca se subordinasse às suas instruções obteria certamente um vivo indício de sucesso. Mas a maior felicidade, acrescentou Ferreira, em ofício ao governador, era algum dia

---
[27] Idem.
[28] AHU – Pará, d. 7450. Ofício de Alexandre Rodrigues Ferreira a Martinho de Melo e Castro. Santo Antônio do Curupá, 10 de outubro de 1784.

"poder então colocar no frontispício da História Natural e Civil deste Estado, o Respeitável nome de V. Ex. que assim se acostumado a ser invocado".[29]

Ilustríssimo e excelentíssimo senhor João Pereira Caldas não exibia menores títulos que o governador do Pará. Tornou-se também do Conselho de Sua Majestade, coronel da cavalaria, alcaide-mor, comendador de São Mamede do Trovisco na Ordem de Cristo, governador e capitão-geral nomeado para as capitanias do Mato Grosso e Cuiabá, e nos distritos do governo delas e do Estado do Grão-Pará, encarregado de execução do Tratado de Limites e Demarcação dos Reais Domínios. Ao escrever-lhe, Ferreira evocava sua "veneração profunda" e a lembrança das reverências ouvidas sobre a sua pessoa na Corte de Lisboa. No Pará, os júbilos não eram outros, a admiração saltava "do coração ao rosto dos moradores desta capitania, pela justiça, em tranqüilidade, em que vivem, no centro de tantas evoluções militares". Depois de árduas negociações entre as duas potências ibéricas, Pereira Caldas ainda devotava-se à História Filosófica da Lusitania Equinocial, que certamente teria o mesmo sucesso, pois "nem só as armas se deviam gloriar de obedecer ao seu mando, também as letras". Entre as povoações das capitanias, a todos o governador recomendava a coleta de produtos naturais dos três reinos, obrigava também a plantar, colher arroz e café. Nessas paragens, a história natural não precisava de esforços do naturalista para progredir, pois sob sua proteção estava assegurada a felicidade das descobertas e "debaixo dela a História Natural desta parte da América parecerá sobrenatural na Europa".[30]

Ao mesmo tempo que exaltava os feitos de seus superiores, Ferreira esperava o resultado de um requerimento endereçado à rainha D. Maria I, que solicitava a mercê do hábito de uma das três Ordens Militares. A insígnia seria o reconhecimento de sua dedicação como demonstrador de história natural na Universidade de Coimbra, onde por dois anos trabalhou sem contar com emolumentos. Durante cinco anos, atuou como examinador e experimentador oficial no Real Gabinete da Ajuda e, finalmente, como naturalista na Expedição Filosófica do Estado de Grão-Pará. O último serviço era novo no reino, além de laborioso, envolvendo infinitos perigos por mar e por terra. Apesar de não contar com os doze anos de serviços necessários para reivindicar tal honra, Ferreira estava persuadido do valor de seus feitos na América e suplicava à rainha adiantamento da men-

---

[29] Ofício de Alexandre Rodrigues Ferreira a Martinho de Sousa Albuquerque. Rio Negro, 18 de setembro de 1784. In: *O Cientista luso-brasileiro Dr. Alexandre Rodrigues Ferreira*. Lisboa: s/ed., 1947. doc. 15.

[30] Ofício de Alexandre Rodrigues Ferreira a João Pereira Caldas. Barcelos, 2 de março de 1785 In: *O Cientista luso-brasileiro... doc. 18.*

cionada mercê. Esse documento ainda contava com a atestação de Domenico Vandelli, responsável por guiar o naturalista durante o período em que serviu ao Estado.[31] Desde outubro de 1783, o Ministério do Reino reuniu vários testemunhos sobre os serviços prestados pelo naturalista ao longo da viagem.[32] Somente de 1794, mais de dez anos depois do pedido, Alexandre Rodrigues Ferreira seria agraciado com o título de cavaleiro da Ordem de Cristo.

Em abril de 1786, o naturalista escreveu a seu maior patrono para comunicar da conveniência de retornar ao real gabinete. Sem se subtrair ao serviço de Sua Majestade, ele deveria passar à próxima etapa do estudo, pois quanto mais prolongassem as coleções de produtos naturais, mais retardaria o conhecimento individual de cada um, no confuso caos de milhares de produções.[33] Meses depois, do punho de Júlio Mattiazzi, leu a triste notícia: seu pedido para retornar não estava nos planos da Secretaria de Estado e o próximo destino seria o rio Madeira. Iniciam-se aí os conflitos com o patrono Melo e Castro, pois além de impedi-lo de se estabelecer no reino, considerou suas produções insuficientes. Infelizmente esse documento não foi preservado. De todo modo, as reprimendas do secretário tiveram forte impacto na personalidade de Ferreira.

Depois do incidente, ele levaria meses justificando suas tarefas e reclamando maior participação do gabinete nos rumos da expedição. De fato, o secretário ordenaria a continuidade da expedição filosófica em direção ao Mato Grosso e Cuiabá, na Real Ordem de 31 de outubro de 1787, ou melhor, um ano depois do comunicado de Mattiazzi. Nesse intervalo, entre o aviso de Mattiazzi e a ordem efetiva, Ferreira escreveu ao secretário para relatar a enorme casta de observações filosóficas e políticas sob o encargo de um único naturalista. Para completar a flora do Pará, por exemplo, não bastaria a sua vida, nem de uns poucos naturalistas. No final do ofício, reclamou da contrapartida do real gabinete às suas remessas, pois faziam mais de dois anos que ele não recebia notícias de Mattiazzi, nem sabia como chegavam as produções arduamente preparadas e remetidas a Lisboa.[34]

---

[31] AHU – Pará, doc. 7325. Requerimento de Alexandre Rodrigues Ferreira à rainha. Pará, 14 de agosto de 1783.

[32] IANTT – Ministério do Reino/ Decretos, maço 55, proc. 71, cx 59, Lisboa, 5 de julho de 1794.

[33] AHU – Rio Negro. d. 423. Ofício de ARF a Martinho de Melo e Castro. Barcelos, 17 de abril de 1786.

[34] AHU – Rio Negro, d. 496, n. 5. Ofício de Alexandre Rodrigues Ferreira a Martinho de Melo Castro. Barcelos, 26 de setembro de 1787; AHU – Rio Negro, doc. 455. Ofício de Alexandre Rodrigues Ferreira a Martinho de Melo Castro. Barcelos, 16 de novembro de 1786.

Antes mesmo da Real Ordem, Alexandre R. Ferreira demonstrava o ressentimento provocado pelas críticas do patrono e assim escreveu-lhe: "Aqui continuo a trabalhar, não como digo, mas como mostro, sem perder tempo que eu não empregue, e faça empregar nos artigos da minha comissão, enquanto V. Ex. se não digna significar as suas últimas instruções".[35] Demorou para alcançar o naturalista a Real Ordem mandada por Melo e Castro que ordenava a viagem ao rio Madeira e à capitania do Mato Grosso. Em carta de Pereira Caldas endereçada ao naturalista, datada de 23 de agosto de 1788, tornavam-se claras as novas instruções do secretário, sobretudo o fato de a expedição estar sob a tutela do governador e capitão-geral Luiz de Albuquerque de Mello Pereira e Cárceres.

O malogrado retorno ao reino e aos trabalhos no gabinete de história natural não significou perda de prestígio do naturalista. Como primeira mercê alcançada, o seu irmão, Bartholomeu Rodrigues Ferreira, recebeu a promoção a cônego de meia prebenda, na catedral da Cidade da Bahia. Em meio aos conflitos com Melo e Castro, enviou-lhe remessa de produtos naturais contendo 21 volumes, além de pedido de prebenda inteira para o irmão, e recebeu mercê.[36] Por certo, sua estratégia de intensificar o envio de memórias, desenhos e remessas teve algum sucesso. Mas não deixou de externar a total obediência aos desígnios do secretário. Considerou a reprimenda uma desgraça, por contrariar "meu Primeiro e único protetor nessa Corte" e não procuraria desculpar-se, mas apenas abaixar "para terra a minha cabeça, e recebendo humilde e resignado a ordem que V. Ex. me dirige, de partir para a capitania do Mato Grosso".[37]

O cultivo da vassalagem e os bons serviços como naturalista renderam a Ferreira uma carta elogiosa do secretário. Alguns meses depois de externar seu descontentamento, o secretário escreveu-lhe: "[...] vejo que V. M. tem empregado muito bem o seu tempo nas viagens que tem feito nesses remotos países; e que os tem visto com olhos de um exato e judicioso observador".[38] Para o naturalista, o reconhecimento de seus cuidadosos serviços era certamente da maior importância, pois como escrevera a Melo e Castro, ele era seu primeiro e único patrono na Corte.

---

[35] AHU – Rio Negro, d. 496, n. 5. Ofício de Alexandre Rodrigues Ferreira a Martinho de Melo Castro. Barcelos, 26 de setembro de 1787.

[36] AHU – Rio Negro, d. 473. Ofício de Alexandre Rodrigues Ferreira a Martinho de Melo e Castro. 20 de fevereiro de 1787.

[37] AHU – Rio Negro, d. 507. Ofício de Alexandre Rodrigues Ferreira a Martinho de Melo e Castro. Barcelos, 11 de fevereiro de 1788.

[38] Ofício de Martinho de Melo e Castro a Alexandre Rodrigues Ferreira. Palácio de Queluz, 30 de novembro de 1788. In: *O Cientista luso-brasileiro...* doc. 37.

Alexandre Rodrigues Ferreira também não descuidava de cativar os poderes locais, não somente prestigiando o trabalho do antigo patrono, o governador Pereira Caldas, mas tratando de promover alianças com os governantes da próxima capitania, primeiro Luiz de Albuquerque, depois seu sucessor e irmão João de Albuquerque de Mello Pereira e Cárceres. Como era de hábito, depois de algum tempo de convívio, Ferreira repetiu a dose e tornou a bajular o novo patrono: "Nada mais me resta a fazer, senão beijar a mão de V. Ex. pelas muitas prontas, repetidas, e sempre significantes demonstrações de favor, de proteção e de amizade [...]". Como prometeu ao governador do Pará, ele desejava, algum dia, no frontispício da "História Natural e Política da capitania de Mato Grosso", dar a conhecer a Europa culta nome de V. Ex.[39] Mais uma vez, a fórmula de sucesso deveria ser repetida, mesmo se o empenho do governante não tivesse o mesmo rigor dos anteriores.

Desde o rio Madeira, a expedição sofrera muitos contratempos. Inicialmente, por falta de remeiros, ficou embarrancada na praia, por quase três meses, bem antes da primeira cachoeira do mencionado rio. Caldas procurou socorrê-la ao enviar cerca de 50 índios provenientes das vilas de Silves, Serpa e Borba na capitania do Pará. Em Vila Bela, Mato Grosso, logo no início da temporada, o naturalista e seus auxiliares adoeceram gravemente, acometidos de moléstia do corpo e fadiga do espírito, como narrou à Secretaria de Estado, o governador Luís de Albuquerque de Mello Pereira e Cárceres. Nessa oportunidade, a expedição perdeu o jardineiro, Agostinho Joaquim do Cabo, morto em decorrência da debilidade provocada pela viagem, além das doenças causadas pelo "influxo destes climas insalutíferos".[40] Desde os primeiros avisos da chegada da expedição, os irmãos governadores vinham alertando à Secretaria de Estado sobre os parcos recursos da capitania. As demarcações de fronteira e a Viagem Filosófica promoviam desfalques nos já medíocres socorros pecuniários. Essas expedições provocaram um enorme aperto, consternação e prejudicavam as mais diversas partes do seu governo: "não pago em grande parte os ordenados, salários, mantimentos e mais cabedais [...]".[41] O governador João de

---

[39] Ofício de Alexandre Rodrigues Ferreira a João de Albuquerque de Mello. Vila Bela, 17 de setembro de 1791. In: *O Doutor Alexandre Rodrigues Ferreira*. Documentos reunidos e prefaciados por Américo Pires de Lima. Lisboa: Agência Geral do Ultramar, 1953. p. 349.

[40] AHU – Mato Grosso. d. 1563, Ofício de João de Albuquerque de Melo Pereira e Cárceres a Martinho de Melo e Castro. Vila Bela, 12 de abril de 1790.

[41] AHU – Mato Grosso. d. 1542, Ofício de Luís de Albuquerque a Martinho de Melo e Castro. Vila Bela, 8 de maio de 1789.

Albuquerque seria mais direto e nomeou a real expedição de "longa, demorada e muito dispendiosa viagem". [42]

A jornada, por certo, tornou-se ainda mais lenta e improdutiva devido aos problemas orçamentários, à debilidade física da equipe e morte do jardineiro. Ferreira alertou o secretário sobre a queda do número de remessas e escritos. Ele empenhava-se no observar e descrever sobre temas, muitas vezes, alheios à sua profissão, como certamente eram as reflexões médicas e políticas. No entanto, garantia para breve o recebimento desses escritos:

> se muitas delas não têm sido imediatamente dirigidas à presença de V. Ex. não é por não terem sido feitas, como V. Ex. tem algumas vezes entendido; mas sim, por não estarem ordenadas, dirigidas e castigadas as matérias de um modo que se pareçam dignas de apresentarem a V. Ex. [43]

Em outubro de 1791, iniciou-se o retorno da comitiva a Belém, de onde finalmente alcançaria Lisboa.

O desembarque em Lisboa tornou-se tema de uma carta ao governador do Pará que traduz com fidelidade o sistema de patronagem que ligava Ferreira a Martinho de Melo e Castro. Logo ao chegar, o naturalista dirigiu-se ao secretário e procurou demonstrar a submissão de um fiel vassalo que durante nove anos padeceu de todo tipo de moléstia e privações, mesmo assim considerava-se faltoso e omisso na execução de seus serviços: "Aqui venho lhe disse eu, mais humilde e rasteiro que uma cobra, a receber o castigo das minhas omissões, recebeu-me falou-me de um modo que me confundiu. Mostrou compadecer se dos meus trabalhos, e pareceu-me menos surdo de que eu esperava que fosse, a orelha de um Ministro delgado".[44] A devotada conduta rendeu-lhe cargos e títulos. Porém, seus feitos não eram reconhecidos somente por meio dos ofícios trocados com o secretário e os governadores das capitanias.

Para alcançar o hábito da Ordem de Cristo e demais mercês, seus serviços e lealdades foram investigados durante os anos de 1784 e 1793. No reino e no

---

[42] AHU – Mato Grosso. d. 1584, Ofício de João de Albuquerque de Melo Pereira e Cárceres a Martinho de Melo e Castro. Vila Bela, 2 de setembro de 1790.

[43] AHU – Mato Grosso d. 1565, Ofício de Alexandre Rodrigues Ferreira a Martinho de Melo e Castro. 16 de abril de 1790.

[44] MB, Ferreira Papers, maço 5, n. 10, Carta de Ferreira para Martinho de Sousa e Albuquerque. Lisboa, fevereiro de 1793. *Apud*: William Simon. *Scientific Expeditions in the Portugueses Overseas Territories* (1783-1808). Lisboa: Instituto de Investigação Tropical, 1983. nota 91. p. 49-50.

ultramar, ouvidor, governadores, desembargadores, secretário de governo, secretário de Estado, cirurgião e Domenico Vandelli, entre eles alguns fidalgos e conselheiros da rainha, atestaram que Ferreira conduzia-se com "muita honra e admirável procedimento e a melhor conduta, merecendo por ela a estimação geral de todos". Cumpria o que seus superiores lhe ordenassem e executava, com presteza, as instruções recomendadas desde Lisboa. Não bastava, portanto, cultivar a vassalagem e a cega obediência aos governadores e secretário de Estado, pois o reconhecimento de seus serviços estava inserido em uma trama ainda mais complexa.

Entre esses testemunhos está Mathias José Ribeiro que era professo na Ordem de Cristo, do Desembargo de Sua Majestade, ouvidor-geral e corregedor da comarca e Estado do Pará e ainda provedor dos defuntos e ausentes, capelas e resíduos, intendente-geral do comércio, agricultura e manufaturas das novas colônias dos índios e intendente da marinha e armazéns reais. Seus títulos e lugares lhe autorizavam prestar depoimento sobre os serviços do naturalista e emitir o seguinte parecer: "com muito trabalho e risco de vida e fazendo para a Corte freqüentes remessas de imensos produtos naturais extraídos e prontos pelo seu vigilante desvelo". O ouvidor-geral Mathias Ribeiro ainda acrescentou informações sobre sua boa inclinação e civilidade: "até o momento se tem conduzido com muita honra e zelo do Real Serviço, tendo um gênio muito dócil e tratando a todos com muita civilidade, atenção e bom modo". Em Vila Bela, o cirurgião do governador João de Albuquerque, José Ferreira de Almeida, descreveu as graves moléstias que quase levaram o naturalista a morte, nos primeiros meses de 1790. Ao conhecer esse parecer, constata-se que o risco de vida era prova de fidelidade a seus superiores.

Inicialmente, estava enfermo de uma rebelde intermitência durante 26 dias, depois as febres mudaram para terças "de tão mau caráter que nenhum crescimento tinha de menos de doze horas, com um contínuo delírio". Devido ao trabalho e risco a que se expunha, sua melhora era retardada. Estava aos poucos a se recuperar, quando enfrentou campos alagados e tempo chuvoso na serra de São Vicente, onde fora a mando do governador. Nessas paragens, o cirurgião Ferreira de Almeida, depois de chamado com urgência, encontrou o naturalista perigosamente enfermo:

> o achei lançado em uma Perniciosa [febre] que logo desde o seu princípio lhe atacou o cérebro, com perda de todos os sentidos, pelos espaços de cinco dias, que assim esteve, sendo os seus crescimentos, quase ligados uns com os outros, que alguns foram de trinta e

seis horas, e tendo os pulsos amendadamente intercadentes, as extremidades convulsas e o rosto absolutamente desfigurado...". [45]

Ao enviar notícias às autoridades lisboetas, Ferreira costumava igualmente descrever as agruras enfrentadas durante a viagem. Em carta ao abade Correia da Serra, escreveu: "eu então se não deixar estas carnes espetadas em os espetos de pau, que para as suas barrigadas, trazem o munducuru e o mura, com os que por força me hei de encontrar na viagem, serei depois da volta o missionário do Pará a quem quiser ouvir, e ler notícias do Purgatório Português: já me incharam as pernas, já aqueci com quatro febres, já me morderam a seu gosto os mosquitos carapaná, pium e miroim, e o mais é que dizem os pachorrentos, que isto ainda não é nada". [46] Ao colecionar sofrimentos, enfim, Ferreira pretendia acumular honras e prestígios que resultariam em mercês.

Desde Coimbra, os estudantes luso-brasileiros vislumbravam cargos na administração, pretendiam servir ao rei em diferentes partes do império. Formados em leis, matemática ou filosofia natural, eles logo receberiam incumbências nos museus, nas demarcações de fronteiras, na chefia de expedições científicas, nas Câmaras coloniais ou no governo de capitanias. Somente a partir da inserção no Estado, eles poderiam exercer as funções para as quais receberam ensinamentos na universidade. A formação era, portanto, o primeiro degrau na mobilidade social, meio de acumular prestígio e de galgar postos e distinções.

Por seus serviços, Alexandre Rodrigues Ferreira tornou-se sócio de primeira classe na Academia das Ciências, em seguida recebeu a incumbência de ser vice-diretor do Museu de História Natural, Jardim Botânico e Laboratório de Química. Veio ainda o cargo na Junta do Comércio, a custódia da Real Quinta de Queluz e Bemposta e a nomeação para ocupar a Alfândega do Maranhão. [47] Durante a viagem, Ferreira exerceu apenas o ofício de naturalista e não se viu na contingência de exercer cargos na burocracia colonial como Feijó. No reino, porém, essa dedicação não teve continuidade, pois as demandas dos cargos e as solicitações para examinar espécies desviaram-no da pesquisa sobre as remessas enviadas da América. Suas coleções de plantas, animais, minerais e artefatos in-

---

[45] IANTT – Ministério do Reino – Decretos. Maço 55, proc. 71, cx. 59. Lisboa, 5 de julho de 1794.

[46] Carta de Alexandre Rodrigues Ferreira ao abade Correia da Serra. Pará, 2 de fevereiro de 1784. *Para a História da Academia das Sciencias de Lisboa*. Org. de Christovan Ayres. Coimbra: Imprensa da Universidade, 1927. p. 220.

[47] William Simon. p. 50-58.

dígenas permaneceram intocadas, assim como não adequou as memórias às normas científicas para serem publicadas. Essas funções o afastaram definitivamente dos afazeres próprios de naturalista, provocaram o abandono de suas investigações e escritos sobre a "História Filosófica e Natural do Pará" e demais capitanias percorridas, obras que ele tanto prometera, a cada um de seus patronos. As tarefas burocráticas, os pedidos constantes para emitir pareceres e a debilidade física impossibilitaram-no de dar prosseguimento à carreira de naturalista.

Coincidência ou não, Ferreira teve seu período mais produtivo durante a viagem, ou antes de alcançar os títulos e os cargos almejados. Evidencia-se, então, o emprego da história natural como dom, serviço e crédito para futuras mercês. Depois de alcançar essas benesses, sua produtividade como naturalista entrou em processo de queda. A historiografia mais tradicional prefere explicar esse processo recorrendo às rivalidades entre o naturalista e Vandelli, ou mesmo à debilidade física e psicológica que impedia Ferreira de exercer seus ofícios. No entanto, entre 1793 e 1808, ele executou múltiplas tarefas, mas não deu continuidade aos trabalhos iniciados durante a Viagem Filosófica. Respondia inúmeros pedidos de governadores, secretários e demais autoridades, interessados em compor cartografia da América, em identificar espécies e suas utilidades. Assim ele dava continuidade à costumeira prática de prestar vassalagem por meio de seu saber sobre a natureza.[48]

A Viagem Filosófica, consequentemente, não forneceu memórias e livros a um público mais amplo. Seus resultados permaneceram em manuscrito e foram publicados muito tempo depois da morte do naturalista. João da Silva Feijó não dispunha dos mesmos artifícios. Alcançou cargos modestos, mas teve seus trabalhos reconhecidos pela Academia das Ciências de Lisboa e deu continuidade a sua faina de naturalista e sargento-mor na longínqua capitania do Ceará. Ao contrário de Ferreira, ele teve seus trabalhos divulgados apesar de não dispor do apoio das instituições do reino. A trajetória de Ferreira permite duvidar da eficiência do Museu da rainha e do Jardim Botânico da Ajuda, pois no âmbito dessas instituições a produção e a difusão do conhecimento não se efetivaram como pretendia o mestre Vandelli, em sua memória sobre o Museu, sobretudo no caso de seu primeiro e maior discípulo.

---

[48] Sobre as tarefas executadas por Ferreira no mencionado período, ver: *O Doutor Alexandre Rodrigues Ferreira*. p. 360-407.

A NOBILITAÇÃO DOS NATURALISTAS NA REGÊNCIA JOANINA

No reinado de D. Maria I, o hábito de Ordens Militares era a mais freqüente demanda dos naturalistas em seus pleitos. Como Alexandre Rodrigues Ferreira e João da Silva Feijó, muitos outros naturalistas foram condecorado com esses títulos. À época, as ordens já tinham perdido o rigor e o prestígio dos primeiros tempos, mas ainda despertavam a cobiça desses vassalos. Nos regimentos quinhentistas das Ordens Militares, a concessão do hábito de cavaleiro era forma de remunerar feitos bélicos. Exigia-se ainda pureza de sangue e de ofício, além de serviços prestados no norte da África (por dois anos), na Índia (três anos) e nas demais partes da África (entre três e quatro anos), enquanto as guerras levadas no Brasil ainda não eram reconhecidas como relevantes. Desde Felipe II, porém, esses princípios seriam contrariados, e as guerras não eram mais a condição para o ingresso nas Ordens. Sob o controle régio, os hábitos tornaram-se mecanismo eficiente para ampliar as redes clientelares e promover legitimidade da nova casa monárquica. Entre os séculos XVII e XVIII, segundo estudo de Fernanda Olival, um cavaleiro simbolizava, em primeiro lugar, um vassalo bom servidor da monarquia, e não apenas um valoroso militar. Eram, portanto, cada vez mais frouxos os vínculos entre os serviços militares e os hábitos.

Essa insígnia não era perpétua, retornava ao controle estatal logo depois da morte do cavaleiro e fazia parte, portanto, do jogo político monárquico. Não se pedia fidalguia dos futuros cavaleiros, exigia-se, porém, limpeza de sangue e ausência de defeito mecânico. Essas condições, em parte, cerceavam a capacidade do monarca em conceder recompensas. Para contrariar os impedimentos, o rei deveria perdoar os defeitos, o que se tornou mais freqüente na conturbada guerra da Restauração, entre os anos de 1640 e 1660. No governo pombalino, depois de revogar as diferenças entre cristão velhos e novos, em 1773, o título de cavaleiro das ordens não mais significava pureza de sangue, e as provanças perderam o rigor inicial. Tornou-se recorrente o ingresso de homens abastados, mas que não estavam livres dos defeitos mecânicos. Seus pais e avós exerceram ofícios que os desclassificavam para receber o título. Além dessa abertura, os candidatos podiam recorrer a estratégias, nem sempre lícitas, para alcançar os pleitos sem dispor de serviços suficientes. "Em último caso, podia recorrer à venalidade, pois havia indivíduos dispostos a vender os afazeres que angariavam durante anos, ou o seu direito a uma insígnia destas, acompanhada ou não de tença". [49]

---

[49] Fernanda Olival. *As Ordens Militares e o Estado Moderno*. Lisboa: Estar, 2001. p. 238.

A reforma das Ordens Militares de 1789 objetivava dignificar estas insígnias, sobretudo abolir os pedidos de mercê de hábitos com a faculdade de renunciar infinitamente, ou melhor, o comércio de mercês foi considerado atitude destrutiva da decência e dignidade das Ordens. Além de interditar a venda de serviços, a reforma pretendeu hierarquizar os títulos, demarcar as desigualdades entre os agraciados.

> A família real firmava-se simbolicamente nesses institutos, quer do ponto de vista dos direitos, quer dos códigos emblemáticos. A rainha era o vértice da pirâmide, seguida pelo príncipe: vinham depois as grã-cruzes cujo patamar era encimado pelos infantes: só depois se descia o nível dos comendadores e, por fim, situavam-se os simples cavaleiros.

Criava-se, portanto, um fosso entre o topo da hierarquia, as grã-cruzes e as comendas, destinados à alta nobreza e aos cargos administrativos de maior prestígio na monarquia, e os cavaleiros. Os últimos multiplicaram-se durante a regência de D. João, enquanto as demais insígnias tornaram-se mais restritas.

A reforma ainda pretendeu valorizar as Ordens Militares de Avis e Santiago, preteridas em favor da Ordem de Cristo. Em princípio, os militares seriam condecorados com hábito de Avis e os magistrados com o hábito de Santiago. Porém, aos maiores postos e cargos políticos, militares e civis, estaria destinado o hábito de Cristo. Na reforma, os demais cavaleiros tinham o mesmo prestígio, independente da Ordem. No reinado de D. Maria I, tentou-se preservar a Ordem de Cristo, contudo a multiplicação de insígnias em mecânicos, depois da carta de 1789, traía seus objetivos, tendência que se intensificou na regência de D. João. Depois de 1793, davam-se os hábitos das Ordens sem as devidas inquirições, produzindo uma inflação de cavaleiros. Implementada no mesmo ano da Revolução Francesa, a reforma das Ordens Militares teve curta e conturbada trajetória. Entre anos de 1792 e 1793, o temor revolucionário alastrou-se pelas monarquias européias que se sentiram ameaçadas. Por certo, os imperativos da conjuntura política impunham a quebra das normas, pois o regente viu-se na contingência de ampliar as alianças recorrendo aos hábitos.[50]

Nessa conjuntura instável, precisamente em 12 de agosto de 1793, o mestre Domenico Vandelli foi o primeiro naturalista, professor de química e história natural na Universidade de Coimbra a receber a insígnia da Ordem de Cristo.[51]

---

[50] Fernanda Olival. p. 484-518.
[51] IANTT – Habilitação à Ordem de Cristo. Domingos Vandelli, maço 10, n. 39.

Em seguida, seria a vez de Alexandre Rodrigues Ferreira, como primeiro vassalo português a exercer, exclusivamente, o emprego de naturalista. Para recompensar seus valiosos serviços, ele recebeu o título de cavaleiro da Ordem de Cristo, em 1794. Naturalista, porém, não era apenas o indivíduo formado em filosofia natural na Universidade de Coimbra. Entre os bacharéis, receberia a nomeação de naturalista os estudantes de outros cursos, como leis, cânones e medicina, que eram obrigados a estudar filosofia e matemática.[52]

A produção da história natural era parte de uma interessante estratégia de ascensão social dos luso-brasileiros. Ao coletar espécies e produzir memórias, esses vassalos serviam ao monarca e acumulavam créditos para uma futura mercê. Atuavam como juízes-de-fora, médicos e secretários do governador e, ao mesmo tempo, exerciam tarefas de naturalista, sem, contudo, receber emolumentos para essas tarefas. Para alcançar promoção na magistratura, na burocracia estatal e receber hábitos de cavaleiro, os luso-brasileiros escreviam ao rei para relatar seu leal serviço e ainda destacavam o esforço de reunir e remeter espécies raras ao Museu da rainha. Primeiro e único naturalista do Estado, Alexandre Rodrigues Ferreira não contava com serviços para além da História Natural. Durante a Viagem Filosófica, desempenhou essas tarefas e recebeu recompensas que nos possibilitam avaliar a importância do seu ofício para administração imperial.

Como naturalista Ferreira empregou-se, "durante nove anos sucessivos, em contínuas e perigosas viagens pelas dilatadas capitanias do Pará, Rio Negro, Mato Grosso e Cuiabá". Ele estava encarregado de observar, acondimentar e remeter os produtos naturais dos reinos da natureza, além de produzir observações filosóficas e políticas sobre as diferentes repartições e dependências da população, agricultura, navegação, comércio e manufaturas. Testemunhados por autoridades coloniais e metropolitanas, esses serviços lhe valeram o hábito da Ordem de Cristo, como sessenta mil réis de tença: "do que se lhe passarão os competentes padrões, que se assentarão nos Almoxarifados do Reino, em que couberem, sem prejuízo de terceiro, e não houver proibição, com o vencimento na forma das Reais Ordens".

O ministro e secretário de Estado dos Negócios do Reino, José de Seabra da Silva, ainda determinou que o naturalista lograsse doze mil réis da referida tença a título do hábito da Ordem de Cristo.[53] Enfim, seus serviços não foram apenas

---

[52] Virgínia T. Valadares. *Elites mineiras setecentistas*. Lisboa: Colibri/ Icia, 2004. p. 311.

[53] Decreto que concede o Hábito de Cristo ao dr. Alexandre Rodrigues Ferreira. *In*: D.A. Tavares da Silva. p. 148.

remunerados com a tença do hábito, mas com rendimentos que seriam cobertos pelos almoxarifados do reino. João da Silva Feijó não receberia a mesma distinção ao retornar a Lisboa, proveniente de Cabo Verde. Para além do reconhecimento da Academia das Ciências de seus trabalhos, o matemático e naturalista contou com o hábito da Ordem de Cristo e com a patente de sargento-mor da capitania do Ceará. Infelizmente não obtive informações sobre seus emolumentos e tenças resultantes de seus serviços nas Ilhas de Cabo Verde.

Em seguida, recebeu mercê o matemático, naturalista e doutor da Universidade de Coimbra, Antônio Pires da Silva Pontes Lemos. Ele teve a honra de se empregar no serviço de Sua Majestade, sem intermissão, desde 8 de janeiro de 1780, quando embarcou para América. Durante onze anos, percorreu os sertões, levantou a carta dos reais domínios, executou serviços como geógrafo e naturalista. Atuou ainda como cadete dos Dragões e Oficial da Marinha. Ao retornar ao reino, esse mineiro tornou-se, em 1791, primeiro tenente da Real Armada, com exercício de lente de Matemática na Academia da Marinha, e sócio da Academia das Ciências, além de ser freqüentemente solicitado para emitir pareceres e produzir memórias de cunho científico. Em 1798, a pedido do secretário de Estado da Marinha e Negócios Ultramarinos, D. Rodrigo de Sousa Coutinho, comandou os trabalhos para produzir a Carta Geográfica do Brasil e publicou a tradução de um tratado de arquitetura naval denominado de *Construção e analyse das proporções geometricas e experiencias praticas, que servem de fundamentos à Architetura Naval*. A obra seria impressa por ordem de Sua Majestade e traduzida do inglês pelo cavaleiro professo da Ordem de Avis, capitão da Fragata Real Armada e governador da capitania do Espírito Santo.[54] No frontispício do livro, estavam, portanto, mencionados seus títulos e as mercês alcançadas depois de quase 15 anos de serviço à monarquia.

Os cargos e as distinções não se originaram, certamente, dos préstimos como naturalista, pois os reinos da natureza não eram a sua principal ocupação. De todo modo, esse leal vassalo produziu memórias e desenhos sobre a fauna e flora conforme testemunha seu companheiro Lacerda e Almeida.[55] Ele ainda escreveu estudos sobre os "homens selvagens" da América meridional e sobre a extração

---

[54] Renata Malcher de Araújo. A urbanização do Mato Grosso no século XVIII. Dissertação de doutorado em História da Arte. Universidade Nova de Lisboa-Faculdade de Ciências Sociais e Humanas, 2000. p. 544-45; Virgínia Valadares. p. 373-5.

[55] Francisco J. Lacerda e Almeida. *Diários de Viagem*. Nota e prefácio de S. B. de Holanda. Rio de Janeiro: Imprensa Nacional, 1944. p. 40-41.

de ouro das minas. Logo depois de receber o convite para ser correspondente da Academia Real das Ciências de Lisboa, escreveu ao abade Correia da Serra para externar o novo ânimo de seguir as suas instruções e ir além de apenas coletar espécies durante as explorações geográficas. Sentia-se honrado com o título de correspondente, e seus conhecimentos auxiliariam o trabalho dos colonos:

> como o epígrafe da Academia é a utilidade do gênero humano nos seus conhecimentos, tal é a minha aplicação em adquirir as notícias do simples com que se curam nas suas enfermidades os colonos destas regiões, e o modo porque empregam a mecânica nas suas necessidades.[56]

Aos serviços variados, somou-se a sua origem "nobre", Pontes Lemos provinha de importante grupo das Minas, filho do desembargador José da Silva Pontes: "oriundo de pais e avós das famílias que mais tem se distinguido em servir o Estado de Vossa Majestade naquele continente". Por ser militar, o Ministério do Reino concedeu-lhe o hábito de Avis, conforme a diretriz da reforma de 1789, e possibilitou o uso da insígnia "antes da Ordinária Habilitação".[57] O reconhecimento dos serviços e a sua origem estavam, porém, mais evidentes na nomeação, em fevereiro de 1795, para censor da Mesa de Consciência e Ordens. Escolhido por ser pessoa digna da Real Aprovação, Pontes Lemos dava provas de sua capacidade literária e aptidão para censurar livros e papéis "que devem estampar e correr nesse Reino". Seu prestígio ainda possibilitou-lhe o posto de governador da capitania do Espírito Santo, em 1798, e de coronel e comandante do Regimento de Milícia da mesma capitania, no ano seguinte.[58] A ascensão social do matemático foi meteórica, reunindo títulos e postos indisponíveis à maioria de seus contemporâneos luso-brasileiros egressos da Universidade de Coimbra.

José Bonifácio de Andrada e Silva alcançou postos tão bons quanto os de Pontes Lemos, sobretudo quando se tornou intendente-geral das Minas do Reino, secretário da Real Academia das Ciências de Lisboa, lente da cadeira de metalur-

---

[56] BACL – série azul 17 (37); "Memória sobre a utilidade pública em se extrair o ouro das minas e os motivos... *Revista do Arquivo Público Mineiro*, ano I: 417-426, 1896; Carta de Antônio Pires P. Lemos ao abade José Correia da Serra. Mato Grosso, 19 de outubro de 1787. In: *Para a História da Academia das Sciencias de Lisboa*.... p. 253-6. Antônio Pires P. Lemos. Memória sobre os Homens selvagens da América Meridional que serve de introdução às viagens de... 1792.

[57] IANTT – Desembargo do Paço – Repartição das Justiças e Despachos da Mesa, maço 1912. Queluz, 15 de agosto de 1805; IANTT – Ministério do Reino, cx. 455, maços 340-341.

[58] Chancelaria de D. Maria I, l. 55, f. 137 e l. 61, f. 231v.

gia na Universidade de Coimbra e desembargador da Relação do Porto. Sua trajetória é singular, pois ao invés de empreender viagens a possessões do império, tornou-se pensionista do governo para aperfeiçoar seus estudos em Paris e Freiberg. Sua trajetória de ascensão, em parte, também se explica pelos importantes serviços prestados por seus antepassados, que eram bacharéis, militares e religiosos na capitania de São Paulo. Seu pai e avó "faleceram no posto de coronel", seu pai ainda exercia atividades comerciais e possuía a segunda maior fortuna de Santos. Nessa vila, teve instrução primária, ministrada por tios padres, mas logo seguiu para São Paulo, onde freqüentou o curso preparatório do frei Manuel da Ressureição. Estudou gramática, retórica e filosofia, conhecimento indispensável ao ingresso na Universidade de Coimbra. O prestígio e a fortuna familiar ficam evidentes na formação universitária dos filhos, pois com José Bonifácio seguiram para Coimbra dois de seus irmãos, Martim Francisco e Antônio Carlos. Nesse sentido, vale mencionar que eram pouquíssimos os colonos que podiam manter três filhos na universidade. Entre os mineiros, somente 2% dos pais dos estudantes em Coimbra tinham condições financeiras de arcar com esse ônus.[59]

A partir de 1780, Bonifácio freqüentou os cursos de leis, matemática e filosofia natural, mas bacharelou-se em filosofia e leis entre junho e julho de 1787. Depois de formado, seria mais provável que seguisse a carreira de magistrado: "Esse seria caminho normal, se em José Bonifácio houvesse apenas um bacharel mais ou menos ambicioso, com as aspirações do comum de seus companheiros".[60] Como magistrado, por certo, ele teria acesso a cargos de juiz-de-fora, ouvidor e desembargador, no reino ou no ultramar. Para assegurar essas possibilidades, ele prestou em 1789, perante o Desembargo do Paço, a leitura de bacharel, que o habilitava a exercer lugares na magistratura. Não seria essa, porém, a estratégia escolhida para iniciar a carreira e ascender na burocracia metropolitana. Como protegido do duque de Lafões, D. João de Bragança, ele ingressou na Academia Real das Ciências de Lisboa, onde apresentou "Memória sobre a pesca da baleia e extração de seu azeite" em 1790 e alertou às autoridades do reino para o contrabando realizado nas costas brasileiras, sobretudo para a exploração ilegal da pesca baleeira. A proteção do duque e o reconhecimento de suas potencialidades

---

[59] Sobre a biografia de Bonifácio ver: Ana Rosa C. da Silva. *Construção da nação e escravidão no pensamento de José Bonifácio*. Campinas: Ed. Unicamp, 1999; Alex G. Varela. Juro-lhe pela honra de bom vassalo e bom português. Dissertação de mestrado. Campinas: Instituto de Geociência – Unicamp, 2001. Sobre os mineiros, ver: Virgínia T. Valadares. p. 310.

[60] Octávio Tarquínio de Sousa. *José Bonifácio*. Rio de Janeiro: Liv. J. Olympio Ed., 1972. p. 20.

como naturalista certamente pesaram na hora de escolher a carreira de filósofo natural ao invés da costumeira magistratura. Mas essa decisão tornou-se mais definitiva quando recebeu pensão do Estado para aprimorar seus conhecimentos de mineralogia e metalurgia.

O duque de Lafões empregou seu prestígio, com sucesso, em favor da ida de jovens de talento aos grandes centros europeus especializados em química. Conforme a instrução do ministro dos Estrangeiros e da Guerra, Luís Pinto de Sousa, os componentes da viagem deveriam: adquirir "por meio de viagens literárias e explorações filosóficas os conhecimentos mais perfeitos da Mineralogia e mais partes da Filosofia e História Natural". Além de Bonifácio, o grupo era composto pelo mineiro Manuel Ferreira da Câmara Bettencourt e Sá, como chefe da equipe e bacharel em Leis, e o reinol Joaquim Pedro Fragoso de Siqueira, natural de Portoalegre, filho do capitão José Pedro de Mattos Mergulhão. Mais tarde, nos anos de 1830, o último exerceria o mesmo lugar de Bonifácio, como intendente-geral das Minas do Reino. Ao autorizar a excursão científica, a portaria concedia-lhes ajuda de custo de 600 mil réis, quando estabelecidos, e de 800 mil réis quando em trânsito.[61] Essa soma era muito superior aos rendimentos de Alexandre Rodrigues Ferreira em viagem ao Pará, que recebia apenas 240 mil réis.[62] Se as viagens ao ultramar pretendiam inventariar a natureza, Bonifácio e seus companheiros procuravam técnicas indispensáveis para aprimorar as manufaturas e a agricultura.

> Essa viagem de aperfeiçoamento, sobretudo no campo da mineralogia e da mineração, por diversos países da Europa Central e do Norte, fazia parte da política portuguesa que visava cooptar os estudiosos portugueses quer nascidos na metrópole ou em qualquer parte de seu império colonial com o intuito de ajudarem na modernização do Estado.[63]

Os pensionistas estudaram química com Fourcroy, Lavoisier e Jussieu em Paris, e com Abraham Werner na Escola de Minas de Freiberg. Depois dos estágios, Andrada e Silva foi admitido como membro da Real Academia das Ciências de Estocolmo, da Sociedade Filomática e Sociedade de História Nacional de Paris, onde apresentou memória sobre os diamantes do Brasil. Essa memória seria publicada

---

[61] Marcos Carneiro de Mendonça. *O intendente Câmara*. São Paulo Companhia Editora Nacional, 1958. 21-31; Inocêncio Francisco da Silva. *Diccionario Bibliographico Portuguez*. Lisboa: Imprensa Nacional de Lisboa, 1859-60. v. IV; Octávio Tarquínio de Sousa. p. 22.

[62] AHU – Reino. maço 26, n. 2722. Relação de custo que V. Maj. Manda dar aos naturalistas...

[63] Alex G. Varela. p. 96.

em periódicos francês *Annales de* Chimie, em 1792, e inglês *Journal of Natural, Philosophy, Chemistry and Art* em 1797. No último, ele também publicou suas reflexões mineralógicas produzidas durante a viagem à Suécia e à Noruega, em 1801, e no periódico francês, *Journal de Physique, de Chimie et d'Histoire Naturelle*, em 1800.[64] Com importantes contatos e formação, Andrada e Silva retornou a Lisboa com a possibilidade de ocupar lugares de honra na burocracia estatal, na Academia das Ciências de Lisboa e na Universidade de Coimbra. Logo após a chegada, ele recebeu, como recompensa pelos serviços prestados, o lugar de intendente-geral das Minas do Reino e o hábito de cavaleiro da Ordem de Cristo, mercês que não rendiam recursos equivalentes a sua posição e prestígio.

Para conceder-lhe o hábito, era necessário inventariar seus serviços, qualidades e merecimentos acumulados durante a viagem aos reinos europeus setentrionais. Ele também arrolou como serviço a ser realizado o lugar de lente da cadeira de metalurgia na Universidade, onde o filósofo ensinaria o saber acumulado em Paris e Freiberg. Na concessão da mercê, ficou evidente a relevância de serviços de outra natureza, os préstimos militares de seus antepassados, pai e avô, que morreram como coronéis. Conclui-se, então, que seus próprios feitos e a honra acumulada por sua família viabilizaram o recebimento da mercê: "Hei por bem fazer lhe mercê de o condecorar com Hábito da Ordem de Cristo e doze mil réis de tença efetiva". Mais abaixo, o documento ainda especifica que o título era forma de compensar Andrada e Silva por ocupar uma cadeira nova na universidade. Todos os lentes condecorados com beca eram também agraciados com hábito da Ordem de Cristo e, quando magistrados, logo entravam para a Relação do Porto. José Bonifácio Andrada era lente de cadeira nova e entrou "fazendo o lugar do primeiro banco com Beca honorária", e se encontrava em inferioridade em relação aos demais lentes. Nessas circunstâncias, "deve ser condecorado com Hábito de Cristo, até para não ficar em tudo inferior aos lentes, que entram nos lugares da magistratura no que igualmente interessa o decoro da sua Faculdade Filosófica".[65]

O retorno a Portugal ainda rendeu-lhe o lugar de diretor do Laboratório de Química da Casa da Moeda de Lisboa, administrador das Antigas Minas de Carvão de Buarcos e das Minas e Fundição de Ferro de Figueiró dos Vinhos, entre muitos outros cargos. A cadeira de metalurgia na Universidade de Coimbra não funcionaria de imediato, pois a prioridade era viabilizar a administração eficien-

---

[64] Octávio T. de Sousa. p. 22-31; Alex G. Varela. p. 73 e 87.

[65] IANTT, Ministério do Reino – decretos. José Bonifácio de Andrada. 18 de junho de 1801. cx. 71.

te dos cargos administrativos. As constantes viagens e os "penosos começos aos trabalhos de abertura de minas e ao estabelecimento das fundições e oficinas de ferro" praticamente inviabilizaram sua carreira universitária. José Bonifácio considerava prudente adiar a docência, pois teria poucos discípulos, talvez até dois, "visto a falta de entusiasmo da mocidade escolástica para tal ciência em si pouco amena, e mui dificultosa; e pela falta igualmente de arrumação e empregos úteis para bacharéis em filosofia, que julgam ter direito aos mesmos cargos honrosos e lucrativos das outras faculdades".[66] Ao referir aos discípulos, Bonifácio comentava sobre as restritas oportunidades para o emprego dos filósofos, mas, de forma velada, externava suas próprias insatisfações profissionais.

Para Andrada e Silva, sua trajetória de sucesso não lhe forneceria os rendimentos necessários para manter-se e sustentar a família.

> Com a pensão, que me deu Sua Augusta Mãe, e que me foi conservada por S.A.R., assim como aos meus companheiros de viagem, em prêmio de dez anos de contínuas fadigas e peregrinações fora da Pátria, e como o meu novo ordenado de Lente da universidade, me é impossível viver e sustentar a minha família com a decência, que exige meu cargo.

Os gastos com as viagens dentro do reino, a compra de instrumentos e livros, a manutenção das casas em Coimbra e Lisboa e as demais despesas inevitáveis que requeriam as circunstâncias e a hospitalidade tornavam seus rendimentos insuficientes e inadequados ao posto de intendente. Um ano após a sua nomeação, recebia os mesmos recursos fornecidos pela rainha quando ele estava em viagem ao norte da Europa, enquanto os magistrados, os bacharéis em leis, empregados no real serviço, recebiam seus ordenados respectivos, "as cavalgaduras e viático do costume". Os intendentes do ouro das comarcas de Minas Gerais, que não sabiam senão despachar petições para a partilha das datas, reclamava o filósofo, alcançavam a quantia de quatro mil cruzados e mais quinhentos réis quando tiravam devassas.

Na Europa setentrional, os intendentes recebiam ordenados infinitamente superiores aos seus, "além de grandes privilégios, e nobreza *ipso facto* adquirida". Estava, portanto, evidente que não se referia apenas à sorte de seus discípulos da cadeira de metalurgia, demonstrava que os bacharéis em filosofia, inclusive ele próprio, estavam em desvantagem em Portugal. De fato, nem

---

[66] AN, Negócios de Portugal, Secretaria de Estado do Ministério do Reino, cx. 679, pacote 2.

todos os seus cargos eram remunerados, somente três lhe rendiam vantagens pecuniárias: "professor de Coimbra, pago pelos cofres da Universidade, intendente-geral das Minas, pago a princípio pelo Erário Régio e depois pela Fábrica de Sedas e Águas Livres, e o de superintendente do rio Mondego, pago pelos cofres da Real Água de Coimbra".[67] Como determinou o zeloso presidente do Real Erário, D. Rodrigo de Sousa Coutinho, para remunerar o Andrada, bastavam 800 mil réis de ordenado e uma moeda de ouro de viático nas viagens. O intendente ainda não dispunha "de décimas e outros direitos segundo o costume geral dos Estados mineiros". Ele relutava em solicitar reconhecimento de suas funções e a manutenção da honra própria de seu posto: "mas a dura necessidade é inimiga muitas vezes até do meu próprio brio. E não é melhor e mais honroso mendigar somente de um Príncipe bom e generoso, do que de mil indivíduos particulares?".

Seus pleitos, porém, não se restringiam aos emolumentos e incluíam títulos e honras. As leis e as práticas dos estados "montanísticos da Europa" concediam ao cargo de intendente-geral das Minas, sobretudo nas monarquias, a honra e o "esplendor de alta graduação e de nobreza". Conforme esse princípio, Sua Majestade inclinou-se a dignificar o cargo com grande jurisdição e alçada, mas "o magistrado que o exercita, e que pode e deve passar ordens a todos os ministros de Justiça, Fazenda e Guerra, só tenha predicamento de primeiro banco com uma beca meramente honorífica". O predicamento de primeiro banco e a beca não elevavam a honra, nem majoravam os parcos recursos de Andrada e Silva. O hábito de cavaleiro da Ordem de Cristo e sua respectiva tença, quantia irrisória de 12 mil réis, não foram nem mencionados na carta ao presidente do Erário Régio, D. Rodrigo de Sousa Coutinho, em 26 de julho de 1802. Talvez a insígnia não estivesse à altura de seus serviços e merecimentos. Ele almejava "nobreza *ipso facto* adquirida" e lembrou que o intendente-geral das Minas da Baixa Hungria tinha "o título e honras de Conde da Câmara do Imperador durante todo tempo de seu ministério". Do mesmo modo, o feitor-mor das Minas do Reino, no tempo de D. Manuel, foi honrado com distinções relevantes e o mesmo sucedeu com seus antecessores nos reinados de D. Pedro II e D. João V. E assim, finaliza a missiva a D. Rodrigo:

> Tudo isso que alego, torno a dizer, é mera Representação, e não súplica: porque no meu modo de pensar e de sentir, a maior honra possível, que posso desejar, como vassalo fiel de

---

[67] Octávio T. de Sousa. p. 44.

S.A.R., é servir com zelo, inteligência e inteireza, únicas distinções e graduação, que aspiro, ainda que seja à custa da própria saúde e de mil vidas. [68]

José Bonifácio alertava, enfim, a D. Rodrigo para a honra e os privilégios próprios do lugar de intendente que não estavam a seu alcance. Exercia funções de responsabilidade que não condiziam com suas posses e recursos materiais. Em Portugal, particularmente nas províncias, alertava o filósofo, um magistrado, para ser respeitado e obedecido, devia contar com uma renda suficiente para sobreviver com decência. A maneira como a autoridade era percebida pela sociedade era, profundamente, tributária das posses, dos trajes e da nobreza do comportamento. Enfim, Bonifácio pleiteava ao Erário Régio rendas para exercer com autoridade as inúmeras tarefas a ele atribuídas.

O presidente do Erário Régio reconheceu a insuficiência da pensão e, por meio do Decreto Real de agosto de 1802, fixou os rendimentos do intendente na quantia anual de "um conto e seiscentos réis pagos a quartéis; além de mil e oitocentos réis diários, que lhe mando dar nas viagens e mais diligências do Meu Real serviço".[69] A pensão de quatro centos mil réis, que recebera até o momento, estava extinta. Para além dos cargos e os rendimentos de prestígio, Andrada e Silva não alcançou títulos de nobreza como seus colegas da Europa setentrional, nem mesmo o foro de fidalgo, como mencionou na carta a D. Rodrigo. Em Portugal, desde o período pombalino, conforme estudo de Nuno Monteiro, a monarquia tornou a alta nobreza um grupo ainda mais fechado, para tanto reforçou a aristocracia de Corte, limitou a ascensão de comerciantes de grosso trato e da nobreza política. Permitiu a pouco mais de meia centena de casas nobres "um virtual monopólio das mais relevantes mercês da coroa ao longo de quase meio século".[70] Assim como as grã-cruzes e as comendas da Ordem de Cristo pertenciam a grupo seleto de fidalgos, os títulos, as grandezas e as mercês de alto valor também circulavam entre os participantes da alta nobreza. As pretensões do filósofo de ser conde, como os colegas da Hungria, jamais se efetivariam.

Em outra carta a Souza Coutinho, Andrade e Silva demonstrou claramente conhecer os entraves à ascensão social de um plebeu. Em tom jocoso, declarou-se desgosto de viver em Portugal e preferia comer farinha de pau no Brasil.

---

[68] *Idem.* Ver ainda: Alex Varela. p. 155-156.

[69] AN, Negócios de Portugal, Secretaria de Estado do Ministério do Reino, cx. 679, pacote 2.

[70] Nuno Gonçalves Monteiro. *O crepúsculo dos grandes.* Lisboa: Imprensa Nacional/Casa da Moeda, 1998. p. 552.

Como retorno era difícil, ele desejava tornar-se "Residente de Marrocos, lugar a criar, e creio sem pretendentes de monta". Bonifácio reconhecia que essa mercê era grande, mas tinha exemplos recentes ao seu favor:

> Entre mil que me atropelam a memória, bastara lembrar o seguinte: José Manoel Pinto por ir a Paris como o nosso Palhaço diplomático jogar à cabra cega teve logo cem moedas por mês, foi depois nomeado Ministro em uma Corte européia, e finalmente pelos heróicos esforços, com que tão louvavelmente tem arruinado a sua preciosa saúde em promover a procriação da gentalha lisboense obteve uma lucrosa comenda!

Embora fosse doutor e lente da Universidade de Coimbra, sócio de várias Academias, Intendente Geral gratuito das minas e metais do Reino, Andrada e Silva não teria o privilégio de exercer um cargo diplomático e jogar à cabra cega nas Cortes do velho Mundo. Pior, considerava-se incapaz de alcançar um lugar diplomático de 3ª ordem em uma Corte Africana, pois, conclui o filósofo, "nasci malfadado".[71]

Entre 1805 e 1806, José Bonifácio recebeu mais um reconhecimento dos serviços prestados ao monarca, não era um título de fidalgo, mas sim um posto honorífico importante na magistratura, tornou-se desembargador da Relação do Porto. Com a leitura de bacharel realizada em 1789, ele estava habilitado a seguir os trâmites normais dos bacharéis em lei, mas não escolheu esse rumo para ascender nos postos estatais. Não exerceu o lugar de juiz de fora, nem de ouvidor, nem desembargador nos Tribunais da Relação de Goa, Salvador ou Rio de Janeiro. Apesar do prestígio, o mencionado título de desembargador não era acompanhado de vencimentos: "nomeado com exercício nos empregos e comissões de que se acha encarregado".[72] Não atuaria efetivamente no Tribunal e continuaria a exercer as inúmeras funções técnicas às quais estava envolvido. O monarca emitiu carta e concedeu-lhe mercê "de um lugar ordinário de desembargador da Relação e Casa do Porto, com exercício no tempo das férias".[73]

---

[71] José Bonifácio à D. Rodrigo. Lisbonne, 22.11.1802. *In*: Andrée Mansuy-Diniz Silva. *Portrait d'un homme d'État: D. Rodrigo de Souza Coutinho, Comte de Linhares 1755-1812*. Paris: Centre Culturel Calouste Gulbekian, 2006. T. II. p. 468.

[72] Octávio T. de Sousa. p. 37.

[73] Documento 29. Carta de mercê, 08 de agosto de 1806. *In*: *Obras Científicas, Políticas e Sociais de José Bonifácio de Andrada e Silva*. Coligidas e reproduzidas por E. C. Falcão. São Paulo: Revistas dos Tribunais, 1963. V. III

Embora desfrutasse de cargos e títulos honoríficos, sua ascensão social era limitada, esbarrava nas fronteiras sociais próprias da sociedade do Antigo Regime. Sua família era "nobreza da terra" na pobre capitania de São Paulo, não possuía defeito mecânico, mas nem por isso estava incluída entre as casas fidalgas. Esse era o significativo entrave aos pleitos de José Bonifácio. Por certo, os feitos e os merecimentos não poderiam conceder-lhe as benesses estatais semelhantes às desfrutadas pela nobreza fidalga e titulada. Além desses entraves, sua trajetória na universidade e na burocracia estava longe de produzir os resultados almejados pelo ilustre filósofo. Diversas vezes reclamou das condições de trabalho que ainda pioraram com as invasões napoleônicas que paralisaram as minas e as pesquisa. Em 1811, em carta a Sua Alteza Real o Príncipe Regente, ele relatou as condições precárias dos empreendimentos mineiros em Portugal e reclamou providências:

> Com efeito, quando se querem fins, é preciso pôr meios, e meios que correspondam, aos mesmos fins; e quando estes se não podem pôr, é melhor acabar com estabelecimentos que decerto definham, fazem gastos inúteis, e só servem de desdouro ao país em que existem.[74]

Andrada e Silva estava descontente com o reconhecimento de seus serviços e com o apoio concedido pelo Estado aos empreendimentos mineiros sob sua tutela.

De sócio da Academia das Ciências de Lisboa em 1789, ele tornou-se, entre 1812 e 1819, secretário do estabelecimento, encarregado de registrar a sua história, narrar as "tarefas patrióticas e literárias". Em seu primeiro discurso proferido na Academia, ele reafirmou os princípios que norteavam a instituição: "Difundir conhecimentos, animar, e facilitar os esforços dos sábios e aplicados, subministrarem fatos, e noções, de que precisam; deve ser um dos primeiros cuidados das Corporações Literárias".[75] Nesse tempo, com a Corte no Rio de Janeiro, a Academia perdeu o brilho original, mas seus sócios ainda buscavam sistematizar e difundir o saber indispensável ao engrandecimento de Portugal. Muito antes, o abade Correia da Serra externou parecer semelhante, em seu "Discurso Prelimi-

---

[74] AN – Diversos Códices, coleção de memórias e outros documentos sobre vários objetivos. Códice 807, v. 5, fl. 1.

[75] J. B. de Andrada e Silva. Discurso, contendo a História da Academia Real das Sciencias de 25 de junho de 1812 até 24 de junho de 1813. In: *Obras Científicas, Políticas e Sociais...* v. 1 p. 139.

nar", e defendeu que o primeiro passo de uma nação era conhecer perfeitamente as terras em que habita "o que em si encerram, o que de si produzem, e de que são capazes". Considerava ainda que a história natural era única ciência responsável por reunir tais informações. Assim, pouca reflexão bastava para constatar "que o conhecimento de quase todas as matérias, que podem contribuir à prosperidade de Portugal, fica incluído nos limites das ciências que ela cultiva".[76]

Esses discursos promoviam a aliança entre ciência e riqueza da nação, ou melhor, enfatizavam como o saber forjava a felicidade dos cidadãos. A trajetória de José Bonifácio perseguiu exatamente essa máxima, sobretudo quando realizou viagem de aperfeiçoamento técnico e assumiu cargos administrativos. Porém, desde a sua criação, a Academia Real não era apenas um estabelecimento científico, era espaço freqüentado pela nobreza fidalga. Tornar-se sócio da Academia era, de certa forma, uma "nobilitação", reconhecimento dos serviços prestados por vassalos filósofos. Esse sentimento não era apenas externado por sócios, mas, sobretudo, por correspondentes dos mais diversos recantos do império. De Luanda, Francisco de Malaca, ao receber o diploma de correspondente da Academia, demonstrou enorme satisfação e sentiu-se honrado em fazer parte do estabelecimento: "Nada regozija mais os sábios, porque nada apetecem mais, que serem arrolados nas célebres Academias, que tanto florescem em honra e proveito da humanidade: a sua eleição é testemunho solene de um mérito descomum e um título para participar da glória daqueles ilustres estabelecimentos". Do Rio de Janeiro, Silva Alvarenga escreveu ao abade e externou o orgulho de ser eleito correspondente. Faltava-lhe, porém, o diploma supostamente enviado pela respeitável corporação, "perda que me foi muito sensível". Com o intuito de solucionar o lamentável incidente, dirigiu-se ao secretário da Academia visconde de Barbacena, sem obter sucesso. Por isso, procurou o abade, como vice-secretário, para concretizar "a louvável ambição desta glória". Rogava, então, a Correia da Serra para encarregar-se da emissão e envio da prova material de sua eleição, "importante negócio, a que parece tenho direito, suposta, e verificada a primeira nomeação, que tanto me honra".

Da vila da Cachoeira, na capitania da Bahia, o juiz-de-fora e correspondente Joaquim de Amorim Castro teve a honra de receber a carta enviada pelos acadêmicos e como reconhecimento prontificava-se a enviar algumas produções naturais para aumentar o museu do estabelecimento. Em breve, enviaria também o primeiro tomo de suas descrições botânicas que ainda careciam de bons

---

[76] José Correia da Serra. Discurso preliminar. *In*: *Memória económica da Academia Real das Ciências de Lisboa...* Introd. e org. de J. L. Cardoso. Lisboa: Banco de Portugal, 1990. v. 1. p. 9-11.

desenhos para melhor explicar as espécies. Planejava redigir o segundo tomo, dedicado aos quadrúpedes, aves, anfíbios e suas respectivas estampas. Com contatos mais estreitos com a Academia, seria possível aperfeiçoar suas memórias e, assim, tornar-se digno dos elogios. Na carta, dirigida possivelmente ao abade Correia da Serra, Amorim Castro expressava seu desejo de retribuir a confiança, os seus "sinceros desejos de mostrar-lhe a minha servidão", como "seu fiel amigo, reverente e obrigado".[77] Ele aproveitou essa oportunidade para divulgar seus trabalhos e prometer o envio de remessas. Procurava, então, estreitar os laços com a instituição e amenizar a dificuldade de ter acesso a livros e compêndios científicos, indispensáveis ao aperfeiçoamento de seus estudos. Anos depois, sua memória sobre cultivo de tabaco seria premiada e publicada nas memórias da Academia.

Segundo o sócio José Antônio de Sá, a ciência e a indústria produzidas no âmbito da Academia eram meio de honrar e servir a Augusta Rainha. Seus fundadores constituíam uma elite, "em que os senhores reis deste reino têm sempre firmado na Toga e na Milícia as mais árduas empresas do Ministério".[78] Em julho de 1780, a "Academia beijou a mão de Sua Majestade [...], e que foi recebida com muito agrado". A Academia Real contava, então, com apoio de D. Maria I e resultara dos esforços do duque de Lafões, visconde de Barbacena e abade Correia da Serra. Esses fidalgos de toga e espada reuniam títulos, cargos, fortuna e formação intelectual privilegiada. A presidência era ocupada pelo duque, a secretaria pelo visconde, a vice-secretaria pelo abade, enquanto o padre Teodoro de Almeida era o seu orador. Assim, pertencer a essa sociedade literária era privilégio tanto para nobres quanto para plebeus.

As classes eram dirigidas por eminentes personalidades da fidalguia e do mundo científico: na primeira classe, dedicada às ciências naturais, estava o doutor naturalista paduano Domenico Vandelli; na segunda classe, de ciências exatas, o marquês de Alorna, D. João de Almeida Portugal; na terceira classe, de literatura, ciências morais e belas artes, D. Miguel de Portugal e Castro. A composição do corpo acadêmico tornou-se um dilema para o visconde de Barbacena que tentava agrupar os sócios em categorias. Haveria 24 sócios efetivos e mais os sócios

---

[77] Carta de Francisco Alexandre B. de Malaca ao abade Correia da Serra. Luanda, 28 de fevereiro de 1787 e Carta de Manuel Inácio da Silva Alvarenga ao abade Correia da Serra. Rio de Janeiro, 28 de julho de 1789. In: *Para a História da Academia das Sciencias...* p. 234-5 e 307-308; BACL – Processo acadêmico de Joaquim de Amorim Castro.

[78] Carta de José Antônio de Sá ao abade Correia da Serra. Coimbra, 5 fevereiro de 1781. In: *Para a História da Academia das Sciencias...* p. 162.

honorários, sócios estrangeiros, sócios livres e correspondentes, sem números determinados. Para definir essa estrutura, porém, os fundadores enfrentaram controvérsias, pois a classificação "tem descontentado a muitos, não se julgando cada um incluído com razão naquela, em que o pusera, chegando isto a tanto, que ainda alguns sócios efetivos, que são principalmente o objeto do ciúme dos mais, se tem mostrado desgostosos por gênio, ou desconfiança particular".[79]

Alexandre Rodrigues Ferreira era correspondente da Academia desde 1780 e tornou-se sócio de primeira classe em 30 de janeiro de 1789, quando ainda atravessava o território americano na Viagem Filosófica. Ao retornar a Lisboa, escreveu para agradecer a "Piedade" com que o elegeram a sócio e para expressar ao duque de Bragança suas desculpas por não comparecer às reuniões por estar ainda convalescendo das moléstias adquiridas durante a jornada. Algum dia, continua o naturalista, ele tornar-se-ia um membro digno de tão ilustre sociedade. Por fim, revelou a mágoa, "com que no meio de todos os meus companheiros, Manuel Galvão da Silva, Joaquim José da Silva, João da Silva Feijó, eu consinto ser o único eleito a participar daquelas instruções, de que eu, e eles igualmente necessitamos".[80] Entre os companheiros de jornadas às mais recônditas partes do império, somente ele teve o privilégio de se reunir ao seleto grupo acadêmico. As remessas e as memórias produzidas durante as árduas expedições às possessões africanas não resultaram na eleição de seus companheiros para ocupar o mesmo espaço dos grandes naturalistas e matemáticos do reino.

Desde a fundação, a Academia das Ciências de Lisboa contava com os seguintes correspondentes no Brasil. Vicente Coelho de Seabra, natural de Minas Gerais e formado em medicina, lente substituto na Universidade de Coimbra das cadeiras de zoologia, mineralogia, botânica e agricultura. Joaquim de Amorim Castro era natural da Bahia e doutor em leis. Desempenhava ainda o lugar de desembargador da Relação do Rio de Janeiro, juiz da Coroa e Fazenda e adjunto do Supremo Conselho de Justiça, depois de 1808. Manuel Inácio da Silva Alvarenga, natural de Minas Gerais, era bacharel em leis, poeta, advogado, professor de retórica e poética no Rio de Janeiro, fundador da Arcádia Ultramarina. Francisco Xavier Ribeiro de Sampaio era formado em leis e atuava como juiz-de-fora e procurador da capitania do Pará. Mais tarde, passou a atuar como desembargador da Relação do Porto e da casa da Suplicação de Lisboa. O luso-brasileiro

---

[79] Carta do visconde de Barbacena a Dr. Vandelli. Lisboa, 1 de julho de 1780. *In: Para a História da Academia das Sciencias...* p. 70-71 e 75-6.

[80] BACL – Processo do Acadêmico Alexandre Rodrigues Ferreira.

João da Silva Feijó era matemático e correspondente nas Ilhas de Cabo Verde e depois militar na capitania do Ceará.[81]

Segundo todos esses testemunhos, tornar-se sócio da Academia era equivalente ao suposto título de "fidalgo entre os filósofos", ou melhor, distinção capaz de classificar e hierarquizar naturalistas, matemáticos e literatos, aos moldes da sociedade do Antigo Regime. José Bonifácio de Andrada e Silva não era apenas sócio, mas secretário da Academia, lugar originalmente ocupado pelo visconde de Barbacena. Para além do cargo, o filósofo e intendente publicou, entre 1805 e 1819, cerca de oito memórias no âmbito da Academia que abordavam dois temas básicos: história natural – plantio de novos bosques e a extração de ouro e chumbo em Portugal –; e história da própria Academia. Sua trajetória, portanto, demonstra a inserção de um colono, proveniente da elite da capitania de São Paulo, em cargos de prestígio na burocracia e instituições científicas, mas também os limites da ascensão social para homens com origem plebéia. Na correspondência enviada por Andrada e Silva a D. Rodrigo e ao Príncipe Regente, era evidente o descontentamento do intendente. Seus poderes limitados impediam-no de reformar as minas e os demais empreendimentos conforme suas determinações. Sentia-se enfraquecido para levar adiante seus planos de tornar Portugal menos dependentes das importações. Como "português castiço", segundo suas próprias palavras, reunia esforços para poupar preciosos recursos do Estado e da nação, antes gastos com carvão e ferro provenientes do estrangeiro. Nos distritos mineiros, seu comando ainda fomentava a indústria popular, a agricultura e a povoação. Seus feitos eram relevantes, mas era plebeu e sofria com os entraves da velha ordem.

No "Discurso Histórico" de 1819, recitado perante os sócios da Academia das Ciências de Lisboa, ele considerava-se português, mas nascido no Portugal Novo, o Brasil. Antes de retornar à província de São Paulo, ele comunicou aos ilustres acadêmicos: que era "forçoso deixar o antigo, que me adotou por filho, para ir habitar o novo Portugal, onde nasci". Em seguida, ao narrar seus estudos na Europa, ele novamente retornou ao tema da origem, da identidade portuguesa: "e desvaneço-me de que entre as Nações e Sábios da Europa não desonrei jamais o nome de Acadêmico, e de Português".[82] Dirigindo-se ao Príncipe Regente, ele também comunicou a transferência para a terra natal e inventariou

---

[81] *Para a História da Academia das Sciencias...* p. 122-24; BACL – Processo acadêmico de João da Silva Feijó.

[82] José Bonifácio de Andrada e Silva. Discurso Histórico (1819). *In*: *Historia e Memorias da Academia Real das Sciencias de Lisboa*. Lisboa: Typographia da mesma Academia, 1820. p. I-II.

seus valiosos serviços, mas reconhecia seus limites. Não era o vassalo mais sábio, instruído, zeloso e ativo. Sua Majestade contaria, certamente, com homens mais capazes do que ele, "porém mais honrado do que eu, não tem nenhum". Concluiu a carta, desculpando-se: "Excuse Vossa Excelência este desabafo do meu coração".[83] Assim, ao valorizar a sua honra e demonstrar os limites de sua competência, Andrada e Silva sinalizava, talvez, uma ruptura. Nos anos vindouros, a honra e a dignidade dos vassalos tornaram-se temas de reflexão do futuro "patriarca da independência". Em sua mente, a lealdade às mercês, aos privilégios e ao próprio sistema de patronagem estavam em julgamento antes mesmo de arribar em terras brasileiras.

Suas críticas, porém, não eram contrárias ao monarca, mas às ordens, à rigidez das hierarquias que impediam que um vassalo honrado, de origem plebéia, recebesse o merecido reconhecimento de seus feitos. Para o filósofo, um reino abençoado era habitado por clero abastado e sem riqueza inútil, "com poucos morgados, com seus Conventos precisos, e com pouca gente das classes poderosas, que muitas vezes separam seus interesses dos da Nação, e do Estado". Fundada na sabedoria e magnanimidade do nosso incomparável soberano, escrevia Bonifácio, a "Monarquia Brasílica" reuniria esses atributos e "fará uma época na História futura do Universo".[84] Estavam, por certo, claras as rupturas com antiga ordem social e o descontentamento com a impossibilidade de ascensão pelos méritos e honras de um vassalo.

Entre 1819 e 1821, Andrada e Silva rabiscou em um pedaço de papel seus sentimentos contrários aos privilégios, tão comuns às sociedades do Antigo Regime. Provenientes dos princípios liberais da Revolução Francesa,[85] suas idéias certamente expressam descontentamento com as rígidas hierarquias sociais e os títulos de fidalgo. Anos antes do retorno da família real a Lisboa, ele escreveria: "Fazer novos fidalgos é declarar que a Nação é mecânica e que é coisa vil". Aqueles que aceitavam esses títulos eram

> ordinariamente os que sacrificam a honra, e os direitos nacionais. Os que sacrificam a honra e a própria dignidade a títulos e comendas são como os selvagens que trocam o seu ouro

---

[83] FBN – manuscrito I – 47,26,15. f. 15.

[84] José Bonifácio de Andrada e Silva. Discurso Histórico (1819)... p. XXIX. Sobre o assunto ver: Ana Rosa da Silva. *Construção da nação e escravidão no pensamento de José Bonifácio – 1783-1823*. Campinas: Ed. da Unicamp/Fapesp, 1999. p. 92-123.

[85] Ana Rosa da Silva. p. 86.

por grãos de miçanga. São passados os tempos em que a Fidalguia era o mimo das Nações, hoje estas emparelham com aquelas, e todos se podem chamar Fidalgos, se ser Fidalgo, é ser útil e honrado.[86]

Com essas poucas palavras, José Bonifácio contrariava a economia das mercês, a antiga ordem social que se pautava na distinção fidalgos e plebeus e não no valor dos serviços prestados. Maçom e ilustrado, ele ainda demonstrava profundo anticlericalismo e considerava a Igreja católica responsável pelo atraso da nação.[87] Mais tarde, a crítica aos títulos se somaria à escravidão, pois "Que valem títulos, dignidades e honras dados sem justiça, e como paga servil da escravidão e dos vícios?".[88] De inspiração liberal, o pensamento de Andrada buscava contestar elementos de entrave às reformas e aos projetos para a nação moderna.

Sua reflexão seria compartilhada por alguns contemporâneos que, à época da Constituição do Império do Brasil, estipulavam a abolição de privilégios, além dos que se achassem essenciais aos cargos públicos. Como escreveu Sérgio Buarque de Holanda, "O igualitarismo que nossos legisladores da época entendem professar, volta-se muitas vezes contra a outorga de títulos que parecem lembrar instituições caídas no geral descrédito".[89] Se na juventude Bonifácio demonstrava pretensões a títulos nobiliárquicos, na maturidade, depois de silenciadas as vozes dos mais radicais jacobinos, ele mudaria de idéia e defenderia a honra, e não a fidalguia, como o maior atributo de um vassalo.

---

[86] IHGB – doc 47 lata 191. José Bonifácio de Andrada e Silva. Notas sobre a Fidalguia. [1819-1821].

[87] Miriam Dolhnikoff. Introdução. In: J. B. de Andrada e Silva. *Projetos para o Brasil*. Org. Miriam Dolhnikoff. São Paulo: Companhia das Letras, 1998. p. 29.

[88] J. B. de Andrada e Silva. Projetos para o Brasil... p. 219.

[89] Sérgio B. de Holanda. A herança colonial – sua desagregação. In: S. B. Holanda (dir.) *História Geral da Civilização Brasileira*. II – O Brasil Monárquico 1 – O processo de emancipação. São Paulo: Difel, 1993. p. 29.

NATURALISTAS EM APUROS

Logo nos primeiros anos de comando da Secretaria de Estado da Marinha e Negócios Ultramarinos, D. Rodrigo de Souza Coutinho defendeu a harmonia entre as províncias do Império como estratégia para neutralizar as forças revolucionárias que rondavam as metrópoles e suas colônias. Reunidas sob um único sistema administrativo, as províncias centralizadas em Lisboa deveriam obedecer aos mesmos usos e costumes, receber as mesmas honras e privilégios. A inviolável e sacrossanta unidade permitiria que os súditos da monarquia, radicados nas mais distantes paragens, se julgassem somente portugueses.[1] Ao defender esse princípio, o secretário pretendia exaltar a identidade portuguesa e, assim, fortalecer a lealdade à monarquia em meio às instabilidades políticas que se alastravam na Europa e na América. Nessa conjuntura, os escritos do secretário aspiravam remediar as possíveis fraturas promovidas pelo sistema administrativo e contornar, sobretudo, os descontentamentos provocados por um sistema tributário nem sempre eficiente e justo. As reflexões buscavam, por certo, mecanismos para fortalecer a integridade do império sob o gládio do monarca, união baseada em trocas e interdependências entre colônias e metrópole. A defesa de uma única identidade, dos mesmos usos e costumes, honras e privilégios, seria, enfim, responsável por unir os habitantes das mais diferentes províncias do império.

Ao abordar a identidade portuguesa como meio de manter união entre filhas e mãe, Souza Coutinho pretendia evitar os sentimentos anti-lusitanos, possivelmente difundidos entre os letrados nas Minas Gerais, no Rio de Janeiro ou entre os populares da Bahia. Identidades concorrentes fragilizariam a coesão entre as províncias e o controle do centro. Para neutralizar o processo corrosivo, o secretário tornou-se defensor, além da reforma fiscal, dos jovens brasileiros formados em Coimbra, conclamando-os a participar das decisões administrativas e a realizar viagens filosóficas à custa do Estado. "O objetivo", destacou o

---

[1] D. Rodrigo de Souza Coutinho. Memória sobre o melhoramento dos domínios de Sua Majestade na América (1797 ou 1798). *In: Textos políticos, econômicos e financeiros (1783-1811)*. Intr. e org. de Andrée Mansuy Diniz Silva. Lisboa: Banco de Portugal, 1993. v. 2. p. 49.

historiador Maxwell, "era neutralizar o nacionalismo atraindo a atenção para os maiores empreendimentos imperiais".[2] O secretário procurava, por certo, atenuar as identidades regionais, os sentimentos pátrios, que paulatinamente incentivavam mineiros e baianos a defender seus interesses em detrimento dos da metrópole. Antes mesmo dos acontecimentos em Minas, os letrados luso-brasileiros, de forma tímida, expressaram opiniões, por vezes, desfavoráveis a Lisboa. Depois, porém, correram rumores mais graves visando o assassinato do governador das Minas e o estabelecimento de uma República. Como prática para coibir a sublevação, as autoridades impetraram vários castigos contra os colonos: uns seriam degredados para África, outros presos pela Inquisição, outros ainda cairiam em desgraça e no ostracismo. Uns poucos, porém, seriam promovidos e sairiam ilesos das denúncias de sedição. Entre os inconfidentes, encontravam-se eminentes filósofos naturalistas recentemente retornados da Europa, que traziam consigo planos para modernizar a economia, mas carregavam também idéias de liberdade.

A primeira denúncia encontra-se nos escritos de um bacharel luso-brasileiro. Quando demarcava as fronteiras da capitania do Mato Grosso, em setembro de 1786, o matemático Lacerda e Almeida informou ao secretário de Estado Martinho de Melo e Castro que seu companheiro, o também matemático Antônio Pires da Silva Pontes, defendia a causa dos mineiros. Para além de descuidar dos cálculos e se distrair com plantas e animais, na mente de Silva Pontes reinava a rebeldia: "E se seria o menor dos seus crimes, se pelo espírito de rebelião, que nele reina, pudesse por em prática os discursos, que imprudentemente muito vem proferindo, de dever ser Minas Gerais, sua Pátria, cabeça de um grande Reino".[3] Desde modo, faltava ao matemático a necessária lealdade "à Nossa Soberana, e aos seus deveres de cidadão". Embora fosse comprometedora, a denúncia de Lacerda e Almeida não teve desdobramentos funestos, o incidente não comprometeu a carreira de Silva Pontes na burocracia metropolitana. Ele tornou-se, em fevereiro de 1795, censor da Mesa de Consciência e Ordens, escolhido por ser pessoa digna da "Real Aprovação". Recebeu ainda o posto de governador da capitania do Espírito Santo, em 1798, e de coronel e comandante do Regimento de Milícia da mesma capitania, no ano seguinte.[4] De todo modo, não eram comuns as denúncias promovidas por colegas de ofícios. A intriga armada por

---

[2] Kenneth Maxwell. *A devassa da devassa*. (trad.) Rio de Janeiro: Paz e Terra, 1978. p. 254.

[3] AHU – Mato Grosso – cx. 23, d. 20. Vila de Cuiabá, 24 de setembro de 1786.

[4] Chancelaria de D. Maria I, l. 55, f. 137 e l. 61, f. 231v.

Lacerda e Almeida seria uma curiosa exceção entre os bacharéis luso-brasileiros.[5] Com freqüência, eles enfrentavam os desmandos dos representantes da Coroa, da burocracia colonial, logo depois de instalados no ultramar.

Em princípio, os filósofos egressos da Universidade de Coimbra eram agentes ilustrados do poder metropolitano e defendiam as reformas e a modernização das atividades agrícolas e mineradoras. Formadas as primeiras turmas, sobretudo depois de 1783, a secretaria de Estado e Negócios Ultramarinos transformava os melhores alunos em funcionários e os enviava às colônias para implantar as novas técnicas disponibilizadas pelos cursos de filosofia natural e matemática. Bacharéis e doutores, contudo, nem sempre eram tratados com a devida distinção e honra no ultramar. A sorte de Silva Pontes não abençoou seus colegas de profissão que enfrentaram muitos reveses ao executar seus trabalhos de demarcação ou coleta de espécies. Vice-reis, governadores e vereadores das Câmaras estavam atentos à conduta dos filósofos naturalistas enviados de Lisboa. Por servir ao rei e se comunicar, com freqüência, com o secretário de Estado, eles dominavam canais que os capacitavam a enfrentar governadores e demais autoridades locais. Esse embate repetiu-se em diversas oportunidades e criou sérios entraves às investigações filosóficas. Por outro lado, o contato com livros proibidos, as viagens à França e à Inglaterra e os vínculos com a maçonaria tornavam os filósofos naturais suspeitos de sedição, de fomentar revolta e de contrafazer a ordem imposta pela monarquia. Assim, segundo as autoridades coloniais, ao invés de incrementar os laços entre metrópole e conquistas, determinados filósofos naturais tramavam a derrocada do império.

Notícias do despotismo das autoridades locais seriam veiculadas em cartas à rainha, ao príncipe regente e ao secretário de Estado. Mas seriam mais explícitas e públicas em memórias produzidas após a independência, como nos escritos de Baltazar da Silva Lisboa e José de Sá Bittencourt Acioli. O último obteve, em 1787, o grau de bacharel em filosofia pela Universidade de Coimbra. Antes de retornar à capitania de Minas Gerais, visitou a França e a Inglaterra para, em seguida, estabelecer-se na terra natal. O retorno, porém, não lhe rendeu bons frutos, pois teve sua carreira de naturalista interrompida com a denúncia de seu envolvimento na inconfidência mineira. Em dedicatória a José Bonifácio, datada entre 1822 e 1823, Bittencourt lembrou dos anos conturbados e destacou principalmente os desmandos do governador das Minas, Luís Antônio Furtado

---

[5] Vale também mencionar a denúncia do médico Dr. Luís de Figueiredo, enviada ao Santo Ofício, contra o naturalista José Vieira Couto. Ver: Virginia T. Valadares.... p. 252-358.

de Mendonça, o visconde de Barbacena, que perseguiu e acusou de criminosos alguns dos amantes da ciência radicados na capitania:

> O Tirano Despotismo que neste País oprimiu, devastou e destruiu os primeiros alunos desta útil faculdade, embaraçou por muito tempo o seu exercício aos que escaparam das suas fúrias, fez retardamento dos seus progressos e sufocou ao berço planos de melhoramentos bem premeditados.[6]

Bittencourt reclamava do tempo perdido com projetos abençoados por um ardente desejo de ser útil à pátria. Na esperança de promover a ciência, ele comprara livros, vasos, reagentes, máquinas para o estabelecimento de um laboratório e exercício do seu "gênio". Pretendera ainda fundar uma escola para os patrícios, mas, ao lançar as primeiras bases do edifício, a "ambição de um Joaquim Silvério, devedor de muitas contas à Real Fazenda" fez chegar ao visconde de Barbacena a denúncia de uma possível sublevação tramada pelos "mais dignos, e eruditos Patrícios de Minas Gerais".

Conforme a dedicatória a Bonifácio, o "visconde déspota e o sultão vice-rei Luiz de Vasconcelos e Sousa" juntos prenderam os ilustres mineiros sem averiguar a procedência da denúncia. Por conhecer os processos químicos para composição de pólvora, os patrícios eruditos viraram suspeitos de inconfidência. Era, portanto, crime ter "apelido de naturalista", escreveu o mineiro filósofo. Ao saber da trama contra a sua pessoa, ele revolveu fugir para Bahia, de onde imigraria para os Estados Unidos, plano que foi impedido pelo tio, Dr. João Ferreira de Bittencourt e Sá. Como réu de lesa majestade, Bittencourt foi recolhido na comarca de Ilhéus, preso por 60 dias e sentenciado no Rio de Janeiro. Ele, porém, escapou da pena de degredo devido à intermediação de sua tia Isabel, senhora com mais de 100 anos, que fornecera algumas arrobas de ouro para obter a inocência do sobrinho.[7] Com o metal, libertou-se da acusação, fixou residência na Bahia e dedicou-se à lavoura de algodão às margens do rio das Contas. A partir da Ordem Régia, junho de 1799, ele retomou seus afazeres de naturalista, empreendeu expedição às minas de salitre em Montes Altos, onde finalmente colocou em prática os ensinamentos universitários. Tempos depois, retornou à Minas, à vila de Caeté, onde serviu no posto de

---

[6] José de Sá Bittencourt Camara. Memória mineralógica do terreno mineiro da Comarca de Sabará. *Revista do Arquivo Público Mineiro*. II, 1897. p. 599- 600.

[7] Ignacio Accioli Cerqueira e Silva. José de Sá Bittencourt Accioli (biografia). XIV, 1909. p. 476; ver ainda Virgínia Trindade Valadares. *Elites Mineiras setecentistas*. Lisboa: Ed. Colibri, 2004. p. 379-383.

coronel do Segundo Regimento de Infantaria da Comarca de Sabará. Como militar, participou, junto ao filho, do processo de independência e da proclamação de D. Pedro. Sua tropa servia à Vossa Alteza Real e estava "pronta para em tudo seguir as boas deliberações do grande Protetor, da nossa Constituição". Mesmo abatido pela idade avançada, seu fervor patriótico ainda conclamava os camaradas a lutar em favor da libertação da Bahia, em favor dos valentes baianos "que se esforçavam por alcançar a liberdade oferecida aos Brasileiros pelo melhor dos Príncipes".[8] Percebe-se, então, como o despotismo do governador e do vice-rei promoveu, muito tempo depois, o patriotismo[9] e incentivou a luta pela independência. Diferentemente do mencionado coronel de Sabará, o filósofo José Álvares Maciel não teve a sorte de lutar pela libertação da pátria, nem mesmo de redigir suas memórias sobre a repressão do governador e vice-rei. Depois de longa temporada, ele não resistiu às intempéries, doenças e ostracismo inerentes ao degredo em Angola.

José Álvares Maciel era filho do capitão-mor de Vila Rica. Inicialmente estudou na Bahia, mas partiu para Coimbra em junho de 1782 com seus irmãos Francisco e Teotônio. Três anos depois, estava formado em filosofia e iniciou suas pesquisas mineralógicas na Serra da Estrela, norte de Portugal. Ao findar os estudos, reuniu-se a doze estudantes luso-brasileiros e juraram lutar pela independência da pátria, conforme narrou, em carta, a freira D. Joana de Meneses e Valadares. Em seguida, durante 18 meses, realizou estágio em Birmingham, onde, talvez, mantivesse contato com a maçonaria e com os ideais de liberdade dos colonos britânicos da América. Retornou a Coimbra e Lisboa antes de passar ao Brasil. Mas foi no Rio de Janeiro onde ocorreu o oportuno encontro com visconde de Barbacena que, dias depois, assumiu o cargo de governador em Vila Rica. Como não encontrara na Corte um competente mineralogista para assessorá-lo no governo das minas, o visconde considerou fortuito o encontro com Maciel, profissional capaz de encontrar novos veios e modernizar a extração mineral. Na capital do Vice-Reino, Maciel ainda conversou com Tiradentes e com o padre José da Silva e Oliveira Rolim, quando lhes contou, possivelmente, sobre as diretrizes e conselhos de Tomás Jefferson, além da disposição dos comerciantes de Bordéus de enviarem três navios de suprimentos à primeira notícia de levante no Brasil.[10]

---

[8] José de Sá Bithencourt Camara. Cartas. *Revista do Arquivo Público Mineiro.* II, 1897. p. 600.

[9] Sobre patriotismo ver: José Carlos Chiaramonte. *Nación y Estado en Iberoamérica.* Buenos Aires: Editorial Sudamericana, 2004. pp. 27-58.

[10] Tarquínio J.B. de Oliveira. Nota biográfica. *In*: *Autos de Devassa da Inconfidência Mineira.* v. 2. Brasília/ Belo Horizonte: Câmara dos Deputados e Governo do Estado de Minas Gerais, 1978. pp. 270-271.

Em agosto de 1788, partiu para Vila Rica e logo assumiu as tarefas estabelecidas pelo governador. À procura de metais, ele percorreu Sabará, Caeté e Vila Rica, obtendo resultados interessantes para os líderes da possível revolta. Envolvido na inconfidência, o coronel Ignácio José de Alvarenga indagou sobre as descobertas no sertão. Maciel respondeu: "que de vegetais havia muitos, mas minerais nenhum e que destes havia muita abundância nesta vila [Vila Rica] e Sabará". O alferes Silva Xavier indagou sobre as reservas de ferro e a viabilidade de produzir pólvora.[11] Como Bittencourt Acioli, o naturalista Maciel seria, então, envolvido na inconfidência por controlar os processos químicos e mineralógicos. Mais uma vez, o apelido de naturalista tornar-se-ia sinônimo de inconfidente.

Joaquim Silvério dos Reis recorria exatamente à formação universitária e ao ofício de naturalista para reforçar a participação de Maciel nos planos da revolta: "pela inteligência que tem de história natural e instrução sobre diferentes matérias, fazia pólvora". Silvério ainda relatou a reprimenda do capitão-mor, pai de Maciel, sobre o procedimento do filho. Durante a censura, advertia-lhe para não ser infiel à soberana, "porque se o fores, ser-me-á mais fácil cortar-te a cabeça do que ver-te metido em semelhantes perturbações".[12] A carta denúncia de Domingos Vidal de Barbosa incidiu também na habilidade do inconfidente em produzir pólvora e ferro, suprimentos necessários, segundo ele, "para o Brasil se fazer independente". Na inquirição, porém, Maciel negou a viabilidade de se produzir pólvora, por ser caro o salitre, contestou também seu envolvimento em planos de sublevação, embora tenha comprado, por dois xelins, a *História da América Inglesa* em Birmingham.[13] Sua passagem pela Inglaterra, certamente, forneceu à repressão mais um elemento suspeito e capaz de propiciar o castigo do réu.

Nos autos da devassa, não existem evidências do funcionamento de uma loja maçônica em Minas Gerais. O Grande Oriente Lusitano somente abriria loja no Brasil em 1804. Com a partida da Corte Real para o Brasil e ausência de instituições políticas organizadas, a maçonaria e as sociedades secretas "tornaram-se um espaço apropriado, no qual elementos da nobreza, do exército, do clero e da burguesia começaram discutir as idéias liberais e a lutar por uma nova imagem política e ideológica de Portugal".[14] O vazio político, assim, promoveu uma maior difusão

---

[11] *Autos de Devassa da Inconfidência Mineira.* v. 4. p. 171.

[12] *Idem.* v. 4. p. 48.

[13] *Idem.* v. 2. p. 464 e 282.

[14] Lúcia M.B. Pereira das Neves. *Corcundas e constitucionais.* Rio de Janeiro: Faperj/Ed. Revan, 2003. p. 33.

da maçonaria dos dois lados do Atlântico até 1817, quando foi proibida no império luso-brasileiro.[15] A trajetória de José Álvares Maciel reúne, porém, suspeitas de sua filiação à ordem maçônica em data anterior a esses marcos.

Alguns de seus contemporâneos abraçaram a causa da maçonaria ainda no setecentos. A se valer do testemunho de Joaquim Felício dos Santos, Tiradentes era um iniciado, que "levou instruções secretas da maçonaria para os patriotas de Minas. Em Tijuco o primeiro que se iniciou foi o padre Rolim, depois o cadete Joaquim José Vieira Couto e seus irmãos".[16] Em 1803, Joaquim José foi preso, em Lisboa, por mandado do intendente-geral da Polícia e, em seguida, transferido para os cárceres do Santo Ofício com acusação de fazer parte da ordem dos pedreiros livres. No processo constam muitos detalhes sobre os ritos maçônicos, o que demonstra a existência precoce de uma loja em Minas Gerais.[17] Entretanto, o mais famoso maçom, entre os naturalistas luso-brasileiros, era Hipólito José da Costa, natural da colônia de Sacramento e formado em filosofia e lei na Universidade de Coimbra.

Hipólito da Costa confessou aos inquisidores sua admissão "à Ordem da Francomaçonaria na cidade de Filadélfia", entre 1799 e 1800. Inicialmente, não despertaram suspeitas suas ligações com os maçons norte-americanos. De fato, foram seus contatos com lojas inglesas que provocaram sua desgraça. Sem acreditar que Pina Manique, o intendente-geral da polícia, estava no seu encalço, ele persistiu em dar prosseguimento a suas atividades secretas e buscar apoio dos maçons britânicos. Caiu, por fim, nas malhas do temeroso intendente.

Antes, em missão encomendada por D. Rodrigo de Sousa Coutinho, ele partiu em viagem de estudo aos Estados Unidos e México, em 1798, com a intenção de conhecer a cultura de cânhamo, tabaco, algodão, cana-de-açúcar, índigo e principalmente cochinilha, para, em seguida, introduzir as novas técnicas no Brasil. Sua permanência na América Setentrional ainda renderia observações sobre a construção de pontes, moinhos de água e pesca baleeira. Por falta de "socorros pecuniários" e problemas de navegação, a viagem teve resultados tímidos,

---

[15] Sobre a maçonaria ver: A.H. Oliveira Marques. *História da maçonaria em Portugal.* Lisboa: presença, 1989. Apesar da falta de evidências, a influência da maçonaria na Inconfidência Mineira é tema de estudo de A. Tenório d´Albuquerque. *A maçonaria e a Inconfidência Mineira.* Rio de Janeiro: Editora Espiritualista, s/d.

[16] Joaquim Felício dos Santos. *Memórias do Distrito Diamantino.* Petrópolis: Vozes, 1978. p. 257.

[17] Virgínia Trindade Valadares.... p. 358.

conforme carta enviada a D. Rodrigo.[18] Em 1800, Hipólito retornou a Lisboa e assumiu o cargo de diretor literário da Casa Literária do Arco do Cego, dirigida por frei Veloso. Encarregado, mais uma vez, por D. Rodrigo, viajou a Londres com a finalidade de comprar livros para Biblioteca Pública e máquinas para Imprensa Régia. De fato, conduzia a missão de filiar lojas maçônicas portuguesas ao Grande Oriente de Londres.[19]

Ao retornar a Lisboa, recebeu a visita da polícia em sua casa. Encarcerado sem saber o real motivo, ele requisitou o cumprimento da lei e ouviu que sua prisão não obedecia às regras do Direito. O chefe da polícia tinha "poderes ilimitadíssimos para a investigação dos crimes e castigos dos réus". As autoridades informaram-lhe, em seguida, que o delito era a falta de passaporte para viagem ao exterior, mas descobriram, entre os seus pertences, papéis relativos à maçonaria. Ao ser indagado sobre o documento, respondeu: "Eu não tive a menor dúvida em declarar, logo que fui perguntado, que aquelas cartas eram minhas e que eu efetivamente fora admitido à Ordem da Francomaçonaria na cidade de Filadélfia". Em sua narrativa, Hipólito defendeu a ilegalidade do procedimento policial, pois, à época, não havia lei proibindo a maçonaria em Portugal.[20]

Em seguida, julgaram-lhe herético e conduziram-no à Inquisição, onde permaneceu entre 1803 e 1805 até sua fuga para Londres. À época, a Inquisição perdera o rigor de outrora, estava muito decadente e reduzida a censurar livros e perseguir os pedreiros-livres. De todo modo, durante o interrogatório, os inquisidores desconfiaram de sua formação filosófica e perguntaram-lhe sobre a metafísica, a existência de Deus e a imortalidade da alma. Hipólito confirmou os estudos de metafísica e ética na Universidade de Coimbra e acrescentou: "é claro que os compêndios eram ortodoxos, pois deviam ser aprovados pela mesma Universidade".[21] Somadas ao curso de filosofia, as viagens a estados protestantes e republicanos incentivam, igualmente, idéias libertárias e engajadas à maçonaria. Sua trajetória, por certo, conduziu-o ao rompimento com os princípios morais, políticos e religiosos vigentes em Portugal. Por outro lado, sua fuga para Londres

---

[18] Carta de Hipólito da Costa a D. Rodrigo de Sousa Coutinha. Filadélfia, 15 de fevereiro de 1800. *In*: Hipólito José da Costa. *Narrativa de Perseguição*. Brasília: Fundação Assis Chateaubriand, 2001. p. 266.

[19] Carlos Rizzini. *Hipólito José da Costa e o Correio Braziliense*. São Paulo: Companhia Editora Nacional, 1957. p. 3-15.

[20] Hipólito José da Costa. *Narrativa de Perseguição...* p. 23-30.

[21] *Idem, Ibidem.* p. 55.

significava, ao mesmo tempo, liberdade e perda da pátria: "Sim, perdi a pátria, mas aprendi a apreciar o que vale, e o que diz Filangieri, que o desterro em uma república é pena capital; eu sei o que ganhei com perder a pátria, que foi minha liberdade, e viver tranqüilo".[22]

Assim, entre os luso-brasileiros formados em Coimbra, a maçonaria não era desconhecida, o que reforça a hipótese de José Álvares Maciel ser mais um adepto das lojas. Por 18 meses, viveu na Inglaterra, onde talvez cultivasse, junto a outros americanos, o espírito libertário e as idéias favoráveis à independência na América. De todo modo, nos autos da devassa, não se atribuiu à maçonaria a pena imputada ao inconfidente. Seria seu domínio da história natural, particularmente a habilidade de produzir pólvora, o crime que o conduziu ao degredo em Angola. Nesse mesmo sentido, escreveu Bettencourt ao comentar a fatalidade do companheiro:

> Homens inocentes nada temiam, mas porque uns diziam que sabiam fundir o ferro, outros que eram da sua arte a manipulação do salitre e o fabrico de pólvora, operações das suas faculdades, foram logo suspeitos de inconfidência. José Alves Maciel [foi] acabrunhado em cruel segredo, e outros muitos.[23]

No entanto, seria o saber químico que viabilizou sua sobrevivência no degredo em Massagano, onde ele iniciou a construção de uma fábrica de ferro. Ao saber da criação desse estabelecimento, por intermédio do governador de Angola, D. Miguel Antônio de Melo, o naturalista derramou "lágrimas de arrependimento por seus erros passados, e de gratidão pelos benefícios que sobre a ele derramava o N. A. Soberano".[24] Seus conhecimentos químicos permitiram-lhe escrever memória sobre a fábrica de ferro de Oeiras, endereçada a D. Rodrigo de Sousa Coutinho. Antes de iniciar sua exposição, agradeceu humildemente ao secretário de Estado por ele "abrir caminho de ainda poder fazer algum serviço à minha Augusta Soberana, contudo as circunstâncias em que me acho e que vou expor a V. Exa. me fazem implorar a mais decidida exposição de V. Exa.".

Para a fábrica de ferro funcionar, Maciel solicitou 118 pedras de cantarias, um fole de madeira e outro de ferro. A demora da remessa desses utensílios im-

---

[22] Hipólito José da Costa. *Narrativa de Perseguição...* p. 30-40. Caetano Filangieri era publicista napolitano (1752-1788).

[23] José de Sá Bittencourt Camara. Memória mineralógica... p. 600.

[24] *Autos da Devassa...* v. 9. p. 350-1.

pedia o início do empreendimento e quando finalmente chegaram José Álvares Maciel estava morto. Ele teria falecido nos primeiros dias de março de 1804, em Massangano. A abundância de ferro permanecia inexplorada por causa da insalubridade do país e da inexistência de "homens brancos" capazes de conduzir o empreendimento. Ao relatar ao visconde de Anadia sobre os repetidos fracassos da exploração mineralógica, D. Fernando Antônio de Noronha, também governador de Angola, comentou sobre a morte do naturalista sem deixar de elogiar o seu talento: "[...] depois de terem sacrificado umas poucas vidas que poderiam, sem tanto risco, servir de utilidade ao Estado, como atualmente sucede com o referido Dr. Maciel, digno pelos seus talentos e pelas luzes de ter sido aproveitado um clima mais favorável".[25] Deste modo, o governador de Angola retomava o mesmo tema das memórias de Bettencourt Acioli quando, ao final da vida, demonstrou o quanto foi deletéria a perseguição promovida pelo visconde de Barbacena. Ao prender os mais sábios mineiros, retardava os progressos da ciência e sufocava, "ao berço, planos de melhoramentos bem premeditados".

Se Bettencourt, Hipólito e Maciel sacrificavam as suas vidas em defesa da liberdade ou de uma maior autonomia para sua pátria, nem todos os naturalistas em apuros compartilharam de projetos coletivos. Alguns se envolveram em lutas políticas em busca de ascensão social, de cargos e títulos. Para tanto, enfrentaram as autoridades locais e se viram enredados em teias e tramas potencialmente capazes de conduzi-los ao ostracismo político, à prisão e mesmo, ao degredo. Apuros passaram os bacharéis Baltazar da Silva Lisboa e Joaquim de Amorim Castro que atuavam, ao mesmo tempo, como juízes-de-fora e naturalistas. Foram acusados de sediciosos por demonstrar habilidade de criar intrigas, por dominarem um conhecimento estranho aos inimigos, além de atuarem como naturalistas, apelido que era sinônimo de sediciosos. Enfrentaram, à mesma época, vereadores das Câmaras do Rio de Janeiro e da Vila da Cachoeira, no recôncavo baiano. Suas carreiras universitárias, profissionais e política possuem tantos pontos em comum que seria redundância tratar de ambos. Assim, devida à farta documentação, Silva Lisboa é foco da análise, ao invés de Amorim Castro. De todo modo, seus testemunhos permitem visualizar as intrigas locais, seus vínculos com Lisboa e concluir, mais uma vez, que a história natural não era tão importante como matéria científica, mas constituía uma conveniente moeda de troca, fonte de honra e privilégios.

---

[25] *Autos da Devassa...*v. 9, p. 384.

Honra e apuros do juiz naturalista

Em biografia praticamente composta pelo magistrado Baltazar da Silva Lisboa e apresentada pelo sobrinho Bento da Silva Lisboa, em 1840 no Instituto Histórico, consta que ele era natural da Bahia e nascido em 6 de janeiro de 1761. Quando moço recebera convocação do governador capitão-geral Manuel da Cunha e Meneses para lutar na guerra entre Espanha e Portugal no sul da colônia. Seu pai, Henrique da Silva Lisboa e avô eram homens honrados, sem defeito mecânico, familiares do Santo Ofício e viviam de rendimentos de prédios urbanos e rústicos. Esse prestígio em nada auxiliou a súplica dirigida ao governador para impedir que seu filho de 14 anos fosse convocado para guerra. Para livrar o menino de tal sorte, o pai embarcou-o para Lisboa, em julho de 1775. Da Corte, partiu para encontrar o irmão, José da Silva Lisboa, em Coimbra, "debaixo de cujos conselhos e direção aperfeiçoou-se na gramática latina, estudou retórica e filosofia racional e moral".[26]

Na Universidade de Coimbra era aluno do curso jurídico e ainda estudou geometria, língua grega, história natural, física experimental com o mestre Dolabella e química com Vandelli. Seu aproveitamento nessas ciências rendeu-lhe dois prêmios e a estima do bispo D. Francisco de Lemos Pereira Coutinho, ilustre fluminense que o recomendaria ao secretário de Estado Martinho de Melo e Castro. Em princípio, esse contato permitiu-lhe atuar como naturalista nas minas de Buarcos e, em seguida, receber indicação para ser juiz-de-fora de Barcelos, norte de Portugal. Antes, porém, seu destino fora alterado, pois consideraram mais prudente despachá-lo para o Rio de Janeiro com a incumbência de explorar a história natural em viagem à Serra dos Órgãos. Estabeleciam, por conseguinte, os vínculos entre o bacharel e o secretário de Estado, pautados no interesse mútuo de promover a ciência. As mesmas metas científicas aproximaram Martinho de Melo e Castro de naturalistas como Alexandre Rodrigues Ferreira e João da Silva Feijó, que ora o consideravam como pai e protetor, ora como algoz.

No tempo da universidade, Silva Lisboa percorreu os arredores de Coimbra e descreveu a viagem que realizou em obediência "e obséquio do Ex. Bispo Conde, Donatário deste lugar". Durante a jornada, dedicou-se aos estudos mineralógicos e aos hábitos dos moradores, "gente sem educação, ao mesmo tempo que ociosa, ambiciosa, unido tudo com o caráter vingativo".[27] Em 1786, Baltazar

---

[26] IANTT – Bacharéis. maço 10, d. 13. Lisboa, 30 de abril de 1784; Biografia do Conselheiro Balthazar da Silva Lisboa, lida na sessão de 31 de agosto de 1840 por Bento da Silva Lisboa. *RIHGB*, 2, 1858. p. 384-392.

[27] AN – Itens documentais, 66IP51.

1786, Baltazar da Silva Lisboa publicou seu livro sobre filosofia natural, onde revelou seus preciosos conhecimentos sobre as potencialidades econômicas do Estado do Brasil. Com a licença da Real Mesa Censória e dedicado ao Príncipe, o bacharel versou sobre história natural e expressou o insaciável desejo de ser útil à sua pátria, "e ao asilo que em V.A.R. acham todos os que procuram ser úteis à sociedade, me convidaram a privar-me algum tempo dos estudos da jurisprudência e dedicar à V.A.R. as primícias dos meus trabalhos".[28] Seus estudos eram humilde oferecimento, fruto da pura satisfação, do seu amor e vassalagem. Essa dedicatória, portanto, esclarecia a sua total disponibilidade de engajar-se no real serviço, fosse com seus conhecimentos de jurisprudência, fosse no aproveitamento da natureza para o engrandecimento da pátria. Nesse sentido, Martinho de Melo e Castro escreveu ao vice-rei Luís de Vasconcelos para recomendar o bacharel Silva Lisboa, "o qual me parece se fará recomendável à V. Ex. pelo merecimento. Além dos estudos jurídicos, ele se tem aplicado muito particularmente à história natural e vai examinar a idéia de percorrer os arredores do Rio de Janeiro".[29] Como os demais naturalistas mencionados, ao iniciar os trabalhos de coleta e estudos de espécimes, Baltazar tornava-se subordinado ao vice-rei, responsável por viabilizar suas investigações, determinar o percurso das viagens, prover meios de locomoção, mantimentos e instrumentos científicos. O vice-rei atuava igualmente como intermediário entre o naturalista e o secretário Martinho de Melo e Castro, por isso as remessas seriam enviadas a Lisboa com o seu beneplácito. Esse protocolo explica a razão para Melo e Castro apresentar o bacharel ao vice-rei Luís de Vasconcelos e Sousa (1779-1790) com a menção ao duplo ofício, juiz-de-fora e naturalista.

A história natural seria um trunfo que o acompanharia por toda carreira. Silva Lisboa pleiteava ascender na magistratura, recorrendo certamente aos serviços como juiz, mas também como naturalista, sobretudo por não receber emolumentos pela última função. Pouco antes de partir para o Rio de Janeiro, teve encontro com Melo e Castro e no momento de beijar-lhe a mão, ouviu do secretário o pedido para enviar-lhe somente notícias referentes à história natural

---

[28] Balthazar da Silva Lisboa. *Discurso histórico, político e económico*. Lisboa: Na officina António Gomes, 1786.

[29] AHU – Rio de Janeiro, Documentos Avulsos (DA). Ofício de Martinho de Melo e Castro a Luís de Vasconcelos e Sousa. Lisboa, 4 de janeiro de 1787.

e "não queria ver outras coisas".³⁰ Em parte, o magistrado cumpriu a promessa e enviou-lhe inúmeras espécies para enriquecer o Museu da rainha e algumas memórias para serem apreciadas pelo exigente secretário. Mas essas remessas iam quase sempre acompanhadas de um pequeno relatório das disputas travadas na Câmara e no Tribunal da Relação. Com a chegada do conde de Resende (1790-1801), sobretudo depois de 1791, avolumaram-se os protestos dos vereadores e pareceres emitidos pelos desembargadores contra os julgamentos emitidos por Silva Lisboa. Ao lamentar os incidentes com Melo e Castro, confessava que o vice-rei, quem era obrigado a conservar, o destruía e aniquilava.³¹

Antes de iniciar a exploração nos arredores do Rio de Janeiro, o secretário manifestou o seu interesse em promover uma expedição à Serra dos Órgãos, contando com a participação do frei José Mariano da Conceição Veloso e de Baltazar da Silva Lisboa. O plano era fundado na boa impressão produzida pela remessa, enviada por Veloso, de uma coleção de conchas para Melo e Castro, "as quais não só vieram bem ordenadas, mas muitas delas estimadíssimas pela sua raridade". O cuidado demonstrado no envio justificava a continuidade do trabalho com apoio do juiz-de-fora, união capaz de muito valorizar o Museu de Sua Majestade. Melo e Castro ainda recomendou o percurso dessa investigação, pois alertou o vice-rei para as potencialidades do sertão do Macacu e para o envio de remessas a Lisboa: "que lhe remetam tudo [que] acharem de cristais grandes, ou com alguma raridade, amatitas, ou outras semelhantes pedras, matrizes de ouro, ou de outros metais, com as que descobrirem pertencentes à mineralogia".³²

A possível cooperação, porém, não deixou testemunhos. Ao investigar a natureza do Rio de Janeiro, as primeiras investidas de Baltazar foram lançadas na Ilha das Cobras. Em junho de 1787, iniciava assim o ofício enviado ao secretário: "Não posso deixar de importunar a V. Ex. com as minhas humildes letras tanto por reconhecimento do bem que V. Ex. me fez, que de mim exige uma perpétua demonstração de minha gratidão". O juiz naturalista empregava-se no serviço da soberana em um país onde o "governador realça a nobreza do nascimento com as virtudes públicas, que ama a Pátria, e os seus interesses". Deste modo, o juiz-defora agradecia as graças alcançadas com o favor do secretário e o apoio do vice-

---

[30] AHU – Rio de Janeiro, DA. Ofício de Baltazar da Silva Lisboa a Martinho de Melo e Castro. Rio de Janeiro, 11 de agosto de 1789.

[31] AHU – Rio de Janeiro, DA. Ofício de Baltazar da Silva Lisboa a Martinho de Melo e Castro. Rio de Janeiro, 12 de janeiro de 1791.

[32] AHU – Rio de Janeiro, DA. Ofício de Martinho de Melo e Castro a Luís de Vasconcelos e Sousa. Lisboa, 4 de janeiro de 1787.

rei: "Deus queira conservar a vida e saúde de V. Ex. para bem da Monarquia, e para que nos conserve o Vice-rei que temos". Essa harmonia viabiliza, para além das remessas, coletas de espécies e exames dedicados à Moral e Política do país.[33] Percebe-se, então, que no princípio, o relacionamento entre o juiz e o vice-rei era cordial, mas, ao passar do tempo, sobretudo no governo do conde de Resende, os elogios mútuos transformaram-se em conflitos.

Nos meses seguintes, Baltazar deu continuidade aos exames e averiguações da Ilha das Cobras. De suas pedreiras, coletou grande variedade de minerais: estanho, pelotes de ferro com cobalto ou cobre com variedade e multiplicidade de cores. Por falta de tempo, não avançou na botânica, mas descobriu em abundância noz-moscada nos sertões de Macaé e Cabo Frio.[34] Seus escritos e remessas tornaram-se mais esparsos, ou mesmo raros, entre 1788 e 1789. Ao iniciar o governo do conde de Resende, retomou o envio de notícias e espécies que eram seguidos de alertas para as possíveis acusações inventadas por seus inimigos. Em fevereiro de 1790, enviou a Melo e Castro um caixote verde com as conchas apanhadas nas praias do Rio de Janeiro e seu recôncavo. No ofício, o naturalista expressava seu desejo de merecer a honrada proteção do secretário, sobretudo se chegasse à respeitável presença de Mello e Castro qualquer representação contra a sua pessoa. Ele, por sua vez, nada fazia para "desmerecer a Proteção de V. Ex. apesar das injustiças investidas dos meus inimigos, pois só me interesso pelo serviço de S. Majestade e bem destes povos e agradar a V. Ex. de quem tanto a honra de ser".[35] Iniciava-se, assim, uma série de ofícios dirigidos a Melo e Castro onde o juiz reunia notícias de história natural a informes dos conflitos de jurisdição entre o juiz, o novo vice-rei, os homens bons da Câmara e os desembargadores do Tribunal da Relação.

Por certo, Melo e Castro tinha interesse nas remessas ao Museu, pois era um meio de também prestar vassalagem à rainha. Para Silva Lisboa, além de ser contribuição para real estabelecimento, o envio de espécimes era uma boa oportunidade para solicitar a proteção do secretário. Ao observar o envio de remessas, percebe-se que elas aumentavam e tornavam-se preciosas, exóticas e raras na medida em que o tempo político esquentava no Rio de Janeiro. Essa

---

[33] AHU – Rio de Janeiro, DA. Ofício de Baltazar da Silva Lisboa a Martinho de Melo e Castro. Rio de Janeiro, 15 de junho de 1787.

[34] AHU – Rio de Janeiro, DA. Ofício de Baltazar da Silva Lisboa a Martinho de Melo e Castro. Rio de Janeiro, 2 de outubro de 1787.

[35] AHU – Rio de Janeiro, DA. Ofício de Baltazar da Silva Lisboa a Martinho de Melo e Castro. Rio de Janeiro, 22 de fevereiro de 1790.

mesma dinâmica encontrava-se nos ofícios enviados ao secretário pelos demais naturalistas, sobretudo Alexandre Rodrigues Ferreira que recuperou seu prestígio ao expedir inúmeras memórias e remessas ao Gabinete de História Natural. Como o vice-rei deveria garantir, ou "conservar", suas atividades como juiz e naturalista, ao invés o destruía e o aniquilava, valia-se Baltazar do secretário que prometera apoiá-lo antes de partir para o Rio de Janeiro. Se inicialmente recebera o cargo de juiz-de-fora em Barcelos, depois, com a interferência de Melo e Castro, tornou-se ministro na cidade do Rio de Janeiro, com a tarefa de realizar viagens filosóficas a seus arredores. Em Coimbra, beijou a mão do seu benfeitor, prometeu-lhe espécies e, assim, considerava-se inserido no amplo sistema de patronagem comandado pelo secretário de Estado.

Como juiz e naturalista, Baltazar da Silva Lisboa almejava servir ao monarca com toda dedicação, desejava ainda ver reconhecidos seus méritos e recompensados os esforços com cargos, tenças e títulos. Em seus ofícios ao secretário e à rainha, sempre mencionava a honra de servir, ou a desonra de ser impedido de exercer seu ofício. Por certo, ao atuar, produziu créditos e honra, recompensas que promoveriam sua ascensão social. Como bacharel em leis reunia elementos indispensáveis para subir na hierarquia social. Ultrapassaria seu pai, avôs, proprietários de prédios urbanos e rústicos na Bahia, e se estabeleceria em posições mais próximas ao monarca e a suas benesses. Ao sair da Universidade de Coimbra, o bacharel certamente tinha noção da competência profissional e das alianças políticas necessárias para alcançar, no futuro, o predicamento de primeiro banco na magistratura. A defesa da sua honra, de seu prestígio, levou-o a enfrentar os poderosos e colocar em risco os créditos acumulados ao longo da jornada. Tornava-se, então, um naturalista em apuros.

Na sociedade tradicional, a honra era forma de distinguir os indivíduos, de conceder-lhes um lugar na hierarquia, de reconhecer seus serviços e, por fim, de conservar a integração social. Promotor da honra, o rei recompensava seus súditos com poder, riqueza e prêmios, e, dessa forma, criava laços de dependência, ou interdependências, lealdades responsáveis pela difusão e obediência de suas leis. A hierarquia de funções e valores aí presentes conferia aos indivíduos honra que, por sua vez, era limitada segundo o seu grupo de origem. Os súditos eram partes de um todo, de uma unidade orgânica e hierárquica, e dentro desses limites, de seus deveres e direitos, seriam recompensados. Não podiam, nem deviam, possuir mais honra do que correspondia a seu estado. A posição estamental determinava o ser de cada membro da sociedade, ou melhor, sua classificação não se referia apenas ao indivíduo, mas ao seu corpo social de origem. A honra estava sob o controle do soberano e quanto mais o súdito dele se afastasse, mais tornava débil o reconhecimento de seu valor e serviço. Se no topo da pirâmide social encontrava-se a honra em profusão, na base vivia-se com a falta da honra. Fidalgos, nobres e funcionários da burocracia assumiam, junto ao monarca, a função de ocupar-se dos interesses do povo, como mestres de homens sem honra, aos quais se reservava apenas os reflexos, ou honra induzida, secundária e subordinada.[36] Silva Lisboa, enfim, lutava para se aproximar da rainha, do secretário Melo e Castro, para ser um magistrado honrado e, assim, afastar-se da base da pirâmide social.

Com a consolidação do Estado Moderno, a burocracia tornou-se paulatinamente intermediária entre os súditos e o rei, responsável por salvaguardar as diretrizes da monarquia. Nas vilas e cidades, no reino e ultramar, os juízes-de-fora eram magistrados nomeados e impostos pelo monarca, sob o pretexto de melhor administrar a justiça dos povos e controlar as decisões dos juízes ordinários, que por vezes, segundo o Código Filipino, eram movidos por afeições e ódios. Esses representantes atuavam, por certo, como instrumento monárquico de controle sobre as decisões proferidas pelas autoridades locais. O cargo de juiz-de-fora era ocupado por homens letrados, bacharéis em leis e instruídos no direito romano, legislação patrocinada pelos príncipes, enquanto os juízes ordinários administravam a justiça a partir do direito costumeiro, os forais que, por vezes, desagradavam a Monarquia e a seus juristas.[37] A chegada de um juiz-de-fora a uma vila ou cidade colonial provocava perturbações no equilíbrio político local. Além de serem representantes do monarca e desconhecidos nas vilas e cidades, eram bacharéis egressos da Universidade de Coimbra, formavam certamente uma elite culta, mais honrada e próxima do monarca do que os demais vereadores.

Esses elementos eram suficientes para provocar atritos na Câmara ou, por vezes, originar uma nova configuração de forças, capaz de tornar o juiz-de-fora aliado dos potentados locais. Os embates não se restringiam ao interior da Câmara, em Salvador e Rio de Janeiro; esses juízes ainda enfrentavam os governadores, os vice-reis e os desembargadores do Tribunal da Relação que, segundo o Conselho Ultramarino eram superiores aos juízes-de-fora. No ultramar, as atri-

---

[36] Norbert Elias. *A sociedade de corte*.(trad.) Lisboa: Estampa, 1995; José Antonio Maravall. *Poder, honor y élites em el siglo XVII*. Madrid: Siglo XXI, 1989. p. 11-78.

[37] Candido Mendes de Almeida. *Código Filipino*. Lisboa: FCG, 1985. liv. I, p. 134; Arno Wehling e Maria José Wehling. *Direito e Justiça no Brasil Colonial*. Rio de Janeiro: Renovar, 2004. p. 71-77.

buições desses cargos, por vezes, coincidiam e provocavam infindáveis conflitos de jurisdição. As Câmaras podiam agir como verdadeiros órgãos da administração geral quando os governadores recorriam, sob forma de ordens, a seus expedientes para tomar várias providências: "A Câmara funcionava aí como simples departamento executivo, subordinado à autoridade do governador; e seu papel, nesse terreno, tem grande amplitude, pois o contato direto que ela mantém com a população permite às autoridades superiores, mais distantes e não dispondo de órgãos apropriados, executarem através delas suas decisões".[38] Ao mesmo tempo, o Regimento da Relação do Rio de Janeiro incumbia o governador de fiscalizar os desembargadores e a atuação de todos os oficiais da Relação, para evitar abusos de poder. O governador ainda servia à mesa do Desembargo do Paço instalada na Relação do Rio de Janeiro.[39] Encontram-se, portanto, indícios da interferência dos governadores e vice-reis em questões da justiça, permitindo-lhes intervir na Câmara, no Tribunal, enfrentar juízes e desembargadores.

Entre 1787 e 1796, o juiz-de-fora do Rio de Janeiro, Baltazar da Silva Lisboa, manteve uma acirrada disputa com a Câmara, o Tribunal da Relação e o vice-rei conde de Resende. Esses conflitos indicam a tênue fronteira entre os poderes estabelecidos, além da resistência desse magistrado a acatar a sua subordinação. Por ser "ministro de letras", exerceu ainda o ofício de provedor das fazendas dos defuntos e ausentes, concentrando sob o seu controle poder ainda maior do que lhes era comumente outorgado. Interinamente, ele ainda atuou como ouvidor e corregedor da comarca do Rio de Janeiro, pomo da discórdia com os poderosos da cidade.[40] Como não dispunha de apoio do vice-rei, recorria ao secretário de Estado e à rainha, perante a quem devia defender a sua honra. Em carta ao secretário Martinho de Melo e Castro, declarou que os desembargadores maculavam a sua honra e solicitava à soberana providência para conter os opositores.[41] Em

---

[38] Caio Prado Júnior. *Formação do Brasil Contemporâneo.* São Paulo: Brasiliense, 1983. p. 318.

[39] *Fiscais e Meirinhos; a administração no Brasil Colonial.* coordenação de Graça Salgado. Rio de Janeiro: Ed. Nova Fronteira, 1985. p. 344-5. Conforme o trabalho acima, "Junto à Relação do Rio de Janeiro, criou-se uma Mesa onde seriam despachados alguns assuntos que antes pertenciam ao expediente do Desembargo do Paço, em Portugal".

[40] IANTT – Registro Geral das Mercês. Chancelaria de D. Maria I. Liv. 20, f. 250. Baltazar da Silva Lisboa. Carta de Juiz-de-Fora da Cidade do Rio de Janeiro e Provedor de Defuntos e Ausentes.; AHU – Rio de Janeiro, DA. Certidão do escrivão da Ouvidoria e Correição da Comarca do Rio de Janeiro. Rio de Janeiro, 20 de junho de 1792. Sobre a acumulação desses ofícios ver: Stuart B. Schwartz. *Burocracia e sociedade no Brasil Colonial.* (trad.) São Paulo: Perspectiva, 1979. p. 6-7.

[41] AHU – Rio de Janeiro, DA. Ofício de Baltazar da Silva Lisboa a Martinho de Melo e Castro. Rio de Janeiro, 4 de abril de 1791.

seus ofícios enviados à Corte, tornam-se evidentes os vínculos entre a honra e a execução do real serviço, pois sem honra ele dificilmente teria sucesso como juiz-de-fora, estaria impedido de exercer plenamente suas atribuições, alcançar mercês e ascensão social. Para o magistrado, honra tinha muitos significados, pois era, ao mesmo tempo, respeito, dignidade, virtude e ainda funcionava como crédito para futura mercê.

À época, as disputas entre o Tribunal e a Câmara eram antigas. Depois de 1751, tão logo fora instalado o Tribunal da Relação no Rio de Janeiro, os desembargadores procuraram enquadrar e submeter a Câmara.[42] Mas Baltazar da Silva Lisboa tomava o predomínio do Tribunal como ofensa à sua honra e paulatinamente ia se indispondo com seus superiores. Sem perceber a complexidade do jogo político, escrevia ao secretário para solicitar apoio, pois o vice-rei se aliava aos vereadores e desembargadores. A postura dos últimos feria o seu prestígio e impediam-no de executar o real serviço. Para solucionar essa contrariedade, ele solicitava o secretário um sucessor que viabilizasse a sua transferência para outro cargo. Antes, porém, denunciou a incúria do ouvidor do crime que favorecia o aparecimento de uma sociedade marcada pelo luxo, prostituição e ociosidade, sem limites e sem normas. Com uma "regulada polícia", poder-se-ia combater esses desvios, mas o juiz-de-fora estava impossibilitado de agir: "eu nada posso fazer", escreveu ele. As autoridades do Tribunal se arrogavam tudo para si, além de o ouvidor julgar-se um "Intendente-Geral da Polícia".[43]

A disputa com o Tribunal, particularmente com o desembargador José Antônio da Veiga, data da época do vice-rei Luís de Vasconcelos. O último considerou as acusações de Baltazar como impertinências e aconselhava o juiz a não se intrometer nas obrigações alheias.[44] A admoestação de Vasconcelos originava-se nas causas anuladas pelo juiz-de-fora. Depois de ajuizadas pelo ouvidor do crime, os pareceres eram contestados por Baltazar da Silva Lisboa por considerar que o procedimento usurpava de sua jurisdição.[45] Para além do ouvidor do cri-

---

[42] Arno Wehling. *Op. cit.* p. 433-440.

[43] AHU – Rio de Janeiro, DA. Ofício de Baltazar da Silva Lisboa a Martinho de Melo e Castro. Rio de Janeiro, 1 de janeiro de 1788.

[44] AHU – Rio de Janeiro, DA. Ofício de Baltazar da Silva Lisboa a Martinho de Melo e Castro. Rio de Janeiro, 15 de dezembro de 1788.

[45] AHU – Rio de Janeiro, DA. Ofício de Baltazar da Silva Lisboa a Rainha. Rio de Janeiro, 13 de janeiro de 1789.

me, acusava também o desembargador Francisco Luís da Rocha de impedir o exercício do seu ofício e, mais uma vez, apontava para tentativa de controle do Tribunal sobre a Câmara. Depois de dois anos de disputas, escreveu ofício à rainha, onde rogava por defesa. Para tanto, solicitava o envio de "todas as falsidades, que se apresentava contra ele".[46] Rival mais perigoso era mesmo o conde de Resende, pois seus despachos ao Conselho Ultramarino demonstravam sua reprovação às ambiciosas investidas do juiz naturalista.

Em diversas oportunidades, o conde colocou-se contrário aos pleitos do juiz-de-fora. Inicialmente, com a alegação de ser da sua alçada, Silva Lisboa pretendeu subtrair dos vereadores três ofícios da Câmara: provedor da saúde, juiz arruador e inspetor do cofre. Os vereadores se achavam na posse desses ofícios "por um costume antiquíssimo e recebendo os seus emolumentos, sem contradição alguma". Essa era uma determinação do marquês de Lavradio e, deste então, eles cumpriam, corretamente, as suas obrigações. Assim, escreveu o vice-rei: os vereadores não deviam ser espoliados da referida posse, "em que se acham sem embargo da oposição do sobredito doutor juiz-de-fora que pela sua ambição, ou gênio revoltoso, de que tem dado bastantes provas, pretende introduzir-se nela, no que me parece não deve ser atendido, assim pelos sobreditos oficiais da Câmara não terem dado causa para isso".[47]

Em despacho ao Conselho Ultramarino, o conde refutou o pleito do juiz ao denunciar seus interesses pecuniários e excessiva ambição, além de acusá-lo de ser destituído de parcialidade e moderação, qualidades dos que tinham "a honra de se empregarem no real serviço de S. Majestade". Para conter os avanços do juiz-de-fora, o procurador geral da Câmara escreveu ao Conselho Ultramarino para solicitar as cópias originais dos papéis camarários que estavam depositadas em "arquivos da Corte". Depois do incêndio na Câmara, os vereadores ficavam sem respaldo legal para defender seus direitos contra as investidas de Baltazar. Em Lisboa, os arquivos estavam de posse, "a muitos anos por títulos legítimos os quais senão podem apresentar naquela cidade por se ter queimado o seu arquivo como é notório, e como o dito Senado tem nomeado o suplicante para fazer reformar o dito Arquivo extraindo cópias autênticas dos originais que se acham nos Arquivos públicos desta Corte".[48]

---

[46] AHU – Rio de Janeiro, DA. Ofício de Baltazar da Silva Lisboa à Rainha. Rio de Janeiro, 1º de dezembro de 1790.

[47] AN – Diversos Códices, cód. 204, v. 1, d. 12

[48] AHU – Rio de Janeiro, DA. Carta do Secretário do Conselho Ultramarino, Joaquim Miguel Lopes, à Rainha. Lisboa, 2 de fevereiro de 1791.

Depois da disputa pelos ofícios do Senado da Câmara, o conde de Resende contrariou novamente os interesses do juiz naturalista quando este requereu o exercício de auditor das tropas do Rio de Janeiro. A lei de 26 de fevereiro de 1789 extinguia todas as auditorias particulares, exceto as de Lisboa. Desde então as tropas passariam ao comando de juízes do crime ou de fora, com soldo de capitão e uniforme do regimento da praça onde servissem. O respaldo legal não intimidou o vice-rei que se recusou a conceder esse cargo e preferiu atribuir a um desembargador da Relação do Rio de Janeiro. Em dezembro de 1792, Silva Lisboa novamente escreveu à rainha para solicitar providências e denunciar a desobediência do vice-rei à lei que proibia os desembargadores de exercer o cargo, havendo juiz-de-fora apto a desempenhá-lo. Por considerá-lo inábil e incapaz de se empregar no honroso serviço de S. Majestade, o conde se opunha a torná-lo auditor devido à "sua erradíssima conduta naqueles artigos mais essenciais de todo o homem Condecorado, como são a limpeza de mãos e verdade".[49] Ao Conselho Ultramarino, o vice-rei reconheceu o não cumprimento da lei, mas assim procedeu devido à incapacidade administrativa e ambição pecuniária do juiz. Somente em julho de 1795, a rainha pronunciar-se-ia sobre o pedido de Baltazar e, ao contrário do que este esperava, a decisão do conde de Resende foi mantida por se considerar um desembargador mais apto para o cargo.[50]

Para além dos conflitos de jurisdição, o juiz-de-fora intensificou os ataques aos aliados do vice-rei e aos ministros do Tribunal. Percebeu ainda a estratégia de seus rivais de tentar bloquear o acesso a Melo e Castro, fonte de seu prestígio. Como era subordinado ao vice-rei, Baltazar deveria apresentar seus serviços como naturalistas ao conde de Resende antes de remetê-los a Lisboa. Não demorou muito para o juiz contrariar esse protocolo por descobrir que seu superior não enviava as remessas e os escritos a seu protetor na Secretaria de Estado. O conde, portanto, estava inviabilizando o reconhecimento de seus serviços e, por certo, o acúmulo de honra. Entrementes, Silva Lisboa denunciou os contrabandistas de farinha de guerra que provocavam a escassez do produto, murmurações e tumultos populares no largo do Palácio, na provedoria e na praia durante a repartição de farinha pelos militares: "pois que a pobreza só tem sido servida de pancadas, o preço da farinha a 1.920 [réis], cujas desordens podem produzir gravíssima conseqüência".[51] No ano de 1792 enfrentou, como nunca, os rivais:

---

[49] AN – Diversos Códices, cód. 204, v. 1, d. 28 e 29.
[50] AN – Diversos Códices, cód. 204, v. 1, d. 41.
[51] AHU – Rio de Janeiro, DA. Ofício de Baltazar da Silva Lisboa a Martinho de Melo e Castro. Rio de Janeiro, 8 de março de 1793.

o vice-rei, o provedor da fazenda, o ouvidor do crime, entre outros. Em janeiro seguinte, receberia uma carta anônima que o conclamava a depor o vice-rei e comandar o Rio de Janeiro a partir da presidência do Senado da Câmara.

Em janeiro de 1793, por intermédio do capitão Jerônimo Teixeira Lobo, Baltazar da Silva Lisboa recebeu uma carta supostamente proveniente de Lisboa. O documento era anônimo, assinado pelo "amigo infalível" e incitava o juiz-de-fora a tirar a vida do vice-rei para livrar o Brasil do jugo perverso, tramado por franceses e ingleses. "Portugal, Burro de Saloios pela arreata, há de ser o que eles quiserem, e o Brasil passará ao cativeiro das nações formando-se nos seus portos de mar colônias delas". Os portugueses não seriam capazes de conter as mencionadas investidas e cabia ao Senado da Câmara, sob o comando do juiz-de-fora, se levantar contra as ameaças. Para tanto, tomaria o "Governo Político e Militar com o nome da Soberana". As demais capitanias logo fariam o mesmo "por amor da Pátria".

O chanceler da Relação do Rio de Janeiro, o desembargador Sebastião Xavier de Vasconcelos Coutinho, tomou frente das investigações para descobrir o autor "daquela infame carta". Inicialmente acreditava que os principais suspeitos eram o capitão Teixeira Lobo e o juiz Silva Lisboa, pois tinha como improvável a origem metropolitana do documento. O chanceler investigou o papel e a letra da carta e não alcançou bons resultados. No entanto, considerava improvável que o capitão tivesse intelecto e informações suficientes para compor tal "quimera inventada". Recaía, então, sobre Baltazar a autoria em questão, por ter ele talento para conceber, "e produzir as idéias que se encontram na dita carta". Seu gênio era pouco inclinado ao sossego e se envolvera em disputas "desnecessárias não só com alguns ministros desta Relação, mas até com os Vice-reis tanto atual como o seu anterior". Enfim, mais uma vez, a formação universitária tornou um naturalista suspeito de sedição como os colegas envolvidos na inconfidência mineira. Para além da semelhança, os resultados da investigação não tiveram os mesmos desdobramentos que conduziram Maciel ao degredo em Angola. Por certo, a honra de ser magistrado permitiu que Silva Lisboa escapasse do terrível castigo, embora a acusação fosse muito mais grave.

Em ofício a Martinho de Melo e Castro, desembargador Coutinho ainda acrescentou que o juiz-de-fora estava implicado com o desembargador e provedor da fazenda, devido à arrecadação dos bens dos defuntos e ausentes; com a junta da fazenda por considerar as praias bens da Câmara e não da Coroa.[52]

---

[52] AHU – Rio de Janeiro, DA. Ofício do chanceler da Relação do Rio de Janeiro, desembargador Sebastião Xavier de Vasconcelos Coutinho a Martinho de Melo e Castro. Rio de Janeiro, 1º de abril de 1793.

No detalhado ofício, Vasconcelos Coutinho tendeu a considerar que a carta não incitava a revolta. Era, por certo, uma estratégia do juiz para demonstrar lealdade ao vice-rei, denunciando a trama para eliminá-lo. Assim, o parecer "reduzia Silva Lisboa à condição de um oportunista que tentava, através desse artifício, ter maior acesso ao vice-rei para justificar-se de seus atos anteriores e obter-lhe simpatia".[53]

A carta comprometeu duramente a sua honra, tornando-o um sedicioso. Em apuros, durante três anos, o juiz escreveu diversas vezes a Melo e Castro sem obter resposta. Ao buscar apoio para deixar o Rio, intensificou o envio de espécies. Nesse período, as remessas de plantas, animais exóticos, minerais preciosos e raros aumentavam de forma extraordinária. Entre os vários pedidos de sucessor, o juiz naturalista enviou para seu protetor uma pele de canguru da Nova Gales, que conseguiu na passagem de um navio para Londres.[54] Na correspondência, declarava seu respeito profundo ao secretário, reconhecia a gratidão pelos benefícios alcançados por intermédio da sua interferência: "V. Ex. tem me acolhido debaixo de sua proteção, sendo meu pai e meu benfeitor". Pedia-lhe ainda que aceitasse seu coração grato e implorava que com a sua "Incomparável Benevolência" continuasse a protegê-lo.[55] Junto às súplicas, mandava o segundo volume da "História do Rio de Janeiro", além de espécies recolhidas em minas preciosas para o Real Gabinete e glória da nação. Caso fosse transferido para uma Câmara próxima, prometia realizar viagens de exploração para descobrir riquezas imensas e ocultas nas capitanias do Espírito Santo, São Paulo e Campos dos Goitacazes.[56]

Seus esforços deram algum resultado. Em outubro de 1793, o Conselho Ultramarino declarou-se sobre a comprometedora carta anônima. Sem buscar os responsáveis, o parecer entendeu que a carta fora forjada pelos inimigos de Silva Lisboa, era meio de conter seus abusos, de punir seus excessos, "filhos de seu gênio e de seu caráter". A carta era uma reação contra seu espírito "imprudente, injusto e orgulhoso". A suspeita de sedição buscava, portanto, manchar sua

---

[53] Afonso Carlos M. dos Santos. *No rascunho da Nação*. Rio de Janeiro: Prefeitura do Rio de Janeiro, 1992. p. 42.

[54] AHU – Rio de Janeiro, DA. Ofício de Baltazar da Silva Lisboa a Martinho de Melo e Castro. Rio de Janeiro, 11 de abril de 1793.

[55] AHU – Rio de Janeiro, DA. Ofício de Baltazar da Silva Lisboa a Martinho de Melo e Castro. Rio de Janeiro, 20 de março de 1794.

[56] AHU – Rio de Janeiro, DA. Ofício de Baltazar da Silva Lisboa a Martinho de Melo e Castro. Rio de Janeiro, 25 de março de 1794.

honra e neutralizar suas investidas contra seus superiores, os desembargadores e o vice-rei. "Todas essas repercussões", continuou o parecer, "são fundadas uns em pura e risível ambição, e outros em fazer subir sua autoridade a grão superior" daqueles a quem devia manter-se, sem ofensa, sob a sua jurisdição, pois lhe eram superiores.[57] Para remediar o impasse e tranqüilizar os povos, o Conselho achou por bem atender os apelos do juiz e enviar um sucessor. Deste modo, o parecer não contrariava o vice-rei, nem comprometia o juiz-de-fora com suspeitas de sedição. Mesmo assim, anos depois, o conde resolveu expulsá-lo da capitania.

Em dois momentos, 14 de fevereiro e 13 de março de 1796, o vice-rei D. José Luís de Castro, conde de Resende, enviou ofícios ao secretário de Estado da Marinha e Negócios do Ultramar, Luís Pinto de Sousa Coutinho, e informou sobre a decisão de expulsar da capitania do Rio de Janeiro o ex-juiz-de-fora Baltazar da Silva Lisboa (à época novo juiz já estava empossado). Sem culpa e sem defesa, contestou o juiz, em oito dias ele teria de deixar a cidade e a capitania. Ao secretário, porém, o conde de Resende justificou a sua decisão e descreveu a má conduta do magistrado Silva Lisboa. Enumerou, então, os escândalos provocados por sua denúncia contra os contrabandistas de farinha, pelo embargo de obras na orla marítima, pelos conflitos de jurisdição envolvendo o ouvidor do crime e, sobretudo, pela a carta anônima por ele recebida que o envolvia em sedição, em tentativa de depor o mencionado vice-rei.[58] O episódio da expulsão nos remete ao complexo tema das hierarquias na burocracia colonial e ainda permite constatar que o vice-rei podia destituir um magistrado, representante do rei. O Conselho Ultramarino acatou o procedimento do conde de Resende e considerou ainda o último e os desembargadores do Tribunal da Relação do Rio de Janeiro como superiores ao mencionado magistrado. Nomeou, porém, Baltazar da Silva Lisboa para cargo de ouvidor da comarca de Ilhéus, na capitania da Bahia. O despacho buscava conciliar tanto a resolução do vice-rei, que considerava nefasta a permanência do ex-juiz na capitania, quanto o próprio Baltazar que, ao ser inocentado das acusações, recebeu o cargo de prestígio, mas em uma localidade periférica, de pouca importância quando comparada ao Rio de Janeiro. Essa resolução contém, em princípio, decisões contraditórias que favoreciam

---

[57] AHU – Rio de Janeiro, DA. Parecer do Conselho Ultramarino sobre o comportamento de Baltazar da Silva Lisboa. Lisboa, 30 de outubro de 1793.

[58] AHU – Rio de Janeiro, DA. Consulta do Conselho Ultramarino à rainha D. Maria I. Lisboa, 9 de março de 1797.

às duas partes em litígio. Ao refletir sobre a hierarquia da administração colonial, percebe-se o quanto o juiz-de-fora contava com apoio no Conselho Ultramarino, capaz de, em boa parte, neutralizar a decisão do vice-rei. Ao invés de cair em desgraça, em crime de sedição como os inconfidentes de Minas, o acusado tornou-se ouvidor e teve depois ascensão na magistratura.

A decisão radical do conde de Resende ainda se presta a outra pergunta. A expulsão do ex-juiz-de-fora ocorreu muito depois dos possíveis excessos perpetrados por Baltazar da Silva Lisboa. Desde o governo de D. Luís Vasconcelos e Sousa, os conflitos de jurisdição marcaram as investidas desse magistrado contra o ouvidor do crime, a ponto do vice-rei repreendê-lo, em dezembro de 1788, por imprudência, além de recomendar o controle das paixões de modo que ele não precisasse por, na presença de Sua Majestade, denúncias contra as reais ordens e serviços. Silva Lisboa, portanto, deveria cumprir as suas obrigações "sem se intrometer nas alheias".[59] O episódio da carta anônima, mencionado pelo conde de Resende como principal motivo para expulsá-lo da capitania, também aconteceu em tempo recuado, em janeiro de 1793, cerca de três anos antes da expulsão. À época, o Conselho Ultramarino já inocentara o juiz de denúncia de sedição[60] e os ânimos estavam mais serenos, mesmo assim o vice-rei decidiu destituir seu principal opositor no Rio de Janeiro.

Esses motivos seriam mais razoáveis caso a medida fosse tomada entre 1791 e 1793, quando várias denúncias mancharam a honra de Baltazar da Silva Lisboa, impediram-no de exercer o real serviço e induziram-no a solicitar, por diversas vezes, um sucessor ou mesmo a transferência para Campos dos Goitacazes ou Espírito Santo.[61] De todo modo, as contrariedades mencionadas pelo conde ao Conselho Ultramarino ocorriam desde 1788, antes de sua posse, e não eram essas, por certo, novidades capazes de provocar a expulsão. Em suma, a trajetória de Baltazar da Silva Lisboa como juiz-de-fora e naturalista nos permite analisar a complexa interação entre os poderes e as funções do juiz-de-fora, dos desembargadores da Relação e do vice-rei. E ainda entender como a produção do conhecimento, no caso da história natural, era dom, um serviço prestado à

---

[59] AHU – Rio de Janeiro, DA. Ofício de Luís de Vasconcelos a Baltazar da Silva Lisboa. Rio de Janeiro, 15 de dezembro de 1788.

[60] AHU – Rio de Janeiro, DA. Parecer do Conselho Ultramarino. Lisboa, 30 de outubro de 1793.

[61] AHU – Rio de Janeiro, DA. Ofício de Baltazar da Silva Lisboa a Martinho de Melo e Castro. Rio de Janeiro, 24 de fevereiro 1792.

monarquia, que o juiz empregava como trunfo para se aliar ao sistema de patronagem comandado ora por Martinho de Melo e Castro, ora por D. Rodrigo de Sousa Coutinho.

A medida extrema do vice-rei, por certo, ganha outra dimensão a partir das alterações no jogo político provocadas pela morte, em 24 de março de 1795, do secretário Martinho de Melo e Castro, protetor de Baltazar da Silva Lisboa desde os tempos da Universidade de Coimbra. Apesar do lapso de tempo de um ano entre a morte e a expulsão, este era um bom motivo para o conde recorrer a uma atitude drástica, eliminando um oponente incômodo e aliado do secretário. O fim da patronagem promovida pelo poderoso secretário era boa oportunidade para agir. A farta correspondência do magistrado para o secretário comprova a proteção mantida desde 1787 quando Baltazar tornou-se juiz-de-fora da cidade do Rio de Janeiro.

Para Silva Lisboa, no entanto, o contrabando de farinha era o principal motivo do complô. O conde, por certo, estava envolvido na venda e carestia do produto, razão para a devassa, levada à frente pelo juiz-de-fora, ser inutilizada. A denúncia contra o comércio ilegal provocou também sua expulsão da capitania, decretada posteriormente pelo vice-rei. Na biografia do tio, Bento da Silva Lisboa descreveu o episódio de forma a tornar Baltazar vítima indefesa do conde de Resende. Assim descreveu a conjuntura da expulsão: "[...] chegando o sucessor de Balthazar da Silva Lisboa mandou intimar-lhe que partisse em três dias fora da cidade: ordem que obedeceu, subindo para Lisboa, no navio Invencível, no ano de 1796". Depois do incidente, "aquele malévolo Vice-rei" acusá-lo-ia de pretender apoderar-se do governo para fazer uma república com o socorro de nove navios franceses. A acusação seria tratada com o "devido desprezo pelo Tribunal do Conselho Ultramarino de que era presidente o próprio pai do conde Resende, varão íntegro e generoso".[62]

Essa versão dos fatos não se sustenta, pois o novo juiz-de-fora, substituto de Baltazar, seria empossado em meados de 1795, ou melhor, quase um ano antes da expulsão. Em requerimento à rainha, datado de maio de 1795, o bacharel José Bernardes de Castro solicitava provisão de juiz-de-fora com os mesmos benefícios concedidos aos seus antecessores. Em junho, como novo juiz-de-fora do Rio de Janeiro, ele escreveu novamente à soberana para solicitar o lugar de auditor das tropas.[63] Com a chegada de Bernardes de Castro, o lugar de juiz-de-fora não

---

[62] Biografia do Conselheiro Balthazar da Silva Lisboa... p. 386-7.

[63] AHU – Rio de Janeiro, DA. Requerimento do bacharel José Bernardes de Castro à Rainha. Ant. 25 de maio de 1795 e ant. 19 de junho de 1795.

mais seria de Silva Lisboa, mesmo assim ele permaneceu na cidade por um ano, até ser expulso. O conde, portanto, não esperou apenas três dias para expulsá-lo, mas quase um ano. Qual era o interesse do bacharel naturalista em prolongar a estadia, depois de tantas súplicas a Melo e Castro e ao Conselho Ultramarino para enviar um substituto? A biografia ainda contém uma outra incoerência, pois embaralhava as datas. O rumor de sedição não ocorreu depois da expulsão, mas antes, ou melhor, o episódio da carta anônima datava de janeiro de 1793 e a expulsão era de fevereiro de 1796. A biografia tinha caráter encomiástico e era composta a partir das memórias de Baltazar da Silva Lisboa com a finalidade, talvez, de camuflar suas responsabilidades e de fazê-lo vítima.

Esse descompasso nos permite lançar hipóteses de difícil comprovação. Estaria o juiz-de-fora envolvido em negócios ilícitos e concorrentes aos interesses do vice-rei? Ou pretendia apenas manchar ainda mais a imagem de D. José Luís de Castro, o conde de Resende? Durante o exercício, o juiz naturalista descobriu minas de ouro nos sertões e enviou amostras ao vice-rei Luís de Vasconcelos e Sousa, depois solicitou promoção "com um ofício em alguma das ouvidorias ou intendência do Ouro das Minas, como reconhecimentos pelos serviços prestados".[64] Em diversas ocasiões, pretendeu se transferir para Campos dos Goitacazes e Espírito Santos. Depois, com chegada do novo juiz-de-fora, permaneceu na cidade do Rio de Janeiro durante um ano. Estaria ele apenas interessado em empregar seus conhecimentos em mineralogia em serviço à rainha, ou teria interesses pecuniários?

Apesar de muito comprometida, a versão do conde de Resende é reveladora de uma trama que envolve o juiz naturalista e seus aliados no Rio de Janeiro. Para fomentar e patrocinar seus caprichos, declarava o conde, Baltazar contava no Tribunal da Relação com os desembargadores Antônio Luís de Sousa e José Martins da Costa – ambos favoráveis ao juiz na investigação lançada pelo Conselho Ultramarino.[65] Recorria também ao provedor da moeda José da Costa Matos e um velho comerciante, Luis Manuel Pinto, "homem opulento e que sempre foi aqui célebre pelo sal que tempera a sua mordacidade". Com o último, o naturalista realizava negócios escusos e subornos, ações dependentes da sua atuação

---

[64] AHU – Rio de Janeiro, DA. Ofício de Baltazar da Silva Lisboa a Martinho de Melo e Castro. Rio de Janeiro, 1º de janeiro de 1788.

[65] AN – Códices Diversos, cód. 204, v. 1, d. 35 e 61. Pedido de residência do juiz dos órfãos e ausentes Baltazar da Silva Lisboa. Lisboa, 3 de novembro de 1794; Ofício da Rainha ao Conde de Resende sobre a residência de Baltazar da Silva Lisboa. Lisboa, 4 de agosto de 1796.

como juiz e provedor. Esse rumor confirmou-se depois que ele entregou a vara de juiz, pois se estabeleceu, com toda a família, na casa do referido negociante. Com esse procedimento, logo se tornou público o intento de não se recolher a Lisboa para receber o novo posto. O conde também acrescentou que Luis Manuel Pinto o queria constituir como herdeiro dos seus bens.[66] Estava, então, explicada a longa permanência do ex-juiz no Rio de Janeiro. De todo modo, é uma versão dos fatos, uma suspeita que lançava dúvidas sobre a sua probidade. Até o momento a documentação não trouxe elementos para confirmar as acusações do conde. No entanto, para além dos apuros, Baltazar da Silva Lisboa saiu praticamente ileso desse episódio. Por graça do presidente do Conselho Ultramarino, o conde de Resende, D. Antônio José de Castro, pai do vice-rei, ele seria promovido a ouvidor de Ilhéus e continuaria sua carreira como naturalista e magistrado.

Ambição não faltava ao jovem juiz-de-fora. Desde a chegada ao Rio de Janeiro, escreveu ao vice-rei, ao secretário e à rainha para solicitar exercício de lugares. Por lei ou por reconhecimento de seus serviços, Baltazar da Silva Lisboa enviou pedido, inicialmente, para servir como juiz da alfândega, em 1787, no ano seguinte a promoção a um ofício em alguma ouvidoria ou intendência das Minas. Em junho 1792, escreveu à rainha e pediu o lugar de intendente ou qualquer um dos lugares de desembargador da Relação da cidade do Rio de Janeiro.[67] Ainda em novembro de 1792, enviou ao vice-rei D. José de Castro um alvará relativo ao direito dos juízes-de-fora serem auditores com soldo e uniforme de capitão. Por diversas vezes, queixou-se do conde por não ter respondido seus pedidos.[68] Em março de 1794, escreveu a Martinho de Melo e Castro com o surpreendente pedido de transferência para o ofício de secretário do vice-rei: "[há] um ano, que veio uma boa harmonia com o meu Ex. Vice-rei, que já conhece melhor a minha conduta.[...] Se não for do desagrado V. Ex., eu rogaria a V. Ex. me despachasse para secretaria de Estado deste governo". Além de desempenhar bem aquele lugar, daria continuidade aos descobrimentos de história natural.[69] A mencionada "harmonia" converter-

---

[66] IHGB – Lata 110, pasta 11. Ofício do Vice-rei Conde de Resende dando ordem para expulsão de Baltazar da Silva Lisboa da capitania do Rio de Janeiro. Rio de Janeiro, 13 de março de 1796.

[67] AHU – Rio de Janeiro, DA. Requerimento do juiz-de-fora do Rio de Janeiro, Baltazar da Silva Lisboa à Rainha. Rio de Janeiro, post. 30 de junho de 1792.

[68] AHU – Rio de Janeiro, DA. Ofício de Baltazar da Silva Lisboa ao Conde de Resende. Rio de Janeiro, 21 de novembro de 1792.

[69] AHU – Rio de Janeiro, DA. Ofício de Baltazar da Silva Lisboa a Martinho de Melo e Castro. Rio de Janeiro, 20 de março de 1794.

se-ia em expulsão da capitania, dois anos depois. Em suma, o parecer do Conselho Ultramarino era muito justo quando considerou que Baltazar era movido por "pura e risível ambição". Para além dos pedidos, quase todos negados, ele exercia o lugar de juiz-de-fora, e, de forma interina, juiz de órfãos e ausentes, ouvidor e corregedor da Comarca do Rio de Janeiro. Mas esses cargos não eram o bastante.

Depois da expulsão, o Conselho Ultramarino reuniu vários testemunhos para decidir os rumos do ex-juiz-de-fora. Apesar dos fatos públicos e atestados nos documentos, a notória inocência e o útil serviço do magistrado em questão somente seriam assegurados por intermédio da residência (investigação).[70] No entanto, o Conselho Ultramarino considerava imprudente realizar investigações sobre o caso: "não só danosas à honra deste ministro como também aos seus próprios, e pessoais interesses e mais do que tudo ao público e Real Serviço de S. Majestade".[71] Em Lisboa, sem saber o resultado das diligências, Baltazar dirigiu-se à rainha com pedido para ser ouvidor em Pernambuco com Beca, ou desembargador na Relação da Bahia ou do Rio de Janeiro, cujo despacho não lhe parecia extraordinário, atendendo às exigências de S. Majestade por ser o suplicante doutor em lei pela Universidade de Coimbra e aí opositor às cadeiras da Faculdade e ter acabado de servir durante mais de oito anos o lugar de juiz-de-fora da cidade do Rio de Janeiro, que era cabeça de Comarca e capital do Vice-reino do Brasil.

Àquela altura, sua honra não era proporcional às suas pretensões. Em novembro de 1797, o Príncipe Regente o nomeou ouvidor da comarca de Ilhéus, onde continuou a exercer a função de naturalista, no estudo, exploração e preservação das reservas florestais do sul da Bahia.[72] Ao assumir a Secretaria de Estado, D. Rodrigo de Sousa Coutinho (1796-1801) tornou-se o seu novo protetor, a quem o naturalista dirigiu muitas súplicas, relatórios, memórias e remessas de plantas. Para o ouvidor, maior não poderia ser sua glória que ver recompensado, com tanta Real Grandeza, os serviços que a obrigação de fiel vassalo lhe impunha.[73]

---

[70] De fato a residência foi realizada, mas provocou atritos entre dois desembargadores, um aliado e outro contrário a Silva Lisboa, razão talvez para não se recorrer a esse recurso, conforme parecer do Conselho Ultramarino. Sobre a residência realizada pelos desembargadores do Tribunal ver: AN – Códices Diversos, cód. 204, v. 1, d. 35 e 61.

[71] AHU – Rio de Janeiro, DA. Consulta do Conselho Ultramarino à Rainha. Lisboa, 9 de março de 1797.

[72] AHU – Bahia, Castro Almeida. Doc. 17.487. Ofício do governador D. Fernando de Portugal para D. Rodrigo de Sousa Coutinho. Bahia, 10 de novembro de 1797.

[73] AHU – Bahia, Documentos Avulsos (DA), doc. 20.739. Ofício de Baltazar da Silva Lisboa a D. Rodrigo de Sousa Coutinho. Valença, 25 de junho de 1800.

Em carta régia expedida ao governador da capitania da Bahia, o capitão-geral D. Fernando José de Portugal, o soberano lhe empossava e ordenava o pagamento dos seus rendimentos com a finalidade de remeter ao Arsenal da Marinha as madeiras necessárias para a construção da nau D. Maria I.

D. Rodrigo de Sousa Coutinho criou uma junta composta pelos ouvidores de Alagoas e Ilhéus com a finalidade de traçar plano regular para os cortes de madeira e preservação das árvores do "estrago assolador de ferro e fogo", sobretudo as espécies próprias à construção de navios. O regimento dos cortes de madeira foi entregue ao secretário de Estado, em abril de 1799.[74] Em novembro do mesmo ano, ele deixou o lugar de ouvidor da comarca de Ilhéus para exercer a função de juiz conservador das matas, com ordenado anual de 1.000$000 réis.[75] Entre 1801 e 1803, enviou ao Príncipe Regente um ensaio sobre a física vegetal dos bosques de Ilhéus, contendo comentários e desenhos aquarelados de 51 plantas. Como de costume, a introdução da obra era dedicada ao monarca e assim se iniciava: "A composição de qualquer obra de que se pode seguir alguma utilidade ao Público, foi sempre um seguro caminho de obter a Benevolência e Proteção de V. Ex., cuja vida pública, e ações, de um glorioso encadeamento de benefícios feitos ao Trono Real, e a Pátria".[76] Entre 1797 e 1805, acumulou serviços e honras com a inspeção de madeira, mapeamento da costa e interior da comarca, tombamento das matas pertencentes à V. A. e redação de um plano para regular os cortes de madeira.

Depois desses feitos e de muito rogar, obteve em 1801, o predicamento de primeiro banco na magistratura, e depois, em 1805, seus serviços renderam-lhe o título de desembargador da Relação do Porto para continuar, no entanto, no exercício de lugar de juiz conservador das matas de Ilhéus. Neste glorioso ano, além do título de desembargador, tornou-se cavaleiro da Ordem de Cristo, sem constar tença, e sócio-correspondente da Academia das Ciências de Lisboa. Natural da Bahia, seu pai e avó eram familiares do Santo Ofício, viviam dos rendimentos de prédios urbanos e rústicos.[77] Mesmo sem defeito

---

[74] Biografia de Baltazar da Silva Lisboa... p. 387; AHU – Bahia. Luiza da Fonseca. Doc. 19.363. Ofício do governador D. Fernando de Portugal para D. Rodrigo de Sousa Coutinho. Bahia, 23 de abril 1799.

[75] AHU – Bahia, DA. Doc. 19.545. Ofício do governador D. Fernando de Portugal para D. Rodrigo de Sousa Coutinho. Bahia, 13 de novembro de 1799.

[76] Biblioteca Nacional de Lisboa – Seção de Reservados. Cód. 4561. Balthazar da Silva Lisboa. Ensaio da física vegetal dos bosques dos Ilhéus. [c.1801- 1803]

[77] IANTT – Habilitação à Ordem de Cristo. maço 10, n. 5; Biblioteca da Academia das Ciências de Lisboa – Processo de Baltazar da Silva Lisboa; IANTT – Bacharéis. Maço 10, d. 13. Lisboa, 30 de abril de 1784.

mecânico, seus antepassados não dispunham de tantos títulos, cargos e honras como os reunidos por Baltazar da Silva Lisboa. Seus serviços viabilizaram uma incrível ascensão social, por certo, pretendida por seu pai quando o envio à Universidade de Coimbra.

Magistrados e filósofos

As denúncias e a expulsão de Baltazar da Silva Lisboa não provocaram a interrupção da sua carreira na magistratura. O juiz-de-fora da vila de Cachoeira, Joaquim de Amorim Castro, enfrentou também disputa acirrada com os poderosos da vila da Cachoeira e, como Baltazar, não teve sua ascensão interrompida. Atuava como naturalista e recorria, igualmente, às memórias e às remessas para manter vínculos com o secretário de Estado Martinho de Melo e Castro e com a rainha. De fato, depois de destituído do lugar de juiz, sua trajetória rumo aos melhores postos foi ainda mais rápida que seu colega do Rio de Janeiro. Natural da Bahia e doutor em leis pela Universidade de Coimbra, Amorim Castro tornou-se juiz-de-fora e provedor das fazendas dos defuntos e ausentes, em setembro de 1786.[78] Somente três meses após a sua posse, os vereadores enviaram uma representação à rainha contra a sua atuação, acusando-o de improbidades, de negócios escusos e subornos, denúncias semelhantes às mencionadas contra Baltazar. Inicialmente, os homens da Câmara iniciaram o libelo com uma curiosa reprovação ao modo do juiz tratar os vereadores: "ele não somente nos trata em particular com displicência e sem atenção alguma, mas também em público, por mais reverentes que sejam as nossas cortesias, apenas faz um pequeno sinal de cortejo, qual se dignaria fazer um Príncipe a um homem peão e vil; e por não irmos em corpo de Câmara buscá-lo a sua casa para o acompanharmos na vinda e ida para a Casa da Câmara, além de nos repreender publicamente, tem mandado prender alguns camaristas, como sucedeu em dia de Corpo de Deus, tomando para isso outros pretextos frívolos, ou falsos".[79]

Amorim Castro refutou cada acusação e denominou seus oponentes de "revoltosos cidadãos", perturbadores da ordem pública.[80] Entre 1787 e 1798, pe-

---

[78] IANTT. Registro Geral das Mercês. D. Maria I, lv. 20, fl. 241.

[79] AHU – Bahia, Castro Almeida, n. 12533 – Representação da Câmara da Cachoeira... Cachoeira, 17 de junho de 1787.

[80] AHU – Bahia, Castro Almeida, n. 12609. Representação do juiz-de-fora da Vila da Cachoeira... Bahia, 11 de agosto de 1787.

ríodo em que foi juiz-de-fora, denúncias e defesas perpetuaram em cartas particulares, representações e pedidos de devassa, peleja que envolvia moradores da vila, vereadores, ouvidor, desembargador, eclesiásticos, governador e o Conselho Ultramarino.[81] Recorrendo aos mesmos recursos empregados pelos filósofos, durante conflitos e denúncias contra a sua atuação, o juiz-de-fora naturalista intensificou o envio de remessas e memórias à rainha e ao secretário. Durante os cursos jurídicos, ele teve certamente lições de história natural como aluno obrigado. Embora não fosse filósofo, seus conhecimentos na área eram relevantes, pois se tornou sócio-correspondente da Academia Real das Ciências em junho de 1780. Ao agradecer esse convite, expressou a honra de participar da agremiação e prontificou-se, tão logo possível, a enviar remessas e memórias.[82]

Depois de se estabelecer na vila da Cachoeira, finalizou a "História Natural do Brasil" e remeteu à rainha. Nesse período conturbado, quando se iniciaram as primeiras denúncias, era muito oportuno enviar um agrado à soberana. Na dedicatória, ele considerava a história natural como contribuição indispensável ao comércio e à lavoura: "Que objeto mais digno de pôr na Real Presença da Nossa Majestade do que a História Natural do Brasil com observações relativas ao Comércio e à pública utilidade". Era, portanto, um fiel vassalo prestando serviço à Academia e, logo, à soberana.[83] Suas investidas continuaram com o envio, ao secretário Martinho de Melo e Castro e à rainha, de memória sobre os cultivos de tabaco, madeira e cochonilha, sendo última agraciada com prêmio da Academia das Ciências de Lisboa. Tratava-se de uma medalha "esculpida em pedra dentro de um Ovo de Ema", a qual ele ofertou ao governador da Bahia, D. Fernando José de Portugal.[84]

Em carta particular ao secretário Martinho de Melo e Castro, dissertou sobre o tabaco da Virgínia e aproveitou a oportunidade para pedir sua proteção: "Unicamente me resta, Ilmo. Sr., para animar as minhas observações, a tranqüilizar o meu espírito merecer a Proteção e Amparo de V. Exa.".[85] A situação agravara-se

---

[81] AHU Bahia, Castro Almeida. n. 12609, 12610, 12611, 12612, 14840, 15354, 15504, 17028, 17029, 17148-50, 17218, 17677, 17716, 20258-59, entre outros. AHU – Bahia DA. cx. 204, doc. 8, 19 e 20, cx. 207, doc. 6 e 13, cx. 207, doc. 16, 25 e 27 e cx. 209, doc. 8.

[82] BACL – processo de Joaquim de Amorim Castro.

[83] FBN – seção de manuscrito 11, 2, 022. Joaquim de Amorim Castro. História natural do Brasil segundo o sistema de Lineu...1789.

[84] AHU – Bahia, Castro Almeida, n. 13.308. Ofício do governador D. Fernando José de Portugal para Martinho de Melo e Castro. Bahia, 1 de agosto de 1789. Para as memórias ver: 12984, 13308-9, 13310, 14296, 13770, 13815, 13768, 14840, entre outros.

[85] AHU Bahia, Castro Almeida, n. 14840, 12984, 12985.

na vila da Cachoeira, as denúncias contra o juiz-de-fora se avolumavam e alguns moradores pediam licença para processar juiz e sua mãe viúva. Os rumores fizeram-lhe escrever ao novo secretário de Estado D. Rodrigo de Sousa Coutinho para queixar das ofensas.[86] Em agosto de 1798, ele seria destituído do cargo devido a notícias de uma suposta sedição por ele chefiada. Em tempos de insubordinação dos colonos baianos, essa denúncia teve, a princípio, repercussão negativa para o doutor em leis. Em seguida, o novo juiz-de-fora, João da Costa Carneiro Oliveira, era empossado com a incumbência de sindicar as denúncias. Em dois anos, depois de muito investigar, descobriu o verdadeiro promotor dos mencionados rumores. Era o presbítero José Teixeira o suposto responsável por difamar o antigo juiz, pois encontraram entre seus pertences "uns versos por ele compostos sumamente injuriosos ao juiz-de-fora". Castro então seria considerado como ministro honrado, austero cumpridor das leis e "exatíssimo em cumprir as ordens superiores".[87]

Para seguir na magistratura e pleitear novos lugares, Amorim Castro solicitou certidões para atestar o cumprimento de todas as ordens emanadas dos tribunais e autoridades civis e militares. Dentre os vários testemunhos, encontra-se um atestado concedido pelo intendente-geral da Polícia, Diogo Ignacio Pina Manique, o mesmo que prendeu o naturalista Hipólito da Costa, comprovando "que o Bacharel Joaquim de Amorim Castro, que serviu o lugar de juiz-de-fora da vila da Cachoeira, na capitania da Bahia, cumpriu as ordens que lhe foram expedidas por esta Intendência. Lisboa, 5 de fevereiro de 1800".[88] Com o respaldo do secretário de Estado e do Conselho Ultramarino, ele seria agraciado com o lugar de Desembargador do Tribunal da Relação do Rio de Janeiro, em fevereiro de 1801, e honrado com o título de cavaleiro da Ordem de Cristo, em outubro de 1803.[89]

---

[86] AHU – Bahia, Castro Almeida, n. 17443. Carta de Joaquim de Amorim Castro para D. Rodrigo de Sousa Coutinho... Bahia, 15 de setembro de 1797.

[87] AHU – Bahia, Castro Almeida, n. 20888. Ofício do governador D. Fernando José de Portugal... Bahia, 2 de outubro de 1800; n. 20889. Informação do juiz-de-fora João da Costa Carneiro de Oliveira... Bahia, 9 de junho de 1800.

[88] AHU – Bahia, Castro Almeida, n. 21792-806. Requerimento de Joaquim de Amorim Castro... sl e sd.

[89] IANTT – Chancelaria de D. Maria I, lv. 64, fl. 229v; Registro Geral das Mercês, Chancelaria de D. João VI lv. 4, fl. 165v; Chancelaria de D. Maria I lv. 20 ,fl. 241; Habilitação à Ordem de Cristo maço 66, n. 22.

Vale lembrar que os rumores de sedição, envolvendo Silva Lisboa e Amorim Castro, ocorreram entre a Inconfidência Mineira, a Conjuração do Rio de Janeiro e a Conspiração dos Alfaiates, entre 1789 e 1798. No caso do Rio de Janeiro, o clima de insegurança promovido pelos revolucionários franceses, mencionado na carta do "amigo infalível", não incitou as autoridades coloniais e metropolitanas a persistir com a investigação. A devassa contra os membros da Sociedade Literária não deu, tão pouco, uma outra visibilidade a carta dirigida ao juiz-de-fora, em nenhum momento os dois episódios foram confundidos. A carta seria mesmo uma armação do conde de Resende, conforme a versão de Baltazar? Ao partir do pressuposto de que ela era maquinação inimiga, tornam-se compreensíveis o descuido e a breve investigação, procedimentos, de certo modo, aprovados pelo vice-rei e pelo Conselho Ultramarino. A "quimera inventada" era, por conseguinte, um mero artifício para atingir o juiz-de-fora, para desonrá-lo e conter sua desobediência ao vice-rei. De todo modo, o pai do conde de Resende não se sensibilizou com as ameaças à vida de seu filho e assegurou a Baltazar da Silva Lisboa um futuro promissor. Na vila da Cachoeira, o procedimento seria diferente e a abertura de uma devassa levaria à descoberta da origem dos rumores de sedição.

Por fim, o Conselho Ultramarino inocentou Silva Lisboa de todas as acusações, apesar de considerá-lo ambicioso e dado a intrigas. Os motivos da expulsão "não especificam erros ou culpas, que deslustrem o seu merecimento", ele nem mesmo admoestou o juiz-de-fora no momento oportuno, ao contrário, "em carta de 24 de março de 1791 lhe dirigiu louvores do serviço, que fazia com satisfação de todos". Em relação à carta anônima, o Conselho emitiu o seguinte parecer: "A carta Anônima, de que trata o Vice-rei, dá a conhecer que não lhe devendo ela naquele tempo os Exames que merecia pelo seu Assento, mal pode agora depois de tanto tempo, servir de objeto que sofra conjunturas tão graves e ofensivas à Honra e Crédito deste Ministro".[90] Os procedimentos ambíguos para investigar o autor da carta anônima explicam, enfim, as razões para o parecer do Conselho Ultramarino beneficiar, ao mesmo tempo, o vice-rei e o juiz-de-fora.

Expulsar um magistrado não era, porém, prática aceita sem cautela pelo Conselho Ultramarino. Como se constatou, mais tarde, a partir da Real Resolução de 10 de fevereiro de 1798, o monarca conclamava a todos os governado-

---

[90] AHU – Rio de Janeiro, Castro Almeida. Consulta do Conselho Ultramarino à Rainha. Lisboa, 9 de março de 1797.

res e, em particular ao vice-rei do Estado do Brasil, a não mais proceder contra os magistrados sem a consulta prévia aos conselheiros. Os governadores seriam responsáveis pelas fazendas, danos e perdas "que causaram aos Magistrados, que suspenderem e remeterem presos para este Reino, sem que sejam recebidos Ordem Minha, para assim o executarem, salvos os casos urgentes, em que o Meu Real Serviço e a causa Pública exigirem tais resoluções".[91] Seria esta uma forma direta de alertar o vice-rei para acautelar-se e moderar suas intervenções contra os representantes do rei nas Câmaras. De todo modo, a ambigüidade e os "sentimentos fortes" do vice-rei contra o juiz-de-fora são a grande incógnita dessa pesquisa. A morte de Melo e Castro deixou o juiz naturalista sem seu "pai e benfeitor" e deu subsídios para o vice-rei expulsá-lo da capitania. Mas esse fato não explica os motivos para não aprofundar as investigações da carta anônima e permitir a existência de dois juízes-de-fora entre 1795 e 1796. Da mesma forma, intrigante é o pedido de Silva Lisboa para exerceu o lugar de secretário do governo, depois de todos os conflitos. Nessa altura da pesquisa, infelizmente, não disponho de dados para analisar a conduta ambígua do vice-rei e do próprio juiz naturalista.

Certo mesmo era o emprego da história natural como bem de troca, como dom e serviço ao monarca. A trajetória de Baltazar da Silva Lisboa e Joaquim de Amorim Castro, ambos juízes naturalistas, comprova como o conhecimento da natureza promoveu-lhe lugares na administração, permitiu acumular honra, desfrutar de títulos e ordenados muito além de um mero juiz-de-fora. No caso de Baltazar, percebe-se, com nitidez, como seus estudos jurídicos em Coimbra viabilizaram o lugar na Câmara do Rio de Janeiro, sede da comarca e capital do Estado do Brasil. Se no Rio os conflitos provocaram uma reviravolta em seus planos de tornar-se desembargador, em Ilhéus, ao atuar como juiz das matas e naturalista, alcançou títulos e cargos para elevar a sua honra. Enfim, ele recebeu as principais insígnias e distinções próprias do Antigo Regime português, possíveis de serem atribuídas a um plebeu.

Amorim Castro valeu-se, igualmente, da estratégia e aproximou-se dos secretários de Estados, da rainha e do príncipe regente por meio de memórias e remessas, tornando-se finalmente desembargador do Tribunal da Relação do Rio de Janeiro. A história natural era meio de chegar mais próximo do secretário e do monarca, para receber a merecida honra. A ilustração tornou possível, enfim, a ascensão almejada pelos colonos. Para esses naturalistas luso-brasileiros, antes

---

[91] AN – Diversos Códices, cód. 204, v. 1, d. 99.

de serem antagônicos, as luzes, as ciências e o Antigo Regime conviveram, por muito tempo, de forma harmônica e lhe valeram posições honrosas na sociedade colonial. Por fim, vale perceber como o ofício de naturalista era, por vezes, sinônimo de sedicioso e herético, como ficam evidentes na biografia de Bittencourt Acioli, José Álvares Maciel e Hipólito da Costa. Mas a mesma faculdade, a mesma habilidade de tratar a natureza, era, ao contrário, fonte de honra e prestígio para magistrados como Silva Lisboa e Amorim Castro. Seria o curso de filosofia uma fábrica de sediciosos? Se todos atuavam como naturalistas, a principal diferença entre os grupos era a famigerada e perigosa filosofia, fonte do pensamento libertário nos séculos das luzes. Coincidência ou não, os filósofos receberam castigos exemplares ou tornaram-se incapazes de exercer seu ofício, enquanto os magistrados, mesmo atingidos por rumores de sedição, foram inocentados.

Como bem salientou José Bonifácio, os filósofos, apesar de merecerem as honras, não recebiam o mesmo tratamento dispensado aos bacharéis em leis, nem alcançavam a mesma remuneração. Seria esse mais um indício do tradicionalismo lusitano? De todo modo, os naturalistas atuaram de forma a viabilizar uma enorme coleção de notícias sobre o império colonial. Viagens, memórias e remessas reuniam, em Lisboa, fragmentos do ultramar que produziriam uma idéia mais concreta do império colonial e concorriam para forjar a sacrossanta unidade entre metrópole e colônias, entre mãe e filhas, conforme palavras do secretário D. Rodrigo de Sousa Coutinho e do bispo Azeredo Coutinho, tema dos próximos capítulos.

FRAGMENTOS DO IMPÉRIO

Em 1806, o naturalista Alexandre Rodrigues Ferreira enviou do Museu História natural de Lisboa à Universidade de Coimbra uma extensa lista de produtos naturais e industriais provenientes de diferentes partes do império. No manuscrito, os produtos industriais encontram-se com três informações básicas: o nome, a matéria-prima empregada e a procedência. Entre os itens, estão os ornamentos, como camisas, barretes, colares, e as armas de tiro, como zagaias, flechas e zarabatanas, e ainda instrumentos das artes e ofícios, como remos, buzinas, máscaras e caixas. As matérias-primas empregadas eram palha, casca de árvores, barro, cobre, ferro, marfim e porcelana. Mais interessante é analisar a procedência, indicada a partir de referência geográfica ou étnica. Esses produtos eram chineses, tapuias do Rio Negro, muras, yurupixunas, cambebas, guaicurus do rio Paraguai, dos índios civilizados do Pará, dos negros de Benguela e Angola. Para além das fronteiras imperiais, o naturalista também enviava ao museu coimbrão, peças peruvianas e dos índios civilizados da Nova Espanha. Ao reunir objetos tão díspares, Ferreira não pretendia compor um gabinete de curiosidade ao modo antigo, mas conceber uma coleção recorrendo à classificação muitíssimo original.

Para entender como essas peças foram parar no museu lisboeta é indispensável perceber como o ultramar e a metrópole se integravam lentamente desde as reformas pombalinas, como o comércio criou elos entre as colônias e intensificou a circulação de pessoas, mercadorias e instituições. No final do século, mesmo durante a turbulência revolucionária, as autoridades lusitanas e, particularmente, alguns vassalos luso-brasileiros apostavam na solidez do império colonial, nos frutos que a metrópole ainda poderia colher nas conquistas. Os povos do império impulsionavam as lavouras, as minas e as mercadorias responsáveis por ativar laços entre as colônias e a metrópole. Os produtos industriais reunidos por Ferreira faziam parte talvez do processo, responsável por dinamizar as trocas incessantes e estruturar as bases do império colonial. Suas técnicas construtivas e matérias-primas seriam, possivelmente, contribuições para ativar o comércio e promover a unidades das províncias do império. Produzidos em Benguela, Macau ou Mato Grosso, os artefatos atuavam como moeda de troca, como mercadoria potencialmente capaz de ativar as rotas entre lugares distantes.

Nesse mesmo período, a produção de inventários e a circulação de notícias permitiram tornar mais palpável a idéia de um império colonial, composto por possessões que aos poucos se integravam e tornavam-se interdependentes. Os contemporâneos registraram suas primeiras impressões sobre as tramas entre o centro e o extenso ultramar, como as partes se articulavam por meio de trocas de produtos agrícolas e manufaturados. Outra dimensão do fenômeno encontra-se nos desenhos, aquarelas e óleos concebidos por artistas luso-brasileiros que foram instruídos a representar a diversidade de povos do império. A produção desses inventários era condição necessária para manter as fronteiras, fomentar minas e lavouras e, enfim, incentivar trocas comerciais. Os tipos étnicos tornaram-se tema de obras que atuavam como verdadeiro inventário visual das diversas comunidades do ultramar lusitano. A coleção de artefatos reunida por Alexandre Rodrigues Ferreira eram igualmente manifestação da idéia de império colonial lusitano que se tornou cada vez mais concreta quanto mais se tornava frágil a soberania portuguesa no continente europeu.

Imagens dos povos

Nas expedições científicas, antes do advento da fotografia, os desenhos constituíam fonte valiosa de informações para os naturalistas. A textura, cores e formas anatômicas internas e externas das espécies eram preservadas graficamente, enquanto plantas, animais artefatos eram desidratados, preservados em álcool e enviados em caixas aos gabinetes e herbários. Por meio de imagens, registrava-se ainda tudo aquilo que não pudesse ser transportado: grandes animais, árvores, rochas, grutas e paisagens. O avanço da história natural, portanto, dependia fundamentalmente dos diários, remessas e desenhos produzidos nas áreas de investigação. O viajante-naturalista era treinado para compor esse material que preservava a qualidade dos indícios colhidos ao longo da jornada. Palavras e imagens objetivavam perpetuar experiências, divulgar resultados e compará-los ao conhecimento existente. Sem esses recursos a viagem estava perdida. Os naturalistas setecentistas escreviam e desenhavam para divulgar seus saberes, para torná-los presentes aos demais cientistas e curiosos. As palavras e as imagens são símbolos, atuam como convenção e para tanto devem obedecer a uma gramática, a uma regra de representação. Os viajantes preservavam, enfim, as normas científicas para verem reconhecidas suas descobertas. Somadas às regras da taxonomia e descrição, seus relatórios e memórias deveriam, portanto, ser acompanhados de desenhos técnicos.

Esses cuidados iniciais não eram o bastante para alimentar o circuito do saber. A publicação dos resultados era condição de reproduzir a experiência, conquistar o reconhecimento de seus esforços e capacidade intelectual. Os dados deveriam atingir as principais academias européias para obter o merecido reconhecimento. Por certo, nem todas as informações coligidas durante a viagem estariam disponíveis à comunidade, mas parte substancial do acervo passaria pelas fronteiras portuguesas para alcançar a Europa do norte, do contrário seria muito pouco conhecido. Os centros de investigação reuniam, assim, subsídios para preparar e publicar os resultados. A imprensa viabilizava tanto a divulgação da escrita quanto a fiel reprodução de desenhos. Nesse sentido, vale lembrar que a cópia manual de uma imagem dificilmente é capaz de produzir outra imagem semelhante. Essas cópias sempre contêm variações entre si, ou melhor, inclusão e exclusão de detalhes que as diferenciam do original. A precisa reprodução impressa promoveu a diminuição das interferências, a partir do momento em que fornecia cópias cada vez mais acuradas da obra original. Além de reproduzir fielmente, as novas técnicas de gravura permitiam, aos poucos, a absorção crescente de informações visuais, de detalhes incapazes de serem produzidos com as técnicas anteriores. Se inicialmente a xilogravura permitia incluir poucos detalhes, as gravuras reproduzidas em placa metálica ampliaram o conteúdo informativo das imagens. As gravuras e os livros tornaram-se, enfim, instrumentos indispensáveis à ciência, por reproduzir e divulgar, com crescente exatidão, seus resultados.[1]

A Viagem Filosófica comandada por Alexandre Rodrigues Ferreira produziu centenas de estampas dedicadas aos três reinos da natureza. Os temas dos desenhos eram encomendados pelo naturalista que, por sua vez, seguia as diretrizes científicas elaboradas pelo professor e naturalista italiano Domenico Vandelli. O empreendimento científico contava com dois riscadores, José Joaquim Codina e Joaquim José Freire, autores dos desenhos analisados neste capítulo. A expedição forjou-se no Real Gabinete da Ajuda que era composto por um Jardim Botânico, Museu de História Natural, Casa de Risco e de Gravura, além de biblioteca

---

[1] William M. Ivins Jr. *Prints and visual communication*. Cambridge: The MIT Press, 1982; Chandra Mukerji. *From graven images; pattern of Modern Materialism*. New York: Columbia University Press, 1983; Bernard Smith. *Imagining the Pacific; in the Wake of the Cook Voyages*. New Haven: Yale University Press, 1992; Bernard Smith. *European vision and the South Pacific*. New Haven: Yale University Press, 1988; Barbara M. Stafford. *Voyage into substance*. Cambridge: The MIT Press, 1884.

e cartório. Os riscadores eram previamente treinados para desenhar seres vivos e paisagens. Em Coimbra, os alunos de filosofia natural também recebiam aulas de risco, ensino indispensável para as funções que desempenhariam durante as investigações sobre os três reinos da natureza. Os desenhos eram concebidos em duas etapas: os riscadores iniciavam-nos durante as viagens, no terreno investigado, e posteriormente os finalizavam na Casa do Risco em Lisboa. Somente na metrópole, existiam condições para aperfeiçoar os desenhos, para classificar as espécies segundo os ensinamentos de Lineu.

In loco, os artistas compunham desenhos aquarelados e a nanquim destinados a representar aspectos geográficos e etnográficos, sem descuidar de plantas e animais. Os desenhos comporiam, mais tarde, gravuras, que ilustrariam a "História Natural das Colônias", obra idealizada por Vandelli que não veio a público. Havia, no entanto, interesse das autoridades portuguesas na publicação das estampas, pois preservaram-se tanto os desenhos duplicados quanto as chapas em metal para reproduzi-los. A técnica de reproduzir imagens remonta ao século xv, período de invenção da imprensa e inovação nas artes gráficas. Mais tarde, elas teriam enorme importância para os naturalistas, que divulgavam suas descobertas por intermédio dos livros.[2] Naquele momento, uma larga gama de objetos, desde máquinas, plantas até paisagens, foi reproduzida em xilogravuras, gravuras em cobre e metal. Por volta de 1800, uma nova transformação ocorreu nas artes gráficas, quando tornou-se possível a impressão de aquarelas, gravuras em aço e litogravuras. Datadas desse período, as estampas compostas por José Joaquim Codina e Joaquim José Freire, beneficiaram-se, em parte, desses avanços.

Codina e Freire tiveram, provavelmente, aulas de desenho técnico na Fundição do Arsenal do Exército. Logo ao retornar a Lisboa, o primeiro faleceu, em 8 de janeiro de 1794.[3] Talvez, sua morte tenha sido provocada por doenças contraídas durante a viagem. Freire teve importante papel na Casa do Risco do Museu da Ajuda.[4] No inventário de 1794, Ferreira reuniu cerca de 2.670 desenhos, dos quais 1015 eram desenhos originais produzidos durante a viagem ao Pará. Para assegurar preservação dessas imagens, faziam-se cópias. Ao retornar a Lisboa, a Viagem Filosófica reunia 544 cópias. Na Fundação Biblioteca Nacional, encon-

---

[2] M.J.S Rudnick. The emergence of a visual language for geological science. *History of Science*, 14, 1976. p. 149-196.

[3] IANTT – Registro Paroquial, Freguesia da Ajuda, mf. 939, fl. 259.

[4] Miguel Faria. José Joaquim Freire (1760-1847) Desenhador militar e de História natural. Arte, Ciência e Razão de Estado no final do Antigo Regime. Dissertação de mestrado em História da Arte. Porto, Faculdade de letras da Universidade do Porto, 1996.

tram-se 912 estampas, algumas certamente copiadas dos originais, encontrados no Museu Bocage em Lisboa.[5] Em uma carta a Júlio Mattiazzi, datada de 4 de maio de 1787, Ferreira destacou a importância de fazer cópias dos desenhos concebidos ao longo da viagem: "que as faça copiar; visto que a mim de nenhum desenho até agora fica cópia; de sorte, que desaparecido que seja original, não haverá cópia para recuperar".[6]

O zoólogo Vanzolini considerou que a execução das estampas era de valor mediano. Os peixes foram muito bem representados, mas os mamíferos estão mal desenhados e identificados. Os desenhos de aves são "exemplares obviamente taxidermados, dobrados e comprimidos. Não fazem boa ilustração". De modo geral, as pranchas permitem identificação das espécies e estão de acordo com a qualidade das produções européias da época.[7] A flora é parte mais representativa do acervo: no Museu Nacional do Rio de Janeiro, existem 668 estampas sobre a flora, enquanto na Fundação Biblioteca Nacional esse reino está presente em 680 estampas inéditas. Levando-se em consideração as memórias, diários, herbários e estampas, há cerca de 3.900 referências a plantas amazônicas,[8] demonstrando o nítido interesse da expedição pela flora. Vale lembrar que a botânica era o principal ramo do conhecimento científico setecentista, mas não foi o interesse por plantas que promoveu a investigação por métodos de classificação: "Ao invés disso, como não se podia saber e falar senão num espaço taxinómico de visibilidade, o conhecimento das plantas devia levar a melhor sobre o dos animais".[9] Para Michel Foucault, os

---

[5] FBN, seção de manuscrito, 21, 1, 10. Alexandre R. Ferreira. Inventário geral e particulares de todos os produtos..... As cifras variam entre os pesquisadores. Angela Domingues menciona que Freire e Codina desenharam, *in loco*, 1015 estampas de quadrúpedes, aves, peixes, insetos, plantas, alfaias de índios, paisagens e cartas geográficas, ver: Angela Domingues. Olhares sobre o Brasil nos séculos XVII e XVIII. *In*: *Brasil, nas vésperas do mundo moderno*. Lisboa: CNPCDP, 1992. Edgar Cerqueira Falcão contabiliza 962 desenhos e aquarelas, em sua maioria, assinados pelos riscadores. Miguel Faria inclui ainda 211 desenhos aquarelados encontrados no Museu Bocage em Lisboa: M. Faria. O desenho da viagem. *Oceanos*, 9: 65-79, 1992. Para os originais do Museu Bocage, ver: *Viagem ao Brasil de Alexandre Rodrigues Ferreira*. Petrópolis, Editorial Kapa, 2002. 2 vs.

[6] Alexandre Rodrigues Ferreira. Carta de Alexandre Rodrigues Ferreira a Júlio Mattiazzi. *In*: Américo Pires de Lima (org.). *O doutor Alexandre Rodrigues Ferreira*. Lisboa, Agência do Ultramar, 1953. p. 207-8.

[7] P. E. Vanzolini. A contribuição zoológica dos primeiros naturalistas viajantes do Brasil. Revista USP, 30, 1996. p. 200.

[8] Gustavo Martinelli. Aspectos botânicos da "Viagem Filosófica" (1792-1991). *In*: *Viagem Filosófica – uma redescoberta da Amazônia*. Rio de Janeiro, Ed. Index, 1992. p. 100.

[9] Michel Foucault. *As palavras e as coisas*. Lisboa, Portugália, s/d. p. 185.

jardins botânicos e gabinetes de história natural atuavam como instituições adequadas para colecionar plantas e "configurar o real". Além de ser alvo das ilustrações, no ultramar lusitano, as plantas e a agricultura tornaram-se a base das reformas, que pretendiam restabelecer a economia, debilitada pela queda na produção de metais preciosos. Assim, a ênfase na botânica não resultava apenas dos debates científicos, mas também das instruções fornecidas aos viajantes pelo Estado para enriquecer o Museu da rainha, fomentar a agricultura e o comércio coloniais.

Nas estampas dedicadas aos índios, os riscadores demonstraram dificuldades em representar o corpo humano, conforme os cânones neoclássicos vigentes à época. Não estavam treinados a compor músculos, membros e troncos, mãos e pés de forma harmônica, traçar fisionomias diversificadas e expressar sentimentos. Essas formas anatômicas, presentes desde a Renascença nas gravuras européias, não foram empregadas para representar os índios da Amazônia. Os artistas não recorreram, enfim, às normas acadêmicas para compor os desenhos. Essa característica se repete nos riscos iluminados de Carlos Julião e nos elípticos de Leandro Joaquim, que, como Freire e Codina, não empregaram as formas clássicas para representar os corpos. Eles estavam, por certo, mais habilitados ao desenho técnico. No entanto, Miguel Faria destaca que as formas toscas dos índios devem-se à especificidade do desenho composto durante as viagens. Longe da Casa do Risco, os desenhistas executavam rapidamente as obras e enfrentavam a indisponibilidade dos índios em posar para os artistas.[10] O arrazoado, porém, não se coaduna com a dinâmica da produção de imagem nas viagens setecentistas, pois inicialmente executavam-se as primeiras versões para, em seguida, aperfeiçoar e colorir o desenho. Nas viagens, não se executavam imagens frentes a modelos nativos estáticos, nem *en plein air*, como os pintores-viajantes que produziam pintura a óleo.[11]

Confrontando os acervos do Museu Bocage e da Fundação Biblioteca Nacional, Miguel Faria teceu algumas boas considerações em relação às imagens dedicadas ao gentio. Os originais, em boa parte, estão assinados e possuem legendas detalhadas, demonstrando conhecimento direto sobre o material representado, enquanto as cópias não estão assinadas e possuem legendas curtas.[12] Os copistas,

---

[10] Miguel Faria. O desenho em viagem. *Oceanos*, 9, 1992. p. 73.

[11] Sobre essa inovação ver estudo sobre o pintor William Hodges na primeira viagem de Cook: Bernard Smith. *Imagining the Pacific*...p. 111-134.

[12] No acervo da Fundação Biblioteca Nacional – seção de manuscritos (cod. 21,1,1A), as estampas não possuem legendas. Na publicação do Conselho Federal de Cultura (1971), as legendas foram acrescentadas, nem sempre com muito rigor. Por vezes, elas contrariam as legendas originais encontradas no Museu Bocage – Lisboa.

portanto, não se preocuparam em passar as legendas originais para as cópias. Os originais não possuem aperfeiçoamento do plano de fundo, enquanto as cópias contêm paisagens que provocam uma sensação artificial de encenação.[13] De todo modo, as principais características das etnias foram preservadas nas reproduções. Antes de analisar a classificação visual promovida pela Viagem Filosófica, vale mencionar que Ferreira e seus desenhadores não foram os únicos a produzir um inventário e classificação visual dos povos ultramarinos.

No período, outros dois artistas pintaram imagens sobre os povos do império. Sem recorrer às mesmas normas científicas e taxonômicas de artistas-viajantes, Carlos Julião e Leandro Joaquim também compuseram imagens que retratavam tipos étnicos e sociais. Eles pintavam, particularmente, os negros e seus ofícios, além de várias etnias oriundas dos domínios de Sua Majestade. Essas imagens devem, enfim, ser abordadas a partir de sua disposição para demonstrar diferenças sociais e culturais, além de exaltar a enorme diversidade de povos que se encontravam sob o comando do soberano português. Ao inventariar suas vastas possessões, os artistas glorificavam o poder do monarca e sua capacidade de dirigir o extenso império colonial.

Natural do interior da capitania do Rio de Janeiro, Leandro Joaquim pintou obras sacras e o retrato do vice-rei Luís de Vasconcelos e Sousa. Interessa-nos, sobretudo, os seis elípticos que foram concebidos entre 1779 e 1790. O período coincide exatamente com o governo do mencionado vice-rei, que mandou aterrar a lagoa do Boqueirão e, em seu lugar, criar o Passeio Público, onde se destacavam os pavilhões ornados com as pinturas de aves, plantas e vistas da cidade do Rio de Janeiro compostas por Leandro Joaquim.[14] Como parte de uma missão diplomática à China, o secretário do embaixador britânico, George L. Staunton aportou no Rio de Janeiro, em 1792, e mencionou a existência dos registros visuais do artista fluminense que ornamentavam um dos pavilhões do Passeio Público. Mencionou as diferentes vistas da cidade e uma cena dedicada à pesca da baleia, prática muito popular nessa região quando a baía não era ainda tão freqüentada por navios.[15] Embora Staunton não mencione, a grande inovação de Leandro Joaquim foi introduzir a sociedade nas representações da urbe.

---

[13] Miguel Faria. O desenho em viagem.... p. 69.

[14] Gilberto Ferrez. As primeiras telas paisagísticas da cidade. *Revista do Patrimônio Histórico e Artístico Nacional*, 17, 1969. p. 232; sobre a biografia do pintor, ver: Nair Batista. Pintores do Rio de Janeiro colonial. *Revista do Patrimônio Histórico e Artístico Nacional*, 3, 1939. p. 112.

[15] George Staunton. *An authentic account of an Embassy from the King of Great Britain to the Emperor of China...* London: W. Bulmer and Co., 1797. v. I. p. 163-164.

Nos elípticos, encontram-se retratados, no Rio de Janeiro, soldados, violeiros, carregadores de liteira, pescadores, vendedores de capim e outros tipos sociais, particularmente negros, forros ou escravos, que seriam encontrados, com mais freqüência, nas aquarelas e pinturas oitocentistas. (FIG.1) Esses tipos urbanos encontrados na pintura de Joaquim, certamente serviram de modelo para outros artistas comporem imagens da cidade. Os pavilhões do Passeio Público receberam também a atenção de viajantes que percorreram a urbe no início do século XIX e descreveram o logradouro e suas obras dedicadas à história natural.[16] Se antes a cidade estava vazia e a prioridade era retratar as construções (prédios, igrejas e fortificações), Leandro Joaquim mostrou soldados enfileirados no largo do Paço, pescadores arpoando baleias e lançando redes para capturas peixes, lavadeiras, violeiros e carregadores às margens da antiga lagoa do Boqueirão. Ele não se preocupou apenas em registrar os ofícios urbanos, mas atentou para romaria marítima ao Hospital dos Lázaros, prática religiosa que envolvia a bandeira do Divino Espírito Santo.[17] Assim, a urbe e a *civitas* estavam integradas e davam movimento às vistas antes despovoadas e estáticas. Nas imagens percebe-se o interesse em retratar os trabalhadores, sem enfatizar as etnias ou a condição social (escravo ou livre). Estava mais interessado em visualizar a cidade e seus habitantes em ação do que demonstrar as fraturas sociais. O labor é uma constante em sua pintura, o que reforça as palavras de Gilberto Ferrez: "parece-nos que o artista quis, ou melhor, teve ordens para descrever aquele período, tipicamente o que hoje chamaríamos de propaganda do governo".[18] Como artista predileto do vice-rei, Leandro Joaquim retratou uma sociedade na faina diária, uma configuração urbana que, em parte, não mais existia, remodelada pelo "gênio transformador" do vice-rei que criou o Passeio Público, ordenou o largo do Paço, além de receber com distinção embaixadores britânicos. O testemunho de Staunton reforça o aspecto de propaganda das vistas, pois elas documentavam uma cidade que se embelezou e teve maior afluência de navios em seu porto durante o governo do mencionado vice-rei. A lagoa do Boqueirão foi aterrada, para aplacar doenças

---

[16] Entre eles ver: John Luccock. *Notes on Rio de Janeiro and the southern parts of Brazil*...London, 1820. p. 88; Gilbert Ferrez. *Aquarelas de Richard Bate. O Rio de Janeiro de 1808-1848*. Rio de Janeiro: Galeria Brasiliana, 1965.

[17] Os elípticos do Museu Histórico Nacional são os seguintes: "Cena marítima", "Procissão ou romaria ao Hospital dos Lázaros", "Revista militar no largo do Paço", "Pesca da baleia na baía de Guanabara", "Vista da Igreja da Glória", "Vista da lagoa do Boqueirão e Arcos da Carioca". Sobre as nomeações dos elípticos, ver: Gilberto Ferrez. As primeiras telas... p. 227-232.

[18] Gilberto Ferrez. As primeiras telas... p. 232.

provocadas por miasmas. Surgiu, então, o Passeio Público com obras de Mestre Valentim e onde a história natural era cultuada em seus pavilhões à beira-mar. A pesca da baleia pertencia ao passado, pois o porto tornou-se muito movimentado, afugentando da baía essa prática. O largo do Paço teve também intervenções urbanísticas que foram registradas pelo elíptico de Leandro Joaquim.

Os tipos sociais seriam também representados por meio das figurinhas produzidas pelo italiano Carlos Julião. Ele iniciou sua carreira militar no exército português e serviu em Mazagão, Índia e Macau por ordem do secretário de Estado português, onde promoveu levantamentos topográficos e vistoriou fortificações. Em 1764, tornou-se tenente e, em seguida, alcançaria o título de capitão, mas somente em 1795 entrou para o serviço do Arsenal Real do Exército. Além de compor plantas e desenhos, ele atuava como engenheiro especialista em metalurgia, mineralogia e química. Produziu plantas e cartas topográficas com seus respectivos perfis, elevações, fachadas e ainda incluía figurinhas destinadas a representar os habitantes dessas localizadas. "A estratégia adotada por Julião para ilustrar seus panoramas reúne características que podem ser encontradas aqui e ali em vários desenhos do mesmo período. De certo modo, ao ornamentar seu trabalho com estas figurinhas, Julião participava da velha tradição de iluminar mapas com alegorias humanas referidas aos lugares retratados".[19]

Diferentemente da tradição, Julião não empregava as imagens humanas para ornar cartas e perfis. Ao inverter a lógica, ele concedeu aos figurinhos o predomínio sobre os perfis de cidades e fortificações. Essa originalidade está evidente em "Elevasam e Fasada, que mostra emprospeto pela marinha a Cidade do Salvador da Bahia", datada de 1779, que se divide em três faixas horizontais: na superior ele retratou o perfil da cidade; na mediana, as plantas das principais fortificações; na inferior, os figurinhos. Esta última ocupa um espaço de destaque na composição e demonstra o apreço do engenheiro pelos usos e costumes da localidade.[20] As figuras, porém, trazem elementos diferentes dos apresentados por Leandro Joaquim. Julião marca o contraste entre brancos, mulatos e negros, entre escravos e livres, ausentes nos mencionados elípticos. A figura central retrata uma mulher branca carregada por escravos de pés descalços que

---

[19] Silvia Hunold Lara. Fragmentos setecentistas: escravidão, cultura e poder na América Portuguesa. Tese apresentada para concurso de Livre-docente na Área de História do Brasil. Campinas: Unicamp, 2004. p. 286.

[20] Elevasam e Fasada, que mostra emprospeto pela marinha a Cidade do Salvador da Bahia... *In*: Nestor Goulart Reis. *Imagens de vilas e cidades do Brasil Colonial*. São Paulo: Edusp/Faperj, 2000. p. 39 e 316.

são comandados por um branco bem vestido – "Carruagem ou cadeirinha em que andão [?] as Senhoras na Cidade do Salvador da Bahia de Todos os Santos". As figuras laterais representam mulher e homem, possivelmente escravos, descalços e carregando pote e bandeja de frutas, imagens acompanhadas das seguintes legendas: "Preto que vende leite na Bahia e Pretas Minas da Bahia, quitandeiras". Encontram-se ainda duas mulheres, a primeira uma mulata e a segunda uma branca, ambas com indumentárias de luxo e devidamente calçadas – "Modo de trajar das mulatas da cidade da Bahia e Mossa (sic) dançando o landu de bundo a cinta".

Essa classificação social marca também o álbum intitulado *Riscos illuminados de figurinhos de Brancos e Negros dos Uzos do Rio de Janeiro e Serro do Frio*, c.1776-1779, onde estão representados os brancos (donzelas, senhoras e militares), mulatos, pardos e negros.[21] Recorrendo aos tipos de vestes, pode-se ainda distinguir entre negras ladinas e crioulas, os tecidos africanos e os seios desnudos distinguem, talvez, a tradição africana nas negras. Como nos elípticos de Leandro Joaquim, os riscos ainda testemunham os ofícios dos escravos, forros e brancos. Em "Oficial do Terço dos Pardos e Oficial do Terço Auxiliar dos Pretos Forros", o engenheiro registrou a mestiçagem racial e a possibilidade de pardos e negros exercer postos militares. As mencionadas pranchas não trazem legendas, mas Wash Rodrigues identificou o oficial de casaca azul clara e calça amarela como oficial do Terço Auxiliar dos Pardos e o de uniforme verde e vermelho como do Terço Auxiliar dos Pretos Forros, ambos do Rio de Janeiro.[22] Vale destacar que o pardo em questão pouco se distingue dos demais brancos representados nos riscos. De todo modo, parte importante da sociedade colonial, os mestiços, também era tema das reflexões e classificações visuais do italiano.

Julião também concebeu uma mina onde um negro está entre dois feitores, homens brancos vestidos de botas. Nas demais pranchas sobre a extração de minerais, a dicotomia social é recorrente: negros quebram pedras, carregam cascalhos e potes, sob o controle de feitores. As vendedoras ambulantes ora portam chinelas, ora estão de pés descalços e roupas muito simples. Os vendedores, porém, trazem marcas mais nítidas da escravidão: calção branco, roupas rasgadas e

---

[21] Carlos Julião. *Riscos iluminados de figurinhos de brancos e negros dos uzos do Rio de Janeiro e Serro Frio*, aquarelas de Carlos Julião. Introd. e catálogo de Lygia da Fonseca F. da Cunha. Rio de Janeiro: Biblioteca Nacional, 1960. Vale mencionar a ausência de legendas nas pranchas originais. Na presente edição, as legendas foram, certamente, compostas por Lygia Cunha, mas não há menção sobre os pressupostos empregados nessa nomeação.

[22] Silvia Hunold Lara. Fragmentos setecentistas... p. 294.

colar de ferro.²³ Os riscos não pretendiam representar somente a escravidão, mas a tradição negra cristianizada, compondo mulheres bem vestidas, calçadas, dançando e tocando instrumentos em homenagem à rainha negra que, por vezes, vem coberta por uma grande sombrinha.

Se existe uma gramática visual e social nas aquarelas de Carlos Julião, conclui-se que a nudez, de corpos e pés, era sinal de escravidão e de origem africana, ou mesmo de primitivismo, como nas pranchas dedicadas aos selvagens peludos americanos. Essa regra, porém, nem sempre está evidente nos riscos iluminados. Em princípio, desconhece-se a origem das legendas incluídas aos figurinhos de Julião na edição de 1960. Mesmo se fossem autênticas, algumas escravas estão ricamente ornadas e vestidas. Essas mulheres portam sapatos e vestimentas tão luxuosos quanto às forras e brancas, o que demonstraria a intenção do autor de marcar uma forte distinção social entre os negros. A gradação de cores entre brancos, pardos, mulatos e negros certamente atuava como classificação, mas a falta de legendas nas pranchas originais impossibilita discernir entre negros forros e escravos. Nem mesmo o prospecto da cidade do Salvador e suas legendas autênticas permitem constatar como Carlos Julião demarcava as fronteiras entre os negros. Essas legendas mencionam apenas preto e preta, o que esconde a inserção social. A comparação entre as imagens e as respectivas legendas do prospecto de Salvador com os riscos iluminados permite concluir que muitas figurinhas se repetem, ou melhor, estão presentes nas duas obras. A proximidade entre ambas reforça a dúvida em relação às legendas encontradas na edição dos riscos iluminados. Na primeira, o engenheiro militar não emprega o termo escravo, enquanto nas legendas dos riscos, editados em 1960, ele existe com alguma recorrência.

Percebe-se, porém, que os ofícios exercidos por negros não se distinguiam, fossem eles escravos ou forros, mas se diferenciavam das atividades desempenhadas por brancos, que geralmente eram militares. Uma única exceção, caso aceitemos a análise de Wash Rodrigues, se refere ao negro representado como oficial do Terço Auxiliar dos Pretos, pois um negro exerce uma função semelhante aos brancos. Nesse caso, porém, o terço era dos Henriques, tradicionalmente comandado por oficiais negros. De fato, forros e escravos poderiam atuar como

---

²³ Sobre o colar de ferro ou gorilha, Debret escreveu: "O colar de ferro é o castigo aplicado ao negro que tem o vício de fugir. A polícia tem ordem de prender qualquer escravo que o use, quando encontrado de noite vagabundeando pela cidade, e deixá-lo na cadeira até o dia seguinte". *In*: Jean Baptiste Debret. *Viagem Pitoresca e Histórica ao Brasil*. Belo Horizonte: Itatiaia/Edusp, 1989. v. II, p. 167.

vendedores ambulantes, mas comumente eram escravos os trabalhadores das minas sob o comando de feitores. As mulheres brancas não foram retratadas como serviçais, mas atuavam como manequins para ilustrar as vestes das donzelas e senhores de origem lusitana. As forras também desempenhavam essa função e, por vezes, estavam ricamente adornadas, com jóias e adereços próprios da elite colonial, o que demonstra a maleabilidade social, a capacidade de acumular bens por parte das mulheres negras. Nas pranchas de Carlos Julião, contudo, a ascensão social estava vetada aos homens negros, que alcançavam, no máximo, um posto de oficial no Terço Auxiliar dos Pretos.

Em "Configuração que mostra a Entrada do Rio de Janeiro... (ca. 1779),[24] Carlos Julião reproduz, na parte superior, o litoral de quatro localidades do império ultramarino. (FIG.2) Dividida em quatro partes, a composição, porém, não enfatiza o desenho militar, mas os usos e costumes dos povos. Estão aí desenhados a configuração da entrada da barra de Goa, o prospecto que mostra a praça de Diu, a configuração da entrada do Rio de Janeiro e o prospecto da ilha de Moçambique, além de usos e costumes dos povos ultramarinos: as pretas do Rosário, as negras do tabuleiro, a mulata, a índia selvagem, as nhonhas de Macau, a baye[25] e o gentio de Goa, chardos e faras da Índia, os tapuias domesticados e o canarim. Carlos Julião recorreu, enfim, a uma taxonomia difusa e indicava ora a origem espacial (Goa, Macau e Índia), ora as castas (faras, brâmane e chardos) ora a uma classificação sócio-religiosa (canarim, pretas do Rosário, negras do tabuleiro, gentio e baye).

Ao observar os desenhos de Carlos Julião, percebe-se uma sutil diferença entre configuração e prospecto. No primeiro, o engenheiro detalha a topografia (montanhas, vales, litoral...), no segundo, ele destacou os principais prédios e fortificações. Goa e o Rio de Janeiro foram representadas a partir de configurações da entrada da barra, a praça de Diu e a ilha de Moçambique tiveram suas construções pormenorizadas em prospectos. Essa escolha é tão obscura quanto

---

[24] Carlos Julião. Configuração que mostra a Entrada do Rio de Janeiro... In: Nestor Goulart Reis. *Imagens de vilas e cidades do Brasil Colonial.* São Paulo: Edusp/Faperj, 2000. p. 181 e 366.

[25] Segundo o verbete, Baí era: "do mesmo modo que babá para o menino, baí é o tratamento de carinho na Índia Portuguesa para a menina, e às vezes para a dona da parte dos criados. Do concani bāi ou baī. Bāye é vocativo da mesma palavra. Mas o tratamento não é peculiar às cristãs, como o supõe Bluteau, e repetem outros lexicógrafos; corresponde ao francês *mademoiselle* ou ao ing. Miss, com a diferença de que se dá também às mulheres casadas novas". In: Sebastião Dalgado. *Glossário Luso-Asiático.* Lisboa: Academia das Ciências de Lisboa, 1983. v. 1. Agradeço à Patrícia Sousa de Faria por esta informação.

a relação entre os prospectos\configurações e os usos\costumes dos povos. Em princípio, como na "Elevaçam e fasada..." da cidade do Salvador, deveria existir uma correlação entre as cidades e os povos representados. No entanto, o engenheiro não traçou nem o prospecto, nem a configuração de Macau, mas pintou o "Traje dos chinas de Macau" e o "Traje das Nhonhas de Macau". Talvez ele tencionasse conceber tipos de cidades e povos para demonstrar a diversidade e grandiosidade do ultramar português, sem se preocupar com a correlação entre espaços e habitantes. No entanto, os desenhos procuram classificar, sobretudo, os tipos do Brasil, Índia e Macau, conquistas onde Julião prestou serviço ao Estado português. Essa seria a principal razão para iluminar sua obra com esses povos, ao invés, por exemplo, de recorrer às etnias africanas para enriquecer o prospecto da ilha de Moçambique.

A partir de usos e costumes, conclui-se que a "Preta com taboleiro de doce, e gorgoleta de agoa", "As Pretas do Rozario", "Rede em que se transportão os Americanos para as suas Chacaras, e Fazendas", "Preta que leva a janta na cuya", "Mulata recebendo carta por sua Senhora", "Trajes das mulheres Selvagem" e "Tapuyas já domesticados" são nitidamente tipos da América portuguesa. As mulheres brancas representadas em "Ermitao pedindo esmola" e "Moça dançando o landu de bundo a cinta" também devem ser tipos do Brasil, onde existia população branca mais numerosa que em outras partes do império colonial. O lundu era dança de origem africana, executava individualmente, e muito comum no Brasil, entre o fim do século XVIII e início do XIX. O termo "de bundo a cinta" é mais obscuro, talvez nomeasse a faixa na cintura ou se referisse à origem angolana (ambundo) da mencionada dança. De todo modo, Carlos Julião teve a sensibilidade de evocar a mestiçagem cultural nessa figurinha, pois dançando o lundu representou uma moça branca e bem vestida.

Referente a Macau, concebeu as seguintes figurinhas: "Traje das Nhonhas de Macau", "Traje dos chinas de Macau" e, talvez, a "Mistissa soministrando canja". Por suas características faciais, a mestiça deve ser chino-portuguesa e a nhonha uma portuguesa residente ou nascida em Macau, pois Carlos Julião não a denominou de china, nem de mestiça. Da Índia, encontram-se os seguintes tipos: "Gentio de Goa trajado de Gala", "Baye de Goa com trajo Bramine", "Gentio de Goa com traje ordinario", "Baye de Goa de Casta Chardos", "Faras de Mancilla mostrando o sol da Índia", "Baye com dois Caloens de agoa" e "Canarin q'vai tirar a fruta do Coqueiro".[26] Interessante atentar para a denominação gentio para

---

[26] Agradeço à Sílvia H. Lara por me ajudar a decifrar essas legendas.

os homens e baye para mulheres, teriam eles o significado de pagãos? Em Goa, existia uma grande variedade de categorias sociais, além do sistema de castas, que classificava tanto os cristãos quanto os não-cristãos. Para os hindus, esse sistema era inalienável de suas crenças religiosas e dos comportamentos sociais e morais. Esvaziado do seu conteúdo religioso, o sistema também estruturava a sociedade indo-portuguesa convertida ao cristianismo. Para Luís Felipe Thomaz, a prática inicial de conversão em massa deixou intacta a organização social e, por sua vez, as castas.[27]

Carlos Julião não retratou os tipos da Índia com as insígnias cristãs, ao contrário procurou retratar seus hábitos. Segundo as "Notícias summaria do gentilismo da Azia" (depois de 1759), as castas indianas nasceram dos filhos de Brama que encheram o mundo do gênero humano. Eles originaram os "Estados Nobres, Titulares, Príncipes e Plebeus, seguindo o destino que o Onipotente lhes decretou" e deste modo formaram-se as castas: os brâmanes, kshatriyas, vaysias e sudras. Os brâmanes estavam proibidos de utilizar armas, mesmo nas situações de graves prejuízos, de comerciar, trabalhar a terra e exercer qualquer tipo de obra servil. Não podiam matar os viventes, racionais ou irracionais, "só assim são obrigados a se instruírem, perfeitamente, em todas as Artes mecânicas, como liberais, somente para ensinarem a usar delas as mais Nações ou Castas, por assim lhes determinar o seu estatuto, debaixo de toda a pena e castigo".[28]

Recorrendo às figurinhas, o engenheiro buscou retratar a diversidade de tipos hindus. Denominou os homens de gentios, trajados ora de gala, ora de forma ordinária. As referências às castas existem no traje brâmane, casta ocupada, sobretudo, com o sacerdócio; na menção aos chardos (charodos) que se ocupavam das atividades militares; aos faras (farazes) que desempenhavam trabalhos mais grosseiros como varredores, empregados, coveiros e curtidores. O termo canarim é muito impreciso, talvez indique um grupo convertido ao cristianismo. Em princípio, canarim referia-se aos habitantes de Canara, antiga região Carnática do Decão. Os portugueses empregavam o termo erroneamente quando

---

[27] *Idem.* p. 273-274; Ch. R. Boxer. *Relações raciais no Império Colonial Português.* Rio de Janeiro: Tempo Brasileiro, 1967. p. 108-109; A. J. R. Russell-Wood. Comunidades étnicas. *In*: Francisco Bethencourt e Kirti Chaudhuri (dir.) *História da Expansão Portuguesa.* v. 3. Lisboa: Círculo de Leitores, 1998. p. 210-212.

[28] FBN – Iconografia C.I, 2, 8 – Noticia summaria do gentilismo da Azia com dez riscos illuminados... cap. 14 e 101. Em Carlos Julião. *Riscos iluminados de figurinhos ...*, encontra-se informação, fornecida por Lygia da Fonseca F. da Cunha, que Carlos Julião seria o autor da Notícia summaria. A Biblioteca Nacional de Lisboa, porém, não confirma essa informação.

indicavam os habitantes de Goa, mas também podiam designar os conversos e os hindus indiscriminadamente. Desde meados do século XVII, ele designava os habitantes locais, raça vil, covarde, fraca e efeminada.[29] No tempo de Carlos Julião, essas distinções não eram mais tratadas com rigorismo da Contra-Reforma e começava a surgir, com o governo pombalino, uma política mais secularizada pelas luzes.[30] De todo modo, não é provável que o canarim de Julião, semi-nu a subir no coqueiro, seja um cristão. Era, por certo, um habitante de Goa e membro de uma casta inferior.

Taxonomia dos povos na Viagem Filosófica

Leandro Joaquim e Carlos Julião produziram elípticos e riscos sem se preocupar em acrescentar subsídios escritos sobre os tipos sociais e as etnias abordadas. Inspirados por importantes debates da história natural, o naturalista Alexandre Rodrigues Ferreira e sua equipe de riscadores disponibilizaram informações que iam muita além dos registros visuais e, assim, reuniram, nas memórias, temas que seriam incapazes de constar nas imagens. Por meio desses testemunhos, percebem-se formas distintas da linguagem científica, escrita e visual, que ora são complementares, ou melhor, permitem confirmar as informações contidas em ambos os suportes; ora são específicos, ou melhor, cada um disponibilizava um tipo de dado que não se encontra no outro. Em geral, as imagens informam sobre cores, formas anatômicas e trajes, enquanto as memórias descrevem a história dos povos, costumes e governo. Ao obedecer a essa disposição, Ferreira apresentava os resultados das investigações conforme regras estabelecidas pelo circuito erudito, normas disponibilizadas por instruções de viagem. Essa, talvez, seja a principal diferença entre o naturalista e seus contemporâneos L. Joaquim e C. Julião.

A descrição científica tornou-se importante tema de debate entre os naturalistas setecentistas. Para Buffon, não se podia definir uma espécie sem descrevê-la detalhadamente, era mais importante traçar imagens vivas dos diversos tipos de animais do que os identificar. O texto e a imagem eram, portanto, empregados para difundir os conhecimentos e avanços científicos, mas o emprego dessas

---

[29] Ch. R. Boxer. *Relações raciais...* p. 117; Ch. R. Boxer. *O império colonial português.* (trad.) Lisboa: Ed. 70, 1981. p. 247.

[30] L.F.Thomaz. *De Ceuta a Timor...*p. 260.

linguagens era tema passível de debate: "Embora, como nos tratados taxionômicos de Lineu, se ocupasse da diversidade da natureza, a abordagem de Buffon era fundamentalmente diferente. A identificação era a última de suas preocupações; ele almejava acima de tudo traçar imagens vivas dos diversos tipos de animais".[31] Para além da polêmica entre nomear e descrever, nesse período, ocorreu uma subdivisão das tarefas descritivas. A relação texto/imagem era concebida como pleonástica ou excludente. Reaumur considerou a prancha como auxiliar da descrição. Os desenhos comunicavam mais rapidamente e transmitiam um conteúdo idêntico ao da descrição. Entre a descrição textual e a imagem atuava, freqüentemente, um tipo de texto-tampão, ou melhor, uma explicação capaz de esclarecer a figura e destacar o quanto ela confirma as informações presentes na descrição.[32] Concebida como uma confirmação, a imagem deveria ser, ao mesmo tempo, independente e redundante, sempre amparada pelo texto para servir como discurso científico.

Adanson, porém, concebeu a relação texto e imagem de modo excludente. As pranchas transmitiam dados que não estavam ao alcance da descrição textual. Textos e pranchas não eram redundantes, possuíam especificidades. As últimas estavam encarregadas de expressar "qualidades essenciais", enquanto os textos deveriam ser curtos e enfatizar principalmente aspectos que a imagem não podia expressar. A escrita, portanto, deveria ater-se ao movimento, ao âmbito temporal e a outras sensações não-visuais. Esse tipo de conhecimento foi denominado por Buffon como histórico. Os debates criaram, por conseguinte, uma cisão: descrição/história e retrato/quadro. A história se opunha à descrição, pois estava encarregada de perceber o movimento (crescimento, interferências do clima, etc.), enquanto a descrição se concentrava nos aspectos estáticos O retrato era concebido como percepção visual e estática, enquanto o quadro retratava o movimento.

Na defesa da descrição, Daubenton destacou que longe de enquadrar o visível, a prancha interpretava-o, deformava-o, até que ela correspondesse à idéia do animal. Os naturalistas, enfim, consideraram a descrição como arbitrária, destituída da objetividade defendida por Lineu. No século das luzes, a história natural promoveu o "objeto intermediário". As variadas formas de descrever não mais se interessariam pelo indivíduo excepcional, mas pelo exemplar, pela

---

[31] Ernest Mayr. *O desenvolvimento do pensamento biológico*. Brasília, Ed. UnB, 1998. p. 210.

[32] Denis Reynaud. Pour une théorie de la description au 18. siècle. *Dix-huitième siècle*, 22, 1990. p. 315.

espécie. O protótipo não se confundia com a realidade, mas sintetizaria características de um grupo.[33]

A Viagem Filosófica seguiu esses princípios e dedicou pranchas à fauna, flora e grupos indígenas. As imagens estão acompanhadas de memórias (artigos) que não podem ser analisadas separadamente. O texto escrito, por certo, fornece maior inteligibilidade à descrição visual. Alexandre Rodrigues Ferreira produziu dezenas de memórias dedicadas às comunidades indígenas ao longo da viagem, sobretudo sobre os yurupixunas, maués, uerequenas, muras, cambebas e miranhas. O naturalista descreveu seus corpos, costumes, atividades produtivas e o convívio nem sempre pacífico entre índios e colonizadores. Freire e Codina contribuíram também para tornar conhecidos esses povos, desenhando e transformando em imagem algumas descrições textuais produzidas pelo naturalista. As memórias nem sempre são exaustivas. Alguns grupos foram apenas mencionados; outros, porém, receberam destaque, como os muras, que se tornaram o alvo preferencial de observação. Considerados como "gentio do corso", eles causaram sérios prejuízos aos colonos e ao comércio de drogas do sertão no rio Madeira. Sua "pacificação" era almejada pelos administradores coloniais, razão para o naturalista dedicar-lhes memórias e estampas. Também considerados rebeldes, os guaicurus radicavam-se nas franjas do império e manejavam bem os cavalos roubados dos espanhóis. Sua redução tranqüilizaria a Coroa e minimizaria a possibilidade de perda territorial. A descrição, portanto, possuía profundos vínculos com os interesses coloniais, como demonstram as instruções recebidas por Ferreira antes de partir para a América Portuguesa.

Domenico Vandelli redigiu o mais importante guia para as viagens filosóficas. Esse documento servia como norma científica para os naturalistas. Nele a fauna e a flora receberam enorme destaque, enquanto os costumes e a organização social das comunidades visitadas tornaram-se item de menor valia. O conhecimento físico e moral dos povos estava imbricado com as atividades produtivas, demonstrando o interesse dos viajantes em verificar as potencialidades da agricultura e a capacidade produtiva da população. A agricultura, horticultura, canoas, barcos, navios, bebidas, tecidos, armas e instrumentos musicais foram exaustivamente pormenorizados. Os naturalistas deveriam ainda descrever hábitos indígenas: sua estrutura, fisionomia e figura. Nos lugares povoados, teriam de produzir catálogo dos vivos e mortos; "se passam uma vida casta, ou dissoluta, servindo-se igualmente da *Monogamia*, ou *Poligamia*; se as mulheres são fecundas, ou esté-

---

[33] Denis Reynaud. Pour une théorie... p. 316 e ss.

reis; de que modo educam seus filhos".³⁴ A descrição, portanto, estava imbuída de interesses coloniais, sem se esquivar dos avanços científicos.

Datadas de 1781, as breves instruções aos correspondentes da Academia das Ciências de Lisboa dividiam os inventários dos povos em seis temas: anatomia exterior, religião, política, economia, artes e tradições. Inicialmente, elas estabeleciam como necessária a descrição da estrutura e forma exterior dos homens. Das mulheres, destacam a fecundidade ou esterilidade e a facilidade ou dificuldade de seus partos, além de atentar para as doenças comuns aos dois sexos, "apontando as causas, que podem ser atribuídas". No âmbito religioso, os correspondentes deveriam expor, com toda a sinceridade, as idéias gerais sobre a natureza da Divindade, suas obras e cultos. Deveriam ainda inventariar as seitas diversas e a forma de seus cultos, a simplicidade ou extravagância das cerimônias: os casamentos, lutos e funerais, sacrifícios e as demais superstições. Na política, deveriam explicar a forma de governo, "o modo de administrar a justiça na distribuição de prêmios e castigos, o número e qualidade das pessoas, em que reside a autoridade suprema". Abordariam os contratos e seus ritos, as guerras, a maneira de fazer e usar armas. Como economia, Vandelli incluía a educação dos filhos, a qualidade das moradias, os alimentos, a culinária, os trajes e a forma de produzi-los, "as propriedades da sua língua e a forma dos caracteres, se usarem alguma escrita". Nas artes, abordavam a agricultura, caça e pesca, plantas, animais e minerais empregados: "a perfeição ou imperfeição das artes, manufaturas e todo o gênero, e comércio que houver no país". Por fim, em relação às tradições, os correspondentes deveriam "examinar sua origem e antigüidade, universalidade, probabilidade ou extravagância" e como as conservavam e defendiam. "Finalmente dar-se-á uma idéia do melhor modo possível dos costumes dos Povos, cuja notícia passa incluir de alguma sorte no bem da sociedade".³⁵

Membro da Academia das Ciências, José António de Sá também se preocupou com a descrição nas viagens filosóficas. Seu compêndio, publicado em 1783, advertia sobre a brevidade e objetividade da narrativa. Os relatos deveriam ser concisos, evitando a superfluidade e redundância da palavra. Os excessos seriam evitados, do contrário se comprometeria o conhecimento das coisas: "não

---

³⁴ BACL – manuscrito 405, série vermelha. Domenico Vandelli. Viagens Filosóficas ou dissertação sobre as importantes regras que o Filósofos Naturalistas nas suas peregrinações deve principalmente observar. Academia das Ciências, 1779. f. 9.

³⁵ Breves Instrcções aos correspondentes da Academia das Sciencias de Lisboa. Lisboa: Regia Officina Typographica, 1781. p. 41-45.

deixando nada que seja capaz de individuar, e especificar a cousa, de que se trata; em uma palavra, deve ter uma brevidade clara e uma extensão precisa". Sá mencionou, igualmente, o risco e a pintura, empregados para os objetos que "a narração não for capaz de descrever perfeitamente, e com clareza".[36] Essas instruções estavam de acordo com os princípios da história natural setecentista, que procurou olhar para a natureza mais de perto e restringir voluntariamente o campo do conhecimento. Para Foucault, não se tratava de uma retração da curiosidade, mas a disposição fundamental para visível. Os naturalistas marcavam, portanto, identidades e diferenças, capazes de individualizar as espécies: "Conhecer aquilo que pertence exclusivamente a um indivíduo implica ter em mente a classificação ou a possibilidade de classificar o conjunto dos outros".[37] As informações colhidas pelos naturalistas estavam profundamente imbricadas, eram parte de um sistema. Por essa razão, eles deveriam, sobretudo, marcar identidades e diferenças, ao invés de se perderem na superfluidade da palavra. Enfim, entre os naturalistas portugueses encontram-se alguns princípios básicos para descrição. Inicialmente, ela deveria ser textual e visual e caracterizar-se pela brevidade e objetividade para permitir a individualização das espécies. Vinculava-se tanto aos interesses coloniais quanto aos científicos. Essas premissas são de enorme interesse para a análise das estampas dedicadas aos índios.

Denominados genericamente de tapuios, os índios da Amazônia eram da "Classe dos Mamíferos, 1ª Ordem – Dos Quadrúpedes, 1ª Divisão – Dos Terrestres Unguiculados, 1 – Gênero: 1 – Homo sapiens, Abá Mira – Homem 1ª) Var. americanus, Tapuia".[38] A partir da nomeação, Ferreira dissertou sobre a constituição física, moral e política dos povos amazônicos e dos mamíferos dos rios Amazonas, Negro e Madeira. A inclusão dos índios entre os mamíferos certamente era influência de Lineu. O naturalista sueco duvidava da diferença entre os animais e os homens, concebendo-os como componentes mortais de uma totalidade imortal. Os seres humanos eram primatas e pouco diferiam dos demais símios.[39] Na memória sobre

---

[36] José António de Sá. *Compendio de observaçoens que se tórnão o plano da Viagem Política, e Filosófica, que se deve fazer dentro da Patria.* Lisboa, Officina de Francisco Borges de Sousa, 1783. p. 209-210.

[37] Michel Foucault. p. 195.

[38] Alexandre Rodrigues Ferreira. Observações gerais e particulares, sobre a classe dos mamíferos observados nos territórios... *In*: *Viagem Filosófica pelas capitanias do Grão-Pará, Rio Negro, Mato Grosso e Cuiabá.* Memórias-Zoologia /Botânica. Rio de Janeiro: Conselho Federal de Cultura, 1972. p. 131.

[39] Lisbet Koerner. Purposes of Linnaean travel: a preliminary research report. *In*: David P. Miller and Peter H. Reill (ed.) *Visions of Empire.* New York: Cambridge University Press, 1996. p. 123.

os mamíferos, contudo, Ferreira buscava encontrar pontos coincidentes entre os americanos, mas sobretudo entre os tapuias, os povos dos rios amazônicos. Para tanto, o naturalista recorreu aos testemunhos de viajantes, cronistas e estudiosos da América, cruzando informações, verificando similitudes, com a finalidade de compor uma "figura americana". Nas demais memórias, ele percorreu as várias nações indígenas, particularizando-as, sem buscar explicações para costumes e idiossincrasias, restringia-se apenas a descrevê-las nos aspectos visíveis e fatuais. Essas memórias não possuem uma forma homogênea, não receberam uma padronização. Os temas tornam-se superficiais ou detalhados conforme as particularidades e "excentricidades" dos povos. Mas existem temáticas recorrentes, como as deformidades físicas, as roupas, a produção de armas e utensílios, localização geográfica e história dos contatos com os europeus. As análises de Ferreira investiam, portanto, em dois campos: o geral (tapuia) e o particular (as nações). Nas estampas, também se percebe esse duplo movimento.

As imagens da Viagem Filosófica pretendiam classificar as nações indígenas, criar uma identidade para cada uma delas. Elas atuavam, por conseguinte, como taxinomia, identificando os aspectos anatômicos e culturais específicos de cada comunidade. Por meio de identidades e diferenças, o naturalista classificou-as pela fisionomia, "deformidade" anatômica, enfeite, vestimenta e capacidade produtiva. A descrição visual é, portanto, particularmente estática, dedicada, sobretudo, a pormenorizar os índios pelos aspectos externos e imediatos. Conforme os pressupostos buffonianos, a descrição histórica está ausente de quase todas as estampas. As alterações promovidas pelo tempo foram pouco retratadas nos registros visuais, mas tornam-se recorrentes nas memórias. Para além da concepção estática, as estampas evidenciam os traços anatômicos semelhantes entre as nações. O fato pode, no entanto, ser entendido como falta de habilidade artística. Inexperientes em retratar a anatomia humana, os riscadores repetiriam o mesmo clichê. Vale, no entanto, mencionar que o chefe da expedição concebia os americanos como naturalmente semelhantes, pertencentes ao grande grupo tapuia. Constata-se aí, mais uma vez, a lógica de Ferreira, que pretendia identificar cada nação, sem perder de vista a unidade do grupo.

As descrições permitem ainda entender a inserção dos ameríndios na evolução técnica, moral e, sobretudo, física da humanidade. Para Lineu, os americanos eram mamíferos, primatas, regulados pelos costumes. A falta de barba os tornava monstruosos, assim como eram os hotentotes devido a pouca fertilidade, os chineses por ter cabeça cônica e os canadenses chata.⁴⁰ Na Viagem Filosófica, os índios foram classificados em "*monstruosos por artifício e monstruosos por natureza*". Os monstruosos por artifícios constituíam os grupos que nasciam perfeitos e deformavam-se segundos os costumes – hábitos considerados bizarros. No grupo, os cambebas ou omáguas deformavam as cabeças, fazendo-as parecer uma mitra; os uerequenas ou orelhudos rasgavam as extremidades das orelhas; os miranhas possuíam ventas furadas; os turáz e caripunas, com furos na cartilagem que dividia interiormente as ventas; os gamelas com "o lábio inferior rasgado circularmente e distendidos por uma rodela de madeira, ficando orlada com o lábio em forma de gamela"; os mauás tinham o ventre espartilhado e cingido por cascas das árvores; entre os tucurias, as mulheres tinham o clitóris castrado. Incluíam no grupo os jurupixunas ou bocas-pretas com máscaras negras formadas por tatuagens. Entre os naturalmente monstruosos, estão os catauxi ou purupuru, com mãos e pés malhados de branco; os cauanazes eram pigmeus; e os uginas homens caudados.⁴¹

Para melhor entender a lógica da classificação empregada por Ferreira nas estampas sobre os tapuias, criei uma tipologia de imagem:

1 – Fisionomia

O retrato fisionômico é uma composição estática, destinada a descrever algumas partes da constituição física. Esse tipo de estampa representa somente a cabeça, pescoço e tronco de um indivíduo-protótipo que se torna ícone de uma nação. Para além da tentativa de compor grupos distintos, entre os indivíduos-modelos havia alguns traços físicos comuns. Para Ferreira, o índio era, em princípio, "dócil, tranqüilo e tratável", mas ao examiná-lo mais de perto, percebia-se a desconfiança, o ar selvagem e sombrio. "Há, com efeito, em todos eles certa combinação de feições e um certo ar, tão privativamente seu, que nele se deve estabelecer a característica de uma figura americana".⁴²

A preocupação de Ferreira em descrever os aspectos físicos dos tapuias nos remete a uma famosa polêmica travada entre filósofos do século das luzes. A viagem de Bougainville e sua influência sobre Denis Diderot criaram o mito do

---

[40] Carl von Linné. *The System of Nature*. v.1. London: Lackington, Allen and Co., 1806; Emmanuel C. Eze (ed.). *Race and the Enlightenment*. London: Blackwell, 1997. p. 13.

[41] Alexandre Rodrigues Ferreira. Observações gerais e particulares... p. 133-135.

[42] *Idem, Ibidem*. p. 75.

Taiti como terra bem-aventurada, onde os homens viviam em harmonia com a natureza. Essa jornada pelo Pacífico reforçou também o mito do nobre selvagem e suscitou polêmicas em torno da felicidade. Os naturalistas, porém, não se contentaram em difundir essas idéias e denunciaram como absurdas as proposições difundidas por Bougainville e Diderot. Toda narrativa de viagem que perpetrasse essa visão era rechaçada e considerada imaginária, irreal, subjetiva ou simplesmente absurda. Com Buffon, inaugurou-se uma nova abordagem das espécies humanas, destacando seus aspectos físicos. Desse modo, procurava contestar e neutralizar o mito do Taiti e suas especulações morais. De todo modo, em meados do século XVIII, a palavra antropologia era campo de estudo dedicado ao homem, tornado objeto de estudo, mas vinculava-se estreitamente à anatomia: a última era "l'art que plusieurs appellent Anthropologie".[43] Seguindo uma tendência, as memórias de Ferreira possuem essa mesma tônica, procurando conhecer os tapuias, sobretudo, por intermédio do físico.

A composição das estampas segue este princípio: todos os índios possuem o mesmo semblante. Não há importantes variações na forma da cabeça, face, olhos, orelhas, nariz, boca, pescoço e tronco, exceto aquelas que foram produzidas pelos costumes, isto é, artificialmente: "há entre seus corpos, quando não desfigurados, aquela proporção e regularidade em que consiste a perfeição de uma figura americana".[44] Nas estampas, a tonalidade da pele também não se distingue. Nas observações sobre os mamíferos, porém, eles foram descritos como homens cor de cobre ou castanha, cores que variavam somente na intensidade. Nas serras e montanhas, encontravam-se índios mais alvos, enquanto nas planícies, terras baixas e pantanais as peles eram mais escuras. No entanto, essa diversidade não era definitiva, pois a mudança de espaço poderia clarear ou escurecer a pele. A cor era única para todos os tapuias, as tonalidades pareciam depender da variação climática e geográfica.[45]

O tapuia possuía, enfim, uma identidade anatômica. Essa anatomia era, por vezes, conservada, mantendo as características naturais. Mas existia também a

---

[43] Joan Bestard. El viaje de la Filosofia. In: L. A. de Bougainville. *Viaje a Tahití*. Seguido de Suplemento al viaje de Bougainville o diálogo entre A y B por Denis Diderot. Barcelona, José J. de Olaneta Editor, 1999. p. 12; Michèle Duchet. *Anthropologie et histoire au siècle des Lumières*. Paris: Albin Michel, 1995. pp. 231-232; Stefano F. Bertoletti. The Anthropological Theory of Johann Friedrich Blumenbach. In: *Romanticism in Science*.ed. by S. Poggi & M. Bossi. Dordrecht: Kluwer, 1994. pp. 103-125.

[44] Alexandre Rodrigues Ferreira. Observações gerais e particulares... p. 82.

[45] *Idem, Ibidem*. p. 75.

possibilidade de alterar a forma, ou como destacou Ferreira, deformar faces, orelhas, bocas e narizes, que atuavam como identificação de cada grupo. As pranchas e as memórias, porém, descrevem muito pouco sobre os costumes indígenas. A descrição textual e visual servia, sobretudo, para classificar e particularizar grupos e pouco se preocupavam em pormenorizar. Como destacou Sá, os naturalistas teriam de evitar a redundância e o excesso de palavras. As descrições eram, portanto, uma forma de taxionomia, avessas à descrição extensa. Assim, Ferreira identificava e nomeava, recorrendo a dois elementos: formas anatômicas e artesanais – armas, vestimentas e adereços.

Sobre os cambebas, Ferreira escreveu o seguinte: "Toda essa populosa Nação tem cabeças chatas, não por natureza, mas sim por artifício: porque logo nascem, as apertam entre duas tábuas, pondo-lhes uma sobre a testa, outra no cérebro; e como se metidas nessa prensa, crescendo sempre para os lados, ficam disforme". Entre as talas e as cabeças metiam almofadinhas, para aliviar a pressão. Deste modo, as crianças suportavam melhor a alteração das cartilagens e ossos cranianos. O formato craniano atuava como elemento de distinção. Segundo Ferreira, eles recorriam a esse artifício para mostrar que não eram canibais, podendo assim escapar da escravidão.[46] O naturalista os considerou os mais civilizados, pois a cor era mais alva, compondo uma "figura elegante". Eram ainda um verdadeiro prodígio, pois confeccionavam panos de algodão, teciam cobertas e comercializam-nos.

Para além das características anatômicas, as estampas também representavam adereços, capazes de diferenciar os tapuias e traçar identidades. O índio cambeba segura uma flauta de madeira, usa camisa de algodão e colar de dentes, que eram arrancados dos inimigos mortos.[47] O mura caracteriza-se pelo chapéu, enfeite labial e cachimbo.[48] (FIG.3) O chapéu possui somente as abas, confeccionadas com folhas de palmeira ou penas de aves. Os lábios eram furados onde se introduziam pedras oriundas do cérebro do peixe pirarucu, batoques e ossos.[49] O

---

[46] Alexandre Rodrigues Ferreira. Memória sobre o gentio Cambeba que habitava às margens e nas ilhas do Solimões. In: *Viagem Filosófica pelas capitanias do Grão-Pará, Rio Negro, Mato Grosso e Cuiabá*. Memórias-Antropologia. Rio de Janeiro: Conselho Federal de Cultura, 1974. p. 50-52.

[47] Alexandre Rodrigues Ferreira. *Viagem Filosófica pelas capitanias do Grão-Pará, Rio Negro, Mato Grosso e Cuiabá*. Iconografia, v. 1. Rio de Janeiro: Conselho Federal de Cultura, 1971. prancha 117.

[48] *Idem, Ibidem.* prancha 121.

[49] Alexandre Rodrigues Ferreira. Memória sobre o gentio Mura. In: *Viagem Filosófica pelas capitanias do Grão-Pará, Rio Negro, Mato Grosso e Cuiabá*. Memórias-Antropologia. Rio de Janeiro: Conselho Federal de Cultura, 1974. p. 63 e 71.

cachimbo era empregado para tomar "tabaco", denominado paricá. Essa substância provinha do fruto da árvore paricá que era transformada em pó, torrada e depois depositada em um caracol. Longos ossos de aves serviam como canudos, empregados para inalá-lo. A substância atuava, segundo o naturalista, como narcótico. Os muras eram ferozes, "mordiam as pedras contra eles atiradas", cortavam cabeças, arrancavam os dentes dos mortos e guardavam-nos como troféus. Seus prisioneiros eram logo transformados em escravos, que em currais serviam de sustento a seus senhores antropófagos. Seu espírito de vingança era o maior dentre todos.[50]

Os jurupixunas (juru = boca, pixuna = negra) distinguiam-se por suas máscaras. Para produzi-las, eles picavam o rosto com espinhos da "palmeira pupunha" e pulverizavam, sobre as feridas, cinzas da folha da mesma planta. Os enfeites possuíam três formatos: linhas negras e curvas, máscaras negras em forma retangular e em forma de xadrez, entremeando partes negras e a própria pele. As linhas negras ligavam a boca à parte inferior da orelha. As máscaras possuíam tamanhos diversos, a localização no rosto também variava – sobre o nariz ou em torno dos lábios. Os índios portavam também zarabatanas e lanças características.[51]

2 – Corpo

O retrato corporal também é uma composição estática dedicada a representar o corpo inteiro. A descrição corporal fornece elementos visuais sobre a proporção entre cabeça, face, orelhas, nariz, boca, tronco e extremidades. Os índios situam-se em uma paisagem padronizada – região árida com árvores, pedras e pequenas plantas rasteiras. Certamente, essa paisagem não é amazônica. A grande contribuição etnográfica dessas pranchas é a indumentária dos grupos indígenas, sendo uma outra forma de classificá-los. Alexandre Ferreira considerou que a invenção das vestimentas fazia parte do progresso humano. Inicialmente, todos andavam nus; pouco depois, cobriram as "partes vergonhosas" e as demais que necessita-

---

[50] Alexandre Rodrigues Ferreira. Memória sobre os instrumentos de que usa o gentio para tomar o tabaco – Paricá. In: *Viagem Filosófica pelas capitanias do Grão-Pará, Rio Negro, Mato Grosso e Cuiabá*. Memórias-Antropologia. Rio de Janeiro: Conselho Federal de Cultura, 1974. p. 97-98.

[51] Alexandre Rodrigues Ferreira. Memória sobre o gentio Yurupixunas. In: *Viagem Filosófica pelas capitanias do Grão-Pará, Rio Negro, Mato Grosso e Cuiabá*. Memórias-Antropologia. Rio de Janeiro: Conselho Federal de Cultura, 1974. p. 85; Alexandre Rodrigues Ferreira. *Viagem Filosófica pelas capitanias do Grão-Pará, Rio Negro, Mato Grosso e Cuiabá*. Iconografia, v. 1. Rio de Janeiro: Conselho Federal de Cultura, 1971. pranchas 104, 106, 108 e 124.

vam de proteção contra o tempo e os animais. Recorreram, para tanto, às roupas compostas de folhas, penas e peles de animais. Aos poucos, as roupas foram se fechando. De camisetas abertas e sem mangas, tornaram-se mais protetoras e tecidas com fios de lã, linho, algodão ou seda. A arte "ensinou a conhecer, cultivar, recolher, preparar, fiar e tecer cada uma destas substâncias".[52] O retrato corporal aborda, portanto, as técnicas e procura inserir os índios nessa evolução.

O progresso da humanidade era ainda verificado no aperfeiçoamento das armas. As primeiras surgiram do acaso, eram simples e grosseiras. Entre os tapuias, ele encontrou artefatos dessa natureza, como as braçangas, "pequenas massas de pau pesado". Para dar maior solidez às lanças, os índios tostaram madeiras ao fogo, constituindo, assim, armas mais resistentes, contendo na extremidade ossos e pedras pontiagudas. Para combater à distância, inventaram-se arcos, flechas, zarabatanas e palhetas, isto é, as primeiras armas de tiro, "que então se inventaram e que ainda hoje são as únicas que possuem os povos que vivem na infância da Sociedade".[53] A coleção e classificação dos artefatos permitiriam ao naturalista traçar a "História da Indústria Americana", desde a infância até o declínio do estado social e civil. Ao reunir artefatos, o naturalista perceberia os esforços de suas "Faculdades ativas", em todos os ramos da indústria na guerra e na paz. Alexandre Rodrigues Ferreira pretende entender a evolução das comunidades americanas, seja por intermédio das roupas, seja pelas armas. Sua concepção de história estava profundamente vinculada ao progresso técnico. Quando representados, os tapuias exibiam seus atributos técnicos (roupas e armas), que atuavam como marcas de uma identidade (particular) e etapa do progresso humano (geral).

Percebe-se, nas estampas, uma classificação: tapuias nus, seminus e vestidos. Ao dissertar sobre a nudez, o naturalista destacou que os corpos nus não dispensavam máscaras, tinturas e enfeites de braços, pernas, cabelos e orelhas. O clima permitia-lhes a nudez e "a indolência os convida a pouparem-se a toda e qualquer espécie de trabalho, que lhes não for ordenado por uma extrema necessidade".[54] Entre os índios retratados nus, encontram-se o índio caripuna, carayas e a índia miranha (ou catauixi, conforme legenda da prancha do Museu Bocage). O

---

[52] Alexandre Rodrigues Ferreira. Memória sobre os gentios Uerequena que habitam os rios Içana e Xiê, afluentes do rio Negro. In: *Viagem Filosófica pelas capitanias do Grão-Pará, Rio Negro, Mato Grosso e Cuiabá*. Memórias-Antropologia. Rio de Janeiro: Conselho Federal de Cultura, 1974. p. 72.

[53] Idem, Ibidem. p. 73.

[54] Idem, Ibidem. p. 71.

nu frontal foi evitado, o guerreiro encontra-se representado de lado e com a coxa tapando a genitália, enquanto a índia segura um utensílio que esconde sua intimidade. O índio caripuna, apesar da nudez, possui um ornato de cabeça composto de uma coroa, tecida de palhinha e pintada de preto. Ainda sobre a cabeça e por baixo da coroa, há um gorro de algodão que se ajusta como coifa e segue no dorso do índio até os pés.[55] Ele carrega várias armas: bordunas, arco, flechas e uma lança ricamente ornada, armamentos empregados em pelejas corpo a corpo e combates a distância. Há ainda um objeto semelhante ao maracá tupinambá.[56] Ferreira comentou que os caripunas possuíam um tipo de instrumento musical, uma espécie de chocalho, que guardava, no interior, sementes ou seixos, e produzia sons quando sacudidos.

Entre os tapuias seminus, encontravam-se o miranha, máua e uaupé (ou curutu conforme legendo da prancha do Museu Bocage). De tez clara, o miranha possui uma corda em torno da cintura, onde ata uma pequena tanga de tecido. Seus artefatos característicos eram a zarabatana, as penas presas em orifícios artificialmente produzidos nas narinas e um cilindro onde levava peixe seco. Vestimenta semelhante cobre o índio uaupé/curutu que carrega flechas, lanças e uma pequena borduna. Uma touca colorida era a sua maior identificação. O retrato corporal do máua é, sem dúvida, o mais singular. Sua identidade foi construída por intermédio de uma "deformidade física" e pelos artefatos – roupas e armas. Eles andavam "espartilhados ao uso das damas da Europa", enfeite composto de lâminas de madeira avermelhada. (FIG.4) Por ser apertado, ele comprimia o ventre, deformando sua anatomia, deixando-os de cintura fina. Uma pequena tanga, colorida como o espartilho, cobria o pênis e testículos. No pescoço, se enfeitam com um colar de conta de Moçambique, de cor preta, que descia até a cintura. As armas são arco, flechas e uma espécie de remo, que se assemelha a uma grande e longa folha.[57]

---

[55] Alexandre Rodrigues Ferreira. Memória sobre o gentio Caripuna que habitava na margem ocidental do rio Jatapu. In: *Viagem Filosófica pelas capitanias do Grão-Pará, Rio Negro, Mato Grosso e Cuiabá.* Memórias – Antropologia. Rio de Janeiro: Conselho Federal de Cultura, 1974. p. 55-57.

[56] Alexandre Rodrigues Ferreira. *Viagem Filosófica pelas capitanias do Grão-Pará, Rio Negro, Mato Grosso e Cuiabá. Iconografia v. 1.* Rio de Janeiro: Conselho Federal de Cultura, 1971. prancha 122.

[57] Alexandre Rodrigues Ferreira. *Viagem Filosófica pelas capitanias do Grão-Pará, Rio Negro, Mato Grosso e Cuiabá. Iconografia v. 1.* Rio de Janeiro: Conselho Federal de Cultura, 1971. pranchas. 114, 101 e 111; Alexandre Rodrigues Ferreira. Memória sobre a figura que tem os gentios Mahuas, habitadores do rio Cumiari e seus confluentes. In: *Viagem Filosófica pelas capitanias do Grão-Pará, Rio Negro, Mato Grosso e Cuiabá.* Memórias-Antropologia. Rio de Janeiro: Conselho Federal de Cultura, 1974. p. 31-32 .

Enfeites e deformidade corporal também caracterizavam os uerequenas (ou warakênas). Além do penacho colorido sobre a cabeça e uma tanga, esse grupo tinha o costume de perfurar as extremidades inferiores das orelhas, onde introduziam pequenos tornos de pau ou flechas. Os lóbulos iam se "dilatando cada vez mais, à proporção que lhe introduzem corpos mais volumosos, até chegarem ao ponto de trazerem nelas molho de palha; de sorte que, em alguns daqueles indivíduos lhes descem até aos ombros as extremidades das orelhas". O naturalista considerou esses sinais ou deformidades como industriais, ou melhor, uma ação humana sobre a natureza. Os gentios, generalizou o naturalista, procuravam aperfeiçoar seus enfeites e possuíam uma "inclinação natural a alterar as formas naturais de seus corpos".[58]

Em "Casal de índios do Rio Branco", o riscador compôs um casal ao invés de apenas o indivíduo modelo. Essa composição era recorrente nos "livros de hábitos" que remontam ao século XVI. Seus autores desenhavam vários povos, sempre recorrendo à distinção entre o masculino e o feminino, e assim pretendiam inventariar os costumes, os corpos, as deformações, vestes, armas e demais artefatos. Esse inventário visual não era concebido apenas para registrar formas materiais, como os artefatos, constituía igualmente um meio de expressar a compleição, o comportamento e a disposição do espírito, o *habitus*. Para Daniel Defert, essas gravuras serviam para classificar as comunidades, eram inventário das diferenças que atuavam como "etnografia profana" no século XVI.[59] Na mencionada estampa, o contraste entre o feminino e o masculino é marcante. Ambos estão seminus, uma pequena tanga de tecido branco cobre a genitália do índio, que porta ainda sandálias e um colar. A índia usa uma tanga decorada com desenhos geométricos que é segura à cintura por um feixe de fios. Os seios estão desnudos e uma pequena faixa cobre a parte superior dos braços, os joelhos e tornozelos, mas os pés estão descalços. A mulher segura uma cesta e uma pequena ave verde, talvez um papagaio. O homem, porém, carrega armas que não eram comuns entre os índios da Amazônia. Esses artefatos, certamente, se originavam do comércio entre nativos e holandeses que freqüentavam o extremo norte da Amazônia. Encontram-se aí arma de fogo e espada de metal.

---

[58] Alexandre Rodrigues Ferreira. Memória sobre os gentios Uerequena ... p. 69 e 71.

[59] Ronald Raminelli. Habitus canibal. *In*: Paulo Herkenhoff (org.). *O Brasil e os holandeses*. Rio de Janeiro, Ed. Sextante, 1999. p. 104-105; Daniel Defert. Un genre etnographique profane au XVI e: Les livres d'habits". *In*: Britta Rupp-Eisenreich (présenté par). *Histoires de l'Anthropologie (XVI-XIX siècles)*. Paris: Klincksick, 1984.

Na estampa original, encontrada no Museu Bocage, encontram-se informações indispensáveis para entender a prancha. Na parte inferior da prancha, Codina registrou: "Representação dos Gentios Uapixanas, que habita as Serras da parte superior do Rio Branco, os quais andam sempre pintados de Urucú, e usam de Armas de fogo, e de Terçados, assim como as mulheres de Tanga, e mais ornamentos de miçanga que compram dos Holandeses de Suriname".[60] Constata-se, então, que os armamentos de metal provinham do comércio entre holandeses e índios, da troca de manufaturados por gêneros de produção natural e artesanal. Esse escambo também envolvia escravos indígenas, que eram capturados e serviam como mercadorias de troca. Assim como os uapixanas, os caripunas, macuxis e paravianas também recebiam dos holandeses armas, pólvora, panos, espelhos e facões em troca de escravos.[61] A estampa, portanto, além de marcar a identidade desse grupo, destaca as fronteiras entre os gêneros: o homem carrega armas e tangas de tecidos, que representam a proximidade entre os guerreiros e os europeus colonizadores (holandeses); a mulher carrega uma ave e um cesto, vestindo-se de tanga, confeccionada com palha, talvez. Não há, porém, indícios de contatos entre a índia e os europeus, esse intercâmbio, por certo, pertencia ao mundo masculino.[62] Assim, o comércio permitia aos uapixanas gozar de uma superioridade técnica em relação às demais etnias, o que viabilizava capturas de escravos para alimentar as trocas com os holandeses.

O comércio, porém, não era o único responsável pelo avanço técnico e da civilização entre os tapuias. A cristianização demonstrava igualmente a possibilidade de conduzi-los a estádios da evolução humana mais avançados. Oriundos da povoação de Sant'Ana da Província de Santa Cruz de la Sierra, chegaram à vila de Borba cinco "índios espanhóis", que estavam desgostosos da demasiada severidade de um padre. O rigor da missão religiosa, porém, promovera alterações importantes em seus costumes. Assim escreveu Ferreira:

---

[60] *Viagem ao Brasil de Alexandre...*v. 1, p. 64.

[61] Alexandre Rodrigues Ferreira. Notícia da voluntária redução de paz e amizade da feroz nação do gentio Mura. In: *Viagem Filosófica pelas capitanias do Grão-Pará, Rio Negro, Mato Grosso e Cuiabá.* Memórias – Antropologia. Rio de Janeiro: Conselho Federal de Cultura, 1974. p. 122-134; Nádia Farage. *As muralhas do sertão; os povos indígenas no Rio Branco e a colonização.* Rio de Janeiro, Paz e Terra/ANPOCS, 1991. p. 101-106; Tekla Hartmann. Perfil de um naturalista. In: *Memória da Amazônia. Alexandre Rodrigues Ferreira e a Viagem Filosófica.* Coimbra: Museu e Laboratório Antropológico/Universidade de Coimbra, 1991. p. 116.

[62] Alexandre Rodrigues Ferreira. *Viagem Filosófica pelas capitanias do Grão-Pará, Rio Negro, Mato Grosso e Cuiabá.* Iconografia v. 1. Rio de Janeiro: Conselho Federal de Cultura, 1971. prancha 105.

Falavam sofrivelmente a língua espanhola; indicavam uma notável educação e ensino nos dogmas da Fé e nas demonstrações exteriores de religião; pediam e recebiam o que lhes davam com urbana humilhação, acrescentando ao benefício o agradecimento expressado pelas palavras – Díós se lo pague.[63]

Ao comentar esses costumes, o naturalista considerava como provável a conversão e a educação dos tapuias, conduzindo-os à civilização. Estabelecidos nas conquistas portuguesas, os índios espanhóis empregariam seus conhecimentos para ensinar aos demais como produzir tecidos, como trabalhar nos teares, técnicas aprendidas na povoação de Sant'Ana.

A capacidade de produzir tecidos e roupas também distinguia os cambebas. As túnicas eram confeccionadas com algodão tingido de azul. O grupo também produzia cobertas (tapuiranas) de vários matizes e panos de uso doméstico. Para tanto, plantavam algodão, as mulheres preparavam os fios e fabricavam-nos, segundo Ferreira, com admirável arte. Os vestidos, no entanto, "não tinham artifício algum; não era mais que um pano lançado para diante, e para trás, com um buraco por onde introduziam a cabeça, e dois nos lados, para os braços".[64] Os cambebas aprenderam também a fabricar goma ou resina elástica (leite de Seringa), que servia para produzir botas, sapatos, chapéus e demais objetos impermeáveis. Eles demonstravam ainda conhecer armamentos de tiro, pois seguravam flechas e palhetas. O instrumento bélico arremessava-nas a grandes distâncias, com admirável destreza e precisão.

Para além de evitar a nudez, os cambebas possuíam as melhores técnicas para produzir tecidos e armas, razão de Ferreira considerá-los os mais civilizados entre os gentios. Os índios do Rio Branco, em contrapartida, ocupavam estágios inferiores na escala evolutiva traçada por Ferreira, mas desfrutavam de armas e tecidos europeus. O contato permitiu-lhes um salto tecnológico e vantagens nas disputas intertribais. A posse de armas de fogo e instrumentos de ferro os tornava superiores, capazes de aprisionar os inimigos e reduzi-los à submissão. Os escravos eram a pedra de toque no comércio com os holandeses que ameaçava o controle lusitano sobre o território ainda pouco explorado pelos colonizadores luso-brasileiros. O escambo provocava, enfim, o progresso técnico que escapava ao controle dos lusitanos.

---

[63] Alexandre Rodrigues Ferreira. Memória sobre os índios espanhóis... In: *Viagem Filosófica pelas capitanias do Grão-Pará, Rio Negro, Mato Grosso e Cuiabá*. Memórias – Antropologia. Rio de Janeiro: Conselho Federal de Cultura, 1974. p. 93-94.

[64] Alexandre Rodrigues Ferreira. Memória sobre o gentio Cambeba ... p. 51.

3 – Artefato

No acervo da Viagem Filosófica, encontram-se estampas que representam a cultura material dos tapuias. Ao contrário dos retratos, elas não se destinavam apenas a identificar os grupos indígenas. Havia outras finalidades para se reunir e reproduzir graficamente o material coletado por Ferreira ao longo da jornada. Esses objetos eram enfeites e utensílios empregados em ritos, instrumentos musicais, cerâmicas, armas, canoa e maloca. A lógica dessa classificação era, sobretudo, utilitarista. No Diretório pombalino, ficara estabelecido que os índios deveriam se inserir na colonização como homens livres, exercendo atividades agrícolas, artesanais e comerciais. As mercadorias permitiriam, enfim, o incremento do comércio colonial e a civilização dos índios da Amazônia. Ao refletir sobre esses artefatos, Ferreira tocava em pontos da maior importância: comprovava a "rudimentar" capacidade indígena de produzir e avaliava a evolução das técnicas. Como agente do colonialismo e naturalista, o viajante procurava tanto dinamizar a economia regional, quanto traçar o perfil das técnicas nativas para compor a "História da Indústria Americana", desde seus primórdios ao "declínio de seu estado social e civil".

Para Ferreira, esses utensílios mediam o grau de civilidade das comunidades indígenas. Quanto maior o aperfeiçoamento desse material, mais civilizados eram os índios. Se eles produziam tecidos, zelavam contra a nudez; se construíam armas, eram inimigos temerosos; se dominavam técnicas náuticas, eram importantes aliados dos colonizadores no deslocamento pelo território e na coleta das drogas do sertão. Nas memórias escritas por Ferreira, torna-se evidente o valor econômico dessas habilidades indígenas: potes e barcos poderiam gerar recursos para as comunidades, caso fossem vendidos na metrópole ou na colônia. As armas possuíam também valores estratégicos, sendo indispensáveis para a manutenção das fronteiras. Na "Memória sobre as cuias...", Ferreira descreveu todo processo de confecção desses utensílios desde a colheita da matéria prima aos retoques finais. Debruçou-se ainda sobre suas utilidades e aceitação entre os mazombos (os colonos luso-brasileiros). Para finalizar a memória, escreveu: "Veja-se a Memória sobre as salvas de palhinha e pacarás, em que aponto a razão porque todas estas curiosidades da indústria das índias, lhes não são tão lucrativas, como parece que deveriam ser".[65] Assim, as pranchas não foram concebidas apenas enquan-

---

[65] Alexandre Rodrigues Ferreira. Memória sobre as cuias que fazem as índias de Monte Alegre e Santarém. *In: Viagem Filosófica pelas capitanias do Grão-Pará, Rio Negro, Mato Grosso e Cuiabá.* Memórias- Antropologia. Rio de Janeiro: Conselho Federal de Cultura, 1974. p. 39.

to ciência, mas como imagens de mercadorias que deveriam ativar o comércio colonial e integrar as comunidades nativas na "civilização", como planejara o Diretório pombalino.

A "História da Indústria Americana" seria construída com a coleta e ordenação de artefatos. As armas foram então agrupadas conforme o tipo de combate: de um lado estavam as bordunas e os machados para as disputas corporais, enquanto os embates à distância exigiam instrumentos mais elaborados. Com dispositivos aerodinâmicos, Ferreira listou as lanças, zarabatanas, paletas, arco e flechas, contendo enorme variedade de pontas. As cerâmicas, máscaras, ornamentos de cabeça, enfeites de palha e penas foram também considerados subsídios para avaliar a inserção dos índios na evolução da humanidade.[66]

Sobre a estrutura da maloca curutu, o naturalista-viajante destacou a forma circular e os compartimentos internos, divididos entre áreas comuns e áreas familiares. O sistema de circulação de ar e luz dominava a parte superior da construção. Para impedir a entrada de aves e morcegos, nas aberturas os índios inseriram uma engenhosa peça que procurava imitar uma serpente. Com o vento, as folhas retorcidas de pindoba imitavam o ziguezague de uma cobra, impedindo os animais de entrar no recinto.[67] As etapas da construção de canoas foram também representadas. Inicialmente, colocavam fogo no interior de um troco, depois se retiravam os excessos para permitir a instalação de compartimentos e assentos no barco. A capacidade de subordinar a natureza às necessidades humanas era, enfim, meio de avaliar a civilidade dos povos.

Apesar de possuir domínio sobre alguns fenômenos da natureza, Ferreira considerou que a racionalidade indígena não era "mais iluminada nem mais previdente que o instinto dos animais". Em alguns momentos, porém, deixavam "entrever uma inteligência, ainda que embrionária, capaz de desenvolver-se". A poderosa "mola das ações humanas", a ambição, era inerte, pois viviam na indolência e toda a felicidade consistia em não trabalhar. Quando a fome os perseguia, se satisfaziam com qualquer raiz e animais disponíveis na natureza. Não se encontrava entre eles previsão para o futuro. Como os requisitos naturais eram parcos, comentou o naturalista, seus esforços espirituais e corporais

---

[66] Alexandre Rodrigues Ferreira. *Viagem Filosófica pelas capitanias do Grão-Pará, Rio Negro, Mato Grosso e Cuiabá.* Iconografia v. 1. Rio de Janeiro: Conselho Federal de Cultura, 1971. pranchas 129-130, 131-135, 137 e 139.

[67] *Idem, Ibidem.* pranchas 126-127.

estavam na mesma proporção. Recorrendo a vários testemunhos, Ferreira taxou os americanos de "estúpidos e indolentes", inserindo-se entre os detratores da América.[68]

Na sociedade ocidental setecentista, o controle sobre o meio, a capacidade de construir e alterar matérias-primas tornaram-se elementos essenciais para avaliar e classificar os povos. Os americanos não dominaram a natureza hostil, nem souberam vencer, submeter e convertê-la em seu benefício. Para Buffon, a umidade do continente americano era adversa à civilização e propícia aos répteis, seres de sangue frio. Comparados aos europeus, eles eram menos inteligentes, menos sensíveis: "São como bebês raquíticos, irreparavelmente indolentes e incapazes de qualquer progresso mental".[69] Leitor de Buffon, o naturalista Alexandre R. Ferreira procurou comprovar as teses do famoso naturalista e estabeleceu que a preguiça e a indolência eram responsáveis pelo atraso da Amazônia. Nesse sentido, o compêndio dos artefatos indígenas era a forma de inserir essa produção no comércio colonial e tirar os americanos da inércia. A intervenção colonialista, portanto, era forma de integrar os americanos nos rumos da "civilização" e estimular sua inteligência ainda embrionária.

4 – Quadro

O quadro, segundo Buffon, pretendia captar a dinâmica, o movimento dos fenômenos que não foram contemplados nas descrições estáticas. Os índios guaicurus (ou guaikurus) foram os únicos representados em plena ação, em um ambiente fluvial e arvoredos. A cena descreve-os atravessando um rio e controlando cavalos. Lá encontram-se crianças, homens e mulheres nus, ou cobertos por pequenas tangas. Os cavalos possuem arreios e rédeas, demonstrando aperfeiçoamento no controle da natureza.[70] A prancha procurou simular o cotidiano indígena – a interação entre os indivíduos, os animais e o meio ambiente. Atua, portanto, como um simulacro da realidade, onde existem várias ações simultâneas. Essa composição não se encontra nas demais pranchas que representam os índios de forma estática.

---

[68] Alexandre Rodrigues Ferreira. Observações gerais e particulares... p. 86-90.

[69] Antonello Gerbi. *O Novo Mundo; história de uma polêmica* – 1750/1900. São Paulo: Companhia das Letras, 1996. p. 58.

[70] Alexandre Rodrigues Ferreira. *Viagem Filosófica pelas capitanias do Grão-Pará, Rio Negro, Mato Grosso e Cuiabá.* Iconografia v. 1. Rio de Janeiro: Conselho Federal de Cultura, 1971. prancha 99.

Na memória sobre esse gentio, Ferreira fez o seguinte comentário: "A sua vida é de CORSO, tanto em terra como pelos rios; com a diferença que em terra, andam montados a cavalos, donde lhes vem o nome de CAVALEIROS; e pelos rios navegam em ligeiras canoas que remam com incrível celeridade".[71] Entre seus bens, os mais apreciados eram os escravos, armas e cavalos. Esses animais eram criados ou obtidos por meio de furtos que faziam contra os espanhóis. Seus prisioneiros sofriam degolas, e as cabeças exibidas como troféus. No tempo da Viagem Filosófica, porém, os guaicurus eram índios reduzidos, pacificados. Antes, porém, assaltavam os caminhos, viviam na fronteira e se aliavam aos espanhóis. A submissão aos portugueses assegurou o comércio interno e a segurança da região das minas, antes ameaçados. Por muitas décadas, infestavam os rios Cuiabá, S. Lourenço ou Porrudos, Embotetéu ou Mondego e Taquari e impediram a penetração dos colonos.

Caracterizavam-se ainda pela fidelidade conjugal: a mulher estava sempre com os maridos. Moravam em tijupares e eram criadores de cavalos. Em média, tinham de altura 8 palmos e meio. "Tapuias que até agora tenho visto, porém, todos eles eram igualmente espadaúdos e quadrados, com os peitos largos e fornidos, o ventre plano, o dorso e os braços musculosos".[72] Na prancha, as crianças são transportadas em pequenas balsas composta de couro "ajeitado ao feitio de um barco", o que permite constatar o cuidado e a organização familiar, características nem sempre presentes nas representações dos índios. Ferreira, nessa memória, comentou que os ajuntamentos entre homens e mulheres tapuias eram realizados sem regras: "Ajuntam-se em matrimônio como os animais, voltando a mulher as costas ao seu marido"; "Aquelas mesmas operações naturais, que sem um recíproco pejo e grande incômodo dos sentidos, se não podem fazer de companhia; e que por essa razão entre nós cada um trata de as recatar, quando pode eles as fazem na presença um do outro e o mais é, que sem de parte a parte se mostrar o menor sinal de ressentimento".[73]

Enfim, amavam-se ternamente, e os maridos procuravam zelar a fidelidade conjugal. No primeiro plano da estampa, um índio auxilia uma mulher a descer do cavalo, após atravessar o rio, enquanto uma criança segura o animal.

---

[71] Alexandre Rodrigues Ferreira. Memória sobre o gentio Guaikuru. *In: Viagem Filosófica pelas capitanias do Grão-Pará, Rio Negro, Mato Grosso e Cuiabá.* Memórias – Antropologia. Rio de Janeiro: Conselho Federal de Cultura, 1974. p. 79.

[72] *Idem, Ibidem.* p. 78.

[73] *Idem, Ibidem.* p. 75 e 77.

A cena possivelmente demonstra a interação entre os componentes de uma família. (FIG.5) Ao contrário das demais estampas, encontram-se aí homens, mulheres e crianças que interagem e se movimentam. O quadro fornece, portanto, elementos para reflexão sobre a vida social e, sobretudo, sobre a "constituição moral" desse gentio. O naturalista dissertou longamente sobre o tema e apontou as principais características das relações conjugais e filiais dos tapuias. De modo geral, a mulher era mais escrava do que esposa, boa parte das tarefas estavam a seu encargo. Nas comunidades, aceitavam tanto a monogamia, quanto a poligamia: "O país é fértil e abundante, de maneira que não exige nenhum cuidado em relação a uma numerosa família quando assim pedem as instituições". Contrariando as teses de Buffon, não eram frios para o amor, pois nem mesmo a fome, pestes e guerras enfraqueciam o interesse sexual. Como demonstra a estampa, o amor entre pais e filhos pequenos era irrefutável. "Esse amor", considerou Ferreira, "dura tanto como a de qualquer animal". Depois que cresciam não mais havia intervenção paterna ou materna sobre os comportamentos. O amor familiar, porém, era debilitado e enfraquecido pelos costumes: "Tudo aquilo que entre os povos civilizados só se faz com grande recato, em ordem de respeito e decência, ele, sem alguma malícia, praticam um ao lado do outro".[74]

Os guaicurus eram nômades, vagando de uns para outros alojamentos, instalados em tijupares, mas carregavam suas mulheres e filhos, como demonstra a prancha. A habitação temporária, o tijupar, também se encontra ao fundo da composição. Quatro estacas e um telhado de palha abrigam as redes de dormir. Próximo há uma cena de caça, onde dois índios a cavalo pretendem laçar um animal. Do lado esquerdo, mais dois indivíduos, munidos de lança, demonstram também capturar animais. O quadro dos guaicurus, enfim, é uma descrição do movimento, da dinâmica capaz de representar tanto o controle sobre animais, quanto fornecer elementos para avaliar a vida material, social e a constituição moral desse gentio. Nota-se, porém, uma ambigüidade na memória sobre os guaicurus, pois ao mesmo tempo em que Ferreira descreveu o amor familiar, não deixou de destacar o caráter quase animalesco dessa organização social. O naturalista estava, por certo, divido entre a teoria de Buffon, entre os detratores da América, e a experiência americana. Os cuidados entre maridos, esposas e filhos contrastam, enfim, com as afirmativas de Ferreira sobre o primitivismo dos índios cavaleiros.

---

[74] Alexandre Rodrigues Ferreira. *Observações gerais e particulares*, p. 96-97.

As pranchas da Viagem Filosófica possuem essa racionalidade. Constituem uma produção artística e científica munida de uma lógica colonial, destinada a classificar e transformar a natureza e as comunidades indígenas em bens para a manutenção e exploração do mundo colonial. A metrópole, assim, atuava como "centros de cálculo", recolhendo informações e processando-as de forma a racionalizar os empreendimentos ultramarinos. A construção dos centros contava com laboratórios, jardins botânicos, herbários, especialistas em cartografia e história natural, levando para Europa informações padronizadas que permitiam a metrópole governar a distância.[75] Deste modo, a Coroa preservava o patrimônio colonial, incrementava a indústria para atender as demandas do comércio com o Brasil e reverter atraso da agricultura na metrópole e nas colônias.[76] Essas reformas produziriam uma economia diversificada e capaz de consolidar os laços coloniais, frente às ameaças expansionistas dos comerciantes britânicos.

Nas estampas da Viagem Filosófica tornam-se evidentes os vínculos entre interesses comerciais, políticos e científicos. Os desenhos procuravam expressar três aspectos básicos das comunidades indígenas: *a evolução técnica:* A capacidade de produzir artefatos e de inserir-se no comércio colonial era indício de civilidade. A "indústria americana" deveria ser controlada pelos colonizadores luso-brasileiros, do contrário o controle territorial estaria ameaçado; *as identidades culturais:* Os traços culturais eram formas de identificar as nações. Por intermédio das deformidades físicas, vestimentas e artefatos, o naturalista promoveu uma classificação que pretendia não apenas particularizar as nações, mas também indicar o seu grau de evolução técnica; *a composição física:* Os tapuias possuíam identidade corporal, naturalmente possuíam as mesmas estruturas anatômicas que comprovavam a unidade entre os povos da Amazônia.

Artefatos e evolução dos povos

As viagens do século XVIII inauguram, por certo, uma nova era de descobertas, e os sertões tornaram-se uma meta para os naturalistas. Se inicialmente, os europeus dedicaram-se ao conhecimento dos contornos dos continentes, rotas marítimas e ligações entre oceanos, no setecentos, partiam para o domínio e controle

---

[75] Bruno Latour. *Ciência em ação.* (trad.) São Paulo, Editora da Unesp, 2000. p. 349-420.

[76] Leopoldo Collor Jobim. Os jardins botânicos no Brasil Colonial. *Bibliotecas, Arquivos e Museus,* v. II, t. I, 1986. p. 53-120.

sobre os recursos naturais localizados no interior dos territórios. Ocorreu, portanto, uma mudança na concepção que a Europa tinha de si mesma e de suas relações globais. Os naturalistas tiveram uma participação intensa nesse processo, concebendo textos descritivos especializados, que, por vezes, continham nomenclaturas e taxionomias. Os relatos de viagem tornaram-se aprimorados e dedicados aos diferentes ramos do conhecimento. Os sistemas classificatórios do século XVIII, sobretudo depois de Lineu, tinham a tarefa de localizar as espécies do planeta, extraindo-os de seu nicho original, onde reinava o caos, e localizando-os em um sistema ordenado, nos museus metropolitanos, segundo as normas científicas.

Os naturalistas atuavam como homens de ciências, recorrendo à neutralidade para produzir conhecimento. Como bem percebeu Mary Pratt, eles desempenhavam simultaneamente funções de cientistas e agentes imperiais, auxiliando a expansão da Europa. Por meio da história natural, aprendiam-se o valor e importâncias das comunidades e regiões percorridas. Deste modo, as memórias, as pranchas e as espécies coletadas demonstravam as potencialidades da exploração comercial. A ciência atuava como uma "descrição exata de tudo" e funcionava como um espelho rico e multifacetado, no qual toda a Europa pôde projetar a si mesma como construtora de processo planetário em expansão. Em princípio, em nome da ciência, os naturalistas atenuavam a competição e a violência provocadas pela expansão comercial, política e domínio colonial. A sistematização da natureza e dos povos representava não apenas um discurso sobre os mundos não-europeus, mas um discurso urbano sobre o rural. Em alguns casos, era um discurso burguês e letrado sobre os mundos iletrados e rurais, que atuava não somente nas colônias, mas sobre os campos europeus, transformando-os segundo a lógica do capital.[77]

No século das luzes, a diversidade de povos tornou-se tema privilegiado nos debates filosóficos. Os ilustrados promoveram, então, inventários escritos e visuais com interesse não apenas de melhor conhecer as comunidades, mas de explicar as razões para tanta diversidade. Quando o naturalista Alexandre Rodrigues Ferreira percebia a distinção entre o tapuia (geral) e as nações (particular), entre a semelhança física e as deformidades promovidas pelo costume, ele se inseria nos debates precursores das teorias antropológicas. A separação entre a hereditariedade e os caracteres adquiridos tornou possível entender as diferenças físicas, espirituais, políticas ou morais dentro de um mesmo grupo racial. O meio

---

[77] Mary L. Pratt. *Imperial eyes and transculturation*. London, Routledge, 1993. p. 1-26.

físico e as experiências particulares de cada grupo seriam os responsáveis pelas variações. Para o antropólogo Marvin Harris, a gênese do conceito ou teoria da cultura estava nos escritos de Locke, Voltaire, Turgot, Fergunson e Buffon. Seu nascimento ocorreu, então, antes da Revolução Francesa, contrariando Kroeber e Kluckhohn, primeiros teóricos do conceito de cultura. Vale, no entanto, destacar que embora filósofos e naturalistas atribuíssem à experiência o surgimento de usos e costumes, eles não abandonaram a noção de que existiam crenças morais universalmente válidas, além de condutas certas e erradas. Assim, o conceito de cultura no século das luzes não promoveu o relativismo cultural.[78]

A antropologia de Buffon era a ciência dedicada a pensar ao mesmo tempo a unidade da espécie humana e suas variações. O Homem submetia-se a transformações provocadas pela geografia e pela história e, assim, a influência do clima e a mistura de "sangues" esculpiam os corpos, modelavam as fisionomias. Sob a aparente diversidade, perpetuavam-se "caracteres essenciais" de uma raça. Buffon, então, entendia as raças como variações de uma espécie, que se tornavam hereditárias, pela ação contínua constante de causas. Apontou ainda três motivos para o surgimento da diversidade de povos: a primeira era influência climática, a segunda era provocada pelos alimentos, e a terceira, a mais importante, resultava dos costumes.

O vocabulário de Buffon, por vezes, hesitava entre raça, espécie e variedade. De todo modo, empregava o termo raça para um grupo que apresentava características fixas, hereditárias. Para Michèle Duchet, o termo era intermediário entre espécie, concebida no âmbito biológico, e a variedade da espécie, entendida a partir da perspectiva antropológica, ou melhor, dos costumes. Existiam quatro raças (européia, negra, chinesa e americana) que comportavam no seu interior todos os grupos étnicos, formados a partir da mistura de povos. Em princípio, a espécie humana tinha todas as condições para viver de forma civilizada como a raça européia. Mas o clima excessivo, solo árido e relevo acidentado atuavam como obstáculos ao pleno desenvolvimento da civilização. A antropologia de Buffon propunha, enfim, uma lei geral de evolução, capaz de explicar o surgimento de novas variações. Se as causas geográficas e históricas não persistissem, provavelmente, ocorreria o surgimento de variações ou, em última instância, de uma nova raça.[79]

---

[78] Marvin Harris. *The rise of Anthropological Theory*. London: Routledge & Kegan Paul, 1968. p. 12. Sobre a origem da antropologia moderna ver: Georges Gunsdorf. *Introduction aux Sciences Humaines*. Paris: Ed. Ophys, 1974. p. 135-161; Sergio Moravia. *La scienza dell'uomo nel Settecento*. Bari: Editori Laterza, 1970. p. 47-79.

[79] Michèle Duchet. *Anthropologie ...* p. 249, 253, 257 e 270-4.

Para Ferreira, esse princípio explicava as razões para as diferenças entre os tapuias. Todos apresentavam a mesma cor, mas os moradores das partes úmidas das serras e das montanhas "são muito mais alvos que os que povoam as suas fraldas; e uns e outros, na proporção da elevação de seu país, são mais alvos que aqueles ocupantes das planícies, das terras baixas e pantanais". Assim, as tonalidades de pele, os usos e as "faculdades corporais" indicavam, como entre os animais, que "também a sua espécie apresenta variedades". De todo modo, os tapuias eram tão humanos como os europeus, asiáticos e africanos.[80] Os índios caracterizavam-se, no entanto, pela debilidade do caráter e frieza da alma. Esses atributos não provinham de duas causas somente, ou seja, do clima quente e úmido e da "pouca substância e muita simplicidade dos alimentos". Eles originavam-se de muitas causas, que Ferreira enumerou: 1 – comumente não tinham costume de trabalhar, mas os tapuias domesticados excediam em força e robustez; 2 – não dispunham de instrumentos e animais para o trabalho; 3 – a natureza era pródiga e não os obrigava a batalhar para sobrevivência; 4 – seus desejos e necessidades eram muito limitados; 5 – a "liberdade de relação dos dois sexos".[81] As causas indicam, portanto, a força dos usos e costumes para determinar o caráter dos tapuias. Eram, por certo, características transitórias, explicadas pela história e pelo determinismo geográfico. Ferreira não atribuiu às disposições naturais e hereditárias a frieza da alma e a debilidade do caráter.

Para além do diálogo com a teoria buffoniana, Alexandre Rodrigues Ferreira teve enorme influência de William Robertson. As memórias, desenhos e aquarelas dedicadas aos povos amazônicos e os mencionados produtos industriais remetidos a Coimbra, em 1806, possuem a mesma lógica de classificação, ou melhor, se organizam a partir de importantes debates da filosofia setecentista. Para ordenar imagens e artefatos, Ferreira recorreu às técnicas nativas que buscavam controlar, ou melhor, domesticar a natureza. Sob o comando do naturalista e filósofo Alexandre Rodrigues Ferreira, a equipe de riscadores produziu imagens dos yurupixunas, maués, uerequenas, muras, cambebas e miranhas, onde procuraram representar as etapas de sua evolução técnica. Nas memórias sobre esses mesmos povos, o naturalista descreveu seus corpos, costumes, atividades produtivas e a história do contato. O naturalista reuniu, enfim, informações escritas, imagens e artefatos para estudar as etnias. A capacidade de subordinar a natureza às necessidades humanas era meio de avaliar a sua civilidade. Na socie-

---

[80] Alexandre Rodrigues Ferreira. *Observações gerais e particulares*, p. 74-75.
[81] *Idem, Ibidem.* p. 84.

dade ocidental setecentista, o controle sobre o meio, a capacidade de construir e alterar matérias-primas tornaram-se elementos essenciais para avaliar e classificar os povos. Ao estudar a evolução da humanidade, desde a infância até o declínio do estado social e civil, Ferreira inspirou-se nas reflexões históricas de William Robertson, um dos mais admirados historiadores da ilustração escocesa.

Durante a viagem, Ferreira certamente teve a oportunidade de conhecer o polêmico estudo de Robertson, denominado *History of America* (1777), que logo se tornou um clássico sobre as sociedades americanas. O naturalista luso-brasileiro fez referências explicitas ao autor e à preocupação de encontrar identidades e diferenças entre as nações. Ferreira não empregou, com freqüência, a palavra raça para explicar a identidade dos tapuias. De todo modo, sabia o seu significado, como nesse trecho:

> Cada tribo tem algum caráter particular que a distingue das outras, mas em todas elas se reconhecem certas feições, comuns a toda sua raça. Uma coisa digna de reparo é que em todas as particularidades, físicas ou morais que caracterizam os Americanos, acha-se mais semelhança com as tribos bárbaras espalhadas pelo N.E. da Ásia do que com qualquer outra das nações estabelecidas ao N. da Europa.[82]

O conceito de raça expresso neste trecho vincula-se, por certo, às reflexões do escocês. Na *História da América* de Robertson, encontra-se uma passagem quase idêntica a frase de Ferreira:

> Each tribe has something peculiar with distinguishes it, but in all of them we discern certain features common to the whole race. It is remarkable, that in every peculiarity, whether in their person or dispositions, which characterise the Americans, they have some ressemblace to the rude tribes scattered over the north-east of Asia, but almost none to the nations settle in the northern extremeties of Europe.[83]

A similitude não deixa dúvida da influência de Robertson sobre os escritos do naturalista. Se a memória sobre os mamíferos foi, realmente, composta em Vila Bela, em 1790,[84] Ferreira teve contato direto com o livro de Robertson, do contrário não poderia traduzir o trecho acima com tanta fidelidade.

---

[82] Alexandre Rodrigues Ferreira. Observações gerais e particulares, p. 105.

[83] William Robertson. *The History of America*. 6. ed. London: Routledge/ Thoemmes Press, 1996. v. II. p. 48.

[84] Data do manuscrito original: FBN – 21, 1, 011.

Nesse sentido, ambos recorreram ao corpo, às deformidades físicas e aos artefatos para identificar os grupos e entender a sua capacidade de controlar a natureza. As roupas, armas e moradias eram indícios do grau de organização social das comunidades. Ou melhor, a forma de controlar a natureza era indício do estádio de evolução – tema abordado ao analisar as imagens da Viagem Filosófica. A idéia de evolução, tão evidente nas memórias de Ferreira, é também tributária da *História da América* que procura estudar a mente humana (*human mind*) em diferentes fases, da infância à maturidade e até o declínio dos estados civis. Na América, encontravam-se homens na infância do estado civil (*infant state of civil life*), onde as forças de coesão atuavam frouxamente e a liberdade dos nativos mal estavam controladas. Ao dedicar-se aos ameríndios, Robertson analisava sentimentos e ações próprios de seres humanos nos primórdios da sociedade. Sua união política era incompleta, suas instituições civis e regulamentos fracos. Consequentemente os homens nesse estádio deveriam ser concebidos mais como agentes independentes que membros de uma sociedade regular.

A simplicidade das sociedades ameríndias a tornava, então, ponto de partida para análise de sociedades mais complexas: "I shall conduct my research concerning the manners of the Americans in this natural order, proceeding gradually from what is simple to what is more complicated".[85] Assim, William Robertson, Adam Fergunson e Adam Smith analisaram a evolução da humanidade por meio de etapas: ora classificavam os homens como selvagens, bárbaros e civilizados, ora como caçadores, pastores, agricultores e comerciantes. Para os historiadores do pensamento antropológico, a ilustração escocesa pretendia conhecer os selvagens para entender o progresso das sociedades civilizadas, ou melhor, a partir das formas sociais mais simples entender as sociedades mais avançadas.[86]

Alexandre Rodrigues Ferreira recorreu, portanto, às reflexões de Robertson para estudar os tapuias, mas também para classificar os artefatos dos povos do império. Sua originalidade é conceber imagens que contêm uma classificação baseada na idéia de evolução, de progresso técnico. Por meio dos artefatos, o naturalista explorou como a natureza era domesticada por diversas nações e tornou evidente como as técnicas poderiam identificar os grupos. A partir de uma

---

[85] William Robertson. p. 50-51 e 59.

[86] William Y. Adams. *The Philosophical roots of Anthropology*. Stanford: CSLI Publications, 1998. p. 32-33; Edward Evans-Pritchard. *A History of Anthropological Thought*. London: Farber, 1981. p. 18-29; E. Adamson Hoebel. William Robertson: an 18th century Anthropologist-Historian. American Anthrologist, 62, 1960. p. 648-655.

lista de produtos industriais, datada de 1806 e enviada por Ferreira de Lisboa ao Museu da Universidade de Coimbra, constata-se enfim que o mencionado naturalista não se interessava apenas pela evolução dos povos amazônicos, mas pretendia avaliar a progresso da humanidade, recorrendo aos povos do império lusitano. Nesse sentido, entende-se melhor a mencionada lista e, sobretudo, a razão de incluir o nome do produto, a matéria-prima e a origem dos artefatos.

No início do oitocentos, indústria era sinônimo de trabalho ativo e assíduo, um homem industrioso se opunha ao preguiçoso, inerte e sem indústria. Um trabalho industrioso era executado com inteligência e se distinguia das tarefas braçais.[87] Alexandre Rodrigues Ferreira objetiva reunir conhecimento sobre os produtos industriais, recolhendo nas aldeias as técnicas e as matérias-primas empregadas pelos nativos. Da vila de Barcelos, na capitania do Rio Negro, o naturalista enviou a Lisboa uma maqueira (murity) ou rede empregada para acomodar, quando dormiam, o gentio da parte superior do rio Negro. O artefato não era objeto comum, possuía propriedades que o faziam superior e preferível às maqueiras comuns. Quando estava muito calor, os brancos da capitania adotavam as redes do gentio, por serem mais frescas, ao invés das tradicionais confeccionadas com algodão. Tempos depois, o naturalista remeteu, entre muitos artefatos, trinta e oito arcos do gentio mura, produzidos a partir do pau-d'arco, paracuuba, itajuba-poca e muirá-puranga. As cordas eram de curaná e de palmeira tucum. Na língua geral, essas armas chamavam-se de tainára-tianha e eram muito perigosas, empregadas quando os muras tencionam segurar a presa depois de atingidas. Raras eram as vítimas que escapavam dessas flechas, pois suas hastes possuíam um dispositivo que impedia o retorno da flecha depois que ela perfurava a pele. Incluía também uma panelinha de veneno uirary, produzidos pelos jurupixunas. Perguntados sobre a origem da substância, eles se recusavam a mencionar ou apenas diziam que provinham de um cipó. Os gentios magués e passes empregavam-no ao untar a extremidade de suas flechas, mas também desconheciam a origem e resgatavam o veneno junto aos jurupixunas. Sobre a eficiência da substância Ferreira acrescentou: "O que é bem feito, e ainda fresco, logo a comunicar-se ao sangue, o mata repentinamente, e o mesmo efeito faz na gente, se lhe não acode com prontidão com remédios próprios para o obstar".[88]

---

[87] José da Silva Lisboa. *Observações sobre a fraqueza da indústria, e estabelecimentos de fábricas no Brasil*. Brasília: Senado Federal, 1999. p. 44.

[88] AHMB – ARF – 11 – Relação dos volumes em que forão as produções naturais... (1785-1788). Vale alertar para a grande dificuldade em transcrever os nomes das espécies vegetais grafados em língua geral. Devido ao meu desconhecimento da língua e da letra, por vezes, muito corrida, devo confessar que as mencionadas nomeações são pouco confiáveis.

Os exemplos de produtos industriais tapuias são inúmeros. De todo modo, ficava evidente em seus escritos que não bastava enviar ao museu lisboeta plantas e artefatos. Ferreira procurava entender como a natureza era transformada, como os tapuias dispunham de técnicas para enfrentar as adversidades da natureza e dos inimigos. Ao sobreviver às contrariedades do clima, do relevo e dos animais, os tapuias inventavam técnicas e produziam flechas, redes e barcos capazes de viabilizar sua sobrevivência. Ferreira mostrava ainda a interação entre os índios, as trocas entre as nações, como no exemplo do veneno produzido pelos jurupixunas que era empregado pelos passes e magués. Sua curiosidade, porém, não se restringia aos avanços da história natural, mas também ao emprego do trabalho industrioso para fomentar o comércio colonial. Esses produtos não deveriam se submeter ao monopólio dos diretores das aldeias, conforme o Diretório Pombalino. A indústria tapuia "deveria ser compensada até com pagas de capricho, instituindo as feiras nas Povoações ou na Cidade, pelas vezes precisas no ano, como no Rio de Janeiro fez o marquês de Lavradio".[89]

A "Relação dos Produtos naturaes e e industriaes que deste Real Museu se remetterão para a Universidade e Coimbra em 1806" constitui-se, na verdade, um catálogo de produtos ordenados a partir de uma lógica comparativa, ou melhor, foram agrupados pela semelhança do uso e da forma. Cada produto recebeu nome, indicação da matéria-prima empregada e da origem geográfica ou étnica, como por exemplo: "guardanapos de tecido como veludo cortado dos Índios Asiáticos". Ao mencionar as matérias-primas, ele desejava perceber como a técnica de transformação da natureza era empregada. As cascas, as sementes, as madeiras e o barro exigiam técnicas mais primitivas, próprias de povos na infância do estado civil, enquanto o cobre, o ferro, o marfim e a porcelana requeriam uma sociedade mais organizada e técnicas mais apuradas. A coleta de penas, palhas e casca de árvores eram procedimentos mais primitivos que a preparação de metais, como ferro e cobre. Assim, enquanto os gentios do rio Negro produziam braçadeiras de penas, os negros de Angola confeccionavam pulseiras de cobre e ferro. As flechas dos índios do rio Madeira tinham a ponta de pedra, enquanto os negros de Benguela confeccionavam-nas com pontas de ferro. As estatuetas reunidas na lista, denominadas de "Figuras de ornato e divertimento", eram feitas de marfim pelos chineses, louça pelas índias de Monte Alegre e resina elástica pelos índios do Pará.

---

[89] Alexandre Rodrigues Ferreira. Memória sobre as cuias que fazem as índias de Monte Alegre e de Santarém... *In*: *Viagem Filosófica pelas capitanias do Grão-Pará, Rio Negro, Mato Grosso e Cuiabá*. Memórias-Antropologia. Rio de Janeiro: Conselho Federal de Cultura, 1974. p. 39.

Como produtos industriais, o naturalista incluiu os vestidos. Na relação existem referências à "camisa de menino de pano de algodão tinto de negro com guarnição de miçangas dos negros de Angola". Os vestidos eram de couro produzidos pelos negros de Angola, mas também de entrecasca de árvores feitos pelo gentio do rio Negro, ou de seda pelos "Índios Asiáticos". Dos últimos, enviou a Coimbra várias amostras, como vestidos brancos e por tingir, tintos de amarelos, negros e de várias cores. Encontravam-se ainda braçadeiras de marfim dos chineses, enfiadas de argolas de pedra dos gentios da capitania do Rio Negro, argolas de cobre das negras de Angola, enfiadas da casca interior dos cocos da "palmeira tonimãa" dos gentios muras do rio Madeira e enfiadas dos frutos da castanheira de Maranhão.[90]

Embora a lista traga uma diversidade de artefatos e matéria-primas, suas origens nem sempre estavam devidamente identificadas. Se os tapuias foram indicados como produtores de dezenas de objetos, as demais referências espaciais e étnicas nem sempre são suficientes para assegurar uma análise da evolução técnica dos povos. Ao considerar chineses, tapuias e negros como raças, talvez, o naturalista as entendesse como grupo homogêneo. Partindo dessa premissa, entende-se a razão de não conceder a devida importância às denominações étnicas. Possivelmente, ele pretendia realizar uma comparação para comprovar a superioridade técnica dos chineses e africanos sobre os americanos. Ferreira, infelizmente, não escreveu uma memória analisando os resultados da comparação, mas se colhermos informações, aqui e ali, nos vários escritos, nas memórias, nas remessas e na mencionada relação, percebe-se facilmente qual era seu interesse, qual era a regra empregada para colecionar imagens e produtos industriais dos povos do império. O naturalista formou, enfim, uma coleção de produtos industriais tendo como tema principal a evolução técnica dos povos do império. Se boa parte dos museus etnográficos oitocentistas organizava suas coleções a partir da geografia ou da etnia, o plano de Ferreira era organizar o Museu de História Natural da Universidade de Coimbra por meio da evolução técnica. Não se sabe como os artefatos foram dispostos em Coimbra, de todo modo, o plano do naturalista era surpreendentemente original.

Para melhor entender a coleção de artefatos de Alexandre Rodrigues Ferreira, investiguei a historiografia museológica oitocentista e encontrei muitas semelhanças entre a lista de artefatos composta por Ferreira e a coleção Pitt-Rivers. A última foi a primeira a reunir objetos provenientes de povos dispersos, com o interesse

---

[90] AHMB – ARF – 26 a. Alexandre Rodrigues Ferreira. Relação de produtos naturaes e industriaes que deste Real Museu se remetterão para Universidade de Coimbra em 1806.

de explorar as técnicas. Influenciado pela ilustração escocesa e pelo darwinismo, Pitt-Rivers avançou muito em relação aos primeiros escritos sobre o progresso técnico.[91] Entre 1874 e 1875, ele proferiu duas palestras, dedicadas aos princípios de classificação e à evolução da cultura. A partir de seus artigos, constata-se a existência de alguns pontos em comum entre as coleções de Pitt-Rivers e Alexandre Rodrigues Ferreira. Ambos tiveram influência dos escoceses e pensaram a espécie humana a partir de uma lógica evolutiva, dos estádios do desenvolvimento material (caçadores, pastores, agricultores e comerciantes).[92] Por fim, ambos percebiam que os povos na infância do estado civil rumariam para formas mais complexas de sociedade. Ao contrário de Ferreira, Pitt Rivers pretendia entender a relação entre os artefatos a partir do conceito de cultura, evolutivo e capaz de explicar, do ponto de vista utilitário e mecânico, a relação entre uma simples faca de pedra e a mais complexa máquina dos tempos modernos.[93]

Para Nélia Dias, a coleção Pitt-Rivers era composta de objetos de povos dispersos no tempo e no espaço e objetivava demonstrar a evolução de uma técnica, desde as suas formas mais rudimentares até as mais complexas. Buscava a unidade de diversas manifestações humanas, apesar de sua aparente diversidade. "Deve-se a Pitt-Rivers", acrescentou Dias, "reflexões metódicas sobre as modalidades da coleção etnográficas e do sistema de classificação. Critico sarcástico dos museus etnográficos existentes no seu tempo e dos sistemas de classificação aí adotados, Pitt-Rivers introduziu novas modalidades de coleta etnográfica."[94]

O naturalista luso-brasileiro não perseguia essa investigação, planejava escrever uma "História da Indústria Americana" e formar uma coleção etnográfica na Universidade de Coimbra. Com isso buscava evidenciar a superioridade técnica dos asiáticos e negros em relação aos americanos, apesar de mencionar a capacidade dos tapuias de evoluir depois de domesticados. Com essa comparação, não pretendo demonstrar a semelhança entre a coleção do antropólogo britânico e a

---

[91] Sobre Pitt Rivers ver: Alison Petch. "Man as he was and Man as he is" – general Pitt Rivers's collection. *Journal of the History of Collections*, 10, 1998. p. 75-85. Tim Ingold (editor). *Companion Encyclopedia of Anthropology. Humanity, Culture and Social Life*. London: Routledge, 1994. p. 396-398; Nélia Dias. *Musée d'ethnographie du Trocadéro* (1878-1908); Anthropologie et Muséologie en France. Paris: Editions du CNRS, 1991. p. 139-162.

[92] Ronald L. Meek. *Social Science and the ignoble savage*. Cambridge: Cambridge University Press, 1976. p. 2.

[93] Pitt Rivers. On the evolution of culture (1875). In: *The Evolution of Culture and others essays...* Edited by J.L. Myres. Oxford: Clarendon Press, 1906. p. 21.

[94] Nélia Dias. *Musée d'etnographie*...p. 140.

do naturalista luso-brasileiro, mas destacar a existência, em ambas, de uma regra evolutiva para coleta e organização de acervo etnográfico. O caráter lacunar e fragmentado do pensamento de Ferreira se tornou menos obscuro quando entrei em contato com os artigos de Pitt-Rivers.

De todo modo, os escritos, as imagens e a coleção etnográfica do naturalista luso-brasileiro são surpreendentes por mesclar questões científicas aos temas do governo imperial na regência joanina. O inventário das técnicas, enfim, coadunava-se tanto com a defesa do território e manutenção das fronteiras quanto com o incremento da lavoura e do comércio. Para além do interesse administrativo, do inventário de povos e técnicas, Ferreira concebeu memórias, imagens e reuniu artefatos para comprovar teses defendidas por Buffon e Robertson, eis a sua maior originalidade. Se Ferreira jejuava em botânica, como afirmava Félix Brotero, ele avançou muito no conhecimento dos povos e demonstrou que a história natural em Portugal estava "antenada" com os principais debates científicos de seu tempo.

BACHARÉIS NA CRISE DO IMPÉRIO

Na virada do século, depois de demarcar as fronteiras imperiais e de realizar viagens filosóficas, os naturalistas e os administradores luso-brasileiros reuniram conhecimento capaz de implementar reformas e incrementar o governo a distância. Para produzir suas reflexões, os principais administradores e seus conselheiros recorreriam, certamente, às memórias da Academia das Ciências de Lisboa, às publicações da Casa Literária do Arco dos Cegos e, em menor escala, às participações, diários e dados quantitativos sobre a produção agrícola, mapas populacionais e cartas geográficas enviadas, durante 40 anos, à Secretaria de Estado da Marinha e Negócios Ultramarinos.[1] Por certo, os serviços prestados pelos naturalistas incentivaram a produção dezenas de memórias sobre as infinitas trocas no interior do império colonial. A sistematização desse conhecimento não era, porém, um atributo dos filósofos egressos de Coimbra, mas de bacharéis formados em leis e freqüentadores das aulas de filosofia natural, matemática e medicina. Essa mudança coincide com a falência das viagens filosóficas e com a decadência das instituições científicas do reino. Provêm desse importante grupo os planos para remediar a crise política e o atraso econômico do império colonial.

À época, era o comércio o principal produtor da malha imperial, de fios responsáveis por entrelaçar as distantes possessões ultramarinas. Antonio Genovesi, catedrático de economia na Universidade de Nápoles, creditava ao comércio o espírito que avivava o engenho, movimentava as artes e ressuscitava a indústria, atuava como primeira força do corpo político, pois produzia e atraía todas as riquezas ao Estado.[2] Inspirados nesses princípios, os luso-brasileiros produziram as memórias sobre os vínculos imperiais, sobre as trocas entre metrópole e colô-

---

[1] Vale ressaltar, porém, que nem sempre esse conhecimento transforma-se em ação por parte do Estado, ver: Ângela Domingues. Para melhor conhecimento dos domínios coloniais. *História, Ciências, Saúde*. v. VIII, 2001. p. 833-834.

[2] Fernando A. Novais. *Portugal e Brasil na crise do Antigo Sistema Colonial* – 1777-1808. São Paulo: Hucitec, 1983. p. 230.

nias.³ Em seus escritos, o bispo Azeredo Coutinho, o professor Luís dos Santos Vilhena, o secretário de Estado D. Rodrigo de Sousa Coutinho e o secretário da Mesa de Inspeção da Bahia, professor de filosofia e grego, José da Silva Lisboa, investigaram as potencialidades econômicas das "colônias do Brasil" e, em menor escala, buscaram localizar minas e demarcar o interior africano.

Em 1794, o bispo Azeredo Coutinho defendeu o comércio como meio de integrar e tornar interdependentes as partes do império colonial. A manutenção das conquistas africanas viabilizava as lavouras do Brasil que, por sua vez, eram dependentes do tráfico escravista. A falta de trabalhadores na colônia da América era suprida por "aqueles braços que, ou pela barbaridade da África, ou pelos seus crimes, deveriam perecer nas pontas das zagaias". A praça de Moçambique não se ligava exclusivamente aos empreendimentos brasílicos, mas ao comércio de Goa, de onde provinham as mercadorias para abastecer os moradores da costa de Zanzibar. "O ouro, o marfim, e os escravos que dali se tiram, são artigos muito vantajosos na Índia, e, por isso, os navios de Goa podem aperfeiçoar o sortimento das suas carregações no tempo da sua demora em Moçambique".⁴ Nas quatro partes do mundo, Portugal possuía uma infinidade de riquezas que, sob a égide das trocas, seria potencialmente promotor de uma "segunda revolução no comércio da Europa", talvez mais gloriosa do que o atrevimento de avançar a navegação por mares nunca antes navegados, de conduzir suas frotas ao longo das costas da África e dos mares da Índia.⁵

Na mesma época, o professor de grego Luís dos Santos Vilhena descreveu como as conquistas africanas vinculavam-se às americanas e às asiáticas. Os estabelecimentos da Coroa portuguesa nas costas da África e das Índias Ocidentais mantinham-se, igualmente, integrados pelo comércio. As transações orientais, em princípio, eram ruinosas aos interesses metropolitanos, por realizar-se "todo ou quase todo à moeda" e por promover a destruição da indústria têxtil dos

---

³ Nesse mesmo período, foram produzidos dezenas inventários sobre reino e não apenas do império colonial. Ver: José Luís Cardoso. Viagens filosóficas e mapas económicos... *In*: *Pensar a economia em Portugal*. Lisboa: Difel, 1997. p. 101-118.

⁴ D. José Joaquim da Cunha de Azeredo Coutinho. Ensaio econômico de Portugal e suas colônias (1794). *In*: *Obras econômicas de J. J. da Cunha de Azeredo Coutinho*. Introd. de S. B. de Holanda. São Paulo: Companhia Editora Nacional, 1966. p. 142 e 148. Sobre Azeredo Coutinho ver: Fernando A. Novais... p. 230-235; Guilherme Pereira das Neves. Guardar mais silência do que falar: Azeredo Coutinho e Ribeiro dos Santos e a escravidão... *In*: José Luís Cardoso (coord.). *A economia política e os dilemas do Império Luso-brasileiro (1790-1822)*. Lisboa: CNPCDP, 2001. p. 13-62.

⁵ D. J.J. da Cunha Azeredo Coutinho. Ensaio econômico... p. 151.

europeus. Essas transações, porém, eram indispensáveis à manutenção das conquistas africanas, como também escrevera o bispo Azeredo Coutinho. O império colonial estruturava-se no comércio e no tráfico de escravos nas duas costas de África; nas produções e comércio de todas as ilhas atlânticas; na transplantação de preciosas especiarias asiáticas para as colônias americanas; na escavação de minas, umas conhecidas e outras ainda não tocadas, não só de metais preciosos, mas de salitre, ferro, cobre, entre outros. Criavam-se ainda cochinilha e insetos de seda e aproveitava-se da flora para produzir cordas; "são tantas as portas que a indústria poderia abrir para incorporar, no comércio, gêneros todos além de muitas resinas que a nação está comprando quando pudera vendê-las".[6] Vilhena e Azeredo Coutinho, enfim, estavam certos da solidez econômica do império, da integração e da complementaridade promovida por trocas de produtos, no âmbito do ultramar ou entre as colônias e a metrópole. Suas concepções de império não abordavam somente os elos entre Lisboa e as possessões, mas enfatizavam que as próprias colônias, sobretudo o Brasil, trocavam seus produtos sem passar pela praça reinol.

Luís dos Santos Vilhena, reinol radicado na Bahia, preconizava a integração e a dependência das colônias à metrópole, para tanto seria indispensável a escolha de íntegros e competentes administradores que combatessem o contrabando e viabilizassem a absorção integral dos produtos brasílicos ao mercado metropolitano. "De todos os estabelecimentos de Portugal, é o Brasil não só o mais rico como o mais suscetível de melhoramento, o mais atendível e interessante para o comércio". As trocas entre as colônias e o reino deveriam obedecer à divisão e à complementaridade de funções. As indústrias deveriam se concentrar no reino, "do contrário seria seu comércio ruinoso para a Metrópole, de quem elas absorveriam toda a moeda de exportação dos gêneros das suas produções". As fábricas de Portugal deveriam abastecer os mercados coloniais, fornecendo mercadorias mais baratas e fartas do que o procedimento comum de reexportar as mesmas provenientes do estrangeiro.[7] O alto custo dos produtos importados incentivava o contrabando de manufaturados e debilitava ainda mais os cofres e as fábricas do reino.

Nesse sentido, o bispo Azeredo Coutinho segue o mesmo princípio que guiou o professor Vilhena. A metrópole era mãe e deveria prestar às colônias,

---

[6] Luís dos Santos Vilhena. *Pensamento políticos sobre a Colônia*. Introd. de Emanuel Araújo. Rio de Janeiro: Arquivo Nacional, 1987. p. 72-79. Sobre Vilhena ver: Leopoldo Jobim. *Ideologia e colonialismo*. Rio de Janeiro, Forense-Universitária, 1985.

[7] Luís dos Santos Vilhena. *Pensamento político...* p. 74-75.

suas filhas, "os bons ofícios e socorros necessários para a defesa e segurança das suas vidas e dos seus bens". Em contrapartida, as filhas respeitavam alguns preceitos, faziam justos sacrifícios, e não comerciavam senão diretamente com a metrópole. Estava excluída toda e qualquer parceria comercial com outras nações, ainda que as transações lhes fossem favoráveis. Nas colônias, não se desenvolveriam as fábricas de algodão, linho, lã e seda, enquanto os produtos têxteis de uso dos colonos provinham das fábricas metropolitanas. "Desta sorte, os justos interesses e as relativas dependências mutuamente serão ligadas". Essa obediência promoveria a prosperidade, enquanto a desobediência e a desordem provocavam a miséria. Só temia, acrescentou o bispo, quem tinha a perder, por isso uma rica colônia tornava ainda mais próspera uma metrópole. Como os interesses das colônias e da metrópole estavam atrelados, ninguém perdia nessa relação, pois "quando os vassalos são mais ricos, tanto o soberano é muito mais". E ele acrescentou: "A metrópole e as colônias, principalmente a respeito da agricultura e de tudo o que é produção da terra, se deve considerar como um só prédio de um agricultor, cujo fim é conservar a sua casa em abundância e ter um grande supérfluo para vender aos estranhos".[8] Enfim, mãe e filha jamais se separariam, tinham suas vidas imbricadas e confundidas, mas o gládio do império estava na posse da mãe. Restavam as colônias-filhas a obediência, ou melhor, a manutenção da ordem e a prosperidade.

No final do setecentos, Lisboa era o centro de suas vastas possessões, servia como "ponto de reunião e de assento à monarquia" que se espalhava pelas ilhas atlânticas, Brasil, costas oriental e ocidental da África e Ásia, e "é sem contradição uma das potências que tem dentro de si todos os meios de figurar conspícua e brilhantemente entre as primeiras potências da Europa". Esse vínculo imperial era, para D. Rodrigo de Souza Coutinho, mais natural do que o enlace entre outras colônias e sua mãe-pátria, pois a interdependência era a principal característica desse sistema. Sem "o feliz nexo que une os nossos estabelecimentos, ou eles não poderiam conseguir o grau de prosperidade a que a nossa situação os convida, ou seriam obrigados a renovar artificialmente os mesmos vínculos que hoje ligam felizmente a monarquia, e que nos chamam a maiores destinos, tirando deste sistema todas as suas naturais conseqüências".[9] Para Fernando A.

---

[8] J. J. Azeredo Coutinho. Ensaio econômico... p. 155-156 e 153.

[9] D. Rodrigo de Souza Coutinho. Memória sobre o melhoramento dos domínios de Sua Majestade na América (1797 ou 1798). In: *Textos políticos, econômicos e financeiros (1783-1811)*. Intr. e org. de Andrée Mansuy Diniz Silva. Lisboa: Banco de Portugal, 1993. v. 2. p. 49.

Novais, a ênfase na integração tornou-se uma ideologia que buscava mitigar a desproporção "entre a metrópole e seus extensos domínios, agravada pela defasagem econômica em face das potências mais desenvolvidas, que era uma ameaça de ruptura do sistema, passa a ser vista como elemento que supera as contradições do pacto, e harmoniza as peças do conjunto".[10]

O sistema era próspero por viabilizar a união, por fomentar o enriquecimento de todas as partes que sozinhas seriam infelizes, não alcançariam os mesmos resultados. Por isso as províncias da monarquia eram tratadas com equidade, condecoradas com as mesmas honras e privilégios. Governadas por meio de um único sistema administrativo, elas contribuíam para "mútua e recíproca defesa da monarquia". Estavam sujeitas aos mesmos usos e costumes, ao "inviolável e sacrossanto princípio da unidade". O português nascido nos domínios ultramarinos deveria se julgar somente português, "e não se lembrar senão da glória e grandeza da monarquia a que tem a fortuna de pertencer" e reconhecer que somente juntos poderiam ser felizes. Mas o princípio da unidade pressupunha a diferença entre centro e periferias. Por isso, não contrariava o sistema de províncias o estabelecimento de manufaturas nas colônias. Contudo, aí seria mais proveitosa a agricultura ao invés da produção industrial. Para assegurar o nexo entre as partes, das periferias viriam os produtos agrícolas que seriam reexportados ou transformados nas fábricas metropolitanas. "Assim útil e sabiamente se combinam os interesses do império, e o que à primeira vista pareceria sacrifício vem, não só a ser uma recíproca vantagem, mas o que menos parecia ganhar é o que disso mesmo tira o maior proveito". Para o secretário de Estado, enfim, a unidade pressupunha a diferença e não a igualdade entre as partes.

Para manter a interdependência e complementaridade entre as províncias, o sistema de tributação deveria zelar pela equidade e justiça, que garantiam a grandeza dos soberanos e a felicidade dos povos. Souza Coutinho, porém, não propôs uma reforma da taxação para império colonial, mas abordou quase que exclusivamente a América e a capitania de Minas Gerais em particular. Certamente procurava mecanismo de cobrança mais justo para manter a ordem onde a revolta se instalara ao final da década anterior. Para o secretário de Estado, o império colonial quase se confunde com os laços comerciais entre a América e o reino, sem ater-se, como Vilhena e Azeredo Coutinho, às conexões asiáticas e africanas do império. Preocupava-se antes com as relações verticais entre metrópole e colônias, ao invés de explorar os vínculos entre as praças, a dependência

---

[10] Fernando A. Novais. *Portugal e Brasil*...p. 234.

entre as partes. Talvez, por abordar apenas o Brasil, ele tenha subestimado o quanto os colonos luso-brasileiros estavam atrelados aos interesses das demais possessões ultramarinas portuguesas.[11] Sua memória sobre o melhoramento dos domínios americanos pouco atentou para a atuação desses colonos nas demais parte do império.

Em princípio, o secretário de Estado da Marinha e Negócios Ultramarinos estaria mais apto a conhecer e investigar as mais diversas transações no interior do império do que seus contemporâneos. A secretaria recebia diariamente as mais variadas informações sobre os colonos portugueses e luso-brasileiros nos quatro cantos do mundo e sabia, com certeza, que os negócios brasílicos iam muito além da costa oeste atlântica e se vinculavam às conquistas na África e Ásia. Motivações políticas induziam-no a enfatizar as relações verticais ao invés de explorar os vínculos entre as colônias, como ficam claras nesse trecho: "As relações de cada domínio devem em recíproca vantagem ser mais activa e mais animadas com a metrópole do que entre si, pois que só assim a união e a prosperidade poderão elevar-se ao maior auge".[12] Defendia, portanto, o predomínio de Lisboa sobre as relações comerciais, pois a centralidade do império encontrava-se no reino e não deveria competir com outros centros. A unidade política do império e a dependência econômica das colônias em relação à metrópole constituíam a base da estratégia traçada por D. Rodrigo de Sousa Coutinho em seu principal escrito sobre as colônias.[13]

A circulação de plantas era outra faceta do império, abordada em uma carta enviada a D. Rodrigo de Sousa Coutinho, secretário de Estado da Marinha e Negócios Ultramarinos, em dezembro de 1799. Na correspondência, o botânico Felix Avelar Brotero lembrou que o plano de difundir jardins de plantas nas colônias existia desde as Cortes de Tomar, mas o descuido não viabilizou a sua implementação. "O nosso Garcia d'Orta tinha sido recomendado pelo Ministério e igualmente pelo nosso Camões ao Vice-rei do Estado da Ásia" para reunir esforços e criar um jardim botânico em Bombaim, onde se cultivariam as princi-

---

[11] Vale mencionar o Alvará de 27 de dezembro de 1802 destinado a proibir o comércio do Brasil com os demais domínios ultramarinos portugueses. Sobre assunto ver: Cláudia M. das Graças Chaves. Melhoramentos no Brazil: integração e mercado na América Portuguesa. Tese de doutorado apresentada ao PPGH–UFF. Niterói, 2001. p. 83.

[12] D. Rodrigo de Souza Coutinho. Memória sobre o melhoramento... p. 49

[13] José Luís Cardoso. Nas malhas do império: a economia política e a política colonial de D. Rodrigo de Souza Coutinho. *In*: José Luís Cardoso (coord.) *A economia política e os dilemas do Império Luso-brasileiro (1790-1822)*. Lisboa: CNPCDP, 2001. p. 81.

pais especiarias e drogas orientais. Esse jardim tornou Orta "o primeiro entre todos os botânicos, que iluminou a Europa sobre as ditas plantas e seus produtos" e viabilizou a transplantação de espécies do mencionado jardim para o Brasil e outras colônias portuguesas. Assim, disseminaram as mais preciosas plantas do Oriente, "plano sábio que se não tivesse sido contrariado por uma errada política, nos tivera feito estar hoje senhores dos mais ricos produtos da Ásia".[14]

A transplantação das drogas do Oriente ao Brasil era almejada pelos portugueses desde que perderam o Ceilão e as Molucas. O doutor Duarte Ribeiro de Macedo, em 1675, escrevera sobre essa empreitada e demonstrara que não seria impossível o cultivo de frutos orientais no Brasil. Nessas partes, "as terras que correm da linha do Trópico de Capricórnio produziam as mesmas plantas que produzem as terras que correm da linha do Trópico de Câncer, por conseqüência produziriam o cravo, e a canela, a pimenta, gengibre, noz-moscada, e as mais, que se colhem na Índia na mesma distância". Para Ribeiro de Macedo, não haveria príncipe no mundo com as mesmas comodidades do monarca luso, pois controlava o imenso território do Brasil, desde o rio das Amazonas até a capitania de São Paulo. Ao inventariar essas riquezas, o mestre Vandelli e o naturalista Brotero retomavam os ensinamentos do doutor Macedo para incentivar tanto as viagens filosóficas quanto a descoberta de riquezas disponíveis nas conquistas americanas.[15] Em Goa, segundo Brotero, deveria existir um jardim botânico ou coleção de todas as mais preciosas plantas da China, Índia e ilhas adjacentes, a fim de lá alcançarem o solo americano e de outras conquistas lusitanas. O ouro e as riquezas perdidas no comércio desfavorável com os asiáticos seriam recompensados pelos vegetais usurpados e adaptados às colônias portuguesas.

Ao seguir o mesmo princípio, o naturalista Felix Avelar Brotero aconselhou os inspetores dos "Jardins Brasilienses", no Pará e Maranhão, a não se limitarem ao cultivo de plantas asiáticas, mas que fizessem o possível para obter qualquer vegetal proveitoso e conhecido de todo o planeta. Não deveriam desprezar nem mesmo as espécies úteis de origem européia, pois o Brasil era capaz de dar toda sorte de vegetais, onde possivelmente se disseminariam trigais, olivais, vinhas, hortaliças e pomares. Fazendo tentativas dos ditos vegetais em diferentes graus

---

[14] AHU – Reino – maço 26. Carta de Felix Avelar Brotero a D. Rodrigo de Sousa Coutinho. Coimbra, 2 de dezembro de 1799.

[15] BACL, mss 405 – série vermelha. Domenico Vandelli. Viagens Filosóficas ou dissertação sobre as importantes regras que o Filósofo Naturalista nas suas peregrinações deve principalmente observar, 1779.

de latitude e em diversos climas, adaptar-se-iam ainda as plantas medicinais e árvores silvestres empregadas na marinha, tinturaria e outras artes. Entre o Amazonas e a ilha de Santa Catarina, os cultivos eram muito variados e os jardins de plantas serviriam para o progresso da agricultura de todo o Brasil, "mas ainda para estabelecer uma circulação de vegetais úteis entre o Brasil e o Reino, e entre o Brasil e outras colônias da Nação". Além do comércio, as plantas também promoveriam a integração das partes dispersas do império colonial e multiplicariam os produtos em circulação nas praças coloniais e reinóis.

Nas memórias concebidas antes de 1808, porém, os luso-brasileiros apontavam os vários entraves que ainda existiam nas relações comerciais. O monopólio do sal enriquecia apenas o arrematador, prejudicava os lucros de colonos e de todo o comércio de Portugal. O bispo Azeredo Coutinho imaginava como seria promissora a exploração de pescados, carnes salgadas, toucinhos, queijos e manteigas se a extração de sal se libertasse dos contratos. A carestia do produto impedia que receitas maiores chegassem aos cofres do Erário Régio. A extração de madeira padecia dos mesmos impedimentos, sofria com desperdícios, com a incúria de oficiais e trabalhadores que, ao invés de buscar caminhos eficientes para explorar o produto, antes procuram "muitas vezes pôr-lhes todas as dificuldades e demoras para vencer dias e jornais e pela maior parte estragam sem piedade muitas madeiras preciosas".[16] As madeiras eram indispensáveis ao sustento do comércio e da defesa, pois, para alcançar preços mais cômodos, a construção de marinha de guerra e mercantil dependia das reservas florestais americanas e africanas. A suspensão dos entraves à livre circulação de produtos não afetaria as rendas estatais. Ao contrário, as madeiras chegariam ao reino em abundância e tornaria desnecessária a importação de peças estrangeiras. Em síntese, no comércio europeu, Portugal se encontrava em melhor situação para dinamizar as trocas. A construção naval promovia a indústria, a circulação das demais mercadorias e ainda era a "primeira riqueza espalhada no Estado". Para combater os estancos, fomentar e diversificar a produção colonial, Sousa Coutinho aboliu o monopólio do sal e da pesca da baleia com o Alvará de 24 de abril de 1801.[17]

Dez anos depois da análise do bispo Azeredo Coutinho, os estancos ainda era tema de debate. Em *Princípios da economia política* (1804), José da Silva Lisboa, o secretário da Mesa de Inspeção da Bahia, defendeu com veemência a

---

[16] *Idem.* p. 77 e 129.

[17] J. J. da Cunha de Azeredo Coutinho. Ensaio econômico... p. 150; Valentim Alexandre. *Os sentidos do império*. Lisboa: Ed. Afrontamento, 1993. p. 86.

liberdade de comércio. A economia política era a arte de prover a necessidade e comodidade de uma nação e viabilizar "a maior opulência dos particulares e do Estado". No Tejo, Portugal possuía um dos mais interessantes empórios da Europa, contava com suas colônias para fornecer "o alimento da civilização do mundo". A monarquia portuguesa não precisava da virtude e mercê alheias para alcançar o poder que a providência lhe destinou. Para tanto, bastava abrir suas fontes de riqueza, defender a plena liberdade de concorrência e uma política de comércio interior e exterior mais segura, mais exata e mais proveitosa à nação e ao Estado. "Deixar fazer, deixar passar, deixar comprar, deixar vender", essa era a principal ação do soberano. Para Silva Lisboa, era patente o infalível estado de decadência dos impérios que pretendiam monopolizar e concentrar no interior de seu território, "todos os ramos da indústria dos vizinhos, e pior ainda, a de remotos países, bem como seria insensato, pobre e miserável, quem tudo quisesse prover e fazer na própria casa, sem nada comprar ou depender do nacional ou estrangeiro".[18]

Em seus polêmicos *Princípios da Economia Política*, Silva Lisboa defendia idéias marcadamente de cariz smithiano, somadas às influências francesas, que clamavam por liberalização das atividades econômicas. Esse colono ilustrado, egresso da Universidade de Coimbra, trazia ao debate elementos ousados e pregava não a interdependência entre metrópole e colônia, mas a liberdade de comércio. Em suas obras posteriores à abertura dos portos, ficam evidentes quais eram suas estratégias para liberar o comércio sem arranhar a real patronagem. Segundo Silva Lisboa, a monarquia absolutista do príncipe regente era compatível com o Estado "natural". As decisões do monarca "eram tão naturais quanto dos indivíduos que se encontravam sob o seu poder". Baseado em Adam Smith, defendia o princípio de que erros na engrenagem seriam corrigidos pelo livre comércio e pela "força medicinal da natureza". De fato, "se Deus tivesse desejado que os homens e nações fossem auto-suficientes, teria lhe dado todas as condições para tanto".[19]

---

[18] José da Silva Lisboa. *Princípios da Economia Política*. Rio de Janeiro: Pongetti, 1956. p. 115, 152 e 300. Sobre Silva Lisboa ver: António Almodovar. Processos de difusão e institucionalização da economia política no Brasil. *In*: José Luís Cardoso. *A economia política...* p. 113-148; José da Silva Lisboa. *Escritos econômicos escolhidos*. (Introd. e direção de António Almodovar) Tomo I e II. Lisboa: Banco de Portugal, 1995.

[19] Antonio Penalves Rocha. *A economia política na sociedade escravista*. São Paulo: Hucitec, 1996. p. 90-93.

A obra de 1804, portanto, defendia uma monarquia nova, "uma concepção imperial moderna – isto é, post-colonial, devidamente expurgada dos seus vícios mercantilistas e dos seus excessos regulamentares".[20] Essa posição não se encontrava nos escritos de seus contemporâneos e seria mais recorrente nas memórias concebidas depois da abertura dos portos. Sua ousadia, porém, não o conduziu ao ostracismo, às perseguições políticas que abateram sobre alguns colegas de universidade, ao contrário, depois do estabelecimento da Corte no Rio de Janeiro integrou-se ao aparelho estatal.

Brasil e demais conquistas lusitanas

Embora chegassem a Lisboa espécies, artefatos, diários e memórias de todo o ultramar, a grande maioria das informações recebida no Museu de História Natural, Jardim Botânico e Secretaria de Estado era proveniente das terras americanas. Evidente também era o predomínio do Brasil nos comentários sobre o império colonial. No momento de planejar práticas capazes de incrementar e racionalizar os vínculos imperiais, reinóis e mazombos insistiam nos laços entre as possessões americanas e Lisboa. E assim eles minimizavam a participação das colônias africanas e asiáticas nas transações imperiais. A ênfase nas riquezas e nas potencialidades naturais americanas talvez explique o esquecimento dos naturalistas durante as viagens filosóficas a Angola, Moçambique, Goa e Cabo Verde. O abandono desses vassalos em paragens tão remotas era tema recorrente na correspondência enviada à Secretária de Estado desde o tempo de Martinho de Melo e Castro, e não seria diferente sob o comando de D. Rodrigo. Se o conhecimento das conquistas africanas não obteve os mesmos estímulos alcançados por naturalistas e administradores coloniais em terras americanas, não se podem ignorar as tentativas do barão de Moçâmedes, governador de Angola de 1784 a 1790. O barão retomou o propósito de desbravar o interior para mapear suas riquezas, sobretudo quando ressuscitou o projeto de localizar uma passagem fluvial entre as costas ocidentais e orientais da África. Incentivou, em 1785, duas expedições que partiram do sul de Benguela para investigar se o rio Cunene levaria ao interior do continente. Ele retomaria, então, os planos do governador D. Francisco Inocêncio de Souza Coutinho (1764-1772), pai de D. Rodrigo, que pretendia avançar a colonização rumo ao interior.

---

[20] Introdução de António Almodovar. *In*: José da Silva Lisboa. *Escritos económicos escolhidos – 1804-1820*. tomo I. Introd. e dir. de António Almodovar. Lisboa: Banco de Portugal, 1993. p. XVI.

Com apoio do barão, o luso-brasileiro Joaquim José da Silva pretendia explorar o território, não apenas como naturalista, mas como desbravador de caminhos. Na oportunidade, a rota para Moçambique não seria descoberta e nem o interior mais conhecido. O fracasso do empreendimento tornar-se-ia tema de várias cartas do naturalista à Secretaria de Estado e ao Museu de História Natural quando muito reclamou da falta de recursos para promover o envio de espécies, diários, desenhos e mapas a Lisboa. Anos depois, como governador dos rios Sena e Tete, o matemático Francisco de Lacerda e Almeida também teve a tarefa de demarcar o sertão africano. Para tanto, ele lançou-se em uma expedição que partiu das conquistas portuguesas orientais para alcançar as terras ocidentais. O secretário de Estado Souza Coutinho investia no antigo projeto de criar um corredor entre as duas regiões, com vistas a impedir a presença de nações européias, particularmente a inglesa, no interior africano. Antes de falecer, o matemático deixou registrada a falta de incentivo do governo metropolitano e o eminente fracasso de seus empreendimentos. Logo morreria, vítima de doenças endêmicas. As várias memórias concebidas por João da Silva Feijó sobre as ilhas de Cabo Verde também não sensibilizaram o secretário, mas tiveram melhor destino quando comparadas aos escritos de seus colegas de Moçambique e Angola, pois algumas foram publicadas em Lisboa.

De todo modo, pouco antes da expedição de Lacerda e Almeida, a cartografia de Angola e Benguela teve significativa melhora. No início da década de 1790, o tenente-coronel Pinheiro Furtado recorreu a cartas anteriores e demais informações reunidas para elaborar um mapa de Angola. O empreendimento demonstra avanço do conhecimento geográfico nas franjas do império. No entanto, essa cartografia não era da mesma qualidade da executada nas fronteiras entre a América portuguesa e espanhola. Na outra banda atlântica, as demarcações não contavam com as precisas observações astronômicas e produziram deficientes enquadramentos da rede fluvial. Manuel Galvão da Silva, Joaquim José da Silva, Carlos José dos Reis e Gama e Francisco José Lacerda e Almeida produziram inventários do continente que pretendiam divulgar sugestões para melhorar o cultivo da terra, a pacificação dos povos e a busca de metais preciosos, mas não conseguiram aproximar as conquistas africanas de Lisboa. Sob o pretenso controle do monarca luso, o comércio com a África era, porém, "cada vez mais brasileiro e menos português".[21]

No governo de D. Miguel Antônio de Melo (1797-1802) ficavam mais evidentes os limites do projeto destinado a transformar Angola em colônia de

---

[21] Joaquim Romero Magalhães. Os territórios africanos. *In*: Francisco Bethencourt e Kirti Cahuduri (dir.). *História da Expansão Portuguesa*, v. 3. Lisboa: Círculo de Leitores, 1998. pp. 76-80.

povoamento, com estabelecimento de lavouras, manufaturas, imigrantes portugueses e açorianos. "Na verdade, na década de 1750, Brasil e Angola, apesar de todas as suas diferenças, haviam sido pensadas e colocadas como alvos paritários de uma política reformista. No final do século, as diferenças haviam sido agudizadas, ao ponto de, ainda segundo Miguel Antônio de Melo, ser preciso repensar Angola".[22] Embora os planos de transformá-la em uma grande colônia persistissem desde as reformas pombalinas, ainda era prioritário o tráfico de escravos, pois sem Angola não havia o Brasil, sem o Brasil não havia império. Em carta a D. Rodrigo de Sousa Coutinho de 1797, o governador lembrava que os escravos angolanos sustentavam a economia imperial, mantinham as atividades produtivas nas lavouras de cana e nos engenhos de açúcar, nas plantações de tabacos e na extração de madeiras do Brasil.[23]

Nesse sentido, torna-se evidente a razão para os escritos de Vilhena e Azeredo Coutinho explorarem os vínculos entre a agricultura brasílica e o tráfico de escravos. Defendiam, então, os interesses dos colonos americanos no império e, talvez por isso pintassem com cores desbotadas as atividades comerciais desenvolvidas nas demais conquistas. Em relação às possessões orientais, o bispo reforçava o encolhimento português frente os avanços das companhias francesas, holandesas e inglesas: "Portugal não tem ali conquistas a fazer, nem praças a fortificar, nem estabelecimentos a formar". Ao enumerar os empreendimentos portugueses na África, Azeredo Coutinho, citou os fortes de Cachéu, Bissau e outros sobre rio Gâmbia, na Nigéria, e uma colônia em Malagueta, na costa da Guiné, onde a principal prática era o tráfico de escravos para abastecer de braços as lavouras americanas. No Congo, encontravam-se riquíssimas minas de ferro, e a metrópole ainda controlava o comércio da capital de São Salvador de Loango, Embaca e Cabinda. No reino de Angola, dominava as trocas comerciais de São Paulo de Luanda e Benguela.[24] Na Índia e China, porém, os rendimentos portugueses eram muito aquém dos saldos alcançados nas praças do Brasil.

"Nenhuma nação", continuou a escrever o bispo, "tem um terreno tão criado como a América portuguesa; ela se compreende nos dois melhores climas das zonas tórrida e temperada; e o que falta num, sobeja no outro, e ambos entre

---

[22] Catarina Madeira Santos. Um governo "polido" para Angola; reconfigurar dispositivos de domínio (1750-c. 1800). Dissertação apresentada à Universidade Nova de Lisboa/Faculdade de Ciências Sociais e Humanas. Lisboa, 2005. p. 90.

[23] Catarina Madeira Santos... p. 45.

[24] J.J. Azeredo Coutinho. Ensaio econômico... p. 144.

si produzem mais do que todos os outros da Europa juntamente".[25] Azeredo Coutinho, assim, exaltava a fertilidade de sua pátria que fornecia as melhores condições para o engrandecimento do império luso. Além de exaltar as riquezas brasílicas, como destacou o historiador J. R. Magalhães, esses testemunhos tinham ainda interesse em atenuar o vigor do comércio asiático. Potencialmente rico, o comércio oriental ficava "afinal marginalizado no conjunto do império. Visão apressada e talvez especialmente conveniente para um brasileiro". Nos primeiros anos do oitocentos, o número de navio provenientes de portos indianos manteve-se estável, freqüência capaz de promover a recuperação comercial dessa parte do império, conforme análise de Magalhães.[26]

Para acelerar a recuperação, D. Rodrigo planejava o incentivo às manufaturas na costa do Malabar, Goa, Diu e Damão, além de incentivar, sobretudo com a China, o comércio e a navegação em favor dos reais domínios. Em carta ao marquês mordomo-mor do Real Erário, demonstrou a intenção de dar "sólida existência" à agricultura, manufaturas, comércio e navegação radicados na Costa de Malabar, "por meio de uma companhia, ou sociedade livre, que fornecesse com utilidade própria os fundos para o estabelecimento e ampliação das manufaturas de Goa, Diu e Damão".[27] Os planos, decerto, demonstravam que, na virada do século, a revitalização do comércio asiático era alternativa à instabilidade dos preços do açúcar e a decadência das minas auríferas do Brasil. As pretensões do secretário, porém, não dispunham de créditos suficientes para iniciar o empreendimento.[28] O pessimismo luso-brasileiro originou-se, talvez, da ocupação militar inglesa de Goa e do crescente interesse das companhias britânicas no comércio chinês e na praça de Macau. De lá, à época, provinham apenas chá, canela, porcelana, seda e pedra-ume. Em pequenas quantidades, os portugueses vendiam, em troca, vinhos, tabaco, chumbo e ferro.

Muito antes das viagens filosóficas, o naturalista Domenico Vandelli também elegera o Brasil como terra prometida, verdadeiro tesouro natural do império. As-

---

[25] *Idem.* p. 141.

[26] Joaquim Romero Magalhães. As tentativas de recuperação asiática. *In*: Francisco Bethencourt e Kirti Cahuduri (dir.). *História da Expansão Portuguesa*, v. 3. Lisboa: Círculo de Leitores, 1998. p. 56.

[27] D. Rodrigo de Souza Coutinho. Carta para o Marquês Mordomo-mor presidente do Real Erário, sobre o comércio e navegação da Índia (24 de novembro de 1800). *In*: *Textos políticos, econômicos e financeiros (1783-1811)*. Intr. e org. de Andrée Mansuy Diniz Silva. Lisboa: Banco de Portugal, 1993. v. 2. p. 70.

[28] Joaquim Romero Magalhães. As tentativas de recuperação asiática.... p. 58.

sim, não eram apenas os luso-brasileiros os únicos a repetir a máxima. De todas as partes, segundo Vandelli, era na América onde abundavam as mais ricas espécies da natureza. De lá, plantas, animais e minerais deveriam verter em favor da economia metropolitana. A insistência no Brasil afetava suas opiniões sobre a natureza da África. Ao invés de dissertar sobre plantas das conquistas portuguesas no continente africano, ele melhor conhecia e especulava sobre a flora da América espanhola, como o fez quando comparou uma espécie do Maranhão à quina do Peru. A proximidade geográfica incentivou o naturalista a cotejar as espécies:

> As cascas das árvores não são de menor preço: umas são amargas, como a quina; outras aromáticas, como a canela, e o chamado cravo do Maranhão, servem para que usos da Medicina; outras dão cores de que se faz uso na tinturaria, e pintura, outras finalmente são adstringentes, e podem ter uso nos curtumes. A descoberta da quina tão rendosa dos espanhóis, daria aos portugueses um grande lucro; na terra do Pará, e Maranhão, nasce uma árvore cuja casca só difere da verdadeira quina, em ser um pouco aromática.

Nesse sentido, a dúvida sobre as propriedades da casca maranhense seria dirimida por experiências a serem executadas durante as viagens filosóficas. De todo modo, caso a mencionada espécie não fosse a verdadeira quina peruana, não seria impossível, devido à proximidade, a sua transplantação para o Brasil.

Em terras americanas seriam cultivadas espécies de todas as partes do planeta, alertava o reinol Felix Brotero. O anil, arroz, tabaco e mesmo os chás chineses estariam entre as lavouras que floresceriam no verdadeiro paraíso terreal. Para Vandelli, muitas outras ervas ali nasceriam, como a "hipecacuanha", contra-erva, as raízes da China, a jalapa, a erva do Paraguai, plantas com inúmeras utilidades. Se o chá propagava-se com sucesso na Inglaterra, no Brasil seria muito mais fácil a sua cultura.[29] Como bons discípulos do mestre, os demais naturalistas também abordaram o tema e incluíam as conquistas orientais em suas especulações sobre a transmigração de espécies vegetais, mas comumente o faziam em relação ao Brasil. As especiarias asiáticas seriam abordadas rapidamente por Felix Avelar Brotero e Baltazar da Silva Lisboa que consideravam as terras americanas como férteis o bastante para produzir as mesmas especiarias exploradas pelas companhias neerlandesas. Esses produtos também seriam prósperos em São Tomé e

---

[29] BACL, mss 405 – série vermelha. Domenico Vandelli. Viagens Filosóficas ou dissertação sobre as importantes regras que o Filósofo Naturalista nas suas peregrinações deve principalmente observar, 1779.

no Maranhão, assim como eram nas Molucas e no Ceilão. A pimenta também floresceria na Bahia, onde os contemporâneos de Baltazar da Silva Lisboa conservavam pimenteiras no Hospício da Senhora do Pilar.[30]

Vandelli também abordou as possessões africanas, embora não tratasse das plantas e das suas potencialidades econômicas. Ao alertar sobre a salubridade das terras, ele aconselhou os viajantes a observar atentamente os moradores locais, sobretudo a sua disposição e as doenças endêmicas a que estavam sujeitos. "No Brasil onde as erisipelas são tão freqüentes, e outras doenças se devem indagar as causas principalmente da morféia, ou mal de S. Lázaro, espécie de doença que não parece ser própria daquele país, e talvez passasse da África com os pretos para aquele continente, da mesma sorte que para lá trouxeram o escorbuto, ou Mal de Luanda". Para além do tráfico, as conquistas africanas exportavam doenças e acometiam de todo tipo de males os naturalistas luso-brasileiros que por lá permaneciam como se fossem castigados com exílio.

Formado em leis, o baiano Oliveira Mendes, porém, considerava como fortíssimos os negros sobreviventes da cruel travessia para o Brasil. O clima insalubre africano longe estava de ser a causa da grande mortandade entre os escravos, facilmente denominados de homens de pedra ou de ferro. De fato, nem mesmo a mudança da ociosidade para o trabalho poderia ser indicada como a principal causa das mortes. O estrago originava-se do tratamento inadequado e das condições insalubres disponibilizadas pelos senhores, fatores responsáveis pelas moléstias: "as quais cada vez mais vão crescendo, e levam os Pretos à sepultura". Os escravos padeciam de fomes e do excesso de trabalho, tornando-os fracos para enfrentar as moléstias: "porque os que novo entram a trabalhar, trabalham o que podem, e ninguém deles deve mais exigir: dentro de poucos dias se habituam para o trabalho de um tal modo, que vem a ser constantes, e assíduos nele".[31]

Raridade entre as memórias, o estudo de Oliveira Mendes tratou de um tema central para o funcionamento do ultramar, embora negligenciado pelos naturalistas em favor das centenas de memórias dedicadas às lavouras. De todo modo, a África não era alvo de uma política imperial, nem mesmo para o bacharel que inventariou, particularmente, as doenças que comprometiam as finanças

---

[30] Balthazar da Silva Lisboa. *Discurso histórico, político e económico*. Lisboa: Na officina António Gomes, 1786.

[31] Luiz Antônio de Oliveira Mendes. Determinar com todos os seus symptomas as doenças agudas, e chronicas, que mais frequentemente accometem os Pretos recém-tirados da África... In: *Memórias Econômicas da Academia Real das Sciencias*. Lisboa: Typografia da mesma Academia, 1812. t. 4, p. 3 e 63.

dos senhores brasílicos. De fato, os "pensadores luso-brasileiros" consideravam apenas as potencialidades do Brasil, embora reconhecessem a contribuição das conquistas africanas para a manutenção das suas lavouras. Entrementes, os domínios orientais estavam à míngua, perderam o viso quinhentista, enquanto a África tornara-se, para muitos, terra perigosa, fonte de doenças, freqüentada por militares e povoada por traficantes de escravos.

A virada para o século XIX presenciou a atuação de agentes preocupados em analisar as redes que, desde o início da expansão marítima, se tornaram mais densas e originaram interesses comuns e interdependências. As transações comerciais eram, então, os principais vínculos imperiais, mas esses testemunhos ainda valorizavam a circulação de plantas, a produção de manufaturas, as memórias econômicas, os ensinamentos agrícolas, a cartografia e os povos. Para melhor sistematizar esse farto material, Vandelli defendeu o plano de reunir em museus as produções naturais que, em princípio, permaneciam espalhadas nos domínios ultramarinos. Nos museus metropolitanos, a natureza seria apresentada como em um anfiteatro: "os esqueletos, as preparações anatômicas, os fetos, monstros mamais; as aves, seus ninhos, ovos; os peixes, anfíbios, vermes, e suas conchas, litófitos, e zoófitos, e até os mais mínimos insetos". Incluíam também as plantas secas, as sementes, gomas, resinas e bálsamos. Do mundo mineral, encontrariam as terras, pedras, sais, enxofre, semi-metais, petrificados e amostras de erupções vulcânicas. Não deveriam faltar os vestidos, ornamentos, armas e manufaturas das nações mais desconhecidas, desde os simples artefatos de povos americanos ou dos Mares do Sul, às manufaturas mais admiráveis asiáticas e européias. Para além de instruir os alunos de história natural, os museus demonstravam a disposição dos monarcas para restaurar as artes e a agricultura. Senhores de vasto império, D. José I e D. Maria I enviaram expedições às suas conquistas para reunir, na Corte, na cabeça do império, uma pequena mostra de suas vastas riquezas. Não sem razão indagou Vandelli:

> Que nação há, que mais necessite de um museu nacional, para nele conhecer as produções da natureza, e seus usos, do que aquela que possua tão vastos domínios em Ásia, África e América? Nação, que ainda pela multiplicidade delas, não tive tempo de conhecer todas as do seu reino, e muito poucas de suas conquistas, respectivamente a tantas que ainda estão desconhecidas.[32]

---

[32] Domenico Vandelli. Memória sobre a utilidade dos museus de História Natural. *In*: *memórias de História Natural – Domingos Vandelli*. Introd. e coord. editorial de José Luís Cardoso. Porto: Porto Editora, 2003. p. 61 e 65.

Depois de 1808, preservar a unidade

Os inventários tornaram mais palpável a idéia de império. O que era apenas abstração ganhou contornos mais nítidos com a composição de mapas e memórias, com as coleções de produtos naturais e industriais, acervo destinado a reunir no centro os fragmentos da realidade colonial. Esse conhecimento era particularmente produzido, sistematizado e transcodificado em Lisboa, mas se originava igualmente na Bahia, onde Vilhena e Silva Lisboa atuavam como "pensadores do império". A trajetória do bispo Azeredo Coutinho também permite afirmar que os luso-brasileiros tiveram participação decisiva na elaboração de reformas para fortalecer a sacrossanta unidade dos reais domínios. Se antes de 1808, a tônica das memórias produzidas pelos luso-brasileiros era o comércio, os entraves produzidos pelos monopólios e a circulação de plantas, depois seus escritos pretendiam garantir a unidade do império. Com a Corte instalada no Rio de Janeiro, eles atuariam mais ativamente e próximos do soberano, como magistrados e conselheiros. A nova conjuntura incentivou o bispo a retomar o tema da unidade imperial e indicar caminhos ao soberano.

Azeredo Coutinho acreditava que a harmonia entre o rei e as possessões seria fundada na justiça e na virtude e, assim, apartariam de seus destinos a ociosidade, a ignorância e a miséria. Para o bom funcionamento dos domínios, o monarca ainda protegeria "as diferentes ordens, e seria adorado". Quanto mais se aproximasse desses princípios, mais seria forte e amado. Se ele se afastasse da justiça e virtude, atuaria de forma cruel, tirânica e menos segura. Esse prodígio realizava-se diante de seus olhos, afirmava o bispo, e o fazia crer que ao monarca cabia a divina tarefa de comandar o primeiro império do Novo Mundo: "a minha Pátria vai gozar das prerrogativas de primeiro Império do Novo Mundo".[33] Para além das virtudes do soberano, cada reino e província deveria "encher o fim do seu destino", ou melhor, executar suas tarefas para mover a engrenagem imperial. Assim, uma só possessão que descumprisse essa meta desarranjaria toda a máquina e a nau seria submergida.

Muito longe da harmonia pregada por Azeredo Coutinho, porém, a integração entre colônias e metrópole era tema de muitas controvérsias, iniciadas logo após a temerária revolução na Europa e as guerras de independência na América espanhola. De fundamental importância eram os princípios de justiça e de virtude, conforme conselho do religioso, para evitar o caos e a miséria

---

[33] J.J. Azeredo Coutinho. Ensaio econômico sobre o comércio de Portugal e suas... p. 60-62.

promovidos pelas rebeliões. O bom governo das colônias resultava do apoio concedido pelos vassalos que auxiliavam o soberano ao enviar notícias e indicar as possíveis arestas entre o governo do centro e as periferias. Por intermédio de D. Rodrigo de Sousa Coutinho, os luso-brasileiros participaram ativamente dessa política ao enviar remessas e memórias. Para controlar as diversas partes, o monarca não descuidaria de seus domínios, de se aproximar do país novo e de "perguntar ainda ao rude camponês pelos caminhos, veredas e atalhos". Ele próprio, o bispo de Elvas, natural da ex-colônia, oferecia-se como guia para "lhe apontar com o dedo posto que de longe, as riquezas de um terreno em que eu saltei e corri na puerícia, sem então me poder lembrar, nem vir à imaginação, que Vossa Alteza o veria um dia, e muito menos nos meus dias".[34] Atuava, portanto, como um súdito que, por meio de seus escritos, servia ao monarca na tarefa de melhor administrar o novo império. De fato, a proximidade do soberano permitiu a elite ilustrada, e não somente ao bispo, oportunidades de auxiliar a monarquia nesses tempos difíceis, quando deveria harmonizar os pleitos de seus tradicionais aliados em Portugal e de seus súditos radicados no novo reino.

Ao deixar Lisboa para evitar o confronto com as tropas napoleônicas, o soberano e a Corte levavam consigo o gládio do império que se deslocava rumo à América. As embarcações não conduziam apenas a nobreza titulada e com grandeza, mas a cabeça do império, o nexo entre os domínios reais. Lisboa perdera, portanto, a capacidade de promover a unidade enquanto o Rio de Janeiro ganhara o papel de capital do Novo Império Lusitano. O evento, então, alterava, de forma inequívoca, o equilíbrio entre metrópole e colônias tão decantado por D. Rodrigo, Vilhena e demais luso-brasileiros. De todo modo, eles não abandonaram a idéia de defender a unidade, mesmo com as polaridades invertidas. Gerada nos escritos de Azeredo Coutinho e do secretário Sousa Coutinho, a sacrossanta união não se perderia nem mesmo depois da invasão francesa. Em tempos difíceis, o Brasil deveria se manter como reino unido a Portugal e ocupar, efetivamente, posição de destaque no império. Ilustrados como Andrada e Silva, José da Silva Lisboa e Hipólito da Costa defenderam a manutenção do império até as mais radicais decisões das Cortes do Porto. Como bem escreveu Emília Viotti da Costa, Bonifácio "tentaria salvaguardar a integridade do Império Português, diante da iminência de uma secessão, só renunciando à idéia quando os fatos demonstraram cla-

---

[34] *Idem*. p. 64.

ramente a impossibilidade de resguardar a autonomia administrativa relativa que o Brasil conquistara".³⁵

Antes da independência os mais conservadores concebiam o Brasil como uma colônia emancipada, embora ainda fosse atrelada à metrópole. A nova configuração, porém, era entendida sem rodeios pelo abade De Pradt que, ao analisar o significado político dos eventos de 1808, considerou que Portugal não tinha mais suas colônias, "pois ele próprio se transformara em colônia. A metrópole não está mais em Portugal [...] Ela passou para a América e a colônia ficou na Europa".³⁶ Para além da explícita provocação do abade, a transferência da Corte provocou descontentamento dos reinóis e euforia dos brasileiros, dos "grandes burocratas e ilustrados reformistas, grande proprietários, comerciantes e funcionários engajados na tarefa de fundar um império no Novo Mundo". Essa disposição estava ausente entre os súditos que perderam a proximidade com o soberano e enfrentavam a concorrência desigual dos ingleses no comércio exterior.³⁷ Ao solicitar a volta de D. João, um anônimo evocava a inversão de papéis e, como o abade, também considerava que a antiga metrópole não era que colônia, pois: "Agora por nossa desgraça, estamos vendo os louros voltados, o que vinha do Brasil, para Portugal, vai agora de Portugal para o Brasil". Maior desgraça era a condição dos vassalos portugueses que recebiam o mesmo tratamento dado aos brasileiros.³⁸ Nesse sentido, era mister evitar que os reinóis se sentissem como colonos do Brasil, do contrário, as rebeliões não tardariam a ameaçar à ordem.

De fato, a conjuntura política mudara bastante o equilíbrio de forças do interior do império, e o monarca deveria reunir esforços para fomentar a harmonia entre as partes. Mesmo após a abertura dos portos, D. Rodrigo considerava a praça de Lisboa como principal entreposto de artigos provenientes do Brasil, embora soubesse das incertezas que a emancipação da ex-colônia causaria entre os comerciantes. Silva Lisboa entendia, porém, a abertura dos portos e o livre comércio como estratégias destinadas a firmar os laços imperiais, ao invés de en-

---

³⁵ Emília Viotti de Costa. José Bonifácio: homem e mito. *In*: Carlos G. Mota (org.) *1822 Dimensões*. São Paulo: Ed. Perspectiva, 1972. p. 116.

³⁶ Abade De Pradt. Des colonies et la Révolution actuelle de l'Amérique. Paris, 1817. *Apud*: J. H. Rodrigues. *Independência: Revolução e Contra-revolução*. Rio de Janeiro: Livr. F. Alves, 1975. v. 1, p. 7.

³⁷ Maria de Lourdes V. Lyra. *A utopia do poderoso império*. Rio de Janeiro: Sette Letras, 1997. p. 144.

³⁸ "Carta de um vassalo a El rei D. João VI, relatando o estado do reino...". *In*: *Documentos para História da Inpendência*. Rio de Janeiro: Biblioteca Nacional, 1923. p. 6.

fraquecê-los. O estabelecimento do Reino Unido seria, portanto, o coroamento dos eventos iniciados em 1808. Assim, a união, em um só reino, de Portugal, Algarves e Brasil promoveria um novo sistema conciliatório, capaz de revigorar o corpo político e homogêneo da Monarquia.[39]

Mesmo distante, a contribuição de Hipólito da Costa foi preciosa para a manutenção da unidade do império. Fugido da Inquisição de Lisboa, o filósofo estabeleceu-se em Londres, de onde iniciou a defesa da inserção do Brasil na monarquia portuguesa. A postura conservadora era estratégia para evitar a fragmentação política das capitanias do Brasil, aos moldes da América espanhola, caso prosperasse a ruptura com Portugal. Ao escrever no *Correio Braziliense*, Hipólito pretendia convencer "as elites políticas espalhadas pelos domínios de Sua Majestade de que a melhor alternativa para a crise estava na união de todos em torno da reforma da Monarquia".[40] Deste modo, ficam evidentes os sentimentos lusófilos do bacharel coimbrão que mesmo depois de conviver com a sociedade norte-americana e residir em Londres, não defendeu o projeto de separação entre Portugal e Brasil. Como D. Rodrigo de Sousa Coutinho, ele considerava que a sacrossanta unidade deveria ser mantida a partir do estabelecimento de uma mesma administração e conjunto de leis.[41] Sua proximidade do projeto de império joanino está evidente em várias passagens do *Correio*, postura que, talvez, fosse encorajada pelo envio, por parte de D. João, de subsídios para a publicação do periódico. No entanto, Hipólito da Costa planejava reformas na administração, política e economia que dariam à ex-colônia papel de destaque no império lusitano. Por isso denunciava o mau governo e não poupava críticas à Corte instalada no Rio de Janeiro.[42]

O posicionamento político dos filósofos egressos de Coimbra também está evidente na trajetória política de José Bonifácio Andrada e Silva. De modo geral, depois de formados, os luso-brasileiros "vieram a se destacar no cenário político e cultural brasileiro, ocupando cargos administrativos ou políticos, publicando

---

[39] Kirsten Schultz. Tropical Versailles. Dissertation for degree of Doctor of Philosophy Departament of History. New York University. New York, 1998. p. 211 e 231-232.

[40] István Jancsó e Andréa Slemian. Hipólito e seu jornal Correio Braziliense, um caso de patriotismo imperial. *Obervatório da Imprensa*, 29.07.2003. p. 5.

[41] Carlos Rizzini. *Hipólito José da Costa e o Correio Braziliense*. São Paulo: Companhia Editora Nacional, 1957. p. 215.

[42] Roderick J. Barman. *Brazil: The forging of a Nation*. Stanford: Stanford University Press, 1988. p. 52; István Jancsó e Andréa Slemian.... p. 12; Andréa Slemian. *Vida política em tempo de crise: Rio de Janeiro (1808-1824)*. São Paulo: Hucitec, 2006. p. 16-17.

obras diversas, ingressando na república das letras".[43] No entanto, eles nunca ameaçaram os postos ocupados pelos grandes da antiga Corte antes instalada de Lisboa. O "patriarca da independência" era irreverente em matéria religiosa e sempre atento aos perigos dos levantes populares, além de pouco simpático com os regimes democráticos. Como Hipólito da Costa, defendeu a integridade do reino unido, embora se ressentisse do predomínio reinol nos principais quadros administrativos. Mesmo depois de 1821, com as tentativas das Cortes de recolonizar o Brasil, lutou por uma monarquia dual e, assim, se aliava aos grupos dominantes, aos proprietários de terras, traficantes de escravos, funcionários administrativos. Andrada e Silva, portanto, considerava prudente um regime que concedesse, ao mesmo tempo, autonomia relativa da antiga colônia e manutenção da unidade imperial.

Muitos outros luso-brasileiros, bacharéis e doutores na Universidade de Coimbra, participaram ativamente no governo joanino e, em seguida, do governo independente. Formado em direito canônico e filosofia na Universidade de Coimbra, José da Silva Lisboa teve grande influência na abertura dos portos em 1808. Nessa ocasião, deixou a Bahia para instalar-se com a Corte no Rio de Janeiro, onde exerceu cargos na Junta Diretora da Impressão Régia, na Real Junta do Comércio e Agricultura, Fábricas e Navegação. Também atuou como chanceler da Relação da Bahia e constituinte, em 1823. Considerado idealizador da Abertura dos Portos, Silva Lisboa verteu muita tinta para glorificar o feito extraordinário do monarca ao promover a prosperidade e romper com a "cadeia de prejuízos" imposta ao Brasil.[44] Se, inicialmente, o livre comércio trazia benefício à elite, ao fim proporcionaria a felicidade de toda nação.

Ao estabelecer-se na Corte, Silva Lisboa recebeu a tarefa de ministrar um curso de Economia Política, segundo decreto de fevereiro de 1808. Sua criação vinculava-se, certamente, a um plano destinado a aproximar o governo do império à sociedade brasileira de forma a ampliar suas bases políticas. Embora o curso permanecesse no papel, era "um esforço da monarquia portuguesa para agregar alguns intelectuais brasileiros aos quadros administrativos do Estado".[45] De todo modo, beneficiados pela proximidade do monarca, as idéias e os escritos de Silva

---

[43] Emília Viotti de Costa. ... p. 110.

[44] José da Silva Lisboa. *Observações sobre a prosperidade do Estado pelos liberais princípios da Nova Legislação do Brasil*. Rio de Janeiro: Imprensa Régia, 1810. p. 8. Ver também: Antonio Penalves Rocha. *A economia política na sociedade escravista*. São Paulo: Hucitec, 1996. p. 104-6.

[45] Antonio Penslaves Rocha. p. 36.

Lisboa tornaram-se importantes aliados na defesa da liberdade de comércio e na consolidação política do império luso-brasileiro. Assim como Bonifácio, Silva Lisboa pregava reformas econômicas para aplacar o possível ímpeto revolucionário capaz de dissolver os laços entre Portugal e Brasil. Seus planos, porém, não serviram apenas para tentar manter a unidade imperial. De fato, o Brasil independente e escravista também se beneficiou de suas reflexões. Como escreveu Antônio Penalves Rocha, "o pensamento econômico de Silva Lisboa, bem como a memória de sua militância política, foram elevados à condição de modelos para a construção de uma nação que não desejava convulsões políticas e que apostava na ciência como um meio para atingir o progresso".[46]

Decretada em 1808, a abertura dos portos era, segundo Silva Lisboa, uma mercê régia, era uma dádiva capaz de promover o bem de toda a nação. O sistema colonial, por certo, não mais poderia ditar a relação entre Portugal e o ultramar, do contrário provocaria horríveis conseqüências e calamidades. Para além dos estragos: "Seria decente esconder-se no Brasil, e espontaneamente cortar-se do mapa do mundo civilizado, Sua Majestade o Rei da Grã-Bretanha, que tanto ajudou a Sua Real Pessoa, e Augusta Família, da insidiosa maquinação de um inimigo implacável, que não deixa a virtude tranqüila nos tronos, e que ataca o comércio de um modo sem paralelo nos anais da sociedade?".[47] Com essa inusitada pergunta, Silva Lisboa acrescentava mais uma razão para libertar os portos brasileiros. Os benefícios da franquia do comércio estrangeiro ampliaram as transações, antes reduzidas a grosseiras compras e remessas de gêneros coloniais pelos portos de Lisboa e Porto. O decreto de Vossa Alteza, então, reverteria o atraso do "comércio muito mecânico, rotineiro e apoucado". Ao contrário da antiga ordem, a abertura comercial faria que todos ganhassem com as permutas mútuas, tanto os nacionais quanto os estrangeiros.[48]

Projeto distinto para o Brasil era defendido por José Acúrsio das Neves, mais um bacharel formado em Leis na Universidade de Coimbra. Este também teceu importantes e controversas considerações sobre a circulação de mercadorias coloniais. Inicialmente, defendeu a liberdade de comércio como estratégia para reativar

---

[46] Antônio Penalves Rocha. p. 31.

[47] José da Silva Lisboa. Observações sobe o commercio franco no Brazil. Rio de Janeiro: Imprensa Régia, 1808. p. 11.

[48] Fernando A. Novais e José Jobson de Andrade Arruda. Prometeus e Atlantes na forja da Nação. *In*: José da Silva Lisboa. *Observações sobre a fraqueza da indústria, e estabelecimento de fábricas no Brasil.* Brasília: Senado Federal, 1999. p. 19.

as praças orientais; anos depois, porém, lamentou o fim do "sistema colonial" e a profusão de manufaturas inglesas com livre circulação no Brasil. Como deputado da Junta Real do Comércio, em 1810, e depois como secretário do mesmo tribunal, ele reuniu conhecimento capaz de contribuir para recuperação da economia lusitana após a retirada dos exércitos napoleônicos da Península Ibérica.

A partir dos princípios da Economia Política, em 1814, esse reinol demonstrou os benefícios advindos da criação de um porto franco em Goa. Assim como Silva Lisboa e baseado nos conselhos do suíço Simonde de Sismondi, posicionava-se como defensor do *laissez-faire* e considerava a liberdade comercial promotora de grandes melhoramentos não somente na mencionada cidade, mas também nos demais estabelecimentos portugueses. Para Acúrsio, o comércio sempre foi o objeto principal dos portugueses na Índia, razão para proteger e animá-lo. Uma simples feitoria, quando bem dirigida, podia ser muito mais próspera do que às grandes possessões territoriais. Da costa ocidental da Índia, viria, então, material para o bom comércio com o Brasil e com as demais paragens do ultramar. Mesmo que os domínios orientais não tivessem a mesma extensão de outrora, a preservação das praças comerciais ativaria a circulação de mercadorias em todos os sentidos. Para além de Goa, no extremo oriente, os portugueses ainda preservavam o seu mais precioso estabelecimento, Macau. A cidade abria as portas ao comércio da China e zelava por uma boa relação entre a monarquia portuguesa e o império chinês, política que nenhuma das outras nações européia era capaz de manter e tirar tantas vantagens.[49]

Do outro lado do mundo, os domínios portugueses da América também tornaram-se alvo das reflexões de José Acúrsio das Neves, publicadas somente em 1820. Ao analisar a situação da indústria portuguesa, ele recorreu, inicialmente, à tônica dos escritos portugueses coevos e lamentou a ausência do soberano. Estabelecido em país remoto, o monarca desconhecia os sofrimentos dos portugueses e nem podia "enxugar as lágrimas da nossa orfandade". A fuga, embora necessária, sepultou a nação em luto e transtornou todo o sistema comercial. Como conseqüência imediata, ocorreu a abertura dos portos do Brasil às nações estrangeiras e a "repentina extinção do sistema colonial, levantando um intermediário às negociações de Portugal com a Ásia, e com as mais possessões transatlânticas". Resultou, então, na perda do mercado exclusivo das produções da indústria reinol, incapazes de resistir a competição das manufaturas estrangeiras.

---

[49] José Accursio das Neves. *Variedades, sobre objetos relativos às Artes, commercio, e manufaturas...* Lisboa: Imprensa Régia, 1814. p. 262- 268.

Sem o Brasil, as fábricas do reino ficaram aniquiladas, assim como estavam arruinadas as lavouras nas terras invadidas.[50]

Para Acúrsio das Neves, as proporções do Brasil logo o transformaria em um grande império, mas era ainda um país novo, dispondo de uma agricultura limitada, mas desprovido de fábricas. Precisava, portanto, da ajuda da mãe pátria na paz e na guerra; do contrário, estaria ameaçado de permanecer em uma eterna infância, "ou ser esmagado pelo primeiro ocupante". Os exemplos das antigas possessões espanholas serviam de alertas para os perigos que rondavam a América portuguesa. Menosprezar o legado metropolitano, advertia o desembargador da Relação do Porto, era desconsiderar que a mãe-pátria lhe deu a existência. Se a antiga possessão prescindia da acolhida da mãe protetora, Portugal tinha interesses a preservar ao manter a união, pois, mesmo comercialmente livre, crescia o consumo de manufaturas e vinhos reinóis no Brasil. Era, enfim, vantajoso para ambas as partes a manutenção dos laços recíprocos, sob um governo comum, justo e sábio.

Ao repetir o bordão de D. Rodrigo de Sousa Coutinho, Acúrsio das Neves valia do seguinte argumento: "Se pelo contrário viesse a faltar-lhe o centro da união, desorganizando o corpo da Monarquia, cada um dos seus membros perderia todo o vigor, recebendo como massa inerte as impressões, que quisessem dar-lhe; até chegar o momento em que desbaratada a herança de nossos avós, o nome Português desapareceria, como o fumo, confundido com o de alguma nação mais poderosa".[51] O desembargador da Relação do Porto e futuro deputado das Corte de 1822, não prescrevia, porém, o *laissez-faire* para relação entre Portugal e Brasil. De fato, pregava um retrocesso da situação colonial, uma recolonização ao considerar como fundamental que Portugal voltasse a ser "o principal entreposto dos gêneros coloniais". Fazia parte de mesma estratégia a preferência do Brasil pelo consumo de vinhos, sal e manufaturas de Portugal. Como retribuição, o reinóis consumiriam, preferencialmente, açúcar, café e mais gêneros do Brasil, "devendo considerar-se os dois países como se fossem unidos em território". Enfim, a união entre mãe e filha pressupunha a subordinação da segunda aos interesses maternos. Essa postura era um retorno aos pensadores do império colonial antes da abertura dos portos e contrariava aos anseios dos luso-brasileiros como Hipólito da Costa e José Bonifácio.

---

[50] José Accursio das Neves. *Memória sobre os meios de melhorar a Industria Portugueza...* Lisboa: Officina de Simão Thaddeo Ferreira, 1820. p. 5.

[51] *Idem, Ibidem.* p. 91.

Embora pregasse o liberalismo, Silva Lisboa também defendeu que as indústrias não deveriam se concentrar no Brasil. Para refutar os privilégios concedidos às manufaturas aí instaladas, recorreu ao secular predomínio agrícola da economia, às vastas extensão de terras e à escassa oferta de mão-de-obra. Essas características tornavam, enfim, o país pouco propício ao desenvolvimento das manufaturas. Elas deveriam se instalar predominantemente em Portugal devido à abundante oferta de braços e ao reduzido território. Seria prudente no Brasil, alertou o magistrado, a instalação de fábricas associadas à agricultura, comércio, navegação e artes mecânicas praticadas por ferreiros, curtidores, sapateiros e tantos outros. Essa economia doméstica era indispensável para o emprego das famílias pobres. No entanto, "O Brasil está despovoado: não lhe pode, ainda por séculos, faltar emprego útil aos povos na agricultura, e nos ramos principais de indústria das cidades que a sustentam".[52] Assim, a antiga metrópole e sua colônia eram concebidas como partes de um mesmo espaço econômico e para conciliá-los era preciso fazer uma "concessão ao colonialismo".[53]

Concessões ainda foram feitas no âmbito da administração. Embora deslocada de Lisboa, a fidalguia lusa não perdera seus postos de prestígio junto ao monarca. No Rio de Janeiro, a composição do ministério do rei era controlada pela aristocracia portuguesa que não permitia "o acesso de membros de outra classe aos cargos máximos da administração". De origem plebéia e oriundos da antiga colônia, os bacharéis luso-brasileiros encontravam resistência para participar dos altos postos na administração joanina. Como em Lisboa, na velha ordem, os cortesãos e os grandes monopolizavam lugares que deveriam ser ocupados por homens de ciência ou por talentosos estadistas. Essa crítica de Hipólito da Costa demonstrava a força da sociedade de ordens, que mesmo abalada pelas guerras napoleônicas, ainda determinava o jogo político.

Embora apto a ocupar altos cargos nos ministérios, o magistrado e filósofo José Bonifácio de Andrada e Silva permanecia em Portugal como intendente das minas. Por certo, D. Rodrigo de Sousa Coutinho percebia o controle dos grandes sobre os cargos e os entraves ao aproveitamento de Andrada e Silva nos quadros da alta administração. "Mesmo mais tarde, após a sua chegada ao Brasil, em 1819, quando o ministro Tomás Antônio Vilanova Portugal se empenhou pela ascensão do amigo ao ministério, tendo inicialmente obtido o aceite do rei, não

---

[52] José da Silva Lisboa. *Observações sobre a fraqueza da indústria, e estabelecimento de fábricas no Brasil*. Brasília: Senado Federal, 1999. p. 102.

[53] Fernando A. Novais e José Jobson de Andrade Arruda. p. 28.

conseguiu quebrar as resistências existentes". Somente em 1820, depois que as oposições diminuíram, o filósofo recebeu o título de conselheiro do rei.[54] Assim, mesmo sendo o Rio de Janeiro a nova metrópole, o comando continuava sob o controle dos reinóis, da fidalguia com grandeza.

De todo modo, muitos mazombos receberam mercê pelos serviços prestados à monarquia. O soberano deveria recompensar o apoio político oferecido pelos bacharéis, viabilizando títulos e cargos que não concorressem com a nobreza titulada. Para fortalecer as lealdades, os foros de fidalgo da Casa Real foram fartamente concedidos pelo rei durante a permanência da Corte no Rio de Janeiro. Reinóis e naturais do Brasil receberam os títulos de fidalgo cavaleiro, moço fidalgo, fidalgo escudeiro, cavaleiro fidalgo e que perfaziam 523 foros. No Brasil, as concessões se concentravam nos residentes no Rio de Janeiro, Minas Gerais e Pernambuco. "Mas essa separação entre reinóis e naturais do Brasil é puramente formal, [...] dada a grande mobilidade geográfica da elite. Vários fidalgos reinóis fixaram residência no Brasil e aqui desempenhavam suas atividades." Os títulos de cavaleiro das Ordens Militares também foram amplamente difundidos e chegaram a 382 comendas e 1.990 títulos de cavaleiros da Ordem de Cristo, números que expressam a enorme debilidade política do soberano. Entre as honras distribuídas estava ainda a graça honorífica de ser conselheiro do monarca, com a função de apoiar o rei em determinadas questões, emitindo pareceres orais e escritos. Nesse período, fizeram-se 114 conselheiros, honra concedida à nobreza política.[55]

Entre os conselheiros do monarca estavam três naturalistas e magistrados luso-brasileiros: o desembargador do Paço, Joaquim de Amorim Castro, o outrora juiz-de-fora da Vila da Cachoeira, e Manuel Ferreira da Câmara Bittencourt e Sá. Mineiro e bacharel em leis, o último, logo após a formatura, recebeu a incumbência de chefiar uma equipe, composta por José Bonifácio e Joaquim Pedro Fragoso de Siqueira, que estudaria mineralogia e metalurgia na França e Alemanha. Ao retornar ao Brasil, em 1807, tornou-se intendente-geral das Minas e Diamantes, posteriormente, desempenhou funções na magistratura como desembargador da Casa da Suplicação, em 1808, e recebeu o mais prestigiado foro, fidalgo cavaleiro da Casa Real.[56] Amorim Castro e Bettencourt e Sá torna-

---

[54] Maria de Lourdes V. Lyra... p. 140-1.

[55] Maria Beatriz Nizza da Silva. *Ser nobre na colônia*. São Paulo: Ed. Unesp, 2005. p. 282-3, 287 e 292.

[56] Marcos Carneiro de Mendonça. *O Intendente Câmara*. São Paulo: Companhia Editora Nacional, 1958. *Passim.*

ram-se conselheiros do monarca, respectivamente, em 1814 e 1816. O terceiro conselheiro era José Bonifácio que somente receberia igual distinção em 1820, depois do persistente veto ao seu nome.

Assim como Silva Lisboa, outros bacharéis tiveram trajetórias muito semelhantes. Embora não constituíssem um grupo monolítico, eles apresentavam uma homogeneidade cultural obtida tanto pelo ambiente ilustrado quanto pela passagem pelos cursos da Universidade de Coimbra. Exerciam lugares no aparelho estatal como deputados, ministros e secretários, na magistratura, no exército e no ensino. No processo de independência, segundo Roderick Barman, atuavam dois grupos. O primeiro era constituído por graduados na Universidade de Coimbra, nascidos no Brasil ou no reino, que defendiam um ideal reformador, capaz de sustentar a unidade do império luso-brasileiro. O segundo grupo era composto, em sua maioria, por indivíduos nascidos na colônia que nem sempre tiveram formação universitária, embora uns poucos houvessem freqüentado universidades francesas. Abertos a ideais revolucionários, eles identificaram o Brasil como sua pátria, ao qual preferiam prestar lealdade ao invés de cultuar a sacrossanta unidade.[57]

O primeiro grupo é também denominado de elite coimbrã e abrigava boa parte dos bacharéis em leis dedicados à história natural. Os irmãos José e Baltazar da Silva Lisboa, José Bonifácio Andrada e Silva, Hipólito José da Costa e Joaquim de Amorim Castro têm em comum o gosto pela filosofia natural e o bacharelado em leis ou cânones. Como enfatizei nos capítulos anteriores, a dedicação dos magistrados à história natural era parte de uma estratégia para se aproximar das autoridades lisboetas. A produção de conhecimento atuava como estágio capaz de acelerar sua ascensão social. Mas nem sempre a elite coimbrã recorreu à ciência para galgar postos no Estado.

Manuel Jacinto Nogueira da Gama doutorou-se em matemática e filosofia e, em seguida, ocupou o cargo de lente da Real Academia da Marinha (1791-1801). Foi deputado da Constituinte pelo Rio de Janeiro, signatário da Constituição e recebeu o título de visconde de Baependi, em 1824. Estevão de Resende formou-se em direito e ocupou o cargo de desembargador da Relação da Bahia, desembargador da casa de Suplicação em 1818, desembargador do Paço em 1824. Egresso da Universidade de Coimbra, Maciel da Costa era desembargador do Paço do Rio de Janeiro e, em 1809, ocupou o cargo de governador da

---

[57] Roderick J. Barman. p. 76-77; Lúcia M. B. Pereira das Neves. Corcundas e constitucionais. Rio de Janeiro: Editora Revan/Faperj, 2003. p. 49 e 51.

Guiana Francesa, após a conquista dessa possessão francesa. Anos depois acompanhou D. João VI no retorno a Portugal e quando voltou ao Rio de Janeiro foi eleito deputado da Assembléia Constituinte. O futuro marquês de Caravelas, Joaquim Cardoso de Campos, também era egresso da Universidade, onde se titulou em teologia e direito. Era tutor dos filhos do Conde de Linhares e ministro de D. João VI. Estabeleceu no Brasil depois de 1807 e, em seguida, atuou como oficial maior do Ministério do Reino e somente em 1818 tornou-se conselheiro do monarca.[58] Enfim, o ponto em comum entre todos esses homens era o título de bacharel em leis e, antes de 1822, a defesa da unidade imperial.

Entre os egressos de Coimbra, os filósofos não tiveram a mesma honra e fôlego político dos magistrados. Embora fossem naturalistas como os ministros, faltava-lhes o prestígio da magistratura, alcançada com o curso de leis ou cânones e a leitura de bacharéis.[59] Aos poucos os filósofos naturais foram perdendo espaço na administração, sobretudo depois que o projeto de "História Natural das Colônias", idealizado por Vandelli, perdeu o suporte estatal. O esvaziamento das instituições científicas do reino provocava a míngua das viagens filosóficas e, certamente, da faculdade de filosofia da Universidade de Coimbra. Se antes da invasão napoleônica Alexandre Rodrigues Ferreira, Domenico Vandelli e José Bonifácio indicaram a falência do Museu de História Natural e da Academia das Ciências, depois da transferência da Corte, as condições de funcionamento dessas instituições seriam ainda mais precárias. Os bacharéis e doutores preparados para assumir postos de comando científico do reino foram desviados para outras funções.

Desde 1792, em carta ao naturalista Casimiro Ortega, Vandelli lamentou do pouco tempo gasto com a botânica, sua verdadeira paixão, pois, desde então, ocupava-se da Real Junta do Comércio. Ao invés de liderar equipe de naturalistas e analisar as remessas provenientes das colônias, o naturalista contratado para promover o avanço do saber em Portugal embrenhava-se na teia burocrática. Essa virada, talvez, indicie a perda de prestígio do Museu da rainha. Nem mesmo os colegas de Ferreira, os naturalistas Joaquim José da Silva, Manuel Galvão da Silva e João da Silva Feijó ficaram isentos dos cargos e puderam retornar das colônias africanas para analisar o material coletado. Por certo, sem contar com

---

[58] Emília Viotti da Costa. Introdução ao estudo da emancipação política do Brasil. *In*: Carlos G. Mota (org.) Brasil em Perspectiva. São Paulo: Difel, 1980. p. 118-121.

[59] José Manuel L. Subtil. O Desembargo do Paço (1750-1833). Lisboa: Universidade de Lisboa, 1996. p. 298-299.

uma equipe, os estudos da natureza certamente não avançariam. À frente do Museu estava Alexandre Rodrigues Ferreira que sozinho não poderia executar tamanha empreitada. Um indivíduo, ou mesmo um grupo reduzidíssimo, não seria capaz de enfrentar essa enorme tarefa.

Os naturalistas das expedições africanas seriam de enorme valia para ativar os estudos em Lisboa. No entanto, Galvão da Silva e José da Silva não retornaram ao reino, Feijó recebeu um posto de sargento na capitania do Ceará, sem contar com inúmeros outros naturalistas radicados no Brasil e que foram alijados de cargos nas instituições científicas do reino. Vale lembrar as perseguições empreendidas contra José Álvares Maciel e Bittencourt Accioli, ou o ostracismo de Manuel Arruda da Câmara,[60] José Vieira Couto e Joaquim Velloso de Miranda.[61] Na falta de quadros, todos estavam habilitados a exercer cargo de naturalista no reino e reunir esforços para o avanço da agricultura e da história natural. Inexistia, portanto, interesse político na convocação destes filósofos para reverter o abandono das coleções do Museu.

A dispersão do grupo de filósofos egressos de Coimbra indica a falência do projeto científico em Portugal. A trajetória de Alexandre Rodrigues Ferreira é exemplar. Em 1793, depois do regresso a Lisboa, encontrou o material deteriorado e com sérios problemas de identificação. Nos anos seguintes, o naturalista foi nomeado vice-diretor do Museu de História Natural e do Jardim Botânico, administrador das Reais Quintas da Bemposta, Caxias e Queluz. Não retornaria aos trabalhos com as remessas enviadas durante a viagem; nem as memórias foram aperfeiçoadas, aprimoradas e publicadas. Desgostoso, entrevado e alcoólatra, Ferreira morreu em 1815.

Depois de 1822, Bonifácio abandonou o projeto de monarquia dual e alinhou-se ao grupo conservador ao repudiar as eleições diretas para a Constituinte. Se na política defendia a continuidade, seu interesse de modernizar a economia e de levar as luzes à nova sociedade entrava em colisão com os interesses dos membros do partido monarquista. Eis, então, a maior característica da ilustração lusitana, ou melhor, a intervenção estatal como meio de modernizar a sociedade e a economia. Nesse projeto, porém, estava vetada aos súditos a participação política, pois

---

[60] José Antônio G. de Mello. *Manuel Arruda da Câmara* – obras reunidas. Recife: Fundação de Cultura Cidade do recife, 1982. p. 37-46.

[61] Ermelinda Moutinho Pataca. Terra, água e ar nas viagens científicas portuguesas – 1777-1808. Campinas. Tese de Doutorado: Unicamp, 2006. Anexos p. 39, 51 e 116. Agradeço à Maria Fernanda Bicalho pelo empréstimo desta tese.

somente o Estado e seus agentes possuíam os instrumentos necessários para promover a felicidade. Enfim, a razão transformadora era atributo do monarca, enquanto a intervenção popular e democrática conduzia à anarquia, miséria e ignorância, como também defendera o bispo Azeredo Coutinho. Nesse sentido, para viabilizar reformas ilustradas, ele proclamava como nocivos o tráfico de escravos, a manutenção da escravidão e da posse improdutiva da terra, postura que logo tornou precária sua aliança com os conservadores monarquistas. Seus planos, então, o conduziram ao ostracismo e ao exílio na França. Mais uma vez, os filósofos de Coimbra viam seus planos naufragar. Como escrevera Bettencourt e Sá, sufocavam, "ao berço, planos de melhoramentos bem premeditados".

Junto a Dom Rodrigo de Sousa Coutinho, os bacharéis luso-brasileiros, filósofos e magistrados, elaboram, enfim, as principais reflexões sobre o funcionamento do império colonial em tempos de crise política. Embora tivessem contribuído com os debates sobre a saúde do império, os filósofos, aos poucos, minguaram e perderam-se entre viagens e richas políticas na era das revoluções. Ao passar do tempo, os magistrados tornaram-se os principais porta-vozes do antigo ofício de inventariar o império. Destacaram-se como consultores do rei em temas comerciais, agrícolas e médicos, publicaram memórias e ocuparam postos de prestígio na monarquia. Se inicialmente especularam e aconselharam o monarca a unir as atividades econômicas das quatro partes do ultramar, depois de 1808, seguiram uma outra vertente. Eles investiram na complementaridade política e econômica entre o reino e o ultramar para preservar a unidade do império. Os posicionamentos dos bacharéis, porém, logo tornar-se-iam irreconciliáveis.

FONTES BIBLIOGRÁFICAS

Fontes manuscritas

Portugal
Arquivo Histórico Ultramarino (AHU)
Reino
maço 26, 26, 1787 e 2722
Bahia, códice Castro Almeida: 12533, 12609, 12610, 12611, 12612, 12984, 13309, 13310, 13768, 13770, 13815, 14840, 15354, 15504, 15513, 17028, 17029, 17148-51, 17218, 17487, 17530, 17624, 17625, 17626, 17628, 17628, 17677, 17713, 17716, 17443, 18260, 18418, 18419, 19079, 19363, 19483, 19545, 19705, 19706, 19719, 19720, 19721, 19722, 19723, 19724, 19725, 19730, 19755, 20433, 20434, 20435, 20458, 20259, 20888, 20889, 21792, 217806, 26615
Bahia, documentos avulsos: 13941, 14000, 14447, 14476, 14530, 14625, 14656, 14754, 14755, 14758, 14798, 14832, 14835, 14843, 14900, 14913, 14953, 15029, 15036, 15185, 15208, 15520, 16311, 17764, 17777, 17778, 17779
Ceará: 659
Mato Grosso: 1542, 1563, 1565, 1584, 7340
Pará: 7325, 7340, 7363, 7450
Pernambuco: 7758, 8673, 8784, 8904, 9026, 9095, 9121 9217, 9249, 9284, 9318, 9352, 10291, 11625, 11704, 11747, 11757, 11800, 11805, 13199
Rio de Janeiro, documentos avulsos: 10220, 10246, 10295, 10304, 10378, 10401, 10509, 10545, 10556, 10558, 10671, 10732, 10754, 10931, 10954, 10964, 10974, 11009, 11011, 11018, 11024, 11126, 11151, 11254, 11269, 11270, 11325, 11327, 11328, 11329, 11355, 11366, 11373, 11375, 11376, 11395, 11463, 11503, 11505, 11686, 12032, 12047

Rio Negro: 423, 455, 473, 496, 507
Angola: cx. 38 e 39; cx. 67, d. 22
Cabo Verde: cx. 42, d. 13; cx. 42, d. 13; cx. 43, d. 62; cx. 44, d.72; cx. 48, d. 11; cx. 52, d. 6, 56, 59, 60, 78
Moçambique: cx. 21, 22, 23, 52, doc. 70
AHU Códice: cod. 402, doc. 33, cod. 402, f. 40

Arquivo Histórico do Museu Bocage (AHMB)
ARF1, ARF2, ARF5, ARF6, ARF7, ARF8, ARF9, ARF10, ARF11, ARF12, ARF13, ARF14, ARF15, ARF16, ARF17, ARF18, ARF19, ARF20, ARF26
CN/B-91, CN/B-93, CN/C-12, CN/D-6, CN/F-21, CN/K-1, CN/S-22, CN/S-23, CN/S-28, CN/S-29, CN/S-30, CN/S-31, CN/S-55, REM 386

Biblioteca da Academia das Ciências de Lisboa (BACL)
série vermelha, mss. 405
série azul 17 (7) e (37), 1944-1945.
Processos acadêmicos de: António Pires, da Silva Pontes Leme, João da Silva Feijó, Joaquim de Amorim Castro, Francisco António de Sampaio, Manuel Inácio da Silva Alvarenga, Alexandre Rodrigues Ferreira, Baltazar da Silva Lisboa.

Biblioteca da Ajuda (BA)
Livraria 51-V-41.

Biblioteca Nacional de Lisboa – reservados (BNL)
Cx. Y, 2, 23. FR 436; Cód. 4561.

Instituto dos Arquivos Nacionais/ Torre do Tombo (IANTT)
Chancelaria de Felipe III, Doações, liv. 34, fols. 2-5v.
Chancelaria de D. José I, liv. 22, f. 382.
Chancelaria de D. Maria I: liv. 20, fl. 224; liv. 20, fl. 224, fl. 241; liv. 21, fl. 355; liv. 22, fl. 38v; liv. 28, fl. 131; liv. 29, fl. 12v, fl. 106, fl.109v, fl. 146; liv. 41, fl. 277v; liv. 42, fl. 110v; liv. 55, fl. 137; lv. 63, fl. 206v, fl. 220v; liv. 64, fl. 229v, fl. 237v; liv. 65, fl. 99; liv. 67, fl. 319v; liv. 68, fl. 71v; liv. 75, fl. 116v; liv. 81, fl. 110 e fl. 114v; liv. 84, fl. 321 e 321v.; liv. 58, fl. 145v; e liv. 61, fl. 231 v.
Convento da Graça, misc. cx. 6, t. II, p. 652.
Desembargo do Paço – Repartição das Justiças e Despachos da Mesa, maço 1912. Baltazar da Silva Lisboa; liv. 136, Joaquim de Amorim Castro.

Habilitações à Ordem de Cristo: maço 10, n. 5; maço 10, n. 5 e n. 39; maço 12, n. 85; maço 36, n. 18; maço 66, n. 22; maço 68, n. 72.
Habilitação à Ordem de Santiago: maço 6, n. 131.
Inquisição de Lisboa: proc. 1491 e 885.
Leitura de Bacharéis: maço 52, n. 20, Joaquim de Amorim Castro
Leitura de Bacharéis: maço 10, n. 13, Baltazar da Silva Lisboa
Manuscrito da Livraria: n. 738
Ministério do Reino: maço 444.
Ministério do Reino – Decretos: maço 55, proc. 71, cx. 59, Alexandre Rodrigues Ferreira
Ministério de Reino – Decretos: maço 61, d. 96, João da Silva Feijó
Ministério do Reino – Decretos: maço 54, d. 122, João António Dallabella
Ministério do Reino – Decretos: pasta 30, d. 46, Pascoal Pires
Ministério do Reino – Decretos: pasta 55, n. 99, cx. 59, António Pires da Silva Pontes Leme
Ministério do Reino – Decretos: cx. 71, José Bonifácio de Andrada
Ministério do Reino – Decretos: pasta 58, n. 103, Francisco de Lacerda e Almeida
Ministério do Reino, cx. 455, maços 340-341.
Registro Geral das Mercês. D. Maria I: liv. 1, fl. 13; liv. 20, f. 241 e 250; liv. 21, fl. 374v; liv. 23, fl. 148v; liv. 29, fl. 68; liv. 30, fl. 104.
Registro Geral das Mercês. Chancelaria de D. João VI: liv. 1, fl.13, fl. 99, fl. 206v; lv. 4, fl. 165v.
Registro Paroquial, Freguesia da Ajuda: mf. 939, fl. 259.

Brasil
Arquivo Nacional (AN)
Negócios de Portugal, Secretaria de Estado do Ministério do Reino: cx. 679, pacote 02.
Diversos Códices, coleção de memórias e outros documentos sobre vários objetivos. Códice 807, v. 05, fl. 1.
Itens documentais: 66IP51.
Diversos Códices: cód. 204: v. 1, d. 12, 28, 29, 35, 41, 61, 99.

Fundação Biblioteca Nacional – seção de manuscritos (FBN)
11, 2, 022; 21, 1, 004, n. 008; 21, 1, 008, n. 1, doc. 2; 21, 1, 10; 21, 1, 022; 21, 1, 032; 21, 2, 1; 21, 2, 2 n. 20; 21, 2, 2 n. 22; 21, 2, 021.
I – 3, 4, 40, n. 7; I – 47, 26, 15, f. 15.

Fundação Biblioteca Nacional – seção de iconografia
Iconografia C. I., 2,8 – Noticia summaria do gentilismo da Azia com dez riscos illuminados...

Instituto Histórico e Geográfico Brasileiro (IHGB)
Arquivo 1.2.15, t. 1
Arquivo do Conselho Ultramarino, 1.1.4, p. 111-148.
Lata 191, doc. 47.
Lata 282, liv. 3, n. 27.

Fontes impressas

ACUÑA, Cristóval. *Novo descobrimento do Grande Rio das Amazonas*. (trad.) Rio de Janeiro, Agir, 1994.

Advertencias que de necessitad forçada importa al servicio de su Magestad, que se consideren en la Recuperacion de Pernambuco,... Hechas por Luys Alvares Barriga. Anais da Biblioteca Nacional. v. 69, 1950.

ALMADA, Manuel da Gama Lobo d'. *Descripção relativa ao Rio Branco e seu território (1787)*. RIHGB, 24: 617-683, 1861.

ALMEIDA, Francisco José de Lacerda e. *Diários de Viagem. Nota e prefácio de Sérgio Buarque de Holanda*. Rio de Janeiro: Imprensa Nacional, 1944.

ANCHIETA, José de. *Cartas, informações, fragmentos históricos...* Belo Horizonte, Itatiaia, 1988.

Autos de Devassa da Inconfidência Mineira. Brasília/ Belo Horizonte: Câmara dos Deputados e Governo do Estado de Minas Gerais, 1978. 10 vs.

BARROS, João de. Terceira Década, prólogo. In: *Ásia de João de Barros, dos feitos que os Portugueses fizeram no descobrimento e conquista dos mares e terras do Oriente. Primeira Década*. Lisboa: Imprensa Nacional-Casa da Moeda, 1988.

Breves Instrucçoens aos correspondentes da Academia de Sciencias de Lisboa sobre as remessas dos productos e notícias pertencentes a história da Natureza para formar hum Museo Nacional. Lisboa: Academia de Sciencia de Lisboa, 1781.

BRITO, Domingos Abreu de. *Um inquérito à vida administrativa e económica de Angola e do Brasil, em fim do século XVI. Pref. de Alfredo Albuquerque Felner*. Coimbra: Imprensa Universitária, 1931.

CAMARA, José de Sá Bittencourt. *Memória mineralogica do terreno mineiro da Comarca de Sabará*. Revista do Arquivo Público Mineiro. II, 1897.

A carta de Pero Vaz de Caminha. Estudo crítico, paleográfico-diplomático de José Augusto Vaz Valente. São Paulo: Museu Paulista – USP, 1975.
Cartas dos Primeiros Jesuítas do Brasil. v. 1-3. Serafim Leite (ed.). São Paulo: Missão do IV Centenário da Cidade de São Paulo, 1954.
CASTILLO, Bernal Díaz del. *Historia Verdadeira de la conquista de Nueva España*. Barcelona: Plaza & Janés Editores, 1998.
Código Filipino. Org. Candido Mendes de Almeida. Lisboa: FCG, 1985.
COSTA, Hipólito José da. *Narrativa de Perseguição*. Brasília: Fundação Assis Chateaubriand, 2001.
COUTO, Diogo do. *Observações sobre as principais causas da decadencia dos Portugueses na Asia, escritas por Diogo do Couto em forma de Diálogos, com o título de Soldado Pratico*. Lisboa: Academia Real das Sciencias, 1790.
COUTINHO, D. José Joaquim da Cunha de Azeredo. "Ensaio econômico de Portugal e suas colônias" (1794). *In: Obras econômicas de J. J. da Cunha de Azeredo Coutinho*. Introd. de S. B. de Holanda. São Paulo: Companhia Editora Nacional, 1966.
COUTINHO, D. Rodrigo de Souza. "Memória sobre o melhoramento dos domínios de Sua Majestade na América" (1797 ou 1798). *In: Textos políticos, económicos e financeiros (1783-1811)*. Intr. e org. de Andrée Mansuy Diniz Silva. Lisboa: Banco de Portugal, 1993. v. 2.
CUNHA, D. Luís da. *Testamento político (c. 1747-49). Revisão e notas introdutórias de Nanci Leonzo*. São Paulo: Editora Alfa-Omega, 1976.
DEBRET, Jean-Baptiste. *Viagem Pitoresca e Histórica ao Brasil*. Belo Horizonte: Itatiaia/Edusp, 1989. v. II
Diálogos das Grandezas do Brasil. Pref. de Afrânio Peixoto, introdução de Capistrano de Abreu e notas de Rodolfo Garcia. São Paulo: Ed. Melhoramentos, 1977.
DIDEROT, D. & ALAMBERT, J. D'. *Enciclopédia ou Dicionários das Ciências das Artes e dos Ofícios para uma sociedade letrada*. São Paulo: Unesp, 1989.
Documentos para História da Independência. Rio de Janeiro: Biblioteca Nacional, 1923.
Estatutos da Universidade de Coimbra (1772). Coimbra: Por Ordem da Universidade, 1972.
FEIJÓ, João da Silva. "Memória sobre a última irrupção volcânica do Pico da Ilha do Fogo, succedida em 24 de janeiro do anno de 1785…" *O Patriota*, n. 5, nov., 1813.
____. *Ensaio e memórias económicas sobre as Ilhas de Cabo Verde (século XVIII)*. Apres. e com. de António Carreira. Lisboa: Ed. Inst. Caboverdeano de Livro, 1986.
____. *Memória sobre a capitania do Ceará e outros trabalhos. (ed. fac-similada)* Fortaleza: Fundação Waldemar Alcântara, 1997.

FERREIRA, Alexandre Rodrigues. *Diário da viagem philosófica pela capitania de São José do rio Negro*. RIHGB, 48-51, 185-9.

____. *Viagem Filosófica pelas capitanias do Grão-Pará, Rio Negro, Mato Grosso e Cuiabá. Iconografia v. 1 e 2*. Rio de Janeiro: Conselho Federal de Cultura, 1971.

____. *Viagem Filosófica pelas Capitanias do Grão-Pará, Rio Negro, Mato Grosso e Cuiabá*. (memórias – zoologia e botânica) Rio de Janeiro: Conselho Federal de Cultura, 1972.

____. *Viagem Filosófica pelas Capitanias do Grão-Pará, Rio Negro, Mato Grosso e Cuiabá*. (memórias – antropologia) Rio de Janeiro: Conselho Federal de Cultura, 1974.

____. Carta de Alexandre Rodrigues Ferreira ao abade Correia da Serra. Pará, 2 de fevereiro de 1784. *Para a História da Academia das Sciencias de Lisboa*. Org. de Christovan Ayres. Coimbra: Imprensa da Universidade, 1927.

____. Carta de Alexandre R. Ferreira a Martinho de Sousa Albuquerque, 18 de setembro de 1784. In: D. A. Tavares da Silva. *O cientista luso-brasileiro*. Lisboa: s/ed., 1947.

____. Carta de Alexandre R. Ferreira a João Pereira Caldas, 2 de março de 1785. In: D. A. Tavares. *O cientista luso-brasileiro*. Lisboa: s/ed., 1947.

____. Carta de Alexandre R. Ferreira a Martinho de Melo e Castro, Barcelos 17 de abril de 1786. In: D.A. Tavares. *O cientista luso-brasileiro*. Lisboa: s/ed., 1947.

____. Carta de Júlio Mattiazzi a Alexandre R. Ferreira, Lisboa em 12 de julho de 1786. In: D.A. Tavares. *O cientista luso-brasileiro*. Lisboa: s/ed., 1947.

____. Ofício de Martinho de Melo e Castro a Alexandre Rodrigues Ferreira. Palácio de Queluz, 30 de novembro de 1788. In: *O Cientista luso-brasileiro Dr. Alexandre Rodrigues Ferreira*. Lisboa: s/ed., 1947.

____. Ofício de Alexandre Rodrigues Ferreira a João de Albuquerque de Mello. Vila Bela, 17 de setembro de 1791. In: *O Doutor Alexandre Rodrigues Ferreira. Documentos reunidos e prefaciados por Américo Pires de Lima*. Lisboa: Agência Geral do Ultramar, 1953.

GANDAVO, Pero de Magalhães. *Tratado Descritivo do Brasil e História da Província de Santa Cruz*. São Paulo/Belo Horizonte: Edusp/Ed. Itatiaia, 1980.

JULIÃO, Carlos. *Riscos iluminados de figurinhos de brancos e negros dos uzos do Rio de Janeiro e Serro Frio, aquarelas de Carlos Julião. Introd. e catálogo de Lygia da Fonseca F. da Cunha*. Rio de Janeiro: Biblioteca Nacional, 1960.

LISBOA, Balthazar da Silva. *Discurso histórico, político e económico*. Lisboa: Na officina António Gomes, 1786.

LISBOA, Bento da Silva. Biografia do Conselheiro Balthazar da Silva Lisboa, lida na sessão de 31 de agosto de 1840. *Revista do Instituto Histórico e Geográfico Brasileira*, 2: 384-392, 1858.

LISBOA, José da Silva. *Observações sobe o commercio franco no Brazil*. Rio de Janeiro: Imprensa Régia,1808.

_____. *Observações sobre a prosperidade do Estado pelos liberais princípios da Nova Legislação do Brasil*. Rio de Janeiro: Imprensa Régia, 1810.

_____. *Princípios da Economia Política*. Rio de Janeiro: Pongetti, 1956.

_____. *Escritos económicos escolhidos*. Introdução e direção de Antônio Almodovar. Tomo I e II. Lisboa: Banco de Portugal, 1995.

_____. *Observações sobre a fraqueza da indústria, e estabelecimentos de fábricas no Brasil*. Brasília: Senado Federal, 1999.

LEMOS, Antônio Pires P. "Memória sobre a utilidade publica em se extrair o ouro das minas e os motivos..." *Revista do Arquivo Público Mineiro*, ano I: 417-426, 1896.

LEMOS, Francisco. *Relação geral do estado da universidade [1777]*. reprodução fac-símile. Coimbra: Universidade de Coimbra, 1983.

Link, H.F. *Voyage em Portugal*. Paris: chez Levrault, Schoell et Cie, 1803.

LINNÉ, Carl von. *The System of Nature*. v. 1. London: Lackington, Allen and Co., 1806.

LUCCOCK, John. *Notes on Rio de Janeiro and the southern parts of Brazil...* London, 1820.

Memórias económicas da Academia Real das Ciências de Lisboa (1789-1815). Tomo I. José Luís Cardoso (dir.). Lisboa: Banco de Portugal, 1991.

MENDES, Luiz Antônio de Oliveira. "Determinar com todos os seus simptomas as doenças agudas, e chronicas, que mais frequentemente accomettem os Pretos recém-tirados da África...". In: *Memórias Económicas da Academia Real das Sciencias*. t. 4. Lisboa: Typografia da mesma Academia, 1812.

NEVES, José Accursio das. *Variedades, sobre objetos relativos às Artes, commercio, e manufaturas...* Lisboa: Imprensa Régia, 1814. p. 262- 268.

_____. *Memória sobre os meios de melhorar a Industria Portugueza...* Lisboa: Officina de Simão Thaddeo Ferreira, 1820.

NÓBREGA, Manuel da. *Cartas do Brasil*. Belo Horizonte: Itatiaia, 1988.

OVIEDO, Gonzalo Fernández. *Historia General delas Indias*. Sevilla: Juan Cromberger, 1535.

Para a História das Academia das Sciências de Lisboa. Lisboa: Imprensa Universitária,1927.

PARENTE, Bento Maciel. Memorial. *In*: VARNHAGEN, Francisco Adolfo . *História Geral do Brasil.* v.2 t. I . São Paulo: Ed. Itatiaia/Edusp, 1981. p. 218-219.

____. Petição dirigida pelo capitão-mor Bento Maciel Parente ao rei de Portugal D. Philippe III acompanhada de um memorial. *In*: Candido Mendes de Almeida. *Memória para História do extinto Estado do Maranhão.* Rio de Janeiro: Tip. de Paulo Hindebrandt, 1874. v. 2. p. 36.

____. Relação do Estado do Maranhão feita por Bento Maciel Parente (1636) . *Anais da Biblioteca Nacional,* 26: 355-359, 1904.

O Peregrino Instruído; seguido de comentários de Luiz Mott. Boletim Cultural da Junta Distrital de Lisboa, 75-76: 81-99, 1971-2.

Portugalia Monumenta Cartographica. v. 3 Lisboa: Imprensa Nacional, 1987.

REIS, Nestor Goulart. *Imagens de vilas e cidades do Brasil Colonial.* São Paulo: Edusp/Faperj, 2000.

ROBERTSON, William. *The History of America.* 6. ed. London: Routledge/ Thoemmes Press, 1996. v. II.

SÁ, José António de. *Compendio de Observaçoens que fórmão o plano da Viagem Politica, e Filosofica, que se deve fazer dentro da Patria.* Lisboa: Officina de Francisco Borges de Sousa, 1783.

SANTOS, Joaquim Felício dos. *Memórias do Distrito Diamantino.* Petrópolis: Vozes, 1978.

SERRA, Ricardo Franco de Almeida. *Diário do rio Madeira; viagem que a expedição destinada à demarcação de limites fez do rio Negro até Villa Bella.* RIHGB, XX, 1857.

SILVA, Ignacio Accioli Cerqueira e ACCIOLI, José de Sá Bittencourt. (biografia). *Revista do Arquivo Público Mineiro.* XIV, 1909.

SILVA, José Bonifácio de Andrade. *Obras Científicas, Políticas e Sociais de José Bonifácio de Andrada e Silva.* v. 3. Coligidas e reproduzidas por E. C. Falcão. São Paulo: Revistas dos Tribunais, 1963.

____. "Discurso Histórico" (1819). *In: Historia e Memorias da Academia Real das Sciencias de Lisboa.* Lisboa: Typographia da mesma Academia, 1820.

____. *Projetos para o Brasil.* Miriam Dolhnikoff (org.) São Paulo: Companhia das Letras, 1998.

SILVA, Manoel Galvão da. *Observações sobre História natural de Goa, feitas no ano de 1784.* J.H. da Cunha Rivara (org.). Nova Goa: Imprensa Nacional, 1835.

____. "Diário ou relação das Viagens Philosophicas que por ordem de Sua Magestade Fidelíssima tem feito nas terras da Jurisdição da Vila de Tete e alguns dos Maraves", Senas 4 de julho de 1788. *In*: *Fontes para História, geografia, e comércio de Moçambique (século XVIII)*. Lisboa: Junta das Missões Geográficas e de Investigação do Ultramar, 1954.

_____. "Diário das viagens feitas plas Terras de Manica por Manuel Galvão da Silva em 1790". In: *Fontes para História, geografia, e comércio de Moçambique (séc. XVIII)*. Lisboa: Junta das Missões Geográficas e de Investigação do Ultramar, 1954.

SILVEIRA, Simão Estácio da. "Intentos da jornada do Pará", Lisboa, 21 de setembro de 1618. In: *Annaes da Bibliotheca Nacional do Rio de Janeiro*. v. 26: 361-66, 1905.

_____. "Relação sumária das coisas do Maranhão". In: *Cândido Mendes de Almeida. Memórias para o extinto estado do Maranhão*. v. 2, Rio de Janeiro: livr. Paulo Hindebrandt, 1874.

_____. "Intentos da jornada do Pará...", p. 99; *Petição de Symão Estacio da Silveyra*, [Madrid, 15 de junho de 1626]. In: *Revista do Instituto Histórico e Geographico Brasileiro*. t. 83: 91-99, 1919.

SOUSA, Gabriel Soares de. *Tratado Descritivo do Brasil em 1587*. São Paulo: Companhia Editora Nacional, 1987.

_____. "Capítulos que Gabriel Soares de Sousa deu em Madrid ao Sr. D. Cristovam de Moura contra os padres da Companhia de Jesus...". In: *Anais da Biblioteca Nacional*, 62: 337-381, 1940.

SOUSA, Pero Lopes de. *Diário da navegação. Prefácio de Teixeira da Mota*. Lisboa: Agência Geral do Ultramar, 1968.

STAUNTON, George. *An authentic account of an Embassy from the King of Great Britain to the Emperor of China...*, London: W. Bulmer and Co., 1797. v. I.

VANDELLI, Domenico. *Dicionario dos termos technicos de História Natural*. Coimbra: Officina da Universidade, 1788.

_____. "Memória sobre a utilidade dos museus de História Natural" (c. 1787). In: *Memórias de História Natural, Domingos Vandelli. Introdução e coordenação de José Luís Cardoso*. Porto: Porto Editora, 2003.

Viagem ao Brasil de Alexandre Rodrigues Ferreira. Petrópolis: Editorial Kapa, 2002. 2 vs.

VILHENA, Luís dos Santos. *Pensamento políticos sobre a Colônia*. Introd. de Emanuel Araújo. Rio de Janeiro: Arquivo Nacional, 1987.

BIBLIOGRAFIA

ADAMS, William Y. *The Philosophical roots of Anthropology.* Stanford: CSLI Publications, 1998.

ALBUQUERQUE, A. Tenório d'. *A maçonaria e a Inconfidência Mineira.* Rio de Janeiro: Editora Espiritualista, s/d.

ALDEN, Dauril. *The Making of an Enterprise; The Society of Jesus in Portugal, it's Empire and beyond; 1540-1750.* Stanford: Stanford University Press, 1996.

ALENCASTRO, Luiz Felipe. *O trato dos viventes.* São Paulo: Companhia das Letras, 2000.

ALEXANDRE, Valentim. *Os sentidos do Império.* Lisboa: Afrontamento, 1992.

ALMEIDA, Luís Ferrand. *Alexandre de Gusmão e o Tratado de Madri (1735-1750).* Coimbra: Instituto Nacional de Investigação Científica, 1990.

ARAÚJO, Renata Malcher. *As cidades da Amazônia no século XVIII: Belém, Macapá e Mazagão.* Dissertação de Mestrado, Faculdade de Ciências Sociais e Humanas, Universidade Nova de Lisboa, 1992.

____. *A urbanização do Mato Grosso no século XVIII.* Dissertação de doutorado em História da Arte. Universidade Nova de Lisboa – Faculdade de Ciências Sociais e Humanas, 2000.

BARMAN, Roderick J. *Brazil: The forging of a Nation.* Stanford: Stanford University Press, 1988.

BATISTA, Nair. "Pintores do Rio de Janeiro colonial". *Revista do Patrimônio Histórico e Artístico Nacional*, 3, 1939.

BERTOLETTI, Stefano F. "The Anthropological Theory of Johann Friedrich Blumenbach". *In*: *Romanticism in Science.ed. by S. Poggi & M. Bossi.* Dordrecht: Kluwer, 1994.

BESTARD, Joan. "El viaje de la Filosofia". *In*: *L. A. de Bougainville. Viaje a Tahiti. Seguido de Suplemento al viaje de Bougainville o diálogo entre A y B por Denis Diderot.* Barcelona, José J. de Olaneta Editor, 1999.

BETHENCOURT, Francisco e Chaudhuri, Kirti (dir.). *História da Expansão Portuguesa:* v. 3-4. Lisboa: Círculo de Leitores, 1998.

BIAGIOLI, Mario. *Galileu courtier; The practice of science in the culture of absolutism*. Chicago: Chicago University Press, 1994.
BODMER, Beatriz Pastor. *The armature of conquest: Spanish accounts of the Discovery of America*. Stanford: Stanford University Press, 1992.
BOURGUET, Marie-Noëlle. L'exploratore. *In*: Michel Vovelle (à cura di). *L' uomo dell' illuminismo*. Bari: Editori Laterza, 1992.
BOXER, Charles R. *Relações raciais no Império Colonial Português* (trad.) Rio de Janeiro: Civ. Brasileira, 1967.
____. *Salvador de Sá e a luta pelo Brasil e Angola. (trad.)* São Paulo: Companhia Editora Nacional, 1983.
____. *O Império Colonial Português; 1415-1825.* (trad.) Lisboa: Ed. 70, 1981.
BRADING, David A. *Orbe Indiano; de la Monarquia Católica a la República Criolla, 1492-1867*. (trad.) México: Fondo de Cultura Económica, 1991.
BRANCO, Mário F.C. *Nóbrega, as cartas dos primeiros jesuítas e as estratégias de conversão dos gentios*. Dissertação de mestrado. Niterói, Programa de Pós-graduação em História da Universidade Federal Fluminense, 2005.
BRIGOLA, João Carlos. *Coleção, gabinetes e museus em Portugal no século XVIII*. Lisboa: Fundação Calouste Gulbenkian e Ministério da Ciência e do Ensino Superior, 2003.
BUENO, Beatriz S. "A iconografia dos engenheiros militares no século XVIII: instrumento de conhecimento e controle de território". *In*: *Universo Urbanístico Português, 1415-1822*. Lisboa: CNPCDP, 1998.
CARDOSO, José Luís. *Pensar a economia em Portugal*. Lisboa: Difel, 1997.
____ *A economia política e os dilemas do Império Luso-brasileiro (1790-1822)*. Lisboa: CNPCDP, 2001.
CARNEIRO, Maria L. Tucci. *Preconceito racial no Brasil Colonial*. São Paulo: Brasiliense, 1983.
CARVALHO, Rómulo de. *A actividade pedagógica da Academia das Ciências de Lisboa*. Lisboa: Academia das Ciências de Lisboa, 1981.
____. *A História Natural em Portugal no século XVIII*. Lisboa: Ministério da Educação, 1987.
CHARDON, Carlos. *Los naturalistas em la America Latina*. La Española, Cuba y Puerto Rico: Secretaria de Estado de Agricultura, Pecuaria y Colonización, 1949.
CHAVES, Cláudia M. das Graças. *Melhoramentos no Brazil: integração e mercado na América Portuguesa*. Tese de doutorado apresentada ao PPGH–UFF. Niterói, 2001.

CHIARAMONTE, José Carlos. *Nación y Estado en Iberoamérica*. Buenos Aires: Editorial Sudamericana, 2004.
CONTRERAS, Remedios. "La flora de América en la Historia general y natural de las Indias...". In: *Cuadernos de Historia Moderna*, 16: 157-178, 1995.
CORTESÃO, Jaime. *Alexandre de Gusmão e o Tratado de Madri; parte V - Execução do Tratado*. Rio de Janeiro: Ministério das Relações Exteriores e Instituto Rio Branco, 1961.
____. *História do Brasil nos Velhos Mapas*. v. 2. Rio de Janeiro: Instituto Rio Branco, 1971.
COSTA, F. A. Pereira da. *Anais Pernambucanos – 1740-1794*. v. 6. Recife: Arquivo Público Estadual, 1954.
CROSBY, Alfred. *Imperialismo ecológico*. São Paulo: Companhia das Letras, 1993.
DALGADO, Sebastião. *Glossário Luso-Asiático*. Lisboa: Academia das Ciências de Lisboa, 1983. v. 1.
DARNTON, Robert. *Boemia Literária e Revolução*. (trad.) São Paulo: Companhia das Letras, 1989.
DEFERT, Daniel. "Un genre etnographique profane au XVI e: Les livres d'habits". In: RUPP-EISENREICH, Britta. (présenté par). *Histoires de l'Anthropologie (XVI-XIX siècles)*. Paris: Klincksick, 1984.
DIAS, José Silva. "Cultura e obstáculo epistemológico do Renascimento ao Iluminismo em Portugal". In: DOMINGUES, F. Contente e BARRETO, Luís Felipe (orgs.). *A abertura do mundo*. v. 1 Lisboa: Editorial Presença , 1986.
DIAS, Nélia. *Musée d'ethnographie du Trocadéro (1878-1908); Anthropologie et Muséologie en France*. Paris: Editions du CNRS, 1991.
Dicionário Bibliografico Portuguez. Lisboa: Imprensa Nacional, 1958-1923.
DOMINGUES, Ângela. *Viagens de exploração geográfica na Amazônia em fins do século XVIII*. Funchal: Centro de História do Atlântico, 1991.
____. "Olhares sobre o Brasil nos séculos XVII e XVIII". In: *Brasil, nas vésperas do mundo moderno*. Lisboa: CNPCDP, 1992.
____. "Para um melhor conhecimento dos domínios coloniais...". *História, Ciência, Saúde: Manguinhos*. v. VIII, 2001.
DRAYTON, Richard. *Nature's Government; Science, Imperial Britain, and the 'Improvement'of the World*. New Haven: Yale University Press, 2000.
____. "Knowledge and Empire". In: P. J.Marshall (ed.) *The Oxford History of the British Empire; Eighteenth Century*. Oxford: Oxford University Press, 1998.
DUCHET, Michèle. *Anthropologie et Histoire au siècle des Lumières*. Paris: Albin Michel, 1995.

ELIAS, Norbert. *O Processo civilizador.* (trad.) Rio de Janeiro: J. Zahar ed., 1983.

ELLIOTT, J.H.. *Imperial Spain; 1469-1716.* London: Penguin Books, 1990.

ELSNER, Jas e RUBIÉS, Joan-Pau (ed.). *Voyages & Visions.* London: Reaktion Books, 1999.

EZE, Emmanuel C. (ed.). *Race and the Enlightenment.* London: Blackwell, 1997.

FALCON, Francisco J. C. *A época pombalina.* São Paulo: Ática, 1982.

FARAGE, Nádia. *As muralhas do sertão; os povos indígenas no Rio Branco e a colonização.* Rio de Janeiro: Paz e Terra/ANPOCS, 1991.

FARIA, Miguel. "Os estabelecimentos artísticos do Museu de História Natural do Palácio Real da Ajuda e a Viagem Filosófica de Alexandre Rodrigues Ferreira". *In: Viagem Filosófica de Alexandre Rodrigues Ferreira, ciclo de conferências por Carlos Almaça et alii.* Lisboa: Academia de Marinha, 1992.

_____. "O desenho da viagem". *Oceanos,* 9: 65-79, 1992.

_____. *José Joaquim Freire (1760-1847) Desenhador militar e de História natural. Arte, Ciência e Razão de Estado no final do Antigo Regime.* Dissertação de mestrado em História da Arte. Porto, Faculdade de Letras da Universidade do Porto, 1996.

FERNANDES, Abílio. "Uma carta inédita de Brotero para Correia da Serra". *Anuário da Sociedade Broteriana,* XLII, 1976.

FERREIRA, Mário Clemente. *O Tratado de Madri e o Brasil Meridional.* Lisboa: CNPCDP, 2001.

FERREZ, Gilberto. "As primeiras telas paisagísticas da cidade". *Revista do Patrimônio Histórico e Artístico Nacional,* n. 17, 1969.

_____. *Aquarelas de Richard Bate. O Rio de Janeiro de 1808-1848.* Rio de Janeiro: Galeria Brasiliana, 1965.

FINDLEN, Paula. *Possessing nature.* Berkeley: California University Press, 1996.

FOUCAULT, Michel. *As palavras e as coisas.* Lisboa, Portugália, s/d.

FRANÇA, Carlos. "O doutor Alexandre Rodrigues Ferreira". *Boletim da Sociedade Broteriana,* 1-2:65-123, 1922.

FREEDBERG, David. "Ciência, Comércio e Arte". *In*: HERKENHOFF, Paulo (org.). *O Brasil e os holandeses.* Rio de Janeiro: Sextante artes, 1999.;

GERBI, Antonello. *O Novo Mundo; história de uma polêmica – 1750/1900.* São Paulo: Companhia das Letras, 1996.

GOELDI, Emilio. *Ensaio sobre o Dr. Alexandre Rodrigues Ferreira.* Pará: Alfredo Silva & cia, 1895.

GREENE, Jack P. "Transatlantic Colonisation and the redefinition of Empire in the Early Modern Era". *In*: *Negociated Empires; centers and peripheries in the Americas*. London: Routledge, 2002.

GRUZINSKI, Serge. *La colonisation de l'imaginaire*. Paris: Gallimard, 1988.

____. *Les quatre parties du monde*. Paris: La Martinière, 2004.

GUERREIRO, Inácio. "As demarcações segundo o Tratado de Santo Ildefonso de 1777". *In*: *Cartografia e Diplomacia no Brasil do século XVIII*. Lisboa, CNPCDP, 1997.

GUNSDORF, Georges. *Introduction aux Sciences Humaines*. Paris: Ed. Ophys, 1974.

HARRIS, Marvin. *The rise of Anthropological Theory*. London: Routledge & Kegan Paul, 1968.

HARTMANN, Tekla. "Perfil de um naturalista". *In*: *Memória da Amazônia. Alexandre Rodrigues Ferreira e a Viagem Filosófica*. Coimbra: Museu e Laboratório Antropológico/Universidade de Coimbra, 1991.

HECKSCHER, Eli. *La epoca mercantilista*. México: F.C.E., 1983.

HOETINK, H.R. "Introduction". *In*: E.van den Boogaart (ed.) *Johan Maurits van Nassau Siegen*. The Hague: The Johan Maurits van Nassau Stichting, 1979.

HOLANDA, S. Buarque. (dir.) *História Geral da Civilização Brasileira. II – O Brasil Monárquico 1 – O processo de emancipação*. São Paulo: Difel, 1993.

INGOLD, Tim. (ed.). *Companion Encyclopedia of Anthropology. Humanity, Culture and Social Life*. London: Routledge, 1994.

IVINS Jr., William M. *Prints and visual communication*. Cambridge: The MIT Press, 1982.

JANCSÓ, István e SLEMIAN, Andréa. "Hipólito e seu jornal Correio Braziliense, um caso de patriotismo imperial". *Obervatório da Imprensa*, 29.07.2003.

Jobim, Leopoldo Collor. "Os jardins botânicos no Brasil Colonial". *Bibliotecas, Arquivos e Museus*, v. 2, t. I: 53-120, 1986.

KANTOR, Iris. *Esquecidos e Renascidos*. São Paulo: Hucitec/Centros de Estudos Baianos, 2004.

KOERNER, Lisbet. "Purposes of Linnaean travel: a preliminary research report". *In*: MILLER, David P. e REILL, Peter H. (ed.) *Visions of Empire*. New York: Cambridge University Press, 1996.

____. *Linneus: nature and nation*. Cambridge: Harvard University Press, 1999.

KOSELLECK, Reinhart. *Crítica e crise. (trad.)* Rio de Janeiro: Contraponto, 1999.

KURY, Lorelai. *Histoire naturelle et voyages scientifiques (1780-1830)*. Paris: Harmattan, 2001.

LARA, Silvia Hunold. *Fragmentos setecentistas: escravidão, cultura e poder na América Portuguesa*. Tese apresentada para concurso de Livre-docente na Área de História do Brasil. Campinas: Unicamp, 2004.
LATOUR, Bruno. *Ciência em ação*. São Paulo: ed. Unesp, 2000.
_____. "Drawing things together". *In*: M. Lynch and S. Woolgar (ed.) *Representation in scientific practice*. Cambridge: The MIT Press, 1990.
LIMA, Américo Pires de." As matrículas do Doutor Alexandre Rodrigues Ferreira". *Boletim da Sociedade Broteriana*, v. XXVIII, 1954.
LOPES, Andréa Roloff. *Alexandre Rodrigues Ferreira e a Viagem Filosófica: economia e ciência na Amazônia Colonial*. Dissertação de mestrado. Curitiba: Programa de Pós-graduação em História do Dep. de História da UFPR, 1998.
LOPES, Maria de Jesus dos M. *Goa Setecentista: tradição e modernidade*. Lisboa: Universidade Católica Portuguesa, 1999.
LYRA, Maria de Lourdes V. *A utopia do poderoso império*. Rio de Janeiro: Sette Letras, 1997.
MARAVALL, José Antonio. *Poder, honor y élites em el siglo XVII*. Madrid: Siglo XXI, 1989.
MORAVIA, Sergio. *La scienza dell'uomo nel Settecento*. Bari: Editori Laterza, 1970.
MARQUES, A. H. Oliveira. *História da maçonaria em Portugal*. Lisboa: Presença, 1989.
MARQUES, Guida. "O Estado do Brasil na União Ibérica". *Penélope*, 27, 2002.
MARTINS, António C. "Introdução". *In*: COUTO, Diogo do. *O primeiro Soldado Prático*. Lisboa: CNCDP, 2001.
MARTIM, Luísa F. Guerreiro. *Francisco José de Lacerda e Almeida, travessias científicas e povos da África Central*. Dissertação de Mestrado, Faculdade de Letras da Universidade de Lisboa – Departamento de História, 1997.
MARTINELLI, "Gustavo. Aspectos botânicos da 'Viagem Filosófica'" (1792-1991). *In*: *Viagem Filosófica – uma redescoberta da Amazônia*. Rio de Janeiro, Ed. Index, 1992.
MAYR, Ernest. *O desenvolvimento do pensamento biológico*. Brasília: Ed. UnB, 1998.
MAXWELL, Kenneth. *Marquês de Pombal; paradoxo do iluminismo*. (trad.) Rio de Janeiro: Paz e Terra, 1996.
MEEK, Ronald L. *Social Science and the ignoble savage*. Cambridge: Cambridge University Press, 1976.

MELLO, José Antônio Gonsalves de. *Tempo dos flamengos*. Recife: Fundação Joaquim Nabuco/Massangana, 1987.
____. *Restauradores de Pernambuco*. Recife: Imprensa Universitária, 1967.
____. *Manuel Arruda da Câmara – obras reunidas*. Recife: Fundação de Cultura Cidade do recife, 1982.
____. *João Fernandes Vieira; mestre-de-campo de Terço de Infantaria de Pernambuco*. Lisboa: Ceha/CNPCDP, 2000.
MENDONÇA, Marcos Carneiro de. *O intendente Câmara*. São Paulo: Companhia Editora Nacional, 1958.
MILLER, David e REIL, Peter H. (ed.) *Visions of Empire*. Cambridge: Cambridge Un. Press, 1996.
MONTEIRO, Nuno Gonçalves. *O crepúsculo dos grandes*. Lisboa: Imprensa Nacional/Casa da Moeda, 1998.
MOTA, Carlos G. (org.) *1822 Dimensões*. São Paulo: Ed. Perspectiva, 1972.
MUKERJI, Chandra. *From graven images; pattern of Modern Materialism*. New York: Columbia University Press, 1983.
MUNDY, Barbara E. *The mapping of New Spain*. Chicago: Chicago University Press, 1996.
NEVES, Guilherme Pereira das. "Guardar mais silência do que falar: Azeredo Coutinho e Ribeiro dos Santos e a escravidão...". *In*: CARDOSO, José Luís (coord.). *A economia política e os dilemas do Império Luso-brasileiro (1790-1822)*. Lisboa: CNPCDP, 2001.
NEVES, Lúcia M.B. Pereira das. *Corcundas e constitucionais*. Rio de Janeiro: Faperj/Ed. Revan, 2003.
NEWITT, Malyn. "Formal and informal Empire in the History of Portuguese Expansion". *Portuguese Studies,* 17: 1-21, 2001.
NOVAIS, Fernando A. *Portugal e Brasil na crise do Antigo Regime Colonial (1777-1808)*. São Paulo: Hucitec, 1983.
NOVAIS, Fernando A e ARRUDA, José Jobson de Andrade. "Prometeus e Atlantes na forja da Nação". *In*: José da Silva Lisboa. *Observações sobre a fraqueza da indústria, e estabelecimento de fábricas no Brasil*. Brasília: Senado Federal, 1999.
OLIVAL, Fernanda. *As Ordens Militares e o Estado Moderno*. Lisboa: Estar, 2001.
PALACIOS, Guilhermo. "Agricultura camponesa e plantations escravistas no nordeste oriental durante o século XVIII". *In*: *História econômica do período colonial*. SZMRECSÁNYI, T. (org.). São Paulo: Hucitec/Fapesp, 1996.

PARKER, Geoffrey. *Success is never final.* New York: Basic Books, 2002.
PATACA, Ermelinda Moutinho. *Terra, água e ar nas viagens científicas portuguesas – 1777-1808.* Campinas. Tese de Doutorado: Unicamp, 2006.
PEDREIRA, J. M. Viana. *Estrutura Industrial e Mercado Colonial; Portugal e Brasil (1780-1830).* Lisboa: Difel, 1994.
PELS, Peter e SALEMINK, Oscar. "Introduction: Locating the Colonial Subjects of Anthropology". *In*: PELS, Peter e SALEMINK, Oscar. (ed.) *Colonial Subjects; essays on the Practical History of Anthropology.* Ann Arbor: Michigan University Press, 2000.
PETCH, Alison. "Man as he was and Man as he is" – general Pitt Rivers's collection. *Journal of the History of Collections,* 10: 75-85, 1998.
PEREIRA, Magnus Roberto de Mello. "Um jovem naturalista num ninho de cobras..." *História: questões e debates,* v. 19, n. 36: 29-60, 2003.
PINO DIAZ, Fermin Del e VIERNA, Angel G. De. "Las expediciones ilsutradas y el Estado Español". *Revista de Indias.* v. XLVII, n. 180, 1987.
POMIAN, K. *Collectioneurs, amateurs et curieux.* Paris: Gallimard, 1987.
PRADO JÚNIOR, Caio. *Formação do Brasil Contemporâneo.* São Paulo: Brasiliense, 1983.
PRATT, Mary L. *Imperial eyes and transculturation.* London: Routledge, 1993.
RAMINELLI, Ronald. "Habitus canibal". *In*: HERKENHOFF, Paulo (org.). *O Brasil e os holandeses.* Rio de Janeiro: Ed. Sextante, 1999.
REHBOCK, Philip F. *The philosophical naturalists; themes in early Nineteenth-Century British Biology.* Madison: The University of Wiscosin Press, 1983.
REYNAUD, Denis. "Pour une théorie de la description au 18 ème". siècle. *Dix-huitième siècle,* 22: 347-366, 1990.
RIVERS, Pitt. "On the evolution of culture (1875)". *In*: *The Evolution of Culture and others essays...* Edited by J.L. Myres. Oxford: Clarendon Press, 1906.
RIZZINI, Carlos. *Hipólito José da Costa e o Correio Braziliense.* São Paulo: Companhia Editora Nacional, 1957.
ROCHA, Antonio Penalves. *A economia política na sociedade escravista.* São Paulo: Hucitec, 1996.
RODRIGUES, José Honório. *História da história do Brasil; 1a. parte: Historiografia Colonial.* São Paulo: Companhia Editora Nacional, 1979.
____. Independência: Revolução e Contra-revolução. Rio de Janeiro: Livr. F. Alves, 1975.
RUDNICK, M.J.S. "The emergence of a visual language for geological science". *History of Science,* 14: 149-196, 1976.

RUSSELL-WOOD, John. "Centro e periferia no mundo luso-brasileiro, 1500-1808". *Revista Brasileira de História.* v. 18, n. 36, 1998.

_____. "Comunidades étnicas". *In*: Francisco Bethencourt e Kirti Chaudhuri (dir.) História da Expansão Portuguesa. v. 3. Lisboa: Círculo de Leitores, 1998.

SALGADO, Graça (coord.) *Fiscais e meirinhos.* Rio de Janeiro: Nova Fronteira, 1985.

SANTOS, Afonso Carlos M. dos. *No rascunho da Nação.* Rio de Janeiro: Prefeitura do Rio de Janeiro, 1992.

SANTOS, Catarina Madeira. *Um governo "polido" para Angola; reconfigurar dispositivos de domínio (1750-c. 1800).* Dissertação apresentada à Universidade Nova de Lisboa/Faculdade de Ciências Sociais e Humanas. Lisboa, 2005.

SCHAUB, Jean-Frédéric. *Portugal na Monarquia Hispânica; 1580-1640.* Lisboa: Livro Horizonte, 2001.

SCHULTZ, Kirsten). Tropical Versailles. Dissertation for degree of Doctor of Philosophy Departament of History. New York University. New York, 1998.

SCHWARTZ, Stuart B. *Burocracia e sociedade no Brasil Colonial.* São Paulo: Perspectiva, 1979.

_____. "The formation of a Colonial Identidy in Brazil". *In*: Nicholas Canny and Anthony Pagden (ed.). *Colonial Identity in the Atlantic World.* Princeton: Princeton University Press, 1987.

_____. *Segredos internos.* (trad.) São Paulo: Companhia das Letras, 1988.

SÉRGIO, António. "O reino cadaveroso ou o problema da cultura em Portugal" *In*: *Ensaios tomo II.* Lisboa: Sá da Costa, 1977.

SHILS, Edward. *Center and Peripheries; essays in macrosociology.* Chicago: The University of Chicago Press, 1975.

SILVA, Ana Rosa C. da. *Construção da nação e escravidão no pensamento de José Bonifácio.* Campinas: Ed. Unicamp,1999.

SILVA, Andrée Mansuy-Diniz. *Portrait d' un homme d'Ètat: D. Rodrigo de Souza Coutinho, Comte de Linhares 1755-1812.* Paris: Centre Culturel Calouste Gulbekian, 2006.

SILVA, Clarete P. da e LOPES, Maria M. "O ouro sob as Luzes". *História, Ciência, Saúde Manguinhos,* v. 11(3), 2004.

SILVA, Maria Beatriz Nizza da. *Ser nobre na colônia.* São Paulo: Ed. Unesp, 2005.

SIMON, William. *Scientific expeditions in the Portuguese Overseas Territories (1783-1808).* Lisboa: Instituto de Investigação Científica Tropical, 1983.

SLEMIAN, Andréa. *Vida política em tempo de crise: Rio de Janeiro (1808-1824).* São Paulo: Hucitec, 2006.

SMITH, Bernard. *European vision and the South Pacific.* New Haven: Yale University Press, 1988.
_____. *Imagining the Pacif.* New Haven: Yale University Press, 1992.
SOUSA, Octávio Tarquínio de. *José Bonifácio.* Rio de Janeiro: Liv. J. Olympio Ed., 1972.
SPARY, E.C. *Utopia's Garden; the French Natural History from Old Regime to Revolution.* Chicago: Chicago University Press, 2000; JARDINE, N. *et alii (ed.) Cultures of Natural History.* Cambridge: Cambridge University Press, 1996.
STAFFORD, Barbara M. *Voyage into substance.* Cambridge: The MIT Press, 1884.
SUBTIL, José Manuel L. *O Desembargo do Paço (1750-1833).* Lisboa: Universidade de Lisboa, 1996.
THOMAZ, Luís Filipe. *De Ceuta a Timor.* Lisboa: Difel, 1994.
VALADARES, Virgínia Maria Trindade. *A sombra do poder.* Dissertação de mestrado. Universidade de Lisboa, 1997.
VALENTE, José Augusto V. "Pero Vaz de Caminha". *In: A carta de Pero Vaz de Caminha. Estudo crítico, paleográfico-diplomático de José Augusto Vaz Valente.* São Paulo: Museu Paulista – USP, 1975.
VANZOLINI, P. E. A. "A contribuição zoológica dos primeiros naturalistas no Brasil". *Revista USP; dossiê Brasil dos Viajantes,* 30, 1996.
VARELA, Alex G. *Juro-lhe pela honra de bom vassalo e bom português.* Dissertação de mestrado. Campinas: Instituto de Geociência – Unicamp, 2001.
VARNHAGEN, Francisco A. *História Geral do Brasil.* v.1-2 t. I . São Paulo: Ed. Itatiaia/Edusp, 1981.
VAZ, Francisco A. L. *Instrução e Economia; as ideas económicas no discurso da Ilustração portuguesa (1746-1820).* Lisboa: Colibri, 2002.
VIERNA, Angel G. "Expediciones cientificas o ciencia en las expediciones? Tres ejemplos clasificadores". *Revista de Indias,* n. 180: 431-446, 1987.
VITERBO, Sousa. *Expedições científico-militares enviadas ao Brasil;* coordenação, aditamentos e introdução de Jorge Faro. Lisboa: Ed. Panorama/SNI, 1962.
WEHLING, Arno e WEHLING, Maria José. *Direito e Justiça no Brasil Colonial.* Rio de Janeiro: Renovar, 2004.

Índice temático

Ciência

Academia – 9, 12, 13, 29, 63, 66, 70, 72, 78, 80, 81, 82, 84, 89, 95, 102, 104, 106, 107, 108, 110, 113, 114, 116, 117, 118, 120, 121, 124, 125, 127, 129, 131, 132, 138, 145, 147, 156, 157, 161, 162, 163, 164, 165, 170, 171, 172, 173, 174, 205, 207, 224, 230, 259, 273, 285, 286, 290, 292, 293, 294, 295, 296, 300, 301, 302
Agricultura – 8, 13, 19, 20, 61, 63, 65, 67, 69, 70, 76, 77, 83, 85, 93, 98, 101, 102, 110, 113, 114, 115, 116, 117, 118, 140, 149, 155, 160, 164, 173, 174, 218, 229, 230, 247, 262, 263, 266, 270, 271, 274, 282, 283, 287
Ciência – 58, 85, 100, 118, 119, 135, 142, 216, 247, 300, 301, 302, 304, 307, 309
Comércio – 7, 8, 9, 11, 19, 20, 25, 26, 30, 32, 33, 42, 44, 46, 58, 59, 60, 61, 62, 63, 64, 65, 66, 67, 69, 76, 77, 83, 85, 91, 93, 94, 95, 98, 107, 111, 112, 115, 116, 128, 130, 132, 139, 140, 141, 149, 155, 156, 159, 160, 201, 207, 213, 218, 229, 230, 239, 240, 241, 242, 243, 244, 245, 247, 254, 257, 259, 260, 261, 264, 265, 266, 267, 269, 270, 271, 275, 277, 279, 280, 281, 283, 286, 297, 302
Conhecimento – 8, 9, 10, 11, 13, 20, 22, 24, 25, 28, 30, 35, 37, 38, 39, 41, 50, 57, 59, 60, 61, 62, 63, 67, 68, 69, 71, 72, 73, 74, 75, 76, 77, 78, 79, 81, 84, 85, 94, 96, 97, 98, 99, 101, 102, 103, 109, 110, 112, 113, 116, 118, 119, 120, 121, 122, 124, 125, 126, 127, 128, 129, 130, 131, 132, 133, 135, 137, 138, 139, 143, 148, 151, 157, 163, 171, 186, 200, 210, 214, 217, 218, 228, 229, 230, 231, 247, 248, 253, 257, 259, 268, 269, 275, 281, 285, 300, 301
Fronteira(s) – 23, 53, 76, 77, 153, 193, 245
Geografia – 11, 25, 26, 30, 34, 39, 40, 55, 60, 61, 69, 73, 80, 94, 96, 98, 112, 140, 249, 255, 296, 297
História Natural – 11, 12, 23, 24, 25, 30, 57, 69, 72, 73, 75, 79, 80, 82, 83, 84, 85, 86, 87, 89, 90, 92, 93, 94, 95, 96, 97, 98, 100, 107, 110, 115, 116, 122, 127, 135, 136, 137, 142, 143, 150, 152, 157, 159, 160, 171, 174, 182, 185, 186, 187, 188, 190, 200, 203, 207, 210, 214, 218, 220, 221, 227, 228, 231, 247, 248, 254, 257, 274, 285, 287
Ilustração – 66, 135, 210, 217, 251, 252, 256, 287
Instrução(ões) – 23, 25, 61, 68, 73, 75, 79, 80, 81, 82, 83, 84, 85, 95, 99, 110, 113, 114, 116, 117, 118, 119, 120, 124, 125, 126, 127, 131, 132, 136, 141, 143, 149, 152, 155, 162, 163, 164, 173, 182, 183, 218, 227, 229, 230, 231
Mapa(s) – 25, 122, 269, 280
Matemático(s) – 66, 70, 75, 108, 109, 147, 161, 162, 174, 178, 269
Museu – 9, 11, 12, 13, 17, 32, 78, 79, 81, 84, 85, 86, 87, 88, 89, 90, 91, 92, 94, 95, 96, 103, 106, 108, 109, 113, 114, 117, 118, 119, 122, 123, 124, 125, 126, 128, 129, 130, 137, 140, 144, 145, 149, 156, 157, 160, 189, 190, 213, 215, 216, 217, 218, 220, 221, 224, 225, 237, 238, 240, 253, 254, 255, 268, 269, 271, 281, 286, 287, 290, 293, 302, 303, 308
Memória(s) – 23, 27, 37, 85, 106, 115, 123, 137, 145, 149, 157, 164, 169, 172, 185, 207, 231, 242, 245, 246, 251, 255, 264, 280
Naturalista(s) – 8, 9, 11, 12, 13, 69, 70, 78, 79, 80, 81, 83, 84, 85, 86, 87, 88, 89, 90, 95, 98, 99, 102, 103, 104, 105, 106, 107, 108, 109, 110, 111, 112, 113, 114, 115, 116, 117, 118, 119, 120, 121, 122,

123, 124, 125, 126, 127, 128, 129, 130, 131, 133, 138, 139, 141, 142, 143, 144, 145, 146, 147, 148, 149, 150, 151, 152, 153, 154, 155, 156, 157, 159, 160, 161, 164, 172, 173, 179, 180, 182, 185, 186, 187, 188, 189, 190, 191, 195, 196, 197, 198, 200, 202, 203, 204, 206, 207, 208, 210, 211, 213, 214, 215, 227, 229, 231, 232, 235, 236, 237, 239, 240, 241, 242, 243, 244, 246, 247, 248, 250, 251, 252, 253, 255, 256, 257, 265, 269, 271, 272, 286, 287, 303, 306

Natureza – 8, 10, 13, 14, 20, 23, 26, 32, 39, 47, 50, 54, 55, 57, 58, 59, 60, 61, 62, 67, 69, 70, 73, 80, 81, 82, 84, 85, 88, 89, 94, 95, 97, 98, 99, 101, 103, 104, 105, 106, 111, 114, 115, 118, 119, 121, 122, 124, 126, 139, 142, 148, 157, 160, 161, 164, 165, 188, 189, 210, 211, 215, 216, 228, 230, 231, 233, 234, 235, 237, 239, 243, 244, 247, 248, 250, 252, 254, 267, 272, 274, 287

Patronagem – 5, 9, 10, 12, 90, 135, 136, 137, 138, 141, 154, 175, 191, 201, 267

Povo(s) – 39, 110, 192

Universidade – 7, 8, 9, 11, 12, 22, 24, 34, 57, 58, 60, 61, 62, 63, 65, 66, 68, 70, 74, 75, 78, 79, 80, 82, 84, 85, 89, 94, 101, 102, 109, 116, 119, 120, 122, 123, 125, 126, 129, 132, 137, 139, 142, 147, 148, 150, 156, 159, 160, 161, 162, 163, 165, 167, 169, 173, 179, 183, 184, 187, 191, 192, 201, 204, 206, 213, 216, 240, 253, 254, 255, 256, 259, 267, 270, 279, 280, 285, 286, 293, 294, 295, 297, 299, 300, 302, 303, 304, 307, 308

Jardim botânico – 81, 95, 264, 265

Viagem(ns) –11, 13, 75, 77, 78, 81, 83, 102, 103, 104, 107, 109, 111, 112, 113, 114, 115, 120, 121, 123, 124, 125, 126, 128, 130, 131, 138, 139, 140, 153, 157, 160, 161, 173, 215, 216, 217, 219, 223, 227, 229, 231, 232, 233, 235, 236, 237, 238, 240, 241, 242, 243, 244, 245, 247, 252, 254, 292, 293, 294, 296, 297, 302, 303, 304

Estado/Sociedade

Cavaleiro – 12, 32, 46, 47, 52, 68, 138, 141, 147, 148, 149, 151, 158, 160, 161, 165, 167, 205, 208, 284

Centro – 7, 8, 14, 18, 19, 20, 21, 22, 24, 25, 29, 30, 31, 40, 41, 50, 53, 54, 55, 56, 57, 58, 59, 67, 68, 69, 71, 78, 119, 122, 150, 177, 214, 262, 263, 275, 276, 282

Colônia(s) – 7, 10, 70, 71, 77, 107, 183, 187, 242, 260, 262, 267, 269, 270, 276, 277, 278, 279, 283, 284, 285, 307

Colonização – 18, 19, 33, 38, 40, 47, 51, 54, 58, 62, 66, 71, 101, 103, 104, 138, 240, 242, 268, 302

Conquista(s) – 7, 8, 11, 18, 19, 20, 21, 22, 23, 25, 26, 30, 32, 33, 38, 41, 42, 44, 46, 47, 51, 56, 58, 59, 60, 61, 62, 63, 64, 65, 66, 67, 69, 76, 77, 83, 85, 94, 95, 98, 104, 107, 111, 112, 115, 116, 130, 139, 140, 149, 155, 159, 160, 201, 207, 213, 218, 229, 230, 239, 240, 241, 242, 243, 244, 245, 247, 254, 257, 259, 260, 261, 264, 265, 266, 267, 269, 270, 271, 275, 277, 279, 280, 281, 283, 286, 292, 293, 297

Coroa – 17, 20, 31, 36, 41, 42, 43, 44, 50, 54, 55, 56, 58, 61, 62, 66, 67, 71, 77, 104, 114, 136, 138, 173, 179, 197, 229, 247, 260

Domínio(s) – 13, 17, 18, 20, 82, 98, 99, 114, 122, 185, 243, 247, 248, 264, 270, 307

Honra(s) – 9, 12, 22, 31, 46, 50, 53, 55, 95, 96, 125, 138, 141, 144, 150, 155, 161, 163, 165, 167, 168, 171, 175, 176, 179, 186, 190, 191, 192, 193, 194, 195, 196, 197, 198, 199, 200, 204, 207, 210, 211, 284, 286, 308

Império – 5, 7, 8, 9, 10, 11, 13, 14, 17, 18, 20, 24, 25, 26, 27, 29, 30, 31, 37, 40, 41, 44, 47, 53, 54, 56, 57, 59, 60, 62, 67, 68, 69, 70, 77, 78, 80, 81, 85, 94, 95, 96, 101, 119, 124, 129, 132, 135, 137, 138, 156, 163, 164, 171, 173, 177, 179, 183, 211, 213, 214, 219, 224, 225, 227, 229, 252, 253, 255, 259, 260, 261, 262, 263, 264, 266, 268, 269, 270, 271, 274, 275, 276, 277, 278, 279, 280, 281, 282, 285, 288, 304

Vassalo(s) – 22, 40, 43, 45, 53, 54, 55, 59, 60, 77, 137, 147, 148, 154, 158, 160, 161, 163, 167, 175, 176, 204, 207, 277, 308

Mercê(s) – 5, 17, 23, 27, 28, 30, 31, 32, 33, 34, 35, 38, 46, 49, 50, 54, 55, 59, 60, 90, 94, 96, 146, 148, 150, 151, 152, 159, 160, 161, 165, 169, 194, 267, 280, 284

Metrópole – 8, 11, 14, 17, 18, 19, 25, 26, 36, 44, 57, 60, 61, 62, 63, 76, 94, 98, 100, 118, 121, 124, 147, 164, 177, 178, 179, 211, 213, 216, 242, 247, 259, 261, 262, 263, 264, 267, 270, 275, 276, 277, 283, 284

Monarquia – 8, 10, 11, 14, 17, 22, 24, 26, 41, 46, 55, 59, 94, 95, 96, 136, 158, 159, 161, 168, 177, 179, 192, 201, 262, 263, 267, 268, 276, 278, 279, 281, 284, 287, 288

Nobreza – 41, 66, 68, 83, 85, 138, 159, 166, 167, 168, 170, 171, 182, 189, 276, 284

Periferia(s) – 18, 19, 22, 24, 47, 54, 119, 307

Possessão(ões) – 7, 11, 17, 20, 22, 24, 25, 26, 30, 36, 40, 55, 58, 59, 60, 61, 77, 79, 85, 86, 89, 94, 98, 101, 124, 132, 148, 163, 173, 214, 219, 259, 261, 262, 264, 268, 270, 273, 275, 281, 282

Privilégio(s) – 34, 169, 172, 173

Ultramar – 7, 8, 11, 13, 19, 20, 26, 32, 53, 56, 59, 63, 64, 65, 67, 68, 78, 83, 86, 89, 90, 94, 98, 106, 113, 128, 129, 131, 133, 135, 147, 155, 163, 164, 179, 192, 211, 213, 214, 218, 225, 261, 268, 273, 280, 281, 288

Partes do Império

Angola – 10, 11, 12, 13, 19, 41, 42, 43, 65, 78, 80, 90, 91, 101, 104, 107, 108, 109, 132, 181, 185, 186, 197, 213, 254, 255, 268, 269, 270, 290, 292, 300, 307

Bahia – 10, 12, 19, 35, 36, 37, 38, 39, 40, 49, 60, 91, 139, 147, 152, 171, 173, 177, 180, 181, 187, 191, 199, 204, 205, 206, 207, 208, 221, 222, 260, 261, 266, 273, 275, 279, 285, 289

Cabo Verde – 11, 65, 80, 101, 104, 105, 106, 107, 142, 143, 144, 145, 146, 147, 149, 161, 174, 268, 269, 290, 293

Goa – 11, 13, 28, 34, 65, 66, 80, 90, 101, 109, 110, 111, 169, 224, 225, 226, 227, 260, 265, 268, 271, 281, 296, 304,

Lisboa – 7, 8, 9, 11, 12, 13, 14, 17, 18, 19, 20, 26, 27, 28, 29, 30, 33, 34, 35, 40, 41, 43, 44, 48, 51, 52, 54, 55, 57, 60, 62, 63, 64, 65, 66, 67, 68, 69, 71, 72, 73, 74, 75, 78, 80, 81, 83, 84, 85, 86, 88, 89, 90, 91, 92, 94, 95, 101, 102, 104, 105, 107, 108, 109, 110, 112, 113, 114, 116, 117, 119, 120, 121, 122, 123, 124, 125, 126, 127, 128, 129, 132, 138, 139, 142, 143, 144, 145, 146, 147, 148, 149, 150, 151, 153, 154, 155, 156, 157, 158, 160, 161, 162, 163, 164, 165, 166, 168, 170, 171, 173, 174, 175, 177, 178, 179, 180, 181, 183, 184, 186, 187, 188, 189, 190, 191, 192, 193, 194, 195, 196, 197, 198, 199, 200, 201, 202, 203, 204, 205, 206, 207, 208, 209, 210, 211, 213, 216, 217, 218, 224, 226, 227, 230, 231, 253, 259, 260, 261, 262, 264, 266, 267, 268, 269, 270, 271, 272, 273, 275, 276, 277, 278, 279, 280, 281, 282, 283, 285, 286, 287, 290, 291, 292, 293, 294, 295, 296, 297, 299, 300, 301, 302, 303, 304, 305, 306, 307, 308

Macau – 12, 16, 220, 224, 225, 280

Mato Grosso – 11, 74, 76, 86, 87, 91, 102, 103, 115, 126, 131, 150, 151, 152, 153, 154, 160, 161, 162, 178, 214, 231, 235, 236, 237, 238, 240, 241, 242, 243, 244, 245, 254, 289, 294, 299

Minas Gerais – 12, 87, 91, 166, 173, 177, 178, 179, 180, 181, 182, 183, 263, 284, 292

Moçambique – 11, 17, 43, 66, 80, 90, 101, 104, 108, 109, 110, 111, 112, 127, 132, 224, 225, 238, 260, 268, 269, 290, 297

Pará – 11, 13, 48, 49, 52, 53, 64, 65, 74, 76, 78, 79, 80, 87, 90, 91, 101, 102, 103, 106, 107, 115, 116, 118, 121, 122, 123, 124, 125, 138, 139, 140, 142, 148, 149, 150, 151, 153, 154, 155, 156, 157, 160, 164, 173, 213, 216, 231, 235, 236, 237, 238, 240, 241, 242, 243, 244, 245, 254, 265, 272, 289, 294, 297, 302

Pernambuco – 10, 18, 19, 35, 39, 42, 45, 46, 47, 49, 50, 60, 64, 86, 90, 91, 92, 93, 94, 204, 284, 289, 292, 305

Rio de Janeiro – 7, 9, 12, 14, 18, 36, 39, 48, 51, 52, 58, 62, 65, 71, 73, 74, 78, 79, 87, 90, 91, 103, 104, 109, 126, 136, 138, 142, 161, 163, 169, 170, 171, 172, 173, 177, 178, 180, 181, 182, 183, 186, 187, 188, 189, 190, 191, 192, 193, 194, 195, 196, 197, 198, 199, 200, 201, 202, 203, 204, 206, 208, 209, 210, 217, 219, 220, 222, 224, 226, 231, 235, 236, 237, 238, 239, 240, 241, 242, 243, 244, 245, 254, 261, 267, 268, 275, 276, 277, 278, 279, 280, 283, 284, 285, 286, 289, 292, 293, 294, 295, 296, 297, 299, 300, 301, 302, 303, 304, 305, 306, 307, 308

Rio Negro – 11, 74, 75, 88, 91, 102, 103, 104, 115, 125, 132, 139, 141, 149, 150, 151, 152, 160, 213, 231, 235, 236, 237, 238, 240, 241, 242, 243, 244, 245, 253, 254, 255, 290, 294,

São Paulo – 4, 18, 19, 27, 32, 35, 37, 42, 44, 49, 50, 53, 56, 61, 64, 66, 71, 74, 91, 93, 98, 100, 119, 136, 163, 164, 169, 170, 174, 176, 184, 193, 198, 221, 224, 244, 247, 259, 260, 265, 267, 270, 277, 278, 279, 284, 286, 293, 294, 296, 297, 299, 300, 301, 302, 303, 304, 305, 306, 307, 308

PERSONAGENS

Caminha, Pero Vaz de – 32, 33, 53, 293, 308

Castro, D. José Luís de; (conde de Resende) – 189, 190, 193, 195, 196, 199, 200, 201, 202, 203, 209

Castro, Martinho de Mello – 107, 110, 127, 190

Coutinho, D. José Joaquim da Cunha de Azeredo – 9, 14, 211, 260, 261, 262, 263, 266, 270, 271, 275, 276, 288, 293, 305

Coutinho, D. Rodrigo de Sousa – 13, 14, 78, 79, 108, 121, 161, 167, 168, 169, 174, 177, 183, 184, 185, 201, 204, 205, 208, 211, 260, 262, 264, 265, 268, 270, 271, 276, 277, 278, 282, 283, 293, 307

Costa, Hipólito José da – 9, 183, 184, 208, 211, 276, 278, 279, 282, 283

Feijó, João da Silva – 80, 104, 105, 106, 107, 127, 128, 142, 143, 144, 145, 146, 147, 148, 156, 157, 158, 161, 173, 174, 187, 269, 286, 287, 290, 291, 293

Ferreira, Alexandre Rodrigues – 11, 12, 13, 75, 78, 79, 80, 83, 88, 100, 101, 102, 103, 105, 113, 114, 115, 116, 117, 118, 121, 122, 124, 125, 126, 129, 130, 138, 140, 141, 145, 147, 148, 149, 150, 151, 152, 153, 154, 156, 157, 158, 160, 164, 173, 187, 191, 213, 214, 215, 217, 227, 229, 231, 233, 234, 235, 236, 237, 238, 239, 240, 241, 242, 243, 244, 245, 246, 248, 250, 251, 252, 253, 254, 255, 256, 286, 287, 290, 291, 294, 297, 302, 303, 304

Lisboa, Baltazar da Silva – 12, 129, 179, 186, 188, 189, 190, 191, 192, 193, 194, 195, 196, 197, 198, 199, 200, 201, 202, 203, 204, 205, 206, 209, 210, 211, 272, 273, 275, 277, 281, 285, 290, 291, 295

Lisboa, José da Silva – 9, 14, 187, 253, 260, 266, 267, 268, 276, 279, 280, 283, 305

Parente, Bento Maciel – 10, 49, 50, 51, 53, 54, 55, 59, 60, 138, 296

Silva, José Bonifácio de Andrada e – 9, 12, 14, 123, 162, 163, 165, 166, 168, 169, 170, 171, 174, 175, 176, 179, 211, 277, 278, 282, 283, 284, 285, 286, 291, 296, 307, 308

Sousa, Gabriel Soares de – 10, 33, 36, 37, 38, 39, 40, 41, 45, 46, 49, 50, 59, 138, 297

Vandelli, Domenico – 69, 78, 79, 80, 81, 83, 84, 85, 86, 87, 88, 89, 90, 93, 95, 102, 107, 116, 117, 121, 123, 124, 125, 126, 127, 128, 129, 130, 132, 137, 138, 140, 142, 143, 145, 146, 151, 155, 157, 159, 172, 173, 187, 215, 216, 229, 230, 265, 271, 272, 273, 274, 286, 297

Vilhena, Luís dos Santos – 147, 260, 261, 263, 270, 275, 276, 297

CADERNO DE IMAGENS

Figura 1
Vista da Lagoa do Boqueirão e do aqueduto de Santa Tereza,
de Leandro Joaquim (século XVIII):
Nos elípticos, encontram-se retratados, no Rio de Janeiro, soldados, violeiros, carregadores de liteira, pescadores, vendedores de capim e outros tipos sociais, particularmente negros, forros ou escravos, que seriam encontrados, com mais freqüência, nas aquarelas e pinturas oitocentistas. Assim, a urbe e a *civitas* estavam integradas e davam movimento às vistas antes despovoadas e estáticas.

Figura 2
Configuração que mostra a Entrada do Rio de Janeiro..., de Carlos Julião (ca. 1779):
A figura reproduz, na parte superior, o litoral de quatro localidades do império ultramarino. Dividida em quatro partes, a composição, porém, não enfatiza o desenho militar, mas os usos e costumes dos povos. Estão aí desenhados a configuração da entrada da barra de Goa, o prospecto que mostra a praça de Diu, a configuração da entrada do Rio de Janeiro e o prospecto da ilha de Moçambique.

Figura 3
Jovem mura aspirando paricá, de Alexandre Rodrigues Pereira (1783-1793):
O índio mura caracteriza-se pelo chapéu, enfeite labial e cachimbo. O chapéu possui somente as abas, confeccionadas com folhas de palmeira ou penas de aves. Os lábios eram furados onde se introduziam pedras oriundas do cérebro do peixe pirarucu, batoques e ossos.

Figura 4
Memória sobre a figura que tem os gentios Mahuas, habitadores do rio Cumiari e seus confluentes, de Alexandre Rodrigues Pereira (1783-1793): Os máuas andavam "espartilhados ao uso das damas da Europa", enfeite composto de lâminas de madeira avermelhada. Por ser apertado, ele comprimia o ventre, deformando sua anatomia, deixando-os de cintura fina.

Figura 5
Índios Guaicuru atravessando um rio, de Anônimo (178-)
No primeiro plano da estampa, um índio auxilia uma mulher a descer do cavalo, após atravessar o rio, enquanto uma criança segura o animal. A cena possivelmente demonstra a interação entre os componentes de uma família. Ao contrário das demais estampas, encontram-se aí homens, mulheres e crianças que interagem e se movimentam. O quadro fornece, portanto, elementos para reflexão sobre a vida social e, sobretudo, sobre a "constituição moral" desse gentio.

ESTE LIVRO FOI IMPRESSO EM SÃO PAULO PELA PROL GRÁFICA NO VERÃO DE 2008. NO TEXTO DA OBRA FOI UTILIZADA A FONTE ADOBE GARAMOND PRO, EM CORPO 10,5, COM ENTRELINHA 13,5.